حقوق الإنسان

حقوق الإنسان

فرج محمد أبو شمالة

الطبعة الأولى

رقم الايداع لدى دائرة المكتبة الوطنية (٢٠٠٩/٤/٢٢٢٢)

٣٢٣
أبو شمالة، فرج محمد عبد الرحمن
حقوق الإنسان/فرج محمد عبد الرحمن أبو شمالة
عمان: صناع التغيير ٢٠٠٩
ر.أ:(٢٠٠٩/٤/٢٢٢٢)
الواصفات: /حقوق الإنسان/

تم إعداد بيانات الفهرسة والتصنيف الأولية من قبل دائرة المكتبة الوطنية
-يتحمل المؤلف كامل المسؤولية القانونية عن محتوى مصنفه ولا يعبر هذا المصنف عن رأي دائرة المكتبة الوطنية أو أي جهة حكومية أخرى.

صناع التغيير — دار الخليج للنشر والتوزيع
ص.ب: ١٨٤٠٣٤ عمان ١١١١٨ الأردن
تلفاكس: ٤٦٤٧٥٥٩ ٦ ٠٠٩٦٢
e-mail:change_makers@hotmail.com
daralkhalij@hotmail.com

الإهداء

* إلى الصديق الشهيد الصحفي نزيه دروزة الـذي دفع حياتـه ثمـنـا لحـق الإنسـانية في المعرفة ،،، فاغتالته قوات الاحتلال.

* إلى كل الذين ناضلوا من أجل الحرية أملا أن يكون الغد أفضل ،،،

المحتويات

الفصل السادس

حقوق الإنسان في المملكة الأردنية الهاشمية

الفصل السابع

التربية ودورها في ثقافة حقوق الإنسان

مقدمة

تزايد في العقود الأخيرة الاهتمام عالميا بحقوق الإنسان بعد أن اكتشفت الإنسانية عموما وأدركت الأنظمة خصوصا إن غياب احترام هذه الحقوق يعتبر محرضا لانطلاق ثورات وانتفاضات شعبية أطاحت بأنظمة ساسية واقتصادية متعددة، وأفضت إلى منظومة من التطرف أدت إلى بروز منظمات وجماعات إرهابية.

خلق الإنسان مكرما من خالقه وليس في الكون من كائن له ما للإنسان من احترام وكلفه الله سبحانه وتعالى بعمارة الأرض وأمره أن يصون كرامته لا بل أن يكفل للآخرين هذه الكرامة.

تعالت الأصوات العالمية بحقوق الإنسان وفي كثير من الأحيان كانت هذه لأسباب لا تتعلق بكرامة الإنسان وحقوقه ولكن للتحريض على نظام أو أنظمة سياسية كما رأينا في سنوات الحرب الباردة بين المعسكرين الشرقي والغربي، ولكن الأهم بغض النظر عن المبررات التي رفعت الأصوات من أجلها فإن قضية حقوق الإنسان قضية مقدسة حثت عليها الشرائع السماوية وتجسدت من خلال النضال الإنساني الطويل.

نعيش امتدادا كبيرا في الحركات والمنظمات التي تطالب بسيادة حقوق الإنسان وتشريعها لتكفل ديمومة التقدم للإنسانية، لأنه بدون

تلك الحقوق لا يمكننا التطلع إلى ازدهار الحياة الاجتماعية والثقافية على المستوى الوطني أو العالمي.

تم إعداد هذا العمل في محاولة لإضافة مفردة جديدة في مكتبتنا تعين على تجلي موضوع حقوق الإنسان وأهلية المطالبة بتعزيزها واستكمال سيادتها على مستوى الإنسانية.

نعتقد أننا أصبنا في المبادرة بوضع فصل خاص مهم وهو البعد الإنساني للمنظمات الدولية العاملة في مجال حقوق الإنسان والتي كان لها الدور الأهم في التحريض والنضال من أجل كسب المزيد من المناصرين للتأثير في مجتمعاتهم لخلق الظروف المواتية لاحترام حقوق الإنسان وإصدار التشريعات التي تعزز هذه الحقوق.

لم تعد المسافات تحول دون انتقال الفكر مع التطور الهائل على وسائل الاتصال ولم تعد دولة أو مجتمع يمكنه أن يعيش بمعزل عن الآخرين على كل المستويات.

بالتأكيد ما زال أمامنا الكثير من العمل والكفاح حتى نصل إلى ما منحنا إياه الخالق من حرية وكرامة ولكن بالتأكيد إن ما تحقق بالغ الأهمية ويحفز لاستمرار النضال من أجل المزيد للإنسانية جمعاء.

إن الأرض التي نعيش عليها أصبحت قرية صغيرة فكل ما يحدث فيها يؤثر على حياة البشر جميعا، ونحن نتأثر بمن حولنا وعلينا أن نكون مؤثرين بهم أيضا.

تناول الكتاب الإرث العالمي لحقوق الإنسان وما كفلته العقيدة الإسلامية السمحاء من حقوق وكذلك القانون الدولي الإنساني وعولجت وإن بعجاله الجرح الإنساني النازف "قضية اللاجئين" والتي يحتل الشعب الفلسطيني مكانا خاصا بها حيث أنه الشعب الوحيد الذي ما زال يرزح تحت الاحتلال ويعيش جزء هام منه في المنافي القريبة والبعيدة وما زال يتطلع في ستينية نكبته أن ينصف من الإنسانية التي يبدو أنها لم تدرك بعد عدالة مطلبه المشروع في العودة وإقامة دولته المستقلة.

وحرصنا على أن نضع في الملاحق النصوص الكاملة للإعلانات التي يمكن أن تكون مألوفة للناس ولكن قليلون من أطلعوا عليها نأمل أن نوفق في زيادة عددهم.

وفي الختام بالتأكيد إن الله وحده الكامل ولكن نرجوا أن يغفر لنا ونعتذر إذا قصرنا أو أخطأنا و الله نسأل أن يكون عملنا في ميزان حسناتنا يوم لا ينفع الإنسان إلا عمله وأن يكتب لنا أنه علم ينتفع به.

الفصل الأول

حقوق الإنسان في التراث العالمي

* بريطانيا

* أمريكا

* فرنسا

* الإعلان الفرنسي لحقوق الإنسان

* الإعلان والدساتير الفرنسية

الفصل الأول

حقوق الإنسان في التراث العالمي

* بريطانيـــــا *

لقد كانت بريطانيا السباقة في وضع قوانين وأنظمة لحقوق الإنسان بشكل مبكر في التاريخ الحديث، فقد بدأ بوضع أسس للحريات الديمقراطية منذ القرن الثالث عشر، وقد كان للكفاح الذي خاضه الشعب البريطاني للتأسيس للحقوق والحريات العامة الأثر الأكبر بين الشعوب والأمم، وكانت هذه القوانين ملهمة للشعوب وقواها من أجل المطالبة بالحقوق وخلق نصوص دستورية تضمن ذلك.

وفعلا حققت بريطانيا السبق في أن تكون أول دولة تشرع نصوصا دستورية تحدد السلطات وتنظم العمل بينها، فقد حققت نجاحا باهرا في تقييد صلاحيات المجلس الأعلى الذي كان يتمتع بصلاحيات عالية، وإن تم ذلك بشكل تدريجي ولكن في النهاية أصبح مجلس اللوردات "الأعيان" الذي يحدده ويختاره الملك مجلسا استشاريا، وتم فيه تحديد صلاحيات الملك ونقل صلاحياته الدستورية إلى مجلس الوزراء.

إن الديمقراطية الإنجليزية جاءت عبر مؤسسات وتعتبر نموذجا للديمقراطية وقد تكون هذه المأسسة من أهم عوامل استمرار التجربة، ويعتبر الكثيرون أن المواطن الإنجليزي يحترم مؤسساته ويعشق الحرية.

كانت الحركة الديمقراطية في بريطانيا في بدايات تشكلها ردا على تمادي الملك جون وظلمه للفئات المختلفة من الشعب، وسعيه الدؤوب لجمع الأموال، فقد أثقل كاهل المواطن عموما، واستفز مصالح النبلاء ورجال الدين، وبالتالي جعل كافة الشرائح والطبقات الاجتماعية في مواجهته.

اتفقت مصالح النبلاء مع رجال الدين في مواجهة الملك مما دفع الملك إلى التراجع وتقديم التنازلات التي توجت بقوانين دستورية، وبالتالي تتميز الديمقراطية الإنجليزية بأنها نتيجة كفاح وصراع وليست منحة من الملك وذلك لأنه قد أقر بذلك تحت الضغط والإكراه.

وقد توجت هذه الكفاحات بإنجاز الإعلانات والوثائق التالية:

أولا: ميثاق العهد الأعظم عام ١٢١٥ **Manga Carta**.

كان هذا الميثاق أهم وأبرز ثمرة لثورة النبلاء الذين تحالفوا مع رجال الدين ضد الملك جون، والتي أسست لفكرة الحد من صلاحيات الملك وسحب هذه الصلاحيات لصالح النبلاء، وكذلك أعطيت الكنيسة الحرية وكان ذلك من خلال إرغام الملك على الاعتراف بالحريات الفردية "الأمن الشخصي وحرية التجارة".

وقد ضمن الميثاق عدم أحقية الملك في فرض ضرائب بشكل استثنائي شرط موافقة مجلس النواب عليها ويمكن تلمس هذا الإنجاز من خلال مواد الميثاق التي تضمنت ما يلي:

المادة الأولى: حق الكنيسة في إجراء انتخابات حرة دون تدخل.

المادة العشرون: العدالة في فرض الغرامات وأن تتناسب والفعل الذي اقترفه الإنسان وأن تمنع الفرد من إعالة عائلته والإنفاق عليها، وأن لا تصل هذه الغرامات إلى تبديد تجارة التاجر وأن لا تفقد الفلاح أدواته وأرضه.

المادة الثالثة والعشرون: نصت الوثيقة على منع وتحريم أعمال السخرة، وأكدت أنه لا يجوز إجبار الناس "المواطنين" أو البلدان على القيام بأعمال لا يرغبون بها.

المادة التاسعة والثلاثون: منعت الوثيقة سجن أي إنسان رجل أو امرأة أو مصادرة ممتلكاته أو نفيه إلا بسلطة القانون وبعد إجراء محاكمة.

المادة الأربعون: ضمنت الوثيقة حق التنقل للأفراد والجماعات وكذلك حرية التجارة، وأكدت على أن التجار أحرار في تجارتهم وتنقلهم وأن توفر لهم حرية العمل بأمان.

المادة الخامسة والخمسين: ضمنت هذه المادة باسترجاع كافة الغرامات من أموال وأراضي حصل عليها الملك وأن تعود إلى أصحابها.

المادة الثالثة والستين: أكدت هذه المادة على حق الكنيسة ورجال الدين في العمل بحرية تامة، وبموجبها يتمتع رجال الدين في المملكة المتحدة بكافة الحقوق والحريات في كافة أرجاء المملكة وأن هذا الحق لا رجعة عنه إلى الأبد.

ثانيا: عريضة الحقوق عام ١٦٢٨ **The petition of Right**.

مع استمرار الكفاح من أجل توسيع الديمقراطية وتعميمها كانت المواجهة مع الملك شارل الأول قد أسفرت عن تراجع الملك وإقراره وموافقته على هذه الوثيقة الهامة والتي منحت مجلس العموم "البرلمان" والذي ينتخب مباشرة من الشعب حقوقا إضافية تمثلت في:

المادة الأولى: حظر ومنع أي فرض للضرائب دون الموافقة المسبقة للبرلمان.

المادة الثالثة: ضمنت حق الإنسان ذكرا أو أنثى بمحاكمة عادلة ولا يجوز حجز حرية إنسان وسجنه أو مصادرة أمواله وأرضه أو حرمانه من التمتع بها وبدون قرار من المحكمة ووفق القانون.

ثالثا: الإشعار القضائي عام ١٦٧٩ **Habeas Corpus**.

شرع هذا القانون نتيجة لتجاوز السلطة التنفيذية في جلب واحتجاز الأفراد دون إذن قضائي حسب الأصول، وقد نص القانون على وجوب أن تحصل السلطة التنفيذية على مذكرة مسبقة من قاض مختص وتلزمها أن يمثل هذا الشخص أمام المحكمة لتنظر في الاتهامات الموجهة له وهي صاحبة القول الفصل، وتطلب هذا القانون إلزام الجهات التنفيذية بيان الأسباب الموجبة للاعتقال مع بيان الأدلة والبراهين التي تدعم هذا الاتهام.

وقد نص هذا القانون على سرعة نظر القاضي في هذه الحالات وفورية البت فيها حتى لو كان على حساب قضايا منظورة أمام المحكمة، وهذا انسجاما مع مبدأ حرية الإنسان وتمتعه بهذه الحرية ومنح القاضي حق إخلاء سبيل المتهم وفورا إذا لم يقتنع بالمبررات والأسباب التي قدمت له، وهو صاحب الحق في إصدار أمر السجن أو الاحتجاز.

جاء هذا التشريع للمنع والحد من حجز الإنسان أو منعه من العمل والتحرك وذلك لتكرار ظاهرة سجن الأفراد وعدم عرضهم على المحكمة وإبقائهم في السجن لمدة طويلة وصلت في بعض الأحيان إلى الاعتداء على السجناء وقتلهم دون إجراء محاكمة قانونية.

رابعا: لائحة الحقوق عام ١٦٨٩ **Bill of Rights**.

بعد عقد من الإشعار القضائي نضجت الظروف لمزيد من التقييد لصلاحيات الملك والحد منها وقد نصت هذه اللائحة على مبادئ هامة منها:

١. سحب صلاحية الملك بإنشاء محاكم خاصة والتي كانت سائدة آنذاك، حيث كان الملك يفصل الحكم في هذا النوع من المحاكم.

٢. نصت على حرية الانتخابات البرلمانية وأكدت أنه لا يجوز للملك التدخل فيها.

٣. منعت اللائحة إنزال العقوبات القاسية والتي سمتها الوثيقة "الوحشية والشاذة" بحق الأفراد، وكذلك حددت عدم جواز فرض كفالات مبالغ

فيها على الأفراد، وعدم فرض غرامات دون محاكمة، وأكدت اللائحة أن ممارسات الملك جيمس الثاني غير مشروعة ويجب التوقف عنها.

كانت هذه اللائحة بتواليها مع القوانين السابقة مداميك في الديمقراطية البريطانية وخصوصا هذه اللائحة قد أكد كثيرون أنها الأساس للانتقال من الحكم المطلق للملك "الملكية المطلقة" إلى الحكم بالتشارك والمقيد "الملكية الدستورية"، ونصت على "حذف حقوق الحكم الملكي" وبهذا تأسس مفهوم دولة القانون في المملكة المتحدة والذي يعني أن الدولة عليها أن تقيم التوازن بين السلطة من جهة، والحقوق والحريات من جهة أخرى.

وأكدت الوثائق المختلفة على أن التشريعات حددت ونصت على الحريات الأساسية للأفراد وأسست للفصل بين السلطات واستقلال القضاء، وضمنت هذه التشريعات الالتزام بالحقوق والحريات للنظام القانوني.

* أمريـــــكا *

يطلق الكثيرين على قارة أمريكا الشمالية أنها العالم الجديد، وذلك للتأخر في معرفتها واكتشافها، وتحدد جغرافيا بأنها المنطقة الممتدة من كندا شمالا وصولا إلى المكسيك جنوبا. وقد وصل المستكشفون هذه الأرض والتي تعرف الآن بالولايات المتحدة الأمريكية (U.S.A) منذ سنة ١٤٩٢م ، وقد حدثت عمليات هجرة من أوروبا إلى الأرض الجديدة واستقر هؤلاء المهاجرين في تلك البلاد.

أقام المهاجرون قراهم وتجمعاتهم السكانية على شكل مستوطنات تخضع لسلطة التاج البريطاني، وامتدت هذه المدن والمستوطنات على طول (١٦٠٠كم) وتطل على محيطين هما الأطلسي والهادي، وهذه الأرض البكر بثرواتها المائية الوفيرة، كانت التجمعات السكانية زراعية مع بعض الحرف والصناعات الصغيرة وخصوصا في القسم الشمالي في البلاد.

حاول التاج البريطاني بكل الوسائل المحافظة على أن تبقي المستعمرات تابعة له مما تعارض مع رغبات السكان المحليين الذين رفضوا الاستعمار البريطاني وما فرضته عليهم من قيود وضرائب أرهقتهم وأثقلت كاهلهم، وكانت القشة التي قسمت ظهر البعير في الصراع حزمة الضرائب التي فرضت بين عامي ١٧٦٤ – ١٧٦٥ مثل ضريبة السكر والدمغة "الرسوم" فاشتد الرفض المحلي لهذه الضرائب إلى أن وصل مع تزمت الحكم البريطاني إلى الصدام المسلح عام ١٧٧٥م، وبدأت

المستعمرات بالعصيان وإعلان الاستقلال وتبعت الواحدة الأخرى وصولا إلى إعلان المستعمرات جميعا الاستقلال عام ١٧٧٦م وكان عددها ثلاثة عشر مستعمرة.

وبدأت حرب الاستقلال بين السكان والجيش البريطاني واستمرت ست سنوات لتتوج بالحصول على الاستقلال عام ١٧٨١م وتوقيع معاهدة الاستقلال عن بريطانيا عام ١٧٨٣م وقد كان للدعم الفرنسي أثره في تعزيز القوى المطالبة بالاستقلال.

توجت كفاحات الاستقلال في "إعلان الاستقلال" والذي جرى عليه مجموعة تعديلات لاحقة خصوصا تلك التي سميت "وثيقة الحقوق" عام ١٧٩١م.

- إعلان الاستقلال ١٧٧٦:

جاء إعلان الاستقلال ثمرة الكفاح الشعبي للاستقلال والتخلص من ظلم وقسوة حكم التاج البريطاني، ولأن مجموع السكان "المستوطنون" تجمعوا من أنحاء مختلفة من العالم كان تأثرهم عاليا بالقيم الفلسفية السائدة في ذلك القرن وخصوصا التأثير الفرنسي، فقد هيمن على واضعي الاستقلال قيم الحرية والمساواة وأهمية الفرد، مستندين إلى الأفكار السامية في أن الخالق قد منح الحياة للبشر ومعها مجموعة من الحقوق لا يجوز التصرف بها، كحق الحياة والحرية، وأن السعادة الفردية حق للفرد وعلى المجتمع أن يسهم فيها، وقد أكدت بنود إعلان الاستقلال على:

أولا: يؤكد الإعلان أن مجموع المستعمرات في أمريكا هي حرة ومتحدة أسوة بحق جميع الشعوب في الحرية والاستقلال.

ثانيا: قدم الإعلان شرحا للأسباب التي دعت إلى خوض معركة الاستقلال رغم التضحيات التي قدمت وذلك لما اقترفه المستعمر من إجراءات وظلم لأهالي البلاد، ولخص هذه المظالم التي تشكل مطالب يجب تحقيقها مثل:

-احتكار المستعمر للقضاء وتوجيهه حسب رغباته ومصالحه.

-العدالة متوقفة على المستعمر وليست حقا للسكان.

-تواجد الجيش البريطاني في أمريكا في أوقات ليس بحاجة لها وخصوصا أوقات السلم وذلك دون موافقة الأهالي وممثليهم.

-احتكار المستعمر لخطوط التجارة مع العالم الخارجي وفي الوقت نفسه يفرض حزمة من الضرائب والرسوم، مما عطل الحياة الاقتصادية، مع إحراق القوات للشواطئ والمدن مما هدد الأمن والسلم الاجتماعي.

-وكانت إجراءات المستعمر وتفاعله مع احتياجات ومطالب السكان معاكسة لرغباتهم وحاجاتهم ولم ينظر إلى المظالم التي قدمت من خلال المذكرات والالتماسات التي قدمت مطالبة بالعدالة بل قوبل ذلك بمزيد من البطش والاضطهاد والظلم وكان الاتفاق النصي أنه من حق الشعب لا بل من واجبه إسقاط مثل هذه الحكومة، وأن يقيم مكانها حراسا جددا لأمنه من المستقبل" وكذلك نص على أنه "من حق المستعمرات المتحدة، بل من واجبها أن تكون حرة مستقلة، وأنها قد

تحللت من جميع صور الإذعان للتاج البريطاني، ومن كل الروابط السياسية بينها وبين بريطانيا العظمى".

هذا وقد تشكل إعلان الاستقلال من سبعة مواد وقد جرى عليه تعديلات وصلت إلى سبعة وعشرين تعديلا كان آخرها عام ١٩٩٢م، والتي أكدت أن العصيان الذي جرى لم يكن موجها إلى حكومة شرعية منتخبة ممثلة للسكان وأن الهدف من الانتفاض على المستعمر هو نيل الاستقلال والانسلاخ عن حكم التاج البريطاني.

ويلاحظ أن الإعلان جاء بأفكار ولغة متطورة تجاوزت ما هو مطروح في بريطانيا ومستفيدا من الأفكار الفرنسية، ولذلك لوحظ أن الحريات الفردية وحقوق الإنسان احتلت مكانا بارزا في الدستور الأمريكي.

ثالثا: التعديلات الخاصة بحقوق الإنسان وحرياته "وثيقة الحقوق" عندما تكللت الكفاحات بالنجاح وتحقق الاستقلال وبعد إعلان الاستقلال انبرى مفكروا السياسة الجيدة إلى وضع الدستور الذي كما قلنا ضم القوانين الأساسية للدولة الجديدة عام ١٧٨٧م.

ولكن وجدت النخبة السياسية الحاجة لإجراء تعديلات وفعلا وضعت التعديلات العشرة الشهيرة عام ١٧٨٩م، وجرى الحوار الوطني حولها وكذلك الاستفتاء عليها وحصلت على موافقة ومباركة ثلاثة أرباع سكان الولايات في أواخر عام ١٧٩١م.

وبعدها جاءت مجموعة من التعديلات كان أهمها التعديلين الرابع والخامس عشر واللذين كانا يسدان ثغرة في الدستور ونظرا

لأهمية هذه التعديلات والقيم الإنسانية التي حملتها، سنعرض هذه التعديلات والقيم التي جاءت بها:

التعديل الأول: من أهم القيم الجديدة هي علمنة المجتمع وفصل سلطة الكنيسة عن الدولة، وأن الدولة الجديدة ليس لها دين سائد يمثل عقيدة لها، وأنها تقف بنفس المسافة من كافة الأديان، وأن الدولة غير ملزمة بالصرف على المدارس الدينية.

وأكد التعديل على حرية الأفراد في الاعتقاد واختيار دينهم وأنه لا يجوز أن يكره أي شخص على اعتناق دين معين في الوقت الذي يتمتع كل الأفراد بحقهم في ممارسة شعائرهم الدينية وفق معتقداتهم، على أن لا تصل هذه الممارسات إلى تهديد حياة الآخرين للخطر، أو حياة الشخص نفسه.

جاء هذا التعديل مؤكدا على قيمة حرية الأفراد في التعبير عن آرائهم ونص التعديل على حرية الكلام الشخصي في المواقع المختلفة وكذلك في الصحافة، في الوقت الذي أباح للسلطة الحكم، سن القوانين المنظمة لهذه الحقوق بما في ذلك الأنظمة والقوانين المنظمة لأشكال التعبير المختلفة مثل الاجتماع السلمي.

وفعلا تجسدت هذه المبادئ السامية من خلال قوانين أو قرارات المحكمة العليا والتي كرست هذه المبادئ ولعل محاولة الحكومة منع صحيفة النيويورك تايمز والواشنطن بوست من نشر وثائق البنتاغون حول الحرب الفيتنامية قد باءت بالفشل وأصدرت المحكمة العليا قرارا

أتاح استمرار النشر وأكدت المحكمة أن "القيد المسبق على الصحافة عبئا دستوريا ثقيلا".

التعديل الثاني: نص هذا التعديل تأكيدا على حق المواطن الأمريكي في اقتناء سلاح شخصي يمكنه من الدفاع عن نفسه، وهذا وقد سرى هذا التعديل وجسد من خلال قوانين اختلفت من تطبيق السلاح الشخصي وتعريفه، وفي بعض الولايات اشترطت إعلام السلطات بامتلاك هذا السلاح.

التعديل الثالث: "لا يجوز لأي جندي في وقت السلم أن يقيم في أي منزل دون رضى المالك، كما لا يجوز له ذلك في وقت الحرب إلا بالكيفية التي يحددها القانون".

وهذا التعديل وضع حدا لأي تجاوز أو اعتداء على ملكية الأفراد أو المؤسسات الخاصة من قبل القوات المسلحة أو الأمن الوطني دوت تحديد وتقييد.

التعديل الرابع: "لا يجوز المساس بحق الناس في أن يكونوا آمنين في أشخاصهم ومنازلهم ومستنداتهم ومقتنياتهم من أي تفتيش أو احتجاز غير معقول، ولا يجوز إصدار مذكرة بهذا الخصوص إلا في حالة وجود سبب معقول معزز باليمين أو التوكيد، وتبين بالتحديد المكان المراد تفتيشه والأشخاص أو الأشياء المراد احتجازها".

وهذا التعديل الدستوري جاء ليحفظ للمواطنين حريتهم بوضع اشتراطات محددة، ويطلب التعديل الالتزام بها أثناء قيام الأجهزة

الشرطية والأمنية مهامها وخصوصا أثناء بحثها عن الأدلة الجنائية والقانونية، وبهذا نظم عمل الأجهزة الشرطية.

التعديل الخامس: "لا يجوز اعتقال أي شخص لاستجوابه بشأن جناية أو جريمة شائنة أخرى ألا تبعا لصدور قرار اتهامي أو مضبطة اتهام عن هيئة محلفين كبرى باستثناء القضايا الحاصلة في القوات البرية أو البحرية، أو المليشيا عندما تكون هذه القوات في الخدمة الفعلية في وقت الحرب أو الخطر العام. ولا يجوز اتهام أي شخص في دعوى جنائية على أن يكون شاهدا ضد نفسه، ولا أن يحرم من الحياة أو الحرية أو الممتلكات دون إتباع الإجراءات القانونية الأصولية كما لا يجوز نزع ملكية خاصة لاستخدامها في سبيل المنفعة العامة بدون تعويض.

وهذا التعديل كسابقه يعزز الحريات الفردية ويعزز حماية المواطن حيث منع احتجاز أو اعتقال أي شخص إلا بعد صدور قرار اتهام صادر عن محكمة، كما نص على أن الشخص الملقى عليه القبض له "الحق بالبقاء صامتا حتى يتمكن من الحصول على محام يرشده حول وضعه القانوني وكذلك له الحق بمعرفة أن كل ما يصدر عنه من أقوال أثناء الاعتقال أو التحقيق يعتبر اعترافات أو معلومات للأجهزة الأمنية والقضائية يجري استخدامها أثناء المحاكمة".

التعديل السادس: "في جميع المحاكمات الجنائية للمتهم الحق بأن يحاكم محاكمة سريعة وعلنية بواسطة هيئة محلفين غير متحيزة تابعة للولاية أو المقاطعة التي تكون الجريمة قد ارتكبت فيها، وتكون المقاطعة قد سبق للقانون تحديدها، وله الحق أن يبلغ سبب الاتهام وطبيعته، وأن يواجه الشهود اللذين يشهدون ضده، وفي أن تتوفر له التسهيلات القانونية الإرغامية لاستدعاء شهود لمصلحته، وفي أن يستعين بمحام للدفاع عنه".

وهذا التعديل يؤكد مثل سابقه على حرية الأفراد وحقهم في الحصول على محاكمة عادلة وأن لهم الحق في فرصة الدفاع عن أنفسهم وأن الدولة "المجتمع" مكلف بتعيين محام للمتهم في حال عدم تمكنه من الحصول على محام على نفقته الخاصة.

ولعل قضية "غرين" نموذجا حيا والتي كانت سابقة أفضت إلى صدور قانون يلزم الولاية بتوفير محامي للمتهم بارتكاب جريمة وخصوصا أولئك الذين لا يتمكنون من تحمل نفقات المحامين، وقد كان "غرين" قد أدين باقتحام قاعة لعب بلياردو في ولاية فلوريدا، وقد طلب من القاضي أن يعين له محام فرفض القاضي، وبعد أن حكم أرسل طلبا إلى المحكمة العليا مراجعة قضيته وفعلا تم ذلك وقررت أن تعاد محاكمته اعتبار أنه لم يحظ بمحاكمة عادلة من خلال حقه في محامي يدافع عنه، وأكدت المحكمة العليا على أن الولاية ملزمة بتعيين محام لأي متهم لا يستطيع الوفاء المالي لمحامي دفاع.

التعديل الرابع عشر: "جميع الأشخاص المولودين في الولايات المتحدة أو المتجنسين بجنسيتها والخاضعين لسلطانها يعتبرون من مواطني الولايات ومواطني الولاية التي يقيمون فيها. ولا يجوز لأي ولاية أن تضع أو تطبق أي قانون ينتقص من امتيازات أو حصانات مواطني الولايات المتحدة. كما لا يجوز لأي ولاية أن تحرم أي شخص من الحياة أو الحرية أو الممتلكات دون مراعاة الإجراءات القانونية الأصولية. ولا يجوز أن تحرم أي شخص خاضع لسلطانها من المساواة في حماية القوانين".

كان هذا التعديل استجابة لحاجة اجتماعية بالتأكيد على المساواة بين كافة المواطنين وأن لا يجوز ممارسة أي إجراء يميز بين مواطني الولايات المتحدة.

التعديل الخامس عشر: "لا يجوز للولايات المتحدة ولا لأي ولاية منها حرمان مواطني الولايات المتحدة من حقهم في الانتخاب، أو انتقاص حقهم بسبب العرق أو اللون أو حالة رق سابقة".

وهذا التعديل أطلق عليه (الخاص بالحقوق السياسية) وعليه لا يجوز حرمان أي مواطن أمريكي من حق التصويت في أي ولاية لأي انتخابات.

* فـرنسـا *

كانت الثورة الفرنسية حدثا تجاوزت أهميته الإنجازات التي حدثت في فرنسا، وجملة التغييرات التي طالت طريقة وآلية سير المجتمع الفرنسي، وتميزت "الثورة" بروحها الإنسانية وإعلاء شأن المواطنة والحقوق الفردية والعامة.

جاء الإعلان الفرنسي لحقوق الإنسان كثمرة للتغييرات ومتأثرا بشكل واسع بآراء المفكرين والفلاسفة الفرنسيين.

ولأن فرنسا جزء مهم من أوروبا وعاشت كغيرها من الأقطار لقرون سبقت، حكما ملكيا مطلقا، مسيطرا على كل السلطات التنفيذية والتشريعية، وتطال سلطته وقبضته القضائية أيضا.

ولم يكن في الدستور الفرنسي والقوانين النافذة أي محددات أو اشتراطات لسلطة الملك، ولذلك استشرى الاستبداد في الحكم خلال القرنين السابع والثامن عشر ليتجسد ذلك بمقولة الملك لويس الرابع "أنا الدولة والدولة أنا" وفعلا مارس سلطاته على أن الدولة تتجسد في شخصيته وهو يملك الحق المطلق في فعل ما يراه ملائما. ولم يتفرد بهذه العقلية والممارسة فها هو الملك "لويس الخامس عشر" "يقرر" إننا لم نتلق التاج إلا من خلال الله، وسلطة عمل القوانين هما من اختصاصنا وحدنا ولا يشاركنا في ذلك أحد، ولا نخضع في عملنا لأحد".

وكانت صلاحيات الملك المطلقة مقيدة في عدد محدد من القوانين الأساسية والتي تعالج انتقال الحكم للخلف، وتلك التي تحدد كيفية التصرف بأموال العرش "أي الملك" وكذلك الالتزام بأن يكون الملك كاثوليكيا.

وهذه القوانين السائدة والإفراط في حرية الملك، يقابله بؤس وفقر شديدين يعيش فيها الأغلبية الساحقة من الشعب وهم "العامة" وينوب عنهم في الجمعية العامة النبلاء ورجال الدين وهذه الجمعية مجمدة ولا تنعقد رغم شكليتها. والحال أفضل لدى فئة النبلاء ورجال الدين الذين يتمتعون بامتيازات نسبية مثل الإعفاءات الضريبية، وأنهم يتمتعون بحصانة وعدم محاكمتهم أمام محاكم العامة وإنما يحاكمون أمام محاكم دينية خاصة، وقد تمتعت الكنيسة باستقلالية نسبية وتدار من خلال كبار رجال الكنيسة الذين يتمتعون بحرية التصرف بأموال الكنيسة.

هذه الأجواء لم تنفرد بها فرنسا فقد كانت سائدة في أرجاء أوروبا مما دفع بفئات الشعب ومفكريه إلى الكفاح من أجل الحرية، وبدأت الأفكار الليبرالية بالظهور وتتسرب إلى المجتمعات الأوروبية، فقد برز مفكرون رواد مثل "جون لوك" الإنجليزي المولود ١٦٣٢م ودرس فيها وتحديدا في جامعة أكسفورد، وقد أنتج أفكارا ثورية ضمن بعضها في كتابة "الإدراك الإنساني" ومداخله أخرى بعنوان "في الحكومة المدنية" والذي كتبه عام ١٦٨٩م، وقد عاش في هولندا لفترة وقد لخص

الدكتور فيصل شطناوي في كتابة "حقوق الإنسان" والقانون الدولي الإنساني أفكار جون لوك ورؤيته حول ضرورة أن يتولى الشعب تفويض السلطة إلى هيئات متعددة بدل أن تتجسد في شخص واحد.

ويعتقد كثير من مؤرخي حقوق الإنسان أن "جون لوك" أثر أيما تأثير في بلورة الأسس للديمقراطية الليبرالية وأرسى إلى الأبد مبادئ أصبحت إنسانية، خصوصا تلك التي ضمنها كتابه "الحكومة المدنية" والذي كان هاديا ومنهلا وكان له أثر بالغ في مواد وروحية القانون العام الإنجليزي والأمريكي والفرنسي.

ومن مفكري القرن الثامن عشر كان "مونتسكيو" الذي أبدع أفكارا لا تقل ثورية عن "جون لوك" فقد وعى إلى الفصل بين السلطات مؤكدا إن هذا الفصل يشكل ضمانة لمنع أي سلطة من التغول على الأخرى، وكانت مساهمات "فولتير" المفكر والكاتب الفرنسي مهمة من خلال مقالاته وأفكاره التي صب جام غضبه وسخريته فيها من نظم الحكم السائدة خصوصا في فرنسا، وقد كان لأفكاره صدى بين عامة الناس وأثار مشاعرهم ونبه العامة إلى المطالبة بالحقوق المنقوصة.

وقد اتسمت الليبرالية الفرنسية خاصة فقد كان "جان جاك روسو" وبعبقرية فذة وجرأة كبيرة في إعلاء شأن الحرية وكرامة الإنسان، وفعلا وجدت أفكاره احتراما وتقديرا حيث كرم بنشر عدد من مقالاته وكتبه في "الموسوعة" قبل الثورة الفرنسية وخصوصا "أصل اللامساواة بين البشر" و"العقد الاجتماعي" وتم تكريمه بأن نقل رفاته من جنيف إلى مقبرة العظماء في باريس.

وقد اعتبرت أفكار "روسو" ملهمة للثورة الفرنسية وخصوصا كتابه "العقد الاجتماعي" والذي طالب من خلاله أي مجتمع أن يكون منظما يتمتع فيه الإنسان بالحرية وله الحق في الحريات الأساسية داعيا إلى وجوب وجود "عقد" "دستور" يكفل للإنسان حرياته وينظم عمل السلطات، وأن الدولة عليها أن تكون الضامن والحامي لهذه الحريات، مؤكدا أن ممارسة الإنسان لحرياته تجسد إنسانيته، وبمقدار ممارسته لهذه الحريات تتحقق إنسانيته التي لا يجوز التنازل عنها، أو الاعتداء عليها لذلك يقول في "العقد الاجتماعي" "أن تنازل الشخص عن حريته تنازل عن صفته كإنسان كذلك عن (حقوقه) الإنسانية وواجباتها، لأن من يتنازل عن كل شيء لن يجد تعويضا ممكنا، ومثل هذا التنازل يتعارض مع طبيعة الإنسان، حيث أن تجريد إرادته من كل حرية معناه انتزاع لكل أخلاقية في تصرفاته".

وقد تجسدت أفكار ومقولات "روسو" في الدستور الأمريكي ولكن تلك الأفكار أحدثت التأثير الأكبر في فرنسا وعلى مختلف مؤسساتها الثقافية والحضارية، وقد كانت أفكار "روسو" ملهمة لمفكرين ورواد التغيير في فرنسا لإعلاء قيمة الإنسان وخصوصا حقه في التفكير والاعتقاد لدرجة أن تلك الأفكار في ذلك الوقت طبعت ذلك العصر ليسمى "عصر العقل". وبذلك كان "روسو" الأب الروحي لأفكار الثورة الفرنسية ملهما لها، والتي حققت الإطاحة بالنظام الملكي المستبد في فرنسا، وهو بأفكاره الثورية أكد على حقوق الإنسان وحرياته.

وقد كان من أهم إنجازات الثورة الفرنسية إعلان حقوق الإنسان الذي كان سابقة إنسانية ما زال ملهما لكل المطالبين والعاملين من أجل حقوق الإنسان رغم المرارة أن عقودا وقورنا مرت وما زالت الشعوب في العالم الثالث لم تصل إلى تجسيد ذلك الإعلان ،لا بل إن كثير من الدول وعلى رأسها أمريكا تتراجع عن الحقوق الإنسانية المنصوص عليها في دستورها وتجعل تطبيقها انتقائيا وكأن الإنسان الأمريكي غير ذلك الذي يعيش في دول العالم الثالث وهو غير جدير بهذه الحقوق.

الإعلان الفرنسي لحقوق الإنسان

كان واضحا من خلال العجالة السابقة أن الظلم والاستبداد كانا قاسيين في ظل النظام الملكي الفرنسي، وقد جاءت الثورة الفرنسية نتاجا وردا طبيعيا لهذه المرحلة، هذه الثورة التي أعطت لفرنسا أولا ولأوروبا ثانيا نموذجا كان تأثيره هائلا حتى الآن. لا بل جعل الكثير من الشعوب في بلدان العالم تستلهم من نتاجات الثورة الفرنسية حتى يومنا هذا.

لقد أفصحت الثورة عن إيمانها بالديمقراطية وحرية الإنسان ولذلك لم تمض أسابيع قليلة حتى كان الإعلان " إعلان حقوق الإنسان والمواطن" هذا الإعلان الذي ما زال دويه يتردد حتى اللحظة.

إن أهم ما ميز الإعلان هو الإقرار بحقيقة أن كافة أشكال الظلم والاستبداد وما لحق بالإنسان من كوارث ومصائب كان سببها تجاهل الحكومات لحقوق الإنسان وحرياته، نعم إن عدم الاهتمام بالحقوق الفردية والعامة هي أساس الانفضاض الشعبي على السلطة وثورتها. ولهذا ركز الإعلان على مبادئ أساسية كالحرية، والمساواة، ودور القانون لحماية هذه الحريات وتنظيمها ورعايتها.

أولا: الحرية والملكية:

من رحم الظلم والطغيان الذي كان يمارس على المواطن الفرنسي كانت أول وأهم مبادئ الإعلان هي الحرية والتي عدت الهدف الأساس

للإعلان ومن قبلها الثورة، ويلاحظ ذلك من خلال المادة الأولى والتي نصت" يولد الناس أحرارا متساوين في الحقوق....." واعتبرت هذه المادة عنوانا للإعلان وغايته الأسمى.

وجاءت المادة الثانية على " إن هدف أي تجمع سياسي هو الحفاظ على حقوق الإنسان الطبيعية غير القابلة للتقادم، وهذه الحقوق هي الحرية، والملكية،، والأمن ومقاومة الطغيان ". إن هذه المادة التي ساوت بين الحقوق الطبيعية الغريزية للإنسان واعتبرت إحداها مقاومة الطغيان هو جوهر الإعلان الفرنسي وأهم إبداعاته الإنسانية وذلك لأن مقاومة الطغيان هي مظهر من مظاهر غريزة حب البقاء وليست غريزة مستقلة.

وهذه المادة تؤكد أن لا حدود على الإنسان في ممارسة الحقوق الطبيعية إلا بالقدر الذي يهدد ويضر بحريات الآخرين الذين يملكون الحق ذاته.

وقد أكد الإعلان أن الحرية الفردية من خلال حقه في الأمان والأمن ولهذا جاءت المادة السابعة لتنص "لا يمكن اتهام أي إنسان أو توقيفه أو اعتقاله إلا في الحالات المحددة في القانون" واستكملت هذه المادة بما جاء في المادة الثامنة "لا يمكن معاقبة أي إنسان إلا وفقا لأحكام القانون القائم".

نعم إن صيانة أمن الإنسان من تعسف السلطات غاية بحد ذاتها وعلى قاعدة بالغة الأهمية جاءت في المادة التاسعة "إن المتهم برئ حتى تثبت إدانته".

إذا ما تحقق الأمن الفردي يكون الإنسان قادرا على أن يكون حرا وبالتالي يمارس إنسانيته في إحقاق الحق وبالتالي يلجأ للتعبير عن آرائه المختلفة ومعتقداته التي تشكل إرثه الحضاري والإنساني، ولهذا جاءت المادة العاشرة لتؤكد "يجب الامتناع عن إزعاج أي إنسان بسبب آرائه الدينية ما دام التعبير عنها لا يعكر النظام العام المرتكز على القانون" وهذه المادة أعطت للمواطن حقه في إبداء الرأي والتعبير عن المعتقدات ولهذا جاءت المادة الحادية عشرة "حرية إيصال الأفكار والآراء هي واحدة من أغلى حقوق الإنسان".

وحتى يستطيع الإنسان مواصلة حياته وتطوره يقترن بالحرية الشخصية حقه في الملكية التي تعتبر أداته لتلبية احتياجاته وتطوره الاقتصادي، وقد نصت المادة السابعة عشر" لما كانت الملكية حقا مصونا ومقدسا فلا يمكن أن يحرم منها إلا عندما تقتضي الضرورة العامة المثبتة قانونا بصورة واضحة شرط التعويض العادل والمسبق".

ثانيا: المساواة

بعد أن يتمتع الإنسان بحريته الشخصية يعمل إلى أن تكون هذه الحرية أسوة بالآخرين دون تفريق وقد نصت المادة الأولى "يولد الناس أحرارا ومتساوين في الحقوق ويبقون كذلك". وأكدت المادة السادسة تجسيد ذلك بنصها" كل المواطنين متساوون في كل المناصب والوظائف العامة كل حسب كفاءته ودون تمييز أخر". وهذا حتما رؤية رائعة

بالمقابل في الواجبات وتحمل المسؤولية فقد نصت المادة الثالثة عشرة على ضرورة تحمل المواطنين كافة دون تمييز واجب التصدي للأعباء العامة " في سبيل الإنفاق على القوة العامة وتأمين مصاريف الإدارة لا بد من فرض ضريبة مشتركة يجب توزيعها بين المواطنين بالتساوي تبعا لمكانتهم".

وبهذا أرست الوثيقة مبادئ المساواة في الحقوق والواجبات وحملت كل مواطن المسئولية الاجتماعية والاقتصادية التي تجعل منه فاعلا بالمطالبة بحقوقه مؤديا لواجباته.

ثالثا: القانــــــون

حتى يستطيع المواطن ممارسة حقوقه المنصوص عليها ومعرفته بالواجبات التي تترتب على مواطنته كان يجب أن يكون هناك قوانين تنظم علاقة الفرد بالمجتمع. ولهذا كان للقوانين مكانتها في الإعلان، على اعتبار أنها المنظم للحياة العامة وممارسة الحرية.

وفي الوقت الذي جاء في المواد السابعة والثامنة والتاسعة نصوصا واضحة لأهمية القوانين إلا أنها حذرت أن تمارس هذه القوانين من خلال البطش والقمع والإكراه. وإن القوانين هي المنظم لعلاقة الفرد بالمجتمع وليست أداة تركيع وإذلال.

وبتفحص مواد الإعلان نجد أن المواد المتعلقة بالقانون جاءت حذرة حتى لا تكون القوانين أداة لمنع الحرية والحد منها، وكان هذا الموقف

طبيعيا لأن الإعلان أصلا جاء ردا على الإرهاب والبطش الذي كان يعاني منه المواطن الفرنسي.

وقد يبدو الآن بعد هذه العقود أن هناك تعارضا بين مواد الإعلان لأنه تحدث بحذر شديد على العقوبات وأعلى من شأن الحرية والمساواة بين المواطنين.

- الإعلان والدساتير الفرنسية

كان للإعلان أثره الواضح وجاء مهيمنا على الدساتير الفرنسية التي جاءت بعده وكان ذلك تجسيدا حيا له ، وفعلا جاءت النصوص الدستورية متناغمة مع الإعلان.

- دستور عام ١٧٩٢م:

أمرت الجمعية التأسيسية بإرسال إعلان حقوق الإنسان إلى كل المناطق الفرنسية ليوزع على الجميع قبل أن تجري عملية التصويت عليه داخل الجمعية، وكان لهذه الخطوة بالغ الأثر في حماس الجمهور للإعلان، وأصبح الإعلان له المكانة الكبيرة داخل المجتمع الفرنسي.

في عام ١٧٩١م أقرت الجمعية التأسيسية الدستور وكان الإعلان هو جزء لا يتجزأ من الدستور بحيث أصبح وكأنه عقيدة جديدة مما دفع "تورية" للقول " لقد اكتسب الإعلان طابعا دينيا مقدسا وصار للمعتقد السياسي رمزا".

وفعلا أخذ الإعلان يوزع ويطبع بصيغته الأصلية ووضع كمقدمة للدستور كما جاء أصلا، ولهذا اقترن دستور ١٧٩١م بالإعلان وأنه جاء أداة للحرية وجاء مجسدا لمبادئ الثورة الفرنسية.

-دستور عام ١٧٩٣

كما كان في دستور ١٧٩١ فقد تربع الإعلان في مقدمة دستور ١٧٩٣ وقد كان مطورا لما قبله مبدعا في تجسيد حق المواطنة فقد نص على حق العمل، وكان أول دستور فرنسي ينص على الاقتراع العام والاستفتاء الشعبي وكذلك حق الأفراد المحتاجين بالمساعدات الاجتماعية.

أباح الدستور الجديد تجسيدا للإعلان حق مقاومة الظلم والطغيان التي يمكن أن تمارسه الحكومة وأكد أن هذا الحق مقدس لا تجاوز عنه.

-دستور عام ١٨٤٨

كانت ثورة عام ١٨٤٨ من أهم مراحل التاريخ الفرنسي حيث كانت ثورة الطبقة العاملة التي تشكل الأغلبية في المجتمع واستطاعت أن تنجح في الإطاحة بالملكية، فقد كانت تحولا اجتماعيا نحو ترسيخ الحرية ومبادئ الإعلان.

فقد تشكلت في أعقابها حكومة مؤقتة ودعي لانتخابات عامة لاختيار جمعية تأسيسية جديدة وضع على رأس جدول أعمالها دستور جديد يؤكد على توسيع حق الاقتراع وتأكيد الحريات العامة. وفعلا أقر الدستور الجديد الذي كانت مقدمته، الإعلان، وجاء الدستور لإطلاق الحريات العامة وحق المواطن في رعاية الدولة.

الفصل الثاني

حقوق الإنسان في الشريعة الإسلامية

* حق الحياة
* الحقوق والواجبات التي تتعلق بالنفس البشرية
* الحماية والأمن والكرامة والمعاملة الحسنة
* أخلاق التعامل مع الآخر
* حق الإنسان على المجتمع والدولة

الفصل الثاني

حقوق الإنسان في الشريعة الإسلامية

- تمهيد

إن الخالق سبحانه وتعالى الأعلم بشؤون خلقه وما تفعله النفس البشرية من آثام وميول نحو الذات حتى لو على حساب الآخر قد شرع من خلال قرآنه الكريم مجموعة من الضوابط للأفراد والجماعات وكانت السنة النبوية مكملة موضحة لهذه الضوابط.

وقد جاءت هذه التشريعات لتكمل مكارم الأخلاق التي كانت سائدة في المجتمعات البشرية قبل الإسلام.

- حق الحياة

حق الحياة هو حق الإنسان في ممارسة الوظائف العضوية الأساسية من نمو وغذاء وتناسل وتوفير متطلبات العيش الكريم لكل فرد في إطار من الشعور بالأمن والسلامة والحرية، وحق الحياة هو الحق الأول للإنسان، وبتوفره يمكن تطبيق وممارسة كافة الحقوق.

والحياة منحة الله تعالى، وليس للإنسان فضل في إيجادها، وكل تعد عليها يعتبر جريمة في نظر الإسلام، وقد جسد ذلك بنص الإعلان الإسلامي لحقوق الإنسان (الحياة هبة الله، وهي مكفولة لكل إنسان، وعلى

الأفراد والمجتمعات والدول حماية هذا الحق من كل اعتداء عليه، ولا يجوز إزهاق روح دون مقتضى شرعي (المادة ٢، الفصل١).

وقد كلف الأفراد والمجتمع والدولة حماية هذا الحق، وتأمين الوسائل اللازمة لتأمينه من الغذاء والدواء والأمن والمأوى والملبس والبيئة الصحية السليمة والهواء والماء النقي ... التي تضمن له البقاء والاستمرار وقد جسدت الشريعة الإسلامية الحق في الحياة.

- الحقوق والواجبات التي تتعلق بالنفس البشرية

أولت الشريعة الإسلامية النفس البشرية الاهتمام الأجل والأرفع تكريما للإنسان، أي إنسان، لآدميته وأوجبت مجموعة من الواجبات والحقوق.

-تحريم القتل:

حياة الإنسان مقدسة، ولا يجوز الاعتداء عليها، لقوله عز وجل: ﴿مَن قَتَلَ نَفۡسَۢا بِغَيۡرِ نَفۡسٍ أَوۡ فَسَادٖ فِي ٱلۡأَرۡضِ فَكَأَنَّمَا قَتَلَ ٱلنَّاسَ جَمِيعٗا وَمَنۡ أَحۡيَاهَا فَكَأَنَّمَآ أَحۡيَا ٱلنَّاسَ جَمِيعٗا﴾ [المائدة:٣٢].

وهذه الآية الكريمة تجرم من يعتدي على النفس وتعظيم قداستها إلى درجة عالية وهي بذلك تتحدث عن النفس على أطلاقها دون تحديد لدين أو جنس أو ذكر أو أنثى.

ولردع من تسول له نفسه الاعتداء على حياة الآخرين، فقد قررت الشريعة الإسلامية القصاص في القتل، يقول تعالى: ﴿ وَلَكُمْ فِي ٱلْقِصَاصِ حَيَوٰةٌ يَـٰٓأُو۟لِى ٱلْأَلْبَـٰبِ لَعَلَّكُمْ تَتَّقُونَ ﴾ [البقرة:١٧٩]، واحتراما لإنسانية الإنسان لم يفرق الإسلام في ذلك بين أن يكون القتيل ذكرا أو أنثى أو مسلما أو ذميا أو حتى لو كان دينه ليس سماويا وبغض النظر عن عمره أو ديانته أو وضعه الاجتماعي، كما أكدت الشريعة أن عقوبة القصاص في القتل العمد عقوبات دنيوية وأخروية فقال تعالى: ﴿ وَمَن يَقْتُلْ مُؤْمِنًا مُّتَعَمِّدًا فَجَزَآؤُهُۥ جَهَنَّمُ خَـٰلِدًا فِيهَا وَغَضِبَ ٱللَّهُ عَلَيْهِ وَلَعَنَهُۥ وَأَعَدَّ لَهُۥ عَذَابًا عَظِيمًا ﴾ [النساء:٩٣].

ومن معرفة الخالق لطبيعة البشر فقد عالجت الشريعة القتل الخطأ، **قَالَ تَعَالَىٰ:** ﴿ وَمَا كَانَ لِمُؤْمِنٍ أَن يَقْتُلَ مُؤْمِنًا إِلَّا خَطَـًٔا ۚ وَمَن قَتَلَ مُؤْمِنًا خَطَـًٔا فَتَحْرِيرُ رَقَبَةٍ مُّؤْمِنَةٍ وَدِيَةٌ مُّسَلَّمَةٌ إِلَىٰٓ أَهْلِهِۦٓ إِلَّآ أَن يَصَّدَّقُوا۟ ﴾ [النساء:٩٢].

- تحريم الانتحار وإيذاء النفس:

الروح أمانة في يد صاحبها، فلا يجوز له الاعتداء عليها، ومن يقدم على ذلك يعتبر منتحرا، وقد اعتبر الإسلام الانتحار جريمة حرمها وشنع على مرتكبها، قال رسول الله ﷺ: "من قتل نفسه بحديدة فحديدته في يده يتوجأ بها في بطنه في نار جهنم خالدا مخلدا فيها أبدا، ومن شرب سما فقتل نفسه فهو يتحساه في نار جهنم خالدا مخلدا فيها أبدا، ومن تردى من جبل فقتل نفسه فهو يتردى في نار جهنم خالدا مخلدا فيها أبدا" [رواه مسلم والترمذي وأحمد].

- تحريم قتل الجنين:

وحرص الإسلام على حياة الإنسان قبل ولادته، وكلف الأم برعاية صحتها حفاظا على الجنين وحرم الإجهاض بعد نفخ الروح، وأما إسقاط الجنين قبل نفخ الروح فيه، فيه اختلاف بين الفقهاء ولكن الغالبية اجتهدت أنه يجب أن تتوفر مبررات لذلك.

- حرمة الإنسان الميت:

واحترم الإسلام الإنسان حتى بعد وفاته فقد كرم الإسلام الإنسان حيا وميتا، فأوجب غسل الميت وتكفينه ودفنه، ونهى عن التشهير والتمثيل به، وقال ﷺ: "اذكروا محاسن موتاكم"]رواه أبو داود والترمذي[.

- الحماية والأمن والكرامة والمعاملة الحسنة

حتى تستقيم أمور الإنسان ويكون قادرا على العطاء أوجبت الشريعة الإسلامية مجموعة من الحقوق.

- حق الحماية:

قال تعالى: ﴿ فَاللَّهُ خَيْرٌ حَافِظًا وَهُوَ أَرْحَمُ الرَّاحِمِينَ ﴾]يوسف:٦٤[.

﴿ وَظَنُّوا أَن لَّا مَلْجَأَ مِنَ اللَّهِ إِلَّا إِلَيْهِ ﴾]التوبة:١١٨[.

حق الحماية: هو حق الفرد في توفر ضمانات قانونية فعالة تكفل له ممارسة حقوقه وحرياته الفردية والجماعية دون إكراه من قبل السلطات أو فئات أو أفراد.

فقد ركز الإسلام على حماية الأموال وجعلها من الضرورات الخمس (الدين، والنفس، والعقل، والمال، والنسل)، قال تعالى: ﴿ يَا أَيُّهَا الَّذِينَ آمَنُوا لَا تَأْكُلُوا أَمْوَالَكُم بَيْنَكُم بِالْبَاطِلِ ﴾ [النساء:٢٩]، وحرم السرقة والنهب فقال تعالى: ﴿ وَالسَّارِقُ وَالسَّارِقَةُ فَاقْطَعُوا أَيْدِيَهُمَا جَزَاءً بِمَا كَسَبَا نَكَالًا مِّنَ اللَّهِ ﴾ [المائدة:٣٨].

كما حرص الإسلام أيما حرص على حماية الإنسان بصون كرامته، من سخرية الآخرين وهمز ولمز وتنابز بالألقاب، وتجسس على خصوصياته وغيرها من الصفات الذميمة، يقول تعالى: ﴿ يَا أَيُّهَا الَّذِينَ آمَنُوا لَا يَسْخَرْ قَوْمٌ مِّن قَوْمٍ عَسَىٰ أَن يَكُونُوا خَيْرًا مِّنْهُمْ وَلَا نِسَاءٌ مِّن نِّسَاءٍ عَسَىٰ أَن يَكُنَّ خَيْرًا مِّنْهُنَّ ۖ وَلَا تَلْمِزُوا أَنفُسَكُمْ وَلَا تَنَابَزُوا بِالْأَلْقَابِ ۖ بِئْسَ الِاسْمُ الْفُسُوقُ بَعْدَ الْإِيمَانِ ۚ وَمَن لَّمْ يَتُبْ فَأُولَٰئِكَ هُمُ الظَّالِمُونَ (١١) يَا أَيُّهَا الَّذِينَ آمَنُوا اجْتَنِبُوا كَثِيرًا مِّنَ الظَّنِّ إِنَّ بَعْضَ الظَّنِّ إِثْمٌ ۖ وَلَا تَجَسَّسُوا وَلَا يَغْتَب بَّعْضُكُم بَعْضًا ۚ أَيُحِبُّ أَحَدُكُمْ أَن يَأْكُلَ لَحْمَ أَخِيهِ مَيْتًا فَكَرِهْتُمُوهُ ۚ وَاتَّقُوا اللَّهَ ۚ إِنَّ اللَّهَ تَوَّابٌ رَّحِيمٌ (١٢) ﴾ [الحجرات:١١-١٢].

و كان الإسلام رياديا وبشكل مبكر في تاريخ الإنسانية على حماية الفرد من تعسف السلطات والشطط في الحكم، فلا يجوز مطالبته بتقديم تفسير لعمل يعمله، أو اتهامه بتهمة ما، إلا بناء على قرينة قوية تتطلب مساءلته، وفي ذلك يقول سبحانه وتعالى: ﴿ وَالَّذِينَ يُؤْذُونَ الْمُؤْمِنِينَ

﴿وَٱلْمُؤْمِنَٰتِ بِغَيْرِ مَا ٱكْتَسَبُوا۟ فَقَدِ ٱحْتَمَلُوا۟ بُهْتَٰنًا وَإِثْمًا مُّبِينًا﴾ [الأحزاب:٥٨]،

وقول رسول الله ﷺ: "إن الله وضع عن أمتي الخطأ والنسيان وما استكرهوا عليه" [رواه ابن ماجة]، وفي رواية "إن الله تجاوز ...".

وقد كان الإسلام أول من حمى الإنسان من التعذيب وجرم من يمارسه بحق الأفراد والجماعات قال ﷺ: "إن الله يعذب الذين يعذبون الناس في الدنيا" [رواه الخمسة]. وبذلك سبق كل القوانين والتشريعات التي تحمي الإنسان وحريته وقد كان سباقا في أن جعل مجموعة من العقوبات الدنيوية إضافة إلى ما ينتظر من يعصي ويخالف من عقاب في الدار الآخرة.

- حق الأمن:

هو حق العيش الحر للأفراد والجماعات دون تهديد أو خطر مادي أو معنوي يؤدي إلى الانتقاص من حقوقهم أو حياتهم الخاصة أو العامة، أو ما يمكن أن يخلق قلقا أو توترا يعيق حريتهم أو حياتهم.

وغني عن البيان انه إذا فقد الإنسان الأمن كانت حياته تعيسة منغصة، حيث يعيش في خوف ورعب دائمين، فان ذلك يعيق تطوره والقيام بدوره ووظائفه الحيوية والإنسانية.

وقد اهتم الإسلام بتوفير الأمن للإنسان بكافة نواحيه، فحض على السلم والسلام، واعتبر السلم هو الحالة الأصلية التي توفر التعاون وإشاعة الخير بين الناس عامة، وجعل السلم شعارا للإسلام، فقال تعالى: ﴿يَٰٓأَيُّهَا ٱلَّذِينَ ءَامَنُوا۟ ٱدْخُلُوا۟ فِى ٱلسِّلْمِ كَآفَّةً﴾ [البقرة:٢٠٨]،

وقال عز وجل: ﴿ فَإِنِ اعْتَزَلُوكُمْ فَلَمْ يُقَاتِلُوكُمْ وَأَلْقَوْا إِلَيْكُمُ السَّلَمَ فَمَا جَعَلَ اللَّهُ لَكُمْ عَلَيْهِمْ سَبِيلًا ﴾ [النساء:٩٠]. وبذلك يحدد العلاقة مع الآخر بغض النظر عن عرقه أو دينه.

وقال: ﴿ وَلَا تَقُولُوا لِمَنْ أَلْقَىٰ إِلَيْكُمُ السَّلَامَ لَسْتَ مُؤْمِنًا ﴾ [النساء:٩٤].

وقال: حاضا على السلام: ﴿ يَهْدِي بِهِ اللَّهُ مَنِ اتَّبَعَ رِضْوَانَهُ سُبُلَ السَّلَامِ ﴾ [المائدة:١٦].

كيف لا وهو الذي جعل (السلام) اسما من أسمائه الحسنى: ﴿ هُوَ اللَّهُ الَّذِي لَا إِلَٰهَ إِلَّا هُوَ الْمَلِكُ الْقُدُّوسُ السَّلَامُ الْمُؤْمِنُ الْمُهَيْمِنُ الْعَزِيزُ الْجَبَّارُ الْمُتَكَبِّرُ ۚ سُبْحَانَ اللَّهِ عَمَّا يُشْرِكُونَ ﴾ [الحشر:٢٣]. وجعل السلام والتحية بين المسلمين السلام عليكم.

ولكل إنسان الحق في محاكمة عادلة وعدم المبالغة والشطط في تحصيل الحق من الآخرين.

وقد وضع الإسلام دستورا متكاملا ينظم حياة الناس، ويؤمن لهم أمنهم الأسري والمجتمعي الذي يحقق لهم السكن والطمأنينة، قال تعالى:

﴿ وَمِنْ آيَاتِهِ أَنْ خَلَقَ لَكُم مِّنْ أَنفُسِكُمْ أَزْوَاجًا لِّتَسْكُنُوا إِلَيْهَا وَجَعَلَ بَيْنَكُم مَّوَدَّةً وَرَحْمَةً ﴾ [الروم:٢١].

كما ضمن الأمن الاقتصادي، قال تعالى: ﴿ يَا أَيُّهَا الَّذِينَ آمَنُوا لَا تَأْكُلُوا أَمْوَالَكُم بَيْنَكُم بِالْبَاطِلِ إِلَّا أَن تَكُونَ تِجَارَةً عَن تَرَاضٍ مِّنكُمْ ﴾ [النساء: ٢٩]

ووضع محددات تضمن التكافل الاجتماعي كالزكاة والصدقة والحث على العمل وطلب الرزق وكرم وأعلى شأن المحسنين وعمل الخير.

قَالَ تَعَالَى: ﴿ فَعَلِمَ مَا فِي قُلُوبِهِمْ فَأَنزَلَ السَّكِينَةَ عَلَيْهِمْ ﴾ [الفتح: ١٨]

وقَالَ: ﴿ فَأَنزَلَ اللَّهُ سَكِينَتَهُ عَلَىٰ رَسُولِهِ وَعَلَى الْمُؤْمِنِينَ ﴾ [الفتح: ٢٦]

وقَالَ: ﴿ ثُمَّ أَنزَلَ اللَّهُ سَكِينَتَهُ عَلَىٰ رَسُولِهِ وَعَلَى الْمُؤْمِنِينَ ﴾ [التوبة: ٢٦]

وقَالَ: ﴿ فَأَنزَلَ اللَّهُ سَكِينَتَهُ عَلَيْهِ وَأَيَّدَهُ بِجُنُودٍ لَّمْ تَرَوْهَا ﴾ [التوبة: ٤٠]

وكذلك الأمن الاجتماعي والمدني، قَالَ تَعَالَى: ﴿ يَا أَيُّهَا النَّاسُ إِنَّا خَلَقْنَاكُم مِّن ذَكَرٍ وَأُنثَىٰ وَجَعَلْنَاكُمْ شُعُوبًا وَقَبَائِلَ لِتَعَارَفُوا إِنَّ أَكْرَمَكُمْ عِندَ اللَّهِ أَتْقَاكُمْ ﴾ [الحجرات: ١٣]

وحث الإسلام على الأمن الصحي للأفراد والجماعات المتمثل في المحافظة على صحة الجسم بوقايتها من الأمراض، ومعالجتها إن أصابها مرض، فقد ورد أن الأعراب جاءوا فقالوا: يا رسول الله، أنتداوى؟ قال: "تداووا فإن الله عز وجل لم يضع داء إلا وضع له دواء غير داء واحد: الهرم" [رواه الترمذي وأبو داود]

وقال عليه السلام: "إن الله عز وجل حيث خلق الداء خلق الدواء فتداووا" [رواه أحمد]

وبهذا أمر الإسلام على تنسيق هذه الضمانات بشكل متكامل ليحقق الأمن للفرد والمجتمع محددا واجبات وحقوق الأفراد.

- حق الكرامـــــة:

هو حق احترام إنسانية الإنسان باعتباره كائنا عاقلا، حرا له مشاعره وذاته التي تستحق الاحترام بغض النظر عن مكانته أو عرقه أو دينه وهو بهذا يحترم أدمية الإنسان وإنسانيته.

وقد فضل الـلـه سبحانه وتعالى الإنسان على سائر المخلوقات، فقال تعالى: ﴿ وَلَقَدْ كَرَّمْنَا بَنِيٓ ءَادَمَ ﴾ [الإسراء:٧٠]، وأي تكريم أسمى من هذا التكريم؟

إنه من رب السماوات والأرض، من العزيز الكريم، فكان هذا التكريم للإنسان تاج فخار يتباهى به، ويسمو به على سائر مخلوقات الـلـه تعالى.

ومن تكريم الخالق للإنسان الخلافة في الأرض التي تقوم على أساس عمارة الأرض وإصلاحها، والانتفاع بثرواتها، والابتعاد عن الإفساد والهدم، ومن يخالف ذلك يكون من الخارجين على طاعة الـلـه تعالى، المفسدين لما استخلفهم الـلـه فيه، فينطبق عليهم قوله تعالى: ﴿ وَمِنَ ٱلنَّاسِ مَن يُعْجِبُكَ قَوْلُهُۥ فِى ٱلْحَيَوٰةِ ٱلدُّنْيَا وَيُشْهِدُ ٱللَّهَ عَلَىٰ مَا فِى قَلْبِهِۦ وَهُوَ أَلَدُّ ٱلْخِصَامِ ﴿٢٠٤﴾ وَإِذَا تَوَلَّىٰ سَعَىٰ فِى ٱلْأَرْضِ لِيُفْسِدَ فِيهَا وَيُهْلِكَ ٱلْحَرْثَ وَٱلنَّسْلَ ۗ وَٱللَّهُ لَا يُحِبُّ ٱلْفَسَادَ ﴿٢٠٥﴾ ﴾ [البقرة:٢٠٤-٢٠٥].

وحث على التمسك بالأخلاق الكريمة ليسمو بالنفس ويطهرها، ويصلح الفرد إصلاحا يجعله جديرا بحمل المبادئ الفاضلة، والعمل لتحقيق الأهداف

السامية، كما يصلح النفس باعتبارها من مصادر السلوك ومبعث الآمال التي توصف بالخير والشر، يقول تعالى: ﴿ وَنَفْسٍ وَمَا سَوَّىٰهَا ۝٧ فَأَلْهَمَهَا فُجُورَهَا وَتَقْوَىٰهَا ۝٨ قَدْ أَفْلَحَ مَن زَكَّىٰهَا ۝٩ وَقَدْ خَابَ مَن دَسَّىٰهَا ۝١٠ ﴾ [الشمس:٧-١٠].

ومن حرص الإسلام على الأخلاق الفاضلة كثرة ما دعا إلى البر والرحمة والإخاء والمودة والتعاون والوفاق والصدق والإحسان ووفاء بالعهد وأداء الأمانة وتطهير القلب والعدل والمسامحة والعفو وحث على النصيحة.

قَالَ تَعَالَىٰ: ﴿ وَلْتَكُن مِّنكُمْ أُمَّةٌ يَدْعُونَ إِلَى الْخَيْرِ وَيَأْمُرُونَ بِالْمَعْرُوفِ وَيَنْهَوْنَ عَنِ الْمُنكَرِ ۚ وَأُولَٰئِكَ هُمُ الْمُفْلِحُونَ ﴾ [آل عمران:١٠٤].

وقوله: ﴿ وَتَعَاوَنُوا عَلَى الْبِرِّ وَالتَّقْوَىٰ ۖ وَلَا تَعَاوَنُوا عَلَى الْإِثْمِ وَالْعُدْوَانِ ﴾ [المائدة:٢].

وقوله: ﴿ إِنَّمَا الْمُؤْمِنُونَ إِخْوَةٌ فَأَصْلِحُوا بَيْنَ أَخَوَيْكُمْ ﴾ [الحجرات:١٠].

- المعاملة الحسنة:

قَالَ تَعَالَىٰ: ﴿ وَلَا تُصَعِّرْ خَدَّكَ لِلنَّاسِ وَلَا تَمْشِ فِي الْأَرْضِ مَرَحًا ۖ إِنَّ اللَّهَ لَا يُحِبُّ كُلَّ مُخْتَالٍ فَخُورٍ ﴾ [لقمان:١٨].

ومن حق الإنسان على أخيه الإنسان، أن يعامله معاملة إنسانية، يحترم مشاعره، ويقدر أفكاره، وآراءه، ويعامله بخلق حسن، وتقدير مشاعره.

وقد حرص الإسلام على سمو هذه المعاملة، بحيث يعامل الإنسان الآخرين كما يجب أن يعاملوه، قال رسول الله ﷺ: "لا يؤمن أحدكم

حتى يحب لأخيه ما يحب لنفسه"]رواه البخاري ومسلم والنسائي وابن ماجة[وهو بهذا ينظم حياة المجتمع بغض النظر عن مكانته وموقعه ودينه.

- أخلاق التعامل مع الآخر

للآخر من حيث الجنس والعرق والدين مجموعة من الحقوق على أخيه الإنسان. الرحمة والرفق مفاهيم متقاربة، ترتبط بتعامل الإنسان مع غيره بلطف ولين ورحمة، ومع العلم بتقاربها وتداخل أدلتها من القرآن الكريم السنة النبوية، إلا أننا سنستعرض كلا منها على حدة.

- الرحمـــــة:

صيانة لكرامة الإنسان، ورفعته بعث الله تعالى رسوله محمدا ﷺ رحمة للعالمين، لينقذ الناس كافة من ظلمات الشرك والظلال إلى نور الهدى والإيمان، مؤكدا أنه جاء مكملا ومتمما الأنبياء والرسل من قبل ولكل القيم الإنسانية السامية.

ويطمئن الله سبحانه عباده بواسع رحمته وغفرانه في قوله: ﴿ قُلْ يَٰعِبَادِىَ ٱلَّذِينَ أَسْرَفُوا۟ عَلَىٰٓ أَنفُسِهِمْ لَا تَقْنَطُوا۟ مِن رَّحْمَةِ ٱللَّهِ ۚ إِنَّ ٱللَّهَ يَغْفِرُ ٱلذُّنُوبَ جَمِيعًا ۚ إِنَّهُۥ هُوَ ٱلْغَفُورُ ٱلرَّحِيمُ ﴾]الزمر:٥٣[. وقوله تعالى: ﴿ وَمَن يَقْنَطُ مِن رَّحْمَةِ رَبِّهِۦٓ إِلَّا ٱلضَّآلُّونَ ﴾]الحجر:٥٦[.

ومن عظيم رحمته سبحانه وتعالى بعباده أن أرسل لهم الرسل عليهم الصلاة والسلام، لهدايتهم وإخراجهم من الظالمات إلى النور، واختص أمة

الإسلام بالرحمة، وبمحمد ﷺ الذي أرسله إلى الناس كافة بشيرا ونذيرا، قال تعالى: ﴿ وَمَآ أَرۡسَلۡنَٰكَ إِلَّا رَحۡمَةٗ لِّلۡعَٰلَمِينَ ﴾]الأنبياء:١٠٧[، فكان النبي محمد ﷺ نعم النعمة ونعم الرحمة، جسد هذه الرحمة في خلقه، وفي دعوته، وفي تصرفاته، وفي كل حياته، فكان رحيما لينا في دعوته للناس، وحبه لهدايتهم، وحرصه على إيمانهم، قال تعالى: ﴿ فَبِمَا رَحۡمَةٖ مِّنَ ٱللَّهِ لِنتَ لَهُمۡۖ وَلَوۡ كُنتَ فَظًّا غَلِيظَ ٱلۡقَلۡبِ لَٱنفَضُّواْ مِنۡ حَوۡلِكَۖ ﴾]آل عمران:١٥٩[.

هذا اللين في تعامله ﷺ،وحب الخير لأمته، والرحمة بعباد الله، ينعكس في الأحاديث التي دعا فيها إلى الرحمة والتراحم، يقول ﷺ:"من لا يرحم لا يرحم"]رواه البخاري ومسلم والترمذي وأبو داود وأحمد[.

ويقول رسول الله ﷺ داعيا إلى التراحم:"ارحموا من في الأرض يرحمكم من في السماء"]رواه الطبراني والحاكم[وبذلك لم يحدد لمن الرحمة بل شمل كل الناس والحيوان والنبات.

ومن الرحمة أن يكون الإنسان عطوفا على إخوانه الصغار، محترما للكبار، موقرا للعلماء والمعلمين والمتقدمين في السن، شفوقا على الضعفاء والمساكين، يعينهم ويساعدهم ويعطف عليهم، وبذلك يستحق رحمة الله تعالى وينال الثواب الجزيل منه عز وجل، قال ﷺ: "ليس منا من لم يوقر كبيرنا ويرحم صغيرنا"]رواه البخاري وأبو داود[.

- الرفـــق:

وترتبط الرحمة بخلق الرفق، فمن حق الفرد أن يعامله الآخرون بالرفق، كما أن عليه أن يبادلهم بالرفق، ويبتعد عن التعامل بالعنف والشدة، وقد حث الإسلام على الرفق وشجع عليه في العديد من الأحاديث النبوية الشريفة، وانعكس هذا الخلق في تصرفات المسلمين من بعده وخصوصا الخلفاء والراشدين، قال رسول الله ﷺ: "إن الله رفيق يحب الرفق في الأمر كله"]متفق عليه[.

ومن تشجيعه ﷺ على الرفق قوله: "من يحرم الرفق يحرم الخير كله"]رواه مسلم[.

ويبين رسول الله ﷺ أثر الرفق في أمور الحياة، فيقول: "إن الرفق لا يكون في شيء إلى زانه، وما ينزع من شيء إلا شانه"]رواه مسلم[.

ويشمل الرفق الصغار والكبار، والذكور والإناث، ويتعدى الرفق في الإسلام إلى الرفق بالحيوان، فعن أبي هريرة رضي الله عنه أن رسول الله ﷺ قال: "بينما رجل يمشي فاشتد عليه العطش، فنزل بئرا فشرب منها، ثم خرج فإذا هو بكلب يلهث يأكل الثرى من العطش، فقال: لقد بلغ بهذا مثل الذي بلغ بي، فملأ خفه ثم أمسكه بفيه، ثم رقى فسقى الكلب، فشكر الله له فغفر له، قالوا: يا رسول الله وإن لنا في البهائم أجرا؟ فقال: في كل كبد رطبة أجر"]رواه البخاري[.

وحذر بأن تجاوز الرفق يورد المهالك، قال رسول الله ﷺ: "من يحرم الرفق يحرم الخير"]رواه أحمد[.

ومن تشجيع رسول الله ﷺ على الرفق بالحيوان أن قال: "إن الله كتب الإحسان على كل شيء، فإذا قتلتم فأحسنوا القتلة، وإذا ذبحتم فأحسنوا الذبحة، وليحد أحدكم شفرته وليرح ذبيحته" [رواه مسلم].

كما أن من صور الرفق التي حرص الإسلام عليها السهولة في المعاملة، فعن عثمان بن عفان رضي الله عنه قال: قال رسول الله ﷺ: "أدخل الله عز وجل الجنة رجلا كان سهلا مشتريا وبائعا وقاضيا ومقتضيا" [رواه البخاري والنسائي وغيرهما] وبذلك يرسي الرسول الكريم مبدأ جليلا بين الناس عامة ومسئول الرعية بخاصة.

ومن صور الرفق التي اهتم بها الإسلام: حفظ ورعاية الجار. فمن حق الجار على جاره أن يتعامل معه معاملة إنسانية راقية كي تستقر حياتهما، وينعما بالهدوء والراحة، قال تعالى: ﴿وَٱعْبُدُوا۟ ٱللَّهَ وَلَا تُشْرِكُوا۟ بِهِۦ شَيْـًٔا ۖ وَبِٱلْوَٰلِدَيْنِ إِحْسَٰنًا وَبِذِى ٱلْقُرْبَىٰ وَٱلْيَتَٰمَىٰ وَٱلْمَسَٰكِينِ وَٱلْجَارِ ذِى ٱلْقُرْبَىٰ وَٱلْجَارِ ٱلْجُنُبِ وَٱلصَّاحِبِ بِٱلْجَنۢبِ وَٱبْنِ ٱلسَّبِيلِ وَمَا مَلَكَتْ أَيْمَٰنُكُمْ﴾ [النساء:٣٦] وبهذا الانسجام الاجتماعي ينتج المجتمع المتماسك المتراحم.

- الحلم والتسامح والعفو:

حثت الديانات السماوية وخصوصا الإسلام على الأخلاق الحميدة ولعل أهم وأسمى ما يمكن أن يتخلق به الإنسان التسامح والعفو عند المقدرة، وأن يتمتع بالحلم وطول الأناة مع كل الناس. ومن أخلاق المسلم أن يضبط نفسه حين الغضب، ويتأنى في معاملته مع الآخرين وعدم التسرع،

مما يجسد حرصه على كرامة من يتعامل معهم، وقد جعل ذلك مما يدخل المرء الجنة ثوابا له، فعن أبي هريرة ﷺ أن رجلا قال للرسول ﷺ: "أوصني، قال: لا تغضب، فردد مرارا، قال: لا تغضب" [متفق عليه] وذلك لأن الرسول الكريم ﷺ يعلم ويقر أن الغضب يذهب التروي في الحكم والمعاملة.

هذه السجايا الحسنة كانت دائما تتجسد في حياة رسول الله ﷺ، في أقواله وأفعاله، فها هو يوصي المسلمين بالحلم والعفو فيقول: "ألا أنبئكم بما يشرف الله به البنيان ويرفع الدرجات؟ قالوا: نعم يا رسول الله، قال: تحلم على من جهل عليك، وتعفو عمن ظلمك، وتعطي من حرمك، وتصل من قطعك" [رواه الطبراني]، وذلك لأن الأخلاق في الإسلام هي نتيجة الالتزام بجملة أحكام الإسلام. ولما سئلت عائشة رضي الله عنها عن خلق رسول الله قالت كان خلقه الإسلام فأي حلم أعظم من هذا؟ مقابلة الجهل بالحلم، والظلم بالعفو، والإساءة بالإحسان، والقطيعة بالوصل، وهذه الأخلاق تدفع الآخر المغاير لأن يرتدع ويتأسى بهذه الأخلاق وللمسلم أجر بذلك عليه، وكان الرسول الكريم خير من يتأسى به الناس لأن الأخلاق في الإسلام نتيجة الالتزام بجملة أحكام الإسلام. ولما سئلت عائشة عن خلف رسول الله قالت كان خلقه الإسلام.

- التواضــــع:

من أخلاق المسلم ولطف معاملته، وحرصا على مراعاة الكرامة الإنسانية، عدم التكبر والتعالي على الآخرين، فمن حق الإنسان على أخيه

الإنسان أن يعامله بلين وتواضع، يحترمه ويوقره، ويراعي مشاعره، ولا يتعالى عليه، ولا يتكبر، ولا يستخف برأيه وأفكاره. وهذا هو التواضع الذي جعله الله تعالى من صفات المؤمنين الصالحين، فقال: ﴿ وَعِبَادُ الرَّحْمَٰنِ الَّذِينَ يَمْشُونَ عَلَى الْأَرْضِ هَوْنًا وَإِذَا خَاطَبَهُمُ الْجَاهِلُونَ قَالُوا سَلَامًا ﴾ [الفرقان:٦٣] واعتبر التسامي على الجهل والخيلاء خصلة للمسلم على غيره.

وحرم الإسلام الجنة على المتكبرين، فقال رسول الله ﷺ: "لا يدخل الجنة من كان في قلبه مثقال ذرة من كبر" [رواه مسلم].

- حق الإنسان على المجتمع والدولة
- حق المساواة

هو حق خص به الله سبحانه الناس جميعا وذلك بالتساوي في الكرامة والحقوق المدنية والسياسية والاقتصادية والثقافية، والتساوي أمام القانون والتقاضي، دون تمييز في الجنس أو من الناحية الاجتماعية أو العرقية أو الثقافية أو الدينية على آخر.

تتجلى المساواة في الاعتقاد وحريته بين الناس جميعا متساوون في طبيعتهم البشرية، فلا تفضل جماعة أخرى بحسب عنصرها وانحدارها من سلالة خاصة، أو بسبب الغنى والثروة، "وإنما يقوم التفاضل على أمور أخرى خارجة عن طبيعتهم وعناصرهم وسلالاتهم" فيقوم مثلا على أساس تفاوتهم في الكفاية والعلم والأخلاق والتقوى ومال إلى ذلك والتسابق على تقديم الخير وخدمة الآخرين والحرص عليهم.

وليس لأحد أن ينكر وجود اختلاف بين الناس في لغاتهم وألوانهم، التي لا تؤثر في حقيقة أنهم متساوون في الإنسانية الحقيقية، قال تعالى: ﴿ وَمِنْ ءَايَٰتِهِۦ خَلْقُ ٱلسَّمَٰوَٰتِ وَٱلْأَرْضِ وَٱخْتِلَٰفُ أَلْسِنَتِكُمْ وَأَلْوَٰنِكُمْ ۚ إِنَّ فِى ذَٰلِكَ لَءَايَٰتٍ لِّلْعَٰلِمِينَ ﴾ [الروم:٢٢] ويعتبر هذا الاختلاف الطبيعي عنصر تآلف في المجتمع لا عنصر فرقة وخلاف.

حرص الإسلام أي حرص على تقرير المساواة في أكمل صورها، فالناس جميعا سواسية أمام الله، قال رسول الله ﷺ في خطبة الوداع: "أيها الناس؛ إن ربكم واحد وإن أباكم واحد، كلكم لآدم وآدم من تراب، أكرمكم عند الله أتقاكم، لا فضل لعربي على عجمي، ولا لعجمي على عربي، ولا لأحمر على أسود، ولا لأسود على أحمر، إلا بالتقوى، ألا هل بلغت اللهم اشهد، ألا فليبلغ الشاهد منكم الغائب" [رواه البخاري].

وقد غدت هذه المقولة النبوية الشريفة دستور حياة للأفراد ويبني على أساسها المجتمع وتنظم علاقة الناس ببعضهم، خاصة على التسابق في الإيمان وعمل الخير وبناء المجتمع.

كما ساوى بين الناس في الحقوق المدنية والمسؤولية والجزاء، كحق الزواج، وحق التعليم والثقافة، وحق التعاقد والتملك،..."بدون تفرقة بين غني وفقير، ولا بين قريب وبعيد"، قال سبحانه وتعالى: ﴿ إِنَّ ٱللَّهَ يَأْمُرُكُمْ أَن تُؤَدُّوا۟ ٱلْأَمَٰنَٰتِ إِلَىٰٓ أَهْلِهَا وَإِذَا حَكَمْتُم بَيْنَ ٱلنَّاسِ أَن تَحْكُمُوا۟ بِٱلْعَدْلِ ﴾ [النساء:٥٨] ولم يحدد أن تكون بين المسلمين دون غيرهم.

ولكل حق الانتفاع بالموارد المادية للمجتمع، من خلال فرص عمل متكافئة، قال تعالى: ﴿إِنَّ ٱللَّهَ يَأۡمُرُكُمۡ أَن تُؤَدُّواْ ٱلۡأَمَٰنَٰتِ إِلَىٰٓ أَهۡلِهَا وَإِذَا حَكَمۡتُم بَيۡنَ ٱلنَّاسِ أَن تَحۡكُمُواْ بِٱلۡعَدۡلِ﴾ [النساء:٥٨].

كما ساوى الإسلام بين المسلمين وغير المسلمين، فيقرر أن الذميين في الدولة الإسلامية أو أي بلد خاضع للمسلمين لهم ما للمسلمين من حقوق وعليهم ما على المسلمين من واجبات، وقد أوصى الرسول ﷺ بأهل الذمة، فقال عليه السلام: "لهم ما لنا من الإنصاف وعليهم ما علينا من الإنصاف، ومن آذى ذميا كنت خصمه يوم القيامة".

وتتجلى روعة الإسلام ومراعاته وحضه على المساواة في التقاضي في القصة التالية:

روي أن يهوديا اشتكى عليا بن أبي طالب رضي الله عنه إلى الخليفة عمر بن الخطاب رضي الله عنه، ولما مثلا بين يدي عمر، نظر عمر إلى علي وقال له: قم يا أبا الحسن واجلس أمام خصمك، فجلس علي كرم الله وجهه بجانب اليهودي وقد بدا التأثر على وجهه، فلما انتهت المقاضاة قال عمر لعلي رضي الله عنه: أكرهت يا علي أن تجلس أمام خصمك؟ فأجاباه علي: ولكني كرهت أنك لم تسو بيننا حين قلت: يا أبا الحسن. (وبذلك إن الكنية تشير إلى التعظيم الذي لم يحصل عليه خصمه).

وفي هذه الحادثة يتجلى مبدأ العدل والمساواة في أسمى صوره، سواء من عمر الذي طلب من علي أن يتساوى مع خصمه في المجلس، أومن علي الذي كره أن يتميز عن خصمه في المخاطبة رغم أن خصمه يهودي. [روح الدين الإسلامي: ص٢٨٦].

ولا بد في هذا المقام من بيان الفرق بين نظرة الإسلام لغير المسلمين في دار الإسلام، ونظرة المسلمين للمسلمين في هذا الصدد.

إن نظرة الإسلام لغير المسلمين، من عدالة وحسن معاملة وحماية، حتى أنه في دولة الإسلام كان ولا زال لأهل الذمة محاكمهم المذهبية، تفصل في النزاعات التي تقع بينهم، وفي أمورهم الخاصة كالزواج والنفقة والحضانة والإرث، وسائر أحوالهم الشخصية، أو الخصوصيات الطائفية التي لا تمس كيان الدولة الإسلامية.

- حق المقاضاة والتقاضي:

الناس جميعا سواسية أمام القانون ولهم الحق في التمتع بحماية القانون دون تمييز، ولكل شخص حق اللجوء إلى المحاكم الوطنية المختصة لإنصافه الفعلي من كل انتهاك لحقوقه الأساسية والممنوحة في الدستور والقانون قال تعالى: ﴿وَمَن يَظْلِم مِّنكُمْ نُذِقْهُ عَذَابًا كَبِيرًا﴾ [الفرقان:١٩].

من حق الإنسان حماية حقوقه المتعلقة بالنفس والمال، وتأمين العدالة له، ومساواته مع بقية الناس في الحقوق والواجبات، ومنع الاعتداء عليه، ومحاسبته شخصيا و عما يصدر عنه.

وأوجب على الشخص أن يدفع الظلم عن غيره بما يملك من أدلة، قال ﷺ: "لينصر الرجل أخاه ظالما أو مظلوما، إن كان ظالما فلينهه، وإن كان مظلوما فلينصره" [رواه الشيخان والترمذي]. وفي رواية أخرى: "أنصر أخاك ظالما أو مظلوما، فقال رجل: يا رسول الله أنصره إذا كان مظلوما، أفرأيت

إن كان ظالما كيف أنصره؟ قال: تحجزه أو تمنعه عن الظلم فإن ذلك نصره" [رواه البخاري] وكان مثالا رائعا الرسالة الشهيرة لأمير المؤمنين عمر بن الخطاب التي أرسلها إلى قاضي الحكومة أبو موسى الأشعري هو مثال على حرص الإسلام على العدل.

- المساءلة والمحاسبة:

وقد حرص الإسلام على تحقيق المساواة بين الأفراد والجماعات وكان، لا بد من وجود المساءلة والمحاسبة، سواء للأفراد أو السلطة المسئولة.

ويشكل الحق (الواجب) في المساءلة والمحاسبة علاقة تقوم على القبول بالمراجعة وكذلك بكشف وبيان وتبرير الأعمال والتصرفات التي يقوم بها أي فرد أو مجموعة أمام طرف آخر يشاركه هذه العلاقة. فالفرد مسئول عن تصرفاته أمام الآخرين، وأمام السلطة، فالحاكم مسئول أمام الرعية، والنائب أو ممثل الأمة مسئول أمام الهيئة التي انتخبته أو عينته، والمعلم مسئول أمام مديره، والموظف مسئول أمام رئيس القسم الذي يعمل فيه، ... وهكذا.

وفي ذلك يقول رسول الله ﷺ: "كلكم راع ومسئول عن رعيته، والإمام راع ومسئول عن رعيته، والرجل راع في أهله ومسئول عن رعيته، والمرأة راعية في بيت زوجها ومسئولة عن رعيتها، والخادم راع في مال سيده ومسئول عن رعيته" [رواه البخاري].

وتبيح المحاسبة والمساءلة فحص ومتابعة ما يتعلق بالحياة العامة للأمة والأفراد من حيث نجاعهتا وقانونيتها، ودرجة مراعاتها للقانون

والأخلاق العامة، ويؤدي ذلك إلى منع إساءة الصلاحيات أو الشطط في استخدام المسئولية.

وغياب المساءلة والمحاسبة والتهرب من الخضوع لهما، يؤدي إلى إهمال الصالح العام، بجوانبه المختلفة ويؤدي إلى فساد المؤسسة والأفراد.

كما يؤدي غياب المحاسبة والمسائلة إلى استهتار السلطة ومؤسساتها بمقدرات الأمة ومصالحها، ويظهر التسلط والتعسف من أصحاب المناصب ونكون إزاء الفساد الإداري والمالي.

وبالتمعن في حال المسلمين اليوم، وبسبب غياب المساواة، وإهمال المساءلة والمحاسبة، وعدم حرص الحاكم على رعيته، يلاحظ ما آلت إليه الأمة من التفكك وتسلط الحاكم، وأدى ذلك بالتالي إلى طمع الآخرين في الأمة، والتحكم في مصائرها، وذلك ما توقعه رسول الله ﷺ حيث قال:"توشك الأمم أن تداعي عليكم كما تداعي الأكلة على قصعتها، فقال قائل: ومن قلة نحن يومئذ؟ قال: بل أنتم يومئذ كثير ولكنكم كغثاء السيل، ولينزعن الله من صدور عدوكم المهابة منكم وليقذفن في قلوبكم الوهن، فقال قائل: يا رسول الله، وما الوهن؟ قال: حب الدنيا وكراهية الموت" [رواه أبو داود].

كما أن غياب وانعدام المحاسبة والمساءلة يؤدي إلى ظهور الفساد والاختلاس، وهضم حقوق المواطنين بدون رادع، وتظهر المصالح الشخصية والعصبية في التعيينات والتوظيف والترقيات والحوافز المادية والمعنوية، بدلا من اختيار الكفاءات وأصحاب المؤهلات المناسبة، ووضع الرجل المناسب في المكان المناسب.

- حق الحريـــة:

ببساطة يلخص هذا بحرية الاختيار والفعل والقرار دون ضغط أو إكراه في حدود القانون واحترام حريات الآخرين.

تعد الحرية من الحقوق الإنسانية للإنسان، فهي الخصلة الخاصة التي ميز الخالق الإنسان عن غيره بها، وتمنحه السلطة في التصرف والأفعال، عن إرادة وروية، دون إجبار أو إكراه، وإنما يختار أفعاله عن قدرة واستطاعة على العمل أو الامتناع عنه دون ضغط خارجي، ودون الوقوع تحت تأثير قوى خارجية أو ابتزاز من أحد.

وقد حرصت الشريعة الإسلامية على صون مجموعة من الحقوق والحريات للأفراد والجماعات في إطار من الاحترام وحرية الاختيار منها.

* الحرية الدينية:

حرية التدين أو حرية الاعتقاد من أهم حقوق الإنسان، وهي تقتضي أن يكون لكل إنسان اختيار حر وكامل للعقيدة التي يعتنقها ويؤمن بها، بدون ضغط ولا إكراه خارجي سواء في الأفراد أو السلطة.

فالعقيدة لا تكون عقيدة حتى تصدر عن اعتقاد، والإيمان لا يكون إيمانا حتى ينبع من القلب والضمير، عن رضى خالص، وطمأنينة صادقة، لذلك نص القرآن الكريم على حرية الاعتقاد والتدين صراحة، مع التحذير من الضلال والفساد، فقال تعالى: ﴿وَلَوْ شَآءَ رَبُّكَ لَآمَنَ مَن فِي ٱلْأَرْضِ كُلُّهُمْ جَمِيعًا أَفَأَنتَ تُكْرِهُ ٱلنَّاسَ حَتَّىٰ يَكُونُوا۟ مُؤْمِنِينَ﴾ [يونس: ٩٩].

وبهذا تتجلى روعة الخالق الأعلم بالنفوس بحيث أنار للناس الدرب وترك لهم حرية اختيار الطريق الذي يسلكون.

* الحرية الفكرية:

التفكير والإدراك خص بهما عقل الإنسان وامتيازه وشرفه، وهو ما يميزه عن سائر المخلوقات، وهو مناط التكليف، والقرآن الكريم يحتكم إلى العقل فيذكره بأسمائه وأفعاله، فيذكر مثلا (أولوا الألباب) بضع عشر مرة، وكذلك (أولو الأبصار) عدة مرات.

وبذلك أعلى اللـه تعالى من شأن العقل، وحث على التفكير وإدراك دلائل الهداية، يقول سبحانه وتعالى: ﴿إِنَّ فِي ذَٰلِكَ لَآيَاتٍ لِّقَوْمٍ يَتَفَكَّرُونَ﴾ [الرعد:٣].

ولا تقوم العقيدة إلا بإعمال العقل في المهمات والضروريات وقد تميز الإنسان بالقدرة على الإدراك وهو بذلك كشخص أو إنسان مسئول عن تصرفاته ولذلك حوسب هو فقط على ما يمكن أن تقترف يداه.

وقد نصت العقيدة السماوية أن لا يجوز أن يحاسب أو يعاقب أو يراجع أي فرد عن سلوك الآخرين ومعتقداتهم، وفقط أوجبت على الآخرين حق وواجب النصيحة والهداية ولكن بالحسنى والرفق واللين.

الفصل الثالث
المنظمات الدولية لحقوق الإنسان
(NGOs)

* قراءة في نشأة شبكات المنظمات الدولية

* لماذا أو كيف ظهرت شبكات المناصرة العالمية؟

* نمو الـ **Boomerang** أو المرتد

* نمو الاتصال الدولي

* كيف تعمل الشبكات العالمية

* تحت أي ظروف يمكن لشبكات المناصرة التأثير؟

* نظرة تأملية في السياسة العالمية

* نحو مجتمع مدني عالمي

* المنظمات الدولية العاملة في مجال حقوق الإنسان

الفصل الثالث
المنظمات الدولية لحقوق الإنسان
(NGOs)

- قراءة في نشأة شبكات المنظمات الدولية

تمهيد *

أحد أكثر المقاطع التي تعلق بالأذهان، في الرواية الكلاسيكية التي تحمل اسم "مئة عام من العزلة" للكاتب جابريل جارسيا ماركيز، هو ذلك الذي يصف وصول الجيش لإخماد إضراب عمال مزارع الموز في البلدة الخيالية "ماكوندو". فعندما رفضت أحد الجموع الاستجابة لمحاولات تفريقهم من قبل الجيش، بادر الجنود بإطلاق النار على الرجال، النساء، والأطفال المتجمهرين في ساحة وسط البلدة المجاورة لمحطة القطار. الناجي الوحيد خوسيه أركاديو سيكوندو استعاد وعيه ليجد نفسه وكأنه على متن قطار أشباح، فهو يعج بجثث القتلى "التي سيتم لاحقا إلقاؤها في البحر، كما يتم التخلص من الموز الفاسد". بعد نجاحه في الوثوب خارج القطار، يتمكن خوسيه من العودة ثانية إلى "ماكوندو" حيث أكد له الجميع هناك "إن أحدا لم يمت من السكان. الجيش أنكر ذلك حتى لأقارب الضحايا الذين عجت بهم

مكاتب القادة أملا في سماع أنباء جديدة عن المفقودين. أما القادة فقد أصروا: حتما كنتم تحلمون، إذ لم يحدث أيا من ذلك في ماكوندو.

نشرت تلك الرواية للمرة الأولى في الأرجنتين عام ١٩٦٧م، أي قبل عام واحد من حدوث مجزرة الطلاب في ساحة "Tlateloco" في مكسيكو سيتي: كما سبقت بعقد من الزمان أحداث ما يعرف بـ "رحلات الموت" في الأرجنتين حيث تم إلقاء الضحايا في البحر بالفعل، إلا أنهم كانوا أحياء لكن تحت تأثير المخدر وأقدامهم مكبلة بالأثقال. أصبحت الحياة الواقعية في الأرجنتين والمكسيك مشابهة وبشكل مريع للسيناريو المرعب الذي أبتدعه جارسيا ماركيز. فقد نفى المسؤولون عن أنفسهم مسؤولية ما حدث، حتى أنهم في الأرجنتين أنكروا حدوثها بالأصل. مما حدا بالمواطنين المذعورين للإدعاء بأن أحدا لم يقتل بالفعل. ولم يكن أمام أقرباء المفقودين سوى التنقل من مكتب لآخر, ليقال لهم أن أحدا لا يعلم شيئا عن مكان وجود أبنائهم.

وعلى الرغم من ذلك, فقد تمكنت شعوب المكسيك والأرجنتين من إيجاد "فرصة ثانية لهم على الأرض" حرم منها شعب "ماكوندو" في الصفحات الأخيرة للرواية. ففي أحد أكثر الأحداث الباعثة على الدهشة في مجال حقوق الإنسان في منتصف التسعينات، بادر ضباط عسكريون سابقون في الأرجنتين بالاعتراف بتورطهم المباشر في أحداث القمع التي حدثت في أواخر السبعينيات. وأطلعوا الصحفيين على تفاصيل أدوارهم في "رحلات الموت". وقد قبل القائد الأعلى للجيش

الأرجنتيني، الجنرال "مارتن بالزا" تحمل مسؤولية "الأخطاء" و "الأساليب غير المشروعة" بما فيها الإعدامات، وبادر بتقديم تعازيه لعائلات الضحايا قاطعا على نفسه عهدا "بألا يشهد المستقبل تكرارا لأحداث الماضي".

ما الذي جعل النهاية تبدو مختلفة في الحياة الواقعية؟ أحد أهم نقاط تفسير ذلك يكمن في عمل شبكة نشطاء حقوق الإنسان المحليين والعالميين, الذين قدموا معلومات حاسمة عن أحداث الأرجنتين. كما أنهم شكلوا جماعات ضغط أثرت في الحكومات وفي المنظمات الدولية وكسبت تأييدهم عندما بدأ هؤلاء بالتعبير عن قلقهم والتحري ثم الضغط لإحداث التغيير. كانت المنظمات غير الحكومية (NGOs) السباقة إلى نشر المعلومات حول انتهاكات حقوق الإنسان في الأرجنتين, موثقة ذلك بشهادات أدلى بها مواطنون أرجنتينيون في المنفى, أو لاجئون, أو نشطاء في مجال حقوق الإنسان. وفيما بعد قامت منظمات أخرى شبه حكومية, مثل مفوضية (Inter-American) لحقوق الإنسان، بتعزيز تلك المعلومات والتوسع فيها. وبمجيء الديمقراطية، تمكن باحثون ومدعون أرجنتينيون من تقديم أدلة قاطعة في محاكمات لكبار العسكريين بتهمة انتهاك حقوق الإنسان إبان عهد الدكتاتورية. وما زال علينا الانتظار لنرى إن كان العهد الذي قطعه الجنرال "بالزا" على نفسه سيتحقق أم أنه كان من باب التهكم. يأمل نشطاء حقوق الإنسان

بالإسهام في منع تكرار حدوث أخطاء الماضي من خلال إبراز حقيقة تلك الأخطاء أمام أكبر شريحة من الناس.

أما في المكسيك، فقد استغرق ظهور الحقيقة وقتا أطول. ففي الثاني مـن أكتـوبر تشرين الأول من العام ١٩٦٨ قامت قـوات الجيـش بفتح نـيران رشاشـاتها علـى مظاهـرة طلابية في ساحة (Tlateloco)، وهي ميدان واسع يتضمن مزيجا من ناطحات السحاب الحديثة، والآثار التي تعود لحقبة ما قبل الكولـومبيين، إضافة إلى كنيسـة إسبانية يعـود تاريخ إنشائها إلى القرن السـادس عشرـ وقد أعلنت الحكومـة رسميا عـن مقتل ثلاثـة وأربعين شخصا، إلا أن مصادر أخرى أشارت إلى مقتل ٣٠٠-٥٠٠ شخص على الأقل، وتجاوز عدد الجرحى الألفي شخص، وتم اعتقال ما بين ١٥٠٠ إلى ٢٠٠٠ شخص.

والمدهش أن تلك المجزرة لم تلفت أي انتباه دولي يذكر. أما اللجنة الأولمبية الدولية، والتي كان يفترض أن تفتتح دورة الألعاب الأولمبية في مكسيكو سيتي بعد حدوث تلك المجزرة بعشرة أيام فقط، أكدت أن الدورة الأولمبية سيتم افتتاحها كما خطط لهـا. عدا بعـض مظاهرات التضامن الطلابية في عدد من المدن, وبرقية احتجاج على اعتقال عدد من الأدبـاء تلقتها حكومـة المكسيك من قبل نادي القلم الدولي (PEN Club International)، وبرقية أخرى أرسلتها مجموعـة من المفكرين الفرنسيين لم يكن هناك أية إدانة دولية للمجزرة. لم لم يستفز ذلك الحدث، والذي يشابه إلى حد كبير مجـزرة ميـدان (Tiananmen) في الصين عـام ١٩٨٩ استجابة دولية تذكر؟

أحد أهم الأسباب هو أن شبكة حقوق الإنسان الدولية, وما تمخض عنها من الوعي بحقوق وممارسات حقوق الإنسان، لم تكن موجودة أصلا عام ١٩٦٨. ولعدم وجود مصدر موثوق ومستقل للأنباء, فقد تمكنت حكومة المكسيك من السيطرة على المعلومات حول الحدث، وبالتالي فقد تم تقبل التعداد المنخفض للضحايا على المستوى العالمي تقريبا.

وفقا لما أكدته أحد ناشطات حقوق الإنسان وتدعى (Mariclaire Acost)، والتي كانت متوجهة نحو ساحة الميدان ساعة حدوث المجزرة، وكان لها أصدقاء في عداد القتلى والمعتقلين، فإن هنالك تطابقا تاما بين ما حدث في مجزرة مكسيكو سيتي عام ١٩٦٨ وبين المشهد كما صوره "جارسيا ماركيز" في روايته، ففي غضون أسابيع بدا الأمر وكأن تلك المجزرة لم تكن. "أظنها كانت أكثر الأمور المريعة التي حدثت في عام ١٩٦٨، فقد بدا العالم غير مكترث أبدا ... من الصعب جدا تجاوز تجربة مفجعة كتلك والتي بدت وكأنها لم تكن على المستوى الرسمي".

بعد مرور خمسة وعشرين عاما, وفي الثاني من أكتوبر من عام ١٩٩٣، أحيا قرابة المائة ألف شخص ذكرى تلك الحادثة، واتخذ الناجون منها قرارا بتأسيس مفوضية غير حكومية للحقيقة (A nongovernmental truth commission)، ستكون من أولى مهامها الكشف عن العدد الحقيقي للضحايا الذين سقطوا قتلى في تلك الساحة العامة. رفضت الحكومة المكسيكية فتح ملفاتها، لكن العديد من المواطنين المكسيكيين تقدموا لسرد رواياتهم أما المفوضية. "الواقع الخيالي"

لقطار جارسيا ماركيز تبلور على يد الرواة أمام المؤرخين والإحصائيين من موظفي مفوضية الحقيقة غير الحكومية, آملا منهم أن يتمكنوا من الإسهام في منع تكرار الماضي من خلال إطلاع العامة على الحقائق.

نحاول في هذا الفصل إثبات أن ظهور شبكات المناصرة العالمية قد أسهم في إيجاد ودعم ذلك التغيير والنشاط الدولي حول قضايا حقوق الإنسان وبدأ يجد أصداءا تاريخية له تتردد في حملات مشابهة حدثت في الماضي، مثل تلك الداعية لإلغاء العبودية ولمنح النساء حق التصويت في الانتخابات، كما أنها تؤذن بحدوث حملات في مجالات ومواضيع أخرى متعددة.

ورغم أن تلك الشبكات غالبا ما تشهد فروقات بالغة في فحوى مطالبها، إلا أنها أيضا تشترك في بعضا من الجوانب الحيوية. عندما تنجح هذه الشبكات، فإنها بالتالي تصبح قادرة على كسر دورات التاريخ التي تنبأ بها جابرييل جارسيا لمدينة ماكوندو في نهاية كتابه. وحيثما تفرض الهيمنة والنسيان، تتمكن تلك الشبكات من تقديم قنوات بديلة للاتصال. فقد تجد الأصوات التي تتعرض للقمع - داخل مجتمعاتها - في تلك الشبكات قوة رديفة قادرة على الإيصال وإبراز همومها في الساحة الدولية, والتي بدورها تعيد ترديد أصداء تلك القضايا في بلدانها. وتضاعف الشبكات الدولية من قوة الأصوات المسموعة في السياسات الدولية والمحلية. هذه الأصوات تقوم بمهام المناقشة، الإقناع، وضع الإستراتيجيات، والتوثيق، وتشكيل جماعات الضغط وممارسة الضغوط، وتقديم الشكاوى. إلا أن عملية مضاعفة الأصوات تلك تعد ناقصة

وانتقائية،، إذ أنه مقابل كل صوت يتم تبنيه وإيصاله يتم تجاهل العديد من الأصوات الأخرى. لكن في عالم أصبحت فيه أصوات الدول هي المهيمنة تفتح تلك الشبكات قنوات تهدف إلى طرح الرؤى البديلة والمعلومات عن قضايا دولية موضع جدل.

اعتاد علماء السياسة في السابق تجاهل ممثلي تلك المنظمات غير الحكومية كونها تفتقر إلى القوة بمفهومها التقليدي.

جوهر نشاط أي شبكة هو الإنتاج، التبادل، والاستغلال الإستراتيجي للمعلومات. وهذه القدرة قد تبدو أتفه من أن تكون قادرة على مجابهة القدرات الاقتصادية، السياسية، والجبروت العسكري. لكن بتخطي الإخفاء المعتمد للمعلومات، والتي من شأنها تعزيز مظاهر إساءة استخدام السلطة، تصبح تلك الشبكات قادرة آنئذ على الإسهام في إعادة صياغة دوائر الجدل الدولية والمحلية، وتعديل بنودها، ومواقعها، وإعادة ترتيب قوائم المشاركين فيها. في حال نجاحها، تصبح شبكات المناصرة ضمن أهم مصادر الأفكار، الأعراف، والهوية الجديدة في النظام الدولي. وفي الوقت ذاته، فإن المشاركة في الشبكات العالمية قد يكون لها أكبر الأثر في تعزيز الموارد السياسية المتوفرة للممثلين المحليين.

ولن تكون الأفكار والمبادئ التي يتبناها المشاركون في تلك الشبكات وحدها كفيلة بإحداث التغيير المطلوب. غالبا ما تخفق الشبكات في تحقيق أهدافها، ففي كثير من الأحيان، تكون هناك مشاكل عالمية خطيرة لكن لا تتشكل أي من الشبكات. إننا نقف اليوم عاجزين عن الفهم

في عصر العولمة وانتشار وسائل الإعلام والاتصال كي تجري مجازر تقوم بها جيوش كما حدث في لبنان عام ١٩٨٢، و٢٠٠٦ وتلك التي جرت في فلسطين على مدار ستين عاما، وما اقترفته آلة الحرب الأمريكية في العراق وأفغانستان دون أن تبذل المنظمات الدولية ما يكفي لحماية المدنيين وتجنيبهم ويلات الدمار. لا بل نجد المحاكم الأمريكية والإسرائيلية تجري محاكمات هزلية لجنود أو ضباط ارتكبوا جرائم بحق الإنسانية وتكون العقوبات أقل من تلك التي تفرض على مخالفات السير.

- نشوء وتطور شبكات المناصرة الإنسانية

مع نهاية القرن العشرين، أصبحت السياسة الدولية تضم إلى جانب الدول العديد من الأعضاء الفاعلين الآخرين. وهم يتحاورون مع بعضهم البعض من جهة, ومع الدول والمنظمات الدولية من جهة أخرى. وقد أخذت هذه التفاعلات شكل الشبكات (Networks) وقد بدأت أهمية هذه الشبكات العالمية تتعاظم على صعيد السياسة الدولية. يتضمن بعض تلك الشبكات أعضاء وشركات اقتصادية فاعلة، والبعض الآخر يتألف من شبكات من العلماء والخبراء الذين تعزز علاقاتهم المهنية وأفكارهم المنطقية المشتركة من جهودهم الساعية للتأثير في النواحي السياسية. Peterhass بيترهاس وقد أطلق على هذا النوع من الشبكات اسم (Knowledge-based)، بمعنى الشبكات التي تقوم على العلم والمعرفة، أو (epistemic communities)، بمعنى الجماعات المنظمة المعرفية، بعنوان المعرفة، والسلطة، والتنسيق

السياسي الدولي.أما النوع الثالث من تلك الشبكات، فنراه في النشطاء، ويمكن تمييزه من خلال مركزية الأفكار المنسجمة مع مبادئ وقيم معينة أدت إلى تشكيل هـذه الشبكات. إن الأفكار التي تحدد معايير معينة للفصل ما بين الأفعال الصائبة والخاطئة, والنتائج العادلة من غير العادلة, هي ما يتعارف عليها بأنها القيم أو المعتقدات المرتبطة بمبادئ. إن المعتقدات المرتبطة بعلاقات السبب – النتيجة هي المتعارف عـلى تسـميتها بالمعتقدات السببية المشتركة. وقد أورد مؤلفا كتاب "الأفكار والسياسة الخارجية: المعتقدات ، والمؤسسات، والتغيير السياسي (مطبوعات جامعة كورنيل، ١٩٩٣) .سنطلق عـلى هـذا النـوع مـن الشبكات اسم (**Transnational advocacy networks**)، أي شبكات المناصرة العالمية، والتي يمكن اعتبارها بالغة الأهمية محليا وعالميا، إذ أنها تعمل عـلى ربط الجسـور بـين أعضائها الفاعلين في المجتمعات المدنية، الدول، والمنظمات الدولية مما يضاعف من قنوات الوصول إلى النظام العالمي. أما في قضايا البيئة وحقوق الإنسان، فإنها تعمل عـلى تزويـد أعضائها الجـدد بالموارد الدوليـة في المساعي السياسية والاجتماعية المحلية.

وبالتالي تتمكن من إزالة الحواجز بين علاقة الدولة بمواطنيها، وبين حاجة كـل مـن المواطنين والـدول للالتجـاء إلى النظـام الـدولي، الأمـر الـذي يعـد إسهاما منهـا في تعـديل ممارسات السلطات العليا المحلية.

لاستكشاف تلك القضايا، سنقوم أولا بإلقاء نظرة عـلى التجارب التاريخيـة السباقة الأربع لبداية تأسيس شبكات المناصرة الحديثة، بما فيها الحركة المضادة للعبودية، وحملة منح النساء حق التصويت، ثم سنبحث

بتعمق ثلاث حالات معاصرة يبرز فيها دور المنظمات العالمية: حقوق الإنسان، البيئة، وحقوق المرأة. كما أننا سنتعرض للحملات العالمية حول قضايا تتعلق بحقوق السكان الأصليين، حقوق العمل، وشؤون الطفل. على الرغم من التباين فيما بينها، إلا أن تلك الشبكات تتشابه في العديد من الجوانب الهامة: مركزية القيم والأفكار ذات المبادئ، وإيمانها بقدرة الأفراد على إحداث التغيير، استخدامها للمعلومات بشكل إبداعي، وتوظيفها لاستراتيجيات سياسة متطورة في سبيل تحقيق أهداف حملاتها.

تباطأ العلماء حتى أدركوا عقلانية أو أهمية شبكات النشطاء. وكون الدافع وراء إنشاء تلك الشبكات كان القيم، لا الشؤون المادية أو الأعراف المهنية، فإنها تقع خارج نطاق تصنيفاتها المعتادة. وتتجاوز شبكات المناصرة تلك غيرها من الجهات الفاعلة العالمية مرحلة التغيير السياسي، وتتعداها إلى مرحلة المناصرة وإحداث التغييرات على مستوى القاعدة المؤسساتية والمؤثرة بالنسبة للتفاعلات الدولية. لذا، في حال نجاحها، يمكن اعتبارها السبب الأكبر وراء حدوث أية تغييرات سياسية.

تتألف شبكة مناصرة عالمية من الأعضاء الفاعلين ذوي العلاقة، والذين يعملون جاهدين عالميا باسم قضية معينة، وتربطهم في ذلك قيم مشتركة، خطاب مشترك، وتبادل كثيف للمعلومات والخدمات. غالبا ما يكون ذلك النوع من الشبكات منتشرا على نطاق القضايا ذات المضمون عالي القيمة، والمعلومات غير المؤكدة. تأتي عملية تبادل المعلومات في صميم تلك العلاقة أما ما استجد على صعيد تلك الشبكات، فهو قدرة

الأعضاء العاملين غير التقليديين على تحريك المعلومات وتنظيمها على النحو الإستراتيجي الذي يسهم في إيجاد قضايا وحالات جديدة، كما يعزز من قدرتهم على الإقناع وممارسة الضغوط، وبالتالي جعل كفة الميزان ترجح لصالحهم، أما منظمات وحكومات تفوقهم قوة. النشطاء في تلك الشبكات يحاولون جاهدين عدم جعل تأثيرهم مقتصرا على النواتج السياسية وحسب، بل يتطلعون لأن يمتد تأثيرهم ليشمل تغيير بنود وطبيعة الجدل القائم. رغم أنهم لا ينجحون دائما، إلا أن أهميتهم بازدياد مستمر بحلقات البحث والنقاش السياسي باعتبارهم فاعلين وأصحاب علاقة في المناظرات السياسية.

إن شبكات المناصرة العالمية آخذة في الانتشار، وهدفها تغيير سلوك الدول والمنظمات الدولية. كونهم فاعلين استراتيجيين وذوي مبادئ في نفس الوقت، يقومون بصياغة القضايا بحيث تصبح قابلة للفهم من قبل الجماهير المستهدفة، وقادرة على جذب انتباههم وتشجيعهم على الإقدام على الفعل. كذلك فإن الهدف من إعادة تلك الصياغة هو جعلها متوافقة مع المؤسسات المفضلة والمعنية بالحدث. عدل David Snow وزملاؤه المفهوم الذي وضعه ارفنغ كوفمان"Erving Goffman" لكلمة (framing) بمعنى "صياغة". أما نحن فنستخدمها هنا للدلالة على: "الجهود الإستراتيجية الواعية التي يبذلها مجموعة من الأشخاص بهدف وضع نمط معين لفهم مشترك يتكون لدى العامة حول العالم وحول أنفسهم، وهو الذي يضفي طابع الشرعية، ويخلق لديهم الدافع نحو الفعل". هذا التعريف وضعه Doug Mcadam, John D. McCarthy and Mayer N.Zald في

٨١

"المقدمة، وجهات نظر مقارنة حول الحركات الاجتماعية: فـرض سياسية، وبنى هيكلية متحركة، وصيغ ثقافية" للمؤلفين **McAdam, McCarthy and Zald** (نيويـورك، مطبوعـات جامعـة كـامبردج، ١٩٩٦، ص٦). وكـذلك في مقـال للمـؤلفين "فـراك وبرايـان" **Frank Baumgartner and Bryan Jones** بعنوان "ديناميكيات جدول أعمال الأنظمة الفرعية" والذي نشرته دورية "مجلة السياسة"، يضطلع أولئك الأعضاء أيضا بمهام ابتداع الأفكار، والأعراف، وأنماط جديدة مـن الخطـاب، في المناظرات السياسية، كـما يشكلون مصدرا للمعلومات والشهادات. ويذكر هنا أن قواعد الأعـراف (Norms) تسـتخدم بـالمفهوم الـذي أوضحه "بيـتر كاتزنسـتكن" **Peter KatzensteinK**، وهو كالتالي:

"تستخدم لوصف التوقعـات الجماعيـة للسـلوك اللائـق للفـاعلين ذوي الهويـات المعروفة. في بعض الحالات، فإن الأعراف تلعب دور المعيار المحدد لهوية الفاعل، وبالتالي يصبح لدينا مقومات أساسية للمـؤثرات الكفيلـة بتحديد أيـة أفعـال مهمـة تمييـز هويـة معينة من قبل المعنيين الآخرين".

يقوم الأعضاء الفاعلون كـذلك بكل مـا مـن شـأنه التشـجيع عـلى تطبيـق الأعراف والمعايير، وذلك من خلال الضغط على الفاعلين المستهدفين لكي يتبنوا سياسات جديـدة، مـع الحرص على إخضاع تلك السياسات للرقابة الملائمة، لضمان استمرار توافقهـا مـع المعايـير الدولية. كما أنهم يحاولون، قدر الإمكان، الوصول بتأثيرهم ونفوذهم إلى الفئات المسـتهدفة، لأقصى حد. وبذلك، يسهمون أولا في عملية تغيير المفاهيم التي قد تكون قد تشكلت لـدى كـل من الدولة والجهات الاجتماعية الفاعلة فيها

حول هويات أولئك الفاعلين. ثانيا، حول اهتماماتهم والأمور المحبذة لديهم في عملية تغيير مواقفهم المتذبذبة باستمرار. وأخيرا، يسهمون على المدى البعيد في تغيير الآليات، والسياسات، والسلوكيات. وفقا لنظرية البنيويين في العلاقات الدولية، فإننا ننظر للعلاقة ما بين الجهات الفاعلة (**actors**) والمصالح (**interests**) باعتبارها علاقة تكاملية قويمة وتفاعلية. ولعل وجهة نظر "مارثا فنمور" **Martha Finnemore** في المصالح الوطنية في المجتمع الدولي (مطبوعات جامعة كورنيل، ١٩٩٦) والذي تحاول فيه إثبات حقيقة مفادها أن "الدول قد أصبحت جزءا لا يتجزأ من عدد كبير من شبكات العلاقات الاجتماعية لما وراء الحدود القومية والحدود الدولية، والتي بدورها أصبحت تشكل طبيعة إدراكهم الحسي- للعالم ولدورهم فيه، بحيث أصبحت الدول القومية تتكيف وفقا للحاجات الاجتماعية التي تجعلها راغبة في الحصول على أمور معينة، يقدمها لها المجتمع الدولي، الذي توجد فيه هذه الدول، وتقطنه شعوبها".

تعد تلك الشبكات بمثابة بنى هيكلية للاتصال. وللتأثير في الخطاب، آليات التنفيذ، والسياسات، لا بد للنشطاء من الانخراط ليصبحوا جزءا من مجتمعات سياسية كبرى تجمع العديد من الجهات الفاعلة التي تعمل لخدمة قضايا معينة من خلال جملة من وجهات النظر المعينة بالقيمة أو بالمؤسسات. لا بد كذلك من النظر إلى شبكات المناصرة العالمية واعتبارها بمثابة فضاءات سياسية، يتسنى فيها للفاعلين

باختلاف وتنوع مواقعهم، التباحث - بشكل رسمي أو غير رسمي - حول المعاني الاجتماعية، الثقافية السياسية لمشروعهم المشترك.

نلجأ إلى الشبكات العالمية (وليس إلى الائتلاف، الحركات، أو المجتمع المدني) لتبعث الحياة في الأبعاد والتي تحت الإنشاء لنشاطات تلك العوامل المعقدة، والتي لا تقتصر على المشاركة في ميادين سياسية جديدة فحسب بل تتعداه إلى المساهمة في صياغتها. باستعارتنا للفكرة العامة لمفهوم الشبكات من علم الاجتماع وتطبيقها عالميا، نكون قد عملنا على تجسير ذلك الانقسام المتزايد والمصطنع ما بين العالمين "الوطني" و "الدولي". لا يعني ذلك أن نظريات العلوم الاجتماعية قد ألزمتنا باختيار مصطلح "الشبكة" للدلالة على الظاهرة التي نقوم بدراستها الآن. قام الفاعلون بأنفسهم، وعلى مدى العقدين الماضيين، وبوعي وإدراك تام بتأسيس وتسمية الشبكات العالمية، ومن ثم قاموا بتطوير وتقاسم إستراتيجيات وأساليب عمل الشبكات فيما بينهم (**Networking Strategies & Iechniques**)، وأخيرا، بدئوا بتقييم مميزات حدود ذلك النوع من الأنشطة. وقد انضم العلماء إليهم في وقت لاحق.

إن ظاهرة الفصل الشائعة في ما بين العلاقات الدولية والسياسية المقارنة. علاوة على ذلك، فإن النظريات الليبرالية في العلاقات الدولية، والتي تقر بأن المصالح المحلية تقف وراء صياغة سلوك الدول عالميا، وبأن دول اليوم أصبحت محاطة بعالم يقوم على مبدأ الاعتمادية المتبادلة، حيث الفاعلون غير الممثلين لدول على قدر من الأهمية لا يمكن إغفالها، من أجل التعرف أكثر على أحد الجهود المؤثرة التي بذلت من أجل تنظيم نظرية العلاقات الدولية الليبرالية، أنظر "ادوان مورفسك" **Andrew Moravcsik** "الليبرالية ونظرية العلاقات الدولية"، جامعة هارفارد، مركز الشؤون الخارجية، ورقة عمل رقم ٦- ٩٢، تمت مراجعتها في إبريل ١٩٩٣. إن إتباع النظرية المؤسسية الليبرالية منذ عصر-"روبرت وجوزيف" **Robert O.Keohane and Joseph s.Nye** "السلطة والاعتمادية المتبادلة: السياسة الدولية في مرحلة انتقالية" (بوسطن: **Little Brown 1977**)، قد اعتبروا الاعتمادية التبادلية بمثابة أمر بديهي في تطور نظرية الحكم.لا يمكن (للنظريات الليبرالية) تفسير تلك الظاهرة التي تصف الصورة المجازية التي ابتدعها "روبرت بوتام" **Robert Putnam** المعروفة بـ "لعبة المستويين" أو "اللعب بمستويين" (**two – level game**)، كان لها تأثيرها على أصحاب النظريات الليبرالية، بحيث جعلتهم ينظرون إلى العلاقات الدولية وكأنها طريق ذو اتجاهين، يكون فيها للسياسيين من أصحاب المشاريع الاقتصادية، تأثير دولي ينعكس بدوره على السياسية المحلية. في ذات الوقت، تحدد السياسات المحلية شكل وطبيعة مواقعهم على المستوى الدولي. رغم ذلك،

مهما بلغت قيمة وحجم التبصر الكامن في لعبة الطريق ذي الاتجاهين، إلا أنه يظل ضيقا، كونه لا ينطوي سوى على مدخل محدود إلى النظام الدولي القائم الذي لم تثبت جدارته بعد في العديد من القضايا.

عوضا عن ذلك، فإننا نعتمد على تقاليد علم الاجتماع التي تركز على التفاعلات المعقدة ما بين الفاعلين، البناء غير الموضوعي المتبادل لأطر المعاني، وعلى مدى طوعية الهويات والمصالح وقابليتها للتفاوض. هذه هي اهتمامات كل من البنائين في نظرية العلاقات الدولية، وأصحاب نظريات الحركة الاجتماعية في السياسة المقارنة. أما نحن، فنستقي في رأينا في هذا المجال من كلا التقليدين. إذ أن الشبكات التي نقوم بوصفها في هذا الفصل، تسهم وبنفس الوقت في كل من السياسة، المحلية والدولية، معتمدة في ذلك على موارد متنوعة، وكأنها بذلك جزء من المجتمع الدولي. إلا أنها تستغل تلك الموارد إستراتيجيا للتأثير في عالم مكون من دول ومنظمات دولية أنشأتها الدول. كلا هذين البعدين بغاية الضرورة. يميز العقلانيون لغة الحوافز، القيود، الإستراتيجيات، المؤسسات، والقوانين، بينما يروق للهيكليين والبنائين الاجتماعيين، تأكيدنا على الأعراف، العلاقات الاجتماعية، وسبل الفهم غير الموضوعي المتبادل. إننا على قناعة تامة بأن كلا الأمرين على قدر من الأهمية لا يقل عن الآخر، وبأن الأهداف والمصالح ليست غريبة المنشأ، وبالتالي نحن قادرون على دراسة النشاط الإستراتيجي للفاعلين في عالم سياسي مبني على التبادل غير الموضوعي، مفتاحنا لتحقيق ذلك يكمن في أن السياق

الاجتماعي والسياسي الذي تعمل من خلاله تلك الشبكات في مسألة معينة، يتضمن أفكار ومفاهيم أخرى ومتفق عليها. يتسنى للنشطاء في تلك الشبكات العمل بشكل إستراتيجي ضمن عالم المفاهيم المتفق عليها، في ذات الوقت الذي يحاولون فيه إعادة صياغة بعض المعاني المحددة موضع الخلاف.

أحد الأسباب التي تجعل تلك الشبكات تبدو محيرة هو كيفية تجسيدها لكل من العناصر العاملة والهيكلية في آن واحد. حينما نتساءل عن الجهة التي تتولى تأسيس تلك الشبكات، وكيفية قيامها بذلك، فإننا نكون محاولين فهم طبيعة البنية الهيكلة لها كنوع من الأنماط التفاعلية بين المنظمات والأفراد. عندما نصفها بالفاعلين، ننسب إلى تلك البنى الهيكلية صفة غير القابلة للاختزال إلى مكوناتها. ومع ذلك، فإننا إذا أشرنا في بعض مواضع إلى الشبكات باعتبارها مؤلفة من مجموعة من الفاعلين، لا نكون بذلك قد أغفلنا حقيقة أن النشطاء يعملون باسم تلك الشبكات.

المدخل الذي لا بد لنا أن نتبناه أثناء بحثنا في التفاعلات العالمية، يجدر به أن يكون بنيويا، ومنصبا في تركيزه على الجهات الفاعلة في نفس الوقت الذي علينا فيه الإجابة على أربعة أسئلة رئيسية كجزء من عملية البحث:

١. ما هي شبكة المناصرة العالمية؟

٢. لماذا وكيف ظهرت إلى الوجود؟

٣. كيف تقوم تلك الشبكات بأعمالها؟

٤. ما هي تلك الشروط الواجب توافرها لكي تثبت تلك الشبكات فعاليتها؟ أي متى يصبح مرجحا لها أن تحقق أهدافها؟

قبل مدة من الزمن، كان عالم الحركات الاجتماعية العالمية، وما يزال مجهولا تقريبا، وغير مطروق بعد لغايات العلم والبحث, سواء من الناحية النظرية أو التجريبية. لذلك، تطلب البحث الهادف إلى اكتشاف نظرية جديدة، وأنماط جديدة أيضا. كون النظريات التي تحاول تفسير الظاهرة العالمية التي ندرسها قليلة جدا، فإنه لا يمكننا الاعتماد على الأساليب العادية في علم الاجتماع لاختبار صحة الفرضيات. لا سيما مع إدراك علماء الاجتماع لحقيقة أن خلق النظرية، وتركيب الفرضية، يتطلب أساليب وطرق تختلف عن تلك التي يتم بواسطتها اختبار النظرية. لذا، فإن المنهج الذي نتبعه هنا يشابه ما يطلق عليه علماء الاجتماع مصطلح ((grounded theory، أي النظرية المبنية على حقائق معينة. يعد هذا المنهج المحاولة الأكثر نظامية لتحديد كيف تتولد الرؤى النظرية من خلال البحث النوعي. أثناء عمليات البحث ، قمنا أولا باستكشاف تلك الأنماط التفاعلية الجديدة بشكل استقرائي، وذلك من خلال دراسة تاريخ شبكات معينة، كانت على صلة بحملات أقيمت عالميا. لكون الأنشطة التي تغطي النطاق العالمي

والأنشطة الثقافية تبدي حساسية عالية تجاه السياق، فإننا نحاول تغطية أكبر قدر ممكن في استقصائنا للمتغيرات المتداخلة ما بين القيم المناصرة وتأثيرها الواضح. على الرغم من ذلك، فإن نظرة نسبية مقارنة عبر الأقاليم ومساحات القضايا التي تبنتها تلك الشبكات، تكشف لنا عن أوجه تشابه مدهشة في الكيفية والأسباب التي دعت إلى ظهورها، وكذلك في الإستراتيجيات التي تبنتها. رغم أننا وجدنا في النهاية إن الجانب النظري من العمل ضمن نطاق الحركات الاجتماعية المحلية لديه الكثير من الشروحات حول كيفية عمل شبكات المناصرة العالمية، إلا أننا لم نتخذ تلك الفرضية كبداية، بل قمنا باستخلاص بعض البراهين الأولية حول أسباب ظهور تلك الشبكات وظروف إثبات فعاليتها، وذلك من خلال أوجه التشابه التي قمنا برصدها وملاحظتها. ومن البديهي أن إحدى تقاليد إعداد النظريات المبنية على الحقائق التي اتبعناها تستعرض عددا من الحالات المقارنة الإضافية، كمحاولة لإجراء المزيد من التمحيص والتنقيح لبراهيننا الأولية. في كل من تلك الحالات، نقوم بتوضيح متى تتواجد أولا تلك الشبكات. كما أننا نتقصىـ المزيد حول كل من الشبكات والحملات التي كتب لتجارتها النجاح أو الفشل.

تلعب المنظمات غير الحكومية، الدولية والمحلية دورا بارزا في تلك الشبكات، وينظر لهذا الدور أحيانا على أنه مستوحى من حالة التطوع الدولية التي عجزت نظرية العلاقات الدولية عن ذكرها. إن علماء

الاجتماع بالكاد قاموا بمخاطبة الدور السياسي لنشطاء المنظمات غير الحكومية، على أنهم فاعلين محليين ودوليين في ذات الوقت. وغالب ما كتب في مجال عمل المنظمات غير الحكومية، تم استقاؤه في معظمه من دراسات تنموية، إما أن تتجاهل الأنماط التفاعلية مع الدول، أو تتصف بضعف قدرتها على التحليل السياسي. على الرغم من أن المجلات التنموية (وبخاصة مجلة تنمية العالم) (World development) تتضمن وبشكل روتيني مقالات تبحث في دور المنظمات غير الحكومية، إلا أن مجلات العلوم السياسية ليست كذلك، حتى أن العديد من اختصاصي العلوم السياسية، لم يسبق لهم أن خاضوا أيا من النقاشات التي تدور حول مثل هذا الموضوع في التجمعات التنموية. ويمكن الاستزادة من David Kurten في "الدخول إلى القرن الحادي والعشرين: باب لعمل التطوعي وجدول الأعمال العالمي" (هارفورد، كون كيوماريان برس، ١٩٩٠)، إن بحث ودراسة طبيعة الدور الذي تقوم به تلك المنظمات غير الحكومية في شبكات المناصرة، يسهم في تمييزها وإدراك طبيعة ارتباطاتها بكل من: الحركات الاجتماعية، الإدارات الحكومية للدولة، والمنظمات الدولية.

نقوم بدراسة شبكات المناصرة العالمية، وطبيعة المهام التي تقوم بها من خلال تحليل الحملات التي كان لتلك الشبكات الفضل في إثارتها. هذه الحملات هي عبارة عن مجموعات من الأنشطة المترابطة إستراتيجيا، يقوم فيها الفاعلون المركزيون في إحدى الشبكات المنظمة والمنتشرة (وهي التي يطلق عليها واضعوا نظريات الحركية الاجتماعية اسم

mobilization space potential، بمعنى الشبكات القادرة على التعبئة من خلال تنمية روابط واضحة وصريحة، وتطوير أدوار منظمة بشكل مشترك فيما بينها، وذلك في سعيها المتواصل لتحقيق هدف مشترك) بتحريك وتعبئة الأعضاء الآخرين، المبادرة بتنفيذ متطلبات التكامل البنيوي، والتفاوض الثقافي فيما بين المجموعات في الشبكة تماما مثلما هو الحال في الحملات المحلية. يقومون أيضا بمهام الربط ما بين المجموعات، تأمين الموارد، اقتراح الأنشطة والإعداد لتنفيذها، مواصلة العلاقات العامة. وعليهم أيضا السعي وبوعي تام نحو تطوير "إطار عام للمعاني"، وهي المهمة التي تبدو معقدة بسبب التنوع الثقافي ضمن الشبكات العالمية. لطالما استخدمت جماعات النشطاء لغة الحملات للتحدث عن لغة الحملات للتحدث عن الجهود المركزة والمخططة إستراتيجيا. كان للحملات الدولية التي نظمتها منظمات بيئية وأخرى مختصة في صيانة الموارد الطبيعية، محور اهتمام لموضوع معين (إنقاذ الحيوانات الفروية، الحيتان، أو الغابات الاستوائية). بينما يتم التركيز في حملات حقوق الإنسان على بلد معين (العراق مثلا)، أو على قضية معينة (التعذيب).

تحليل الحملات يظهر العلاقات العالمية في صورة ميدان للتنافس والصراع في نواحي لن نتمكن من الإطلاع عليها إن ركزنا على دراسة الشبكات نفسها أو المؤسسات التي تسعى للتأثير فيها. بإمكاننا التعرف على الموارد التي تجعل تنفيذ حملة ما أمرا ممكنا من خلال: المعلومات،

القيادة، ورأس المال الرمزي أو المادي، كذلك يتوجب علينا دراسة أنواع البنى المؤسسية المحلية أو الدولية الكفيلة بتشجيع أو عرقلة أنواع معينة من الأنشطة العالمية. هنا يتوجب علينا الرجوع والاستقاء من التقاليد المتبعة. يحاول -Thomas Risse **Kappen** في آخر أعماله، إثبات أن البنى المحلية تتوسط التفاعلات العالمية. وهو يعني بالبنى المحلية: البنى الهيكلية للدولة (المتمركزة مقابل المتكسرة)، البنى الاجتماعية (الضعيفة مقابل القوية)، وشبكات السياسة (التراضي مقابل الاستقطاب). بالطريقة ذاتها، يتفق واضعو نظريات الحركة الاجتماعية على أن فهم السياق السياسي، أو (**opportunity structure**) أي البنية الهيكلية للفرص، يعد مفتاح الفهم لكل من ظهور الحركة وقياس مدى نجاحها. إذ أن تقييم البنية الهيكلية للفرصة قد يكون تمرين في علم الإحصاء المقارن، أي في الطريقة التي ينظر بها المواطنون أن المدخل المميز إلى المؤسسات السياسية مثل المجالس التشريعية، البيروقراطيات, والمحاكم. يمكن النظر إليها ديناميكيا فنراها تغيرات طرأت على علاقات السلطة السياسية مع مرور الوقت بشكل رسمي أو غير رسمي. ويمكننا أن نتفق مع "ساندي تارو" **Sidney Tarrow** على الحاجة إلى الدمج ما بين النسخة المؤسسية الضيقة، وأحد المناهج الديناميكية. **Sidney Tarrow**، "دول وفرص: الهيكلة السياسية للحركات الاجتماعية" نشرت في "وجهات نظر حول الحركات الاجتماعية". ويعني الكاتب بهيكلة الفرصة السياسية، "المؤشرات الثابتة – لأنه ليس بالضرورة أن تكون رسمية أو

دائمة، أو قومية، تلك الموجهة للجهات الفاعلة السياسية، والتي قد يكون لها أثرها إما في تشجيعهم أو ثنيهم عن استخدام مواردهم الداخلية في تشكيل حركات اجتماعية"، ومن بين تلك المؤشرات أربعة، وهي: فتح المجال للوصول إلى السلطة، تغيير الصفوف، توافر الحلفاء المؤثرين، الانقسامات ضمن النخب، وفيما بينهم، وأخيرا، فإن التركيز على الحملات، يتيح أمامنا الفرصة لاكتشاف كيفية التفاوض حول المعاني أثناء نظرنا إلى تطور فنون التنظيم والتخطيط. بإمكاننا إدراك وجود فروقات ثقافية واختلافات في المفاهيم حول مخاطر الحملات وعدم تكافؤ توزيع الموارد بين الأعضاء في الشبكة، في ذات الوقت الذي نتمكن فيه من تمييز الأدوار الهامة والحساسة التي يقوم بها أعضاء مختلفون. الحملات هي عبارة عن عمليات يتم من خلالها بناء قضايا مقيدة بسياق العمل الذي يتم فيه تنفيذ تلك العمليات: يدرك النشطاء وجود مشكلة ما ثم يقومون بتحديد المسبب واقتراح الحل. مع عدم إغفال هدفهم الأساسي وهو إحداث تغيير إجرائي حقيقي ومعياري. وفي الحملات لا بد لعملية "الرسم الإستراتيجي" من أن تكون شاملة لمختلف الأعضاء وللجماهير المستهدفة.

- ما المقصود بشبكة المناصرة العالمية؟

هي ذلك النوع من المنظمات المتميزة بأنماط تطوعية، تبادلية، وأفقية للاتصال والتبادل. وينظر أحد المنظرين التنظيميين ويدعى **Walter Powell** لتلك الشبكات على أنها شكلا ثالثا من أشكال المنظمات الاقتصادية، يختلف بشكل مميز عن الأسواق (**markets**) وعن التسلسل الهرمي (**hierarchy**) أي (الشركات). "إن الشبكات تبدو أكثر خفة في الحركة من الشركات"، كما أنها "تبدو ملائمة تحديدا للظروف حيث الحاجة للمعلومات الفعالة والموثوقة". كذلك فإنها "ملائمة لتبادل السلع التي لا يمكن تقدير قيمتها بسهولة". إن فهمه العميق وملاحظاته المتبصرة حول الشبكات الاقتصادية توحي بشكل استثنائي بفهم جديد للشبكات السياسية، والتي غالبا ما يأتي تشكيلها استجابة لقضايا تلعب فيها المعلومات دورا هاما. وتتشكل الشبكات أيضا كاستجابة أخرى تكون فيها قيمة السلع صعبة التقدير.

على الرغم من الاختلافات ما بين العاملين المحلي والدولي، إلا أن مفهوم الشبكات يتنقل بينهما بسهولة ويسر، كونه يؤكد دائما على المرونة والانفتاح ما بين الجهات الفاعلة الملتزمة ذات الإطلاع الجيد، والتي تعمل ضمن نطاق قضايا متخصصة. نطلق عليها اسم شبكات "مناصرة"، لأن محامي الدفاع عادة يترافع لمناصرة القضايا، أو يدافع عن قضايا وأفكار شخصية يؤمن بها. مفهوم المناصرة هنا يجذب الانتباه لما هو فريد بشأن الشبكات العالمية تلك: أنها عبارة عن جهات منظمة تعمل بهدف

دعم القضايا، الأفكار، المبادئ، وقواعد السلوك التي تـؤمن بها. وهـي عـادة مـا تتعلق بأشخاص يؤيدون التغييرات السياسية التي لا يسهل ربطها عقلانيا بمصالحهم.

بعض مواقع قضايا معينة، تقوم عالميا باستنساخ العلاقات الشخصية التي تعد حيوية في تشكيل الشبكات المحلية. كان لشبكات المناصرة أهمية لا يمكن إغفالها تحديدا في المناظرات القيمة حول حقوق الإنسان، البيئة، المرأة، صحة الطفل، والشعوب المحلية الأصلية. تمكنت أعداد كبيرة من الأشخاص ذوي الأصول والمنابت المختلفة. مـن التعـارف والتآلف على مدى فترة زمنية طويلة. كان ذلك بفضل تطور الكثير مـن الـرؤى الدوليـة المتشابهة. تقدم البعض منهم باقتراح بأن يتم وضع إستراتيجيات للعمل السياسي حـول المشاكل التي بدا واضحا أنها شائكة. وتحول فيما بعد إلى حقيقة تمثلت في ظهور ما عـرف لاحقا بـ "شبكات العمل" أو (action network).

* أهم الأعضاء الذين قد تتضمنهم شبكات المناصرة:

١. منظمات البحث والمناصرة غير الحكومية الدولية والمحلية.

٢. الحركات الاجتماعية المحلية.

٣. المؤسسات.

٤. وسائل الإعلام.

٥. التجمعات الدينية، الاتحادات التجارية، منظمات حماية المستهلك، والمثقفون.

٦. أجزاء من المنظمات الحكومية الدولية والإقليمية.

٧. بعض الفروع التنفيذية أو البرلمانية للحكومات.

ليس بالضرورة أن تكون كل شبكة مناصرة شاملة لجميع أولئك الأعضاء. تشير البحوث الأولية إلى أن تكون المنظمات غير الحكومية (**NGOs**) المحلية والدولية، تلعب دورا مركزيا في جميع أنواع شبكات المناصرة، إذ أنها بالعادة تبادر إلى تنفيذ الأنشطة، وتمارس ضغوطا على الأعضاء الأكثر قوة ونفوذا ليبادروا إلى تبني مواقف محددة تجاه القضايا المستهدفة. كذلك تقوم أفكار جديدة، للتزويد بالمعلومات، وتشكيل جماعات ضغط بهدف تغيير السياسات.

إن المجموعات ضمن الشبكة الواحدة تجمعها قيم مشتركة، وتقوم بتبادل المعلومات فيما بينها بشكل منتظم. يكشف حجم تدفق المعلومات فيما بين الأعضاء الفاعلين ضمن الشبكة الواحدة، عن مدى متانة أنسجة الروابط فيما بين تلك المجموعات، على المستويين الرسمي وغير الرسمي. فضلا عن أن حركة الأموال والخدمات ملحوظة خاصة بين المؤسسات والمنظمات غير الحكومية. تقدم بعض المنظمات غير الحكومية خدمات أخرى على شكل برامج تدريبية لكوادر منظمات غير حكومية أخرى، سواء أكانت تابعة لنفس شبكة المناصرة أو لشبكات مناصرة أخرى. تتنقل كوادر الشبكات من مكان لآخر داخل الشبكة نفسها, ومن شبكة لأخرى في صورة أشبه ما تكون "بالباب الدوار".

أما علاقات الشبكات فيما بينها أو ضمن نطاق القضايا نفسها فتبدو مشابهة لما توصل إليه المختصون في دراسة الحركات الاجتماعية حول طبيعة الأنشطة المحلية. فقد تم توزيع الكادر والتمويل لتلك المؤسسات، فيما أخذ أنصار البيئة والجماعات النسائية يبحثون في تاريخ حملات حقوق الإنسان عن نماذج لبناء مؤسسي دولي فعال. يذكر أن قضايا إعادة توطين اللاجئين وحل مشكلاتهم المعيشية وحقوق الشعوب الأصلية، من ضمن المكونات المركزية للنشاط البيئي الدولي. وبالطريقة ذاتها، انضمت منظمات حقوق الإنسان الرئيسية إلى حملة حقوق المرأة. يعتبر بعض النشطاء أنفسهم جزءا من مجتمع المنظمات غير الحكومية - (**NGO community**).

إلى جانب تقاسم وتبادل المعلومات، تقوم المجموعات داخل الشبكات بتصنيف المعلومات التي ستبنى حملاتها على أساسها وتنظيمها ضمن أبواب أو أطر معينة. تعد قدرة تلك المجموعات على إنتاج المعلومات بسرعة ودقة ونشرها بشكل فعال، ثروة ثمينة. كما أنها تمثل جزءا مركزيا من هويتها. ولا بد لمنظمي الحملة الرئيسيين الدمج داخل الشبكة ما بين الأشخاص والمنظمات التي تتمتع بإمكانية الوصول إلى المعلومات اللازمة. صياغة قضية ما بطرق مختلفة. يتطلب أنواعا من المعلومات، لذلك فإن الخلافات حول الصياغة تكون أحد الأسباب الهامة للتغيير ضمن الشبكات.

- لماذا، وكيف ظهرت شبكات المناصرة العالمية؟

شبكات المناصرة ليست حديثة العهد نجد نماذج لها يعود تاريخها إلى الحملة التي قامت في القرن التاسع عشر بهدف إلغاء العبودية. إلا أن أعدادها، حجمها، مستواها، سرعتها، كثافتها، ومدى تعقيد الصلات الدولية فيما بينها، قد تنامى بشكل بالغ خلال العقود الأربعة الماضية. يعلق **Hugh Heclo** على شبكات القضايا المحلية قائلا: "إذا كان الوضع الراهن مجرد نمو متسارع لنزعات الماضي، فإنه، يمكن اعتبار تقاطع ستة عشر ممرا مكونا من أصابع المعكرونة، مجرد نموذج مطور لأحد تقاطعات الطرق في البلاد".

ليس بمقدورنا إحصاء عدد شبكات المناصرة العالمية بدقة، لذلك لا يمكننا قياس مقدار نموها عبر الزمن. إلا أننا ننظر في الزيادة في تعداد المنظمات غير الحكومية الدولية التي كرست نفسها لأغراض إحداث تغيير اجتماعي. المنظمات غير الحكومية **NGOs** تعد أحد العناصر الرئيسية المكونة لأية شبكة مناصرة، لذا فإننا ننظر لتلك الزيادة على أنها تنطوي على توسع في تعداد، حجم، وكثافة شبكات المناصرة بشكل عام. يشير الجدول رقم (١) إلى زيادة في أعداد جماعات التغيير الاجتماعي غير الحكومية الدولية بالنسبة لجميع القضايا، مع وجود تفاوت في الزيادة بالنسبة لدوائر القضايا المختلفة. فقد تضاعف عدد المنظمات العاملة في مجال حقوق الإنسان، إلى خمس مرات عما كان عليه في عام ١٩٥٠. إلا أن جماعات حقوق الإنسان ظلت - وبشكل تناسبي - تشكل الربع تقريبا من إجمالي عدد الجماعات

المشابهة. وبشكل مماثل، فقد شكلت الجماعات العاملة في مجال حقوق المرأة ما نسبته (٩%) من إجمالي تعداد المجموعات في عامي ١٩٥٣ و ١٩٩٣، لكن الزيادة في أعداد منظمات البيئة العالمية، قد بلغت الحد الأقصى بالمفهوم المطلق والنسبي، من جماعتين فقط في عام ١٩٥٣. إلى تسعين جماعة في عام ١٩٩٣، أي بما نسبته (١.٨%) من إجمالي الجماعات عام ١٩٥٣، إلى (١٤.٣%) في عام ١٩٩٣. وانخفض التقارب في النسب بين الجماعات، وهو الذي كان واضحا في عدد من القضايا مثل: القانون الدولي، السلام، الوحدة العرقية، واللغة العالمية المصطنعة المأخوذة عن اللغات الأوروبية الأساسية.

جدول رقم (١) منظمات التغيير الاجتماعي غير الحكومية الدولية (مصنفة القضية الأساسية التي ترتكز عليها في أعمالها).

دائرة الاهتمام	١٩٥٣	١٩٦٣	١٩٧٣	١٩٨٣	١٩٩٣
	ر=١١٠	ر=١٤١	ر=١٨٣	ر=٣٤٨	ر=٦٣١
حقوق الإنسان	٣٣	٣٨	٤١	٧٩	١٨٦
	%٣٠.٠	%٢٧.٠	%٢٢.٤	%٢٢.٧	%٢٦.٦
النظام الدولي	٨	٤	١٢	٣١	٤٨
	٧.٣	٢.٨	٦.٦	٨.٩	١٧.٦
القانون الدولي	١٤	١٩	٢٥	٢٦	٢٦
	١٢.٧	١٣.٤	١٣.٧	٧.٤	٤.١

السلام	١١	٢٠	١٤	٢٢	٥٩
	١٠.٠	١٤.٢	٧.٧	٦.٣	٩.٧
حقوق المرأة	١٠	١٤	١٦	٢٥	٦١
	٩.١	٩.٩	٨.٧	٧.٢	
البيئة	٢	٥	١٠	٢٦	٩٠
	١.٨	٣.٥	٥.٥	٧.٥	١٤.٣
التنمية	٣	٣	٧	١٣	٣٤
	٢.٧	٢.١	٣.٨	٣.٧	٥.٤
الوحدة العرقية	١٠	١٢	١٨	٣٧	٢٩
	٩.١	٨.٥	٩.٨	١٠.٦	٤.٦
الاسبرانتو	١١	١٨	٢٨	٤١	٥٤
	١٠.٠	١٢.٨	١٥.٣	١١.٨	٨.٦

تم الحصول على الجدول من خلال كتاب مارغريت كيك تأليف **Activists Beyond Borders**.

المصدر: اتحاد الجمعيات الدولية، "الكتاب السنوي للمنظمات الدولية" (١٩٥٣، ١٩٦٣، ١٩٧٣، ١٩٨٣، ١٩٩٣).

مع أن الشبكات التي أوردناها هنا تمثل جزءا بسيطا من إجمالي عدد الشبكات، إلى أنها تضمنت قضايا ضمن نطاق حقوق الإنسان، وهي القضية التي جعلتها منظمات التغيير الاجتماعي غير الحكومية الدولية محور اهتمامها ونشاطها. تمثل الجماعات العاملة في مجال

حقوق الإنسان، البيئة، وحقوق المرأة ما تفوق نسبته نصف إجمالي عدد منظمات التغيير الاجتماعي غير الحكومية الدولية.

تعد عملية التشبيك الدولي مكلفة نسبيا، فهناك البعد الجغرافي، التأثير القومي، تعدد اللغات والثقافات، كلفة وسائل الاتصال (بين فاكس، هواتف، وأجور بريد)، والسفر جوا ومع التطور التكنولوجي أصبح البريد الإلكتروني ومواقع الإنترنت تقوم بوظائف هامة وذللت الكثير من الصعاب ، كل ذلك يجعل من عملية انتشار الشبكات الدولية لغزا محيرا يحتاج إلى توضيح، ما هي الظروف التي تجعل من نجاح تلك الشبكات أمرا ممكنا؟ وما هي العوامل التي دعت إلى ظهورها بالأصل؟

من المرجح أن يكون ظهور شبكات المناصرة العالمية، مرتبطا بالقضايا التي تتهيأ فيها الظروف التالية:

١. تكون القنوات ما بين الجماعات المحلية وحكوماتها إما مغلقة أو معرقلة أو تكون تلك القنوات غير فعالة في حل النزاعات. هنا يتم حفز أحد النماذج الذي يمثل إحدى الخصائص التأثيرية لتلك الشبكات، وهو الذي يعرف بـ (boomerang) أي المرتد: (أنظر رسم توضيحي-١).

٢. يوقن النشطاء والسياسيون أصحاب المشاريع الاقتصادية بأن عملية التشبيك (networking) سيكون لها أكبر الأثر في تعزيز مهامهم وحملاتهم، وبالتالي فإنهم يدعمون ظهورها بشكل فعال.

٣. تسهم المؤتمرات إلى جانب أشكال أخرى من الاتصال الدولي، في خلق ميادين تنافسية جديدة لتشكيل ودعم الشبكات. في حال انسداد قنوات المشاركة، يصبح الميدان الدولي هو السبيل الوحيد أمام النشطاء المحليين لكي يلفتوا الأنظار إلى قضاياهم. عادة ما تكون الإستراتيجيات المبنية على سياسة (boomerang) أو المرتد، أكثر شيوعا في الحملات التي تستهدف سياسات أو ممارسات محلية في الدولة. كما أنها تصبح أكثر انتشارا في حال سعي الحملة لتحقيق تغيير إجرائي واسع يشمل الجهات الفاعلة المتباعدة انتشارا في حال سعي الحملة لتحقيق تغيير إجرائي واسع يشمل الجهات الفاعلة المتباعدة والمشتتة.

- نموذج الـ (Boomerang) أو المرتد:

ليس من قبيل المصادفة أن نجد العديد من شبكات المناصرة تتناول قضايا متعلقة بالحقوق في حملاتها، فالحكومات هي الجهة الرئيسية الكفيلة بضمان الحقوق، إلا أنها في الوقت ذاته، تمثل الجهة التي تبادر إلى انتهاك تلك الحقوق. في حال انتهاك الحكومة للحقوق، أو رفضها الاعتراف بها، تنعدم جدوى الأشخاص أو الجماعات المحلية إلى الميادين السياسية أو القضائية المحلية. لذا يصبح ملاذهم الوحيد هو اللجوء إلى الاتصالات الدولية. للتعبير عن القضايا التي تشغلهم, أو حتى – في بعض الأحيان – لحماية أرواحهم.

حينما تكون القنوات ما بين الدولة والجهات الفاعلة المحلية مسدودة، تصبح الفرصة مهيأة لتطبيق نموذج (boomerang)، الذي يمثل إحدى الخصائص التأثيرية لشبكات المناصرة العالمية. يتم ذلك على النحو الآتي: تتجاوز المنظمات غير الحكومية الدولة، لتبحث مباشرة عن حلفاء دوليين، بهدف الضغط على دولها من الخارج. أكثر ما يحدث في حملات حقوق الإنسان. وبشكل مشابه، ما يحدث في حملات المناصرة للسكان الأصليين، وحملات البيئة، التي تدعم مطالب الشعوب المحلية بأحقيتها في المشاركة في المشاريع التنموية المنعكسة آثارها على حياتها بشكل منتظم. هذا يتضمن عملية التثليث أو (triangulation). تعد تلك الارتباطات هامة لكلا الجانبين: للجهات الفاعلة الأقل نفوذا في العالم الثالث، حيث تقوم الشبكات بتزويدها بالمدخل المناسب، النفوذ، والمعلومات (غالبا ما تزودها كذلك بالمال) وهي الموارد التي لا يتوقع أن تنجح في تأمينها بمفردها. بالنسبة للجماعات الأوروبية والأمريكية، فإن عليهم دائما العمل على إثبات صدق دعواهم بالنضال إلى جانب شركائهم في العالم الثالث. يبدو محتملا أن تسفر مثل تلك العلاقات عن توترات جسيمة وتكون مثار للشكوك وتوجس دائم.

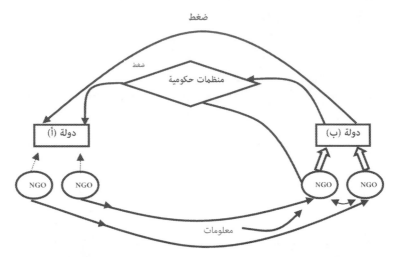

ضغط

ضغط

منظمات حكومية

دولة (أ)

دولة (ب)

NGO   NGO

NGO   NGO

معلومات

-رسم توضيحي (١) نموذج (Boomerang) أو المرتد: الدولة (أ) تغلق السبيل أمام المنظمات داخلها، فتلجأ تلك المنظمات إلى تفعيل نشاط الشبكة، ومن ثم يقوم أعضاؤها بالضغط على دولهم، وعلى منظمات أخرى تمثل طرف ثالث في العملية (في حال كانت القضية من اختصاصها) والتي بدورها تقوم بالضغط على الدولة (أ) وتم الاستعارة في التشكيل الذي وضعته مارغريت كيك في كتاب Activists Beyond Borders.

وفيما يتعلق بقضايا أخرى قد يتعذر الوصول فيها إلى الحكومات أو أن الحكومات قد صمت آذانها عن الإنصات لدعاوى الجماعات، آنئذ تلعب الاتصالات الدولية دورا هاما في إيصال أصوات تلك الجماعات الداخلية، إبراز مطالبها، وإفساح المجال أمامها للتعبير عن قضايا جديدة، ومن ثم فإنها تعمل على ترديد أصداء تلك المطالب في ميادينها المحلية. مثالين جيدين على ذلك هما محاولات وقف تعدي أصحاب مزارع المواشي على الجزء الغربي من الأمازون التابع للبرازيل، والتهديد الذي واجه سكان بعض القبائل بعد إقامة السد على نهر نارمادا في الهند.

وقد بدأت المنظمات والهيئات في دول العالم الثالث الاستفادة من إمكانيات ونفوذ نظيراتها في أوروبا للضغط على حكوماتها وتحقيق مطالبها إلى درجة أن بعض الحكومات في دول العالم الثالث تحدد موقفها من المنظمات المحلية بالقدر الذي تمتلك علاقات ومقدار التشبيك بينها وبين المنظمات العالمية، مما أتاح لكثير من المنظمات الحياة والتقدم.

* السياسيون من أصحاب المشاريع الاقتصادية:

الدعاوى التي تثار حول قضايا معينة، والتي تصبح عرضة لحدوث تحرك دولي بشأنها لا تسفر عن ولادة الشبكات العالمية بشكل مباشر، تماما مثلما لا يؤدي الظلم والاضطهاد إلى ظهور الحركات ونشوب الثورات. النشطاء هم الدافع الأساسي وراء ظهور تلك الشبكات، ويمكن تعريفهم كالتالي: "الأشخاص الذين يبلغ اهتمامهم بقضية ما، حدا يجعلهم على استعداد لتكبد تبعات كبيرة، وتحمل المعاناة والجهد في سبيل تحقيق أهدافهم. يبادرون بتأسيس الشبكات العالمية، متى أيقنوا أنها ستعزز من مهامهم التنظيمية من خلال اقتسام المعلومات، تعزيز قدرتهم على الظهور، التمتع بإمكانية الوصول إلى أوسع شريحة ممكنة من الجماهير، ومضاعفة القنوات ذات المنافذ المؤسسية... الخ على سبيل المثال، لجأ منظموا الحملة التي أقيمت بهدف وقف الترويج لحليب الرضع الاصطناعي أمام الأمهات الفقيرات في البلدان النامية إلى مقاطعة منتجات شركة نستله (Nestle)"، كونها تمثل المنتج الأكبر لذلك النوع من الحليب. اعتمدوا على تلك الخطوة باعتبارها جزءا رئيسيا من

خطتهم. ولكون شركة "نستله" تعد عضوا فاعلا على المستوى العالمي، أدرك النشطاء ضرورة مبادرة الشبكات العالمية، بممارسة الضغوط على الشركات الكبرى والحكومات. مع مرور الوقت، وعلى نطاق القضايا المماثلة، أصبحت المشاركة في الشبكات العالمية من العناصر الضرورية المكونة للهويات الجماعية لنشطاء الأعضاء فيها. كما أصبحت عملية التشبيك تمثل جزءا من مخزون ذخيرتهم. واكتسب السياسيون أصحاب المشاريع الاقتصادية، خبرة كافية من خلال تجارب وحملات سابقة، حتى أصبحوا فيما بعد يمثلون الراعي الأساسي لعمليات التشبيك لحملات جديدة.

- نمو الاتصال الدولي:

تنامت فرص إقامة أنشطة للشبكات خلال العقود الأخيرة. إذ أنه إلى جانب جهود الرواد، أصبحت الفرصة مهيأة لإجراء المزيد من الاتصالات، وإقامة روابط متعددة. يعود هذا إلى انتشار المنظمات الدولية وكثرة المؤتمرات. كما أدى انخفاض كلفة السفر جوا، وظهور العديد من الوسائل التكنولوجية الحديثة للاتصال الإلكتروني، إلى زيادة سرعة تدفق المعلومات، وتبسيط الاتصالات الشخصية فيما بين النشطاء. حيث بلغ مقدار الريع الثابت لتذاكر السفر الجوي بالدولار في عام ١٩٩٥، نصف ما كان عليه عام ١٩٦٦، بينما شهدت أعداد المسافرين الدوليين خلال الفترة ذاتها، زيادة يفوق مقدارها الأربعة أضعاف مسافر. أنظر الموقع الإلكتروني لمؤسسة النقل الجوي ١٩٩٧.

يكمن وراء تلك التوجهات الجديدة، تحول ثقافي أوسع وأشمل، فقد اعتمدت الشبكات الجديدة على إيجاد نوع جديد من "الجمهور العالمي" أو "المجتمع المدني"، الذي نما على أنه إرثا ثقافيا لحقبة الستينيات". أسهم في حدوث ذلك التحول الحركة النشطة التي عمت غرب أوروبا، والولايات المتحدة، والعديد من أجزاء العالم الثالث خلال ذلك العقد. فضلا عن تنامي فرص إجراء الاتصالات الدولية بشكل كبير خلال تلك الفترة. مع تدني كلفة السفر جوا بشكل ملحوظ، لم يعد السفر إلى الخارج من الامتيازات المقتصرة على الأثرياء فقط. شارك الطلاب في برامج تبادلية، كما قامت فرق السلام وعدد من البرامج التبشيرية غير الكنسية، بإرسال آلاف الشباب للإقامة والعمل في البلدان النامية. أخذ العديد من المبعدين السياسيين من أمريكا اللاتينية يحاضرون في الجامعات الأمريكية والأوروبية أيضا.

يبدو جليا أن سياسة المصالح الدولية والتعاون بين الدول – (internationalism) – لم يتم ابتداعها خلال حقبة الستينيات. لطالما أدت العديد من التقاليد الدينية والسياسية، بما فيها امتداد الحركات التبشيرية والعمل المشترك بين أطراف سياسية كانت متباينة في السابق، إلى حفز كل من الأشخاص والجماعات للقيام بنشاطات خارج نطاق حدود دولهم. رغم أن الفضل فيما آل إليه حال العديد من النشطاء العاملين في شبكات المناصرة يعود أصلا إلى تلك التقاليد، إلا أنها – والمنظمات التي كانت تتبناها – لم تعد جزءا من

تعريفهم بأنفسهم. لا سيما بالنسبة للنشطاء الذي كانوا ينتمون لليسار، فقد عانوا خيبة أمل كبيرة بعد رفض جماعاتهم التعامل بجدية مع القضايا التي تهم المرأة، البيئة، وتلك المتعلقة بانتهاكات حقوق الإنسان في دول الكتلة الشرقية في تلك الحقبة. مع غياب جملة من الخيارات التي كانت ستدخل المنافسة من حيث التزاماتها خلال العقود السابقة، أصبحت المناصرة والنشاط عبر المنظمات غير الحكومية والحركات الشعبية، يمثل الخيار الأفضل لأولئك الطامحين لإحداث تغيير ما.

رغم أن العديد من لجان التضامن وجماعات حقوق الإنسان نظمت حملات ضد التعذيب واحتجاز المواطنين، ومع أنهم كانوا يعملون لصالح الأشخاص ذاتهم، إلا أنهم اتبعوا لتحقيق ذلك الغرض أساليب، إستراتيجيات، وخطابات مختلفة. كانوا يسعون لتحقيق أهدافهم على أسس مبادئ مختلفة. فقد بنت منظمات التضامن التماسها على الالتزامات الأيديولوجية المشتركة - أي على مبدأ أن أولئك الذين يتم تعذيبهم أو قتلهم، إنما يتعرضون لذلك كونهم يدافعون عن قضايا يشترك بها معهم أولئك النشطاء. كانت المنظمات اليمينية - من حيث المبدأ - ملتزمة بالدفاع عن حقوق أولئك الأشخاص بغض النظر عن مدى توافق أيديولوجيتهم مع أفكار أولئك الضحايا إلا أنها كانت تستثني من تلك القاعدة، الأشخاص الذين سبق لهم مناصرة العنف. على سبيل المثال، قامت منظمة العفو الدولية بالدفاع عن أحقية جميع

السجناء في عدم التعرض للتعذيب، لأحكام الإعدام المعجلة، ولعقوبة الموت. لكنها أكدت تبنيها الأوضح والأكثر رمزية فقط للسجناء الذين لم يناصروا العنف.

مع أن السياسة الدولية العمالية كتب لها النجاة من المصير الذي واجه اليساريين إثر أفول نجمهم، وتحلل منظومة الإشتراكية إلا أنها قائمة بشكل أساسي على المنظمات واسعة العضوية الممثلة لدوائر انتخابية محددة. يذكر أن شبكات المناصرة التي شكلت حول قضايا عمالية لم تلبث أن أزيلت كاستجابة لحالة القمع التي كانت تتعرض لها الحركات العالمية والمحلية (كما هو الحال في شبكات دعم العمل التي تم تشكيلها في أنحاء من البرازيل، جنوب إفريقيا وأمريكا الوسطى في أوائل الثمانينات).

مركز المعلومات والموارد العمالي البرازيلي، الذي هو عبارة عن جماعة دفاع بدأ القيام بمهامه في أوائل الثمانينات، قد حظي بدعم وتأييد عدد كبير من الاتحادات في الولايات المتحدة، وكندا، وغرب أوروبا، وذلك في حملة أقيمت للاحتجاج على محاكمة زعماء عماليين برازيليين، لتزعمهم عدد من الاضطرابات والمسيرات؛ كما قامت اللجنة العمالية حول جنوب إفريقيا بتوحيد عدد من الزعماء والمثقفين في الاتحاد، لكي يضطلعوا بمهمة نشر معلومات تتعلق بتعرض التنظيمات العمالية للقمع والاضطهاد بين الاتحادات الصناعية العسكرية الجديدة في جنوب إفريقيا؛ أما اللجنة العمالية حول أمريكا الوسطى، فكانت تتألف

من زعماء عماليين قاموا ببناء قنوات بديلة للاتصال والتعاون مع النشطاء العماليين في أمريكا الوسطى (خاصة السلفادور وجواتيمالا) وذلك للوقوف في وجه دعم الـ AFL - CIO's لسياسات رونالد ريغن في المنطقة.

تعمل شبكات المناصرة في الشمال ضمن وسط ثقافي تغلب عليه سياسيوا التعاون الدولي، التي تبدو متفائلة بإمكانية جعل عملية التشبيك الدولي حقيقة واقعة. بالنسبة لأعضاء الشبكات في الدول النامية، فإن تبرير التدخل الخارجي أو الضغط من دول أخرى، تبدو مسألة دقيقة جدا باستثناء ظروف تعرض أرواح الناس إلى خطر. إن الارتباطات مع الشبكات الشمالية تتطلب مستويات عالية من الثقة، كون الدعوات المبررة للتدخل الخارجي القائم على أسس أخلاقية، تواجه نزعات قومية متأصلة لدى العديد من الجماعات السياسية في الدول النامية. متأصلة أيضا لديها ذكريات عن العلاقات الاستعمارية القديمة والمحدثة.

- كيف تعمل الشبكات العالمية

تسعى الشبكات العالمية لفرض تأثيرها ونفوذها، بالطرق ذاتها التي تسعى من خلالها الجماعات السياسية أو الحركات الاجتماعية الأخرى، لتحقيق الغرض ذاته لكونها لا تملك مقومات القوة بمفهومها التقليدي. الأمر الذي يحتم عليها استغلال قوة معلوماتها، أفكارها، وإستراتيجياتها بهدف تعديل سياق المعلومات والقيم التي تقوم الدول برسم سياساتها ضمنها. يمكن تصنيف جل ما تقوم به

شبكات المناصرة ضمن إطار الإقناع أو التكييف وفقا للحاجات الاجتماعية. كلا العمليتين لا تخلوان من احتمال حدوث صراعات، إذ أنها لا تنطوي فقط على استخدام الحجة والمنطق مع الخصوم، وإنما قد تصل إلى حد ممارسة الضغط، لي الأذرع، التشجيع على فرض العقوبات، أو إلحاق العار بهم. إن الكتاب الذي أعدته **Audie Klptz`s** حول قواعد السلوك والتمييز العنصري، يبحث في الآثار المترتبة على الإكراه، الحفز، والتشريع كونها تمثل جزءا من عملية التكييف الاجتماعي (**socialization**).

من خلال دراستنا للأساليب التكتيكية التي تلجأ تلك الشبكات لاستخدامها في جهودها في عمليات الإقناع، التكييف الاجتماع، والضغط تبين لنا إنها تتضمن التالي:

١. السياسة الإعلامية، أو القدرة على خلق المعلومات القابلة للاستخدام سياسيا بسرعة ومصداقية عالية، ومن ثم توجيهها بحيث تحدث أكبر تأثير ممكن.

٢. السياسة الرمزية, أو القدرة على استحضار الرموز، الأفعال، القصص الكفيلة بتوضيح وضع ما بالنسبة لجمهور كثيرا ما يكون بعيدا، يستخدم فتتي "سياسة المعلومات" و "السياسة الرمزية" للبحث في إستراتيجيات الأعضاء الفاعلين لما وراء الحدود القومية، وبخاصة الشبكات المتعلقة بالحقوق الهندية. ويمكن مراجعة كتاب "النشاط على المستوى العالمي: الحقوق الهندية والسياسية الدولية في أمريكا

اللاتينيـة" نشرـت في "الشـعوب الأصـلية والديمقراطيـة في أمريكـا اللاتينيـة" للمؤلفـة **Donna Lee Van Coot** "نيويـورك: مطبوعـات سـانت مـارتن/الحـوار مـا بـين الأمريكيين، ١٩٩٤) و (قلـوب وعقـول: العـودة إلى السياسـة الرمزيـة" في "نظـام الحكـم" ١٩٩٥.

٣. سياسة النفوذ، أو القدرة على استدعاء أعضـاء أكـثر قـوة ونفـوذا للتـأثير في وضـع لا يحتمل فيه تمكن الأعضاء الأضعف في الشبكة من إحداث تأثير.

٤. سياسة المسؤولية والمحاسـبة (**accountability politics**)، أو الجهـود المبذولـة لإلزام الأعضاء الأقوياء بسياستهم ومبادئهم التي كـانوا قـد أعلنـوا عـن تمسـكهم بهـا سابقا.

حملة واحدة قد تتضمن العديد من تلك العناصر في آن واحد. عـلى سـبيل المثـال، قامت شبكة حقوق الإنسان بنشر معلومات حول انتهاكات حدثت في الأرجنتين، في الفترة ما بين عـامي ١٩٧٦ – ١٩٨٣. نظمـت أمهـات الضـحايا في حادثـة ميـدان **De Mayo** في الأرجنتين مسيرة على شكل دوائر في الساحة المركزية قي "بيونيس أيرس" مرتديات مناديل بيضاء, وذلك في محاولة منهن للفت الأنظار رمزيا إلى محنـة أبنـائهم المفقـودين. حاولـت الشبكة استخدام كل من نفوذهـا المـادي والمعنـوي ضد النظـام في الأرجنتـين مـن خـلال الضـغط عـلى الولايـات المتحـدة وعـلى حكومـات أخـرى لوقـف مسـاعدتها العسـكرية والاقتصادية، وأيضـا مـن خـلال جهودهـا المبذولـة لحـث كـل مـن الأمـم المتحـدة واللجنـة الأمريكية الدولية

لحقوق الإنسان على إدانة الممارسات المضادة لحقوق الإنسان في الأرجنتين. تعد الرقابة شكلا آخر من أشكال السياسة الإعلامية التي يقوم النشطاء فيها باستخدام المعلومات إستراتيجيا، لضمان إمكانية تحملهم مسؤولية تصريحاتهم العلنية، التشريعات القائمة، والمعايير الدولية.

يعد بناء الأطر المعرفية أحد العناصر الضرورية المكونة للإستراتيجيات السياسية للشبكات. وقد أطلق **David Snow** على ذلك النشاط الإستراتيجي مصطلح (**frame alignment**)، بمعنى صف الإطار: "تعمل الأطر على تنظيم الخبرة، وتوجيه الفعل الفردي أو الجماعي - من خلال جعل الأحداث والوقائع مفهومة وذات معنى". أما مصطلح "تكبير الإطار" - (**frame alignment**) فيرتبط بالعلاقة ما بين العمل التفسيري لتنظيم الحركة وقدرته على التأثير في أكبر قدر ممكن من مفاهيم الشعب. إن الأخير يتضمن كلا من التناغم الداخلي للإطار ومدى تناسب خبرته مع ثقافة سياسية أوسع. في أحد الكتب التي تم إنجازها ، يقوم كل من **Sidney Tarrow** و **Snow** وزملائهم بإضفاء بعد تاريخي على "صف الإطار" من خلال ربطه بمفهوم **Tarrow** عن الدوائر الاحتجاجية. الخلاف حول المعنى وعملية إيجاد أطر جديدة للمعاني عادة ما تحدث في وقت مبكر من الدوائر الاحتجاجية، ولكن مع مرور الوقت، "يصبح إطار العمل الجماعي المحدد جزءا من الثقافة السياسية، بمعنى أنه يصبح جزءا

من مخزون الرموز ليكون بإمكان الجهات الراعية للحركات المستقبلية، الاختبار من بينها".

يبحث الأعضاء في الشبكات - وبشكل فعال - عن طرق مناسبة لإدخال قضاياهم ضمن جدول أعمال الشعب، إما عن طريق صياغتها بطرق مبتكرة، أو عن طريق البحث عن مسرح الأحداث الملائمة. في بعض الأحيان، يجدون القضايا من خلال إعادة صياغة مشكلات قديمة ضمن قوالب جديدة. ويسهمون - بين الحين والآخر - في تغيير مفاهيم الأعضاء الآخرين عن هوياتهم واهتماماتهم. على سبيل المثال، اتخذت حقوق استغلال الأرض في الأمازون طابعا مختلفا تماما، كما حظيت بحلفاء آخرين ظهروا ضمن إطار إزالة الغابات بشكل يفوق ظهورهم ضمن أطر العدالة الاجتماعية أو التنمية الإقليمية. خلال عقدي السبعينيات والثمانينات، أقرت العديد من الدول - وللمرة الأولى - بأن تشجيع حقوق الإنسان في دول أخرى، يعد هدفا مشروعا للسياسة الخارجية وتعبيرا أصيلا عن هم قومي. يمكن اعتبار ذلك القرار نتاجا للتفاعل مع إحدى شبكات حقوق الإنسان العالمية التي بدأت تظهر آنذاك. إننا لا ننظر لذلك على أنه انتصارا للمبادئ الأخلاقية على المصالح الشخصية، وإنما نعتبره تحولا في مفهوم الهم القومي الذي يعود في جزء منه إلى التفاعلات المنظمة ما بين عناصر الدولة الأساسية والشبكات. ولا يمكن اعتباره مشتقا من تحولات الظروف العالمية والاقتصادية فحسب، حتى لو كان يبدو مرتبطا بها بشكل أو بآخر.

بطبيعة الحال، لا تضم الشبكات العالمية سوى أعداد قليلة من النشطاء الذين ينتمون إلى منظمات أو مؤسسات مرتبطة بحملة معينة أو بدور مناصرة معين. أنواع الضغوط وسياسة جدول الأعمال التي تتبعها شبكات المناصرة، نادرا ما تتضمن التعبئة الجماعية، باستثناء الأوقات الحرجة، رغم أن الشعوب نفسها التي تبنت الشبكات قضاياها قد تشارك في مظاهرات احتجاجية جماعية. المثال على ذلك هو أولئك الذين طردوا من أراضيهم في قضية سد نارمادا. إن الكتاب الذي وضعه **Gerhards and Ruche**، والذي يحمل عنوان "التعبئة الوسطى" يعرض وبشكل تفصيلي الجهود المبذولة في الإعداد لتظاهرات واجتماعات موازية، لتتزامن مع الاجتماع الذي عقده البنك الدولي مع صندوق النقد الدولي في برلين، عام ١٩٨٨، ما يزال ذلك الحدث إلى الآن، ويعد أضخم عمل جماعي، إلى جانب حملة بنك الإنماء متعددة الأغراض، التي بدأت لقاءاتها وتظاهراتها الموازية لاجتماعات البنك السنوية التي عقدت عام ١٩٨٦، إلا أنه من المدهش، أنه بدا وكأن مؤلفي الكتاب لم يكونا على علم بوجود حملة لما وراء الحدود القومية آنذاك، وأن ذلك الحدث لم يكن سوى جزء منها.

وقد توالت نفس الأشكال وتوسعت إلى درجة أنها أصبحت تقليدا يرافق اجتماعات البنك الدولي تمثل إستراتيجيات المقاطعة استثناءا جزئيا من تلك القاعدة، فبدلا من اللجوء إلى التعبئة الجماعية، يتبع النشطاء في الشبكات سياسة أخرى، يطلق عليها كل من

Baumgartner و Jones اسم (venue shopping) أو البحث عن سبب لإقامة دعوى، والتي تعتمد على إستراتيجية مزدوجة في عرض الصورة، والبحث عن مسرح أحداث سياسي أكثر تقبلا للقضية. مثال جيد على ذلك يتمثل في الدمج الذي حدث مؤخرا ما بين حقوق الشعوب الأصلية من خلال ذلك التحول الإستراتيجي في أسباب لإقامة الدعاوى في القضايا البيئية ميدانا أكثر تفاعلا وتقبلا لمطالبهم من ميادين حقوق الإنسان.

- سياسة المعلومات (information politics):

تربط المعلومات أعضاء الشبكات بعضهم ببعض. كما أنها تعد عنصرا ضروريا لإثبات فعالية الشبكة. تأخذ العديد من عمليات تبادل المعلومات طابعا غير رسميا على شكل مكالمات هاتفية، رسائل إلكترونية، رسائل عبر الفاكس، وتداول للكتيبات والنشرات. مثل تلك الأنواع من الاتصالات تقوم بتزويد الأعضاء بالمعلومات التي ما كانت لتوفرها لهم مصادر أخرى، ثم أن عليهم معالجة تلك المعلومات لتصبح قابلة للفهم والاستخدام بالنسبة لكل من النشطاء والجماهير الذين قد يكونوا متباعدين جغرافيا و/أو اجتماعيا.

يكتسب الأعضاء غير الممثلين لدول قدرتهم التأثر من خلال قيامهم بدور المصادر البديلة للمعلومات. تدفق المعلومات إلى شبكات المناصرة، لا يزودها بها فحسب بل أيضا بالشهادات؛ تلك القصص التي يرويها أناس كان لأحداث معينة تأثير كبير في حياتهم. علاوة على ذلك، يعالج النشطاء تلك الحقائق والشهادات بحيث تمكنهم من صياغة القضايا بشكل مبسط وفقا لمعايير الصواب والخطأ. ذلك لأن هدفهم هو إقناع الناس وحثهم على الإقدام على الفعل. لكن كيف تحدث عملية الإقناع تلك؟ يتعين على الإطار الذي يمكن اعتباره فعالا أن يظهر أن هناك جملة من الأحداث التي لا تبدو طبيعية ولا عرضية وأن يحدد أيضا الجهة أو الجهات المسؤولة، ويبادر بتقديم حلول منطقية مقترحة. إن تحقيق تلك الأهداف يتطلب رسائل واضحة وقوية تتوافق مع المبادرة المشتركة التي غالبا ما يكون تأثيرها على سياسات الدولة أقوى من نصائح الخبراء الفنيين. وتكون جزءا هاما من النوع السياسي حول المعلومات يتمثل في الانقسام حول تصنيف القضايا بدقة، فهي إما فنية بشكل أساسي؛ وبالتالي تخضع للدراسة من قبل خبراء مؤهلين، أو أنها تدخل ضمن نطاق اختصاص إحدى الجماعات العالمية الكبرى ذات الاهتمام المشترك.

حتى أثناء إلقائنا الضوء على أهمية تلك الشهادات، علينا الاعتراف بوجود عمليات تداخل فيها. إذ أن العملية التي يتم بموجبها اكتشاف وعرض الشهادة تتضمن بطبيعة الحال عدة مراحل من الترجمة الأولية. قد يكون بمقدور الأعضاء في الشبكات العالمية تمييز

أنواع الشهادات التي يمكن اعتبارها ذات قيمة معينة. حينها، قد يتوجهون بالطلب من المنظمات غير الحكومية في المنطقة، للبحث عن أشخاص قادرين على الإدلاء برواياتهم بشأنها. بعدئذ يلجئون إلى التحقق من مدى صحة تلك الروايات من خلال الرجوع إلى المواطنين المنفيين، أو العلماء دائمي السفر والتنقل، أو حتى من خلال وسائل الإعلام. عادة ما يكون هناك فجوة كبيرة بين الرواية الأصلية وبين الروايات المتناقلة بين الألسن؛ من حيث السياق الثقافي الاجتماعي، المضمون المفيد، وحتى من حيث اللغة. فمثلا، السكان المحليين يفقدون أحيانا السيطرة على رواياتهم في الحملات العالمية. أما عن كيفية حدوث عمليات التدخل تلك، فهو يعد من الأوجه المثيرة للاهتمام في سياسة الشبكات تحديدا.

تبذل الشبكات جهودا مضنية في سبيل الكشف عن المشكلات، تقصي- أسبابها، إبرازها في الصحافة، وأمام صناع السياسات. وصف أحد النشطاء تلك العملية بأنها بمثابة "منهجية حقوق الإنسان" - أي "الترويج للتغيير من خلال الترويج للحقائق". ولإضفاء المصداقية على المعلومات الصادرة عن الشبكات، لا بد أن تكون موثوقة، ويعتمد عليها جيدا. لتحظى بالاهتمام، لا بد أن يتم الإعلان عنها في الوقت المناسب، وألا تخلو من بعض الإثارة. تتضارب أحيانا الأهداف المركبة لسياسة المعلومات، ولكن تبقى المصداقية والإثارة أهم عناصر إستراتيجية تهدف لإقناع الجماهير وصناع السياسات، بتغيير أرائهم.

فكرة "إبلاغ الحقائق" لا تعبر بشكل وافي عن الطريق التي تقوم الشبكات بموجبها باستخدام المعلومات إستراتيجيا في صياغة أطر القضايا. تقوم الشبكات بلفت الأنظار إلى قضايا معينة أو حتى بخلق تلك القضايا باستخدام اللغة التي تستثير الناس وتلفت أنظارهم. مثال على ذلك، هو الحملة التي أقيمت ضد ختان الإناث. خلال فترة ما قبل عام ١٩٧٦، كانت إحدى الممارسات الشائعة، والتي تقضي بختان الإناث، في العديد من الدول الإفريقية، وبعض الدول الآسيوية ودول الشرق الأوسط، تعرف خارج نطاق تلك الأقاليم، وخاصة في الأوساط الطبية وعلم تطور الإنسان. تنتشر عادة ختان الإناث بشكل واسع في إفريقيا، حيث ثبت وقوعها في ست وعشرين دولة إفريقية على الأقل. وتقدر أعداد النساء اللواتي خضعن لعمليات ختان في العالم اليوم، ما بين ٨٥ - ١١٤ مليون امرأة، أقامت إحدى شبكات المرأة إلى جانب منظمات لحقوق الإنسان حملة مثيرة للجدل لهذا الغرض. وفي عام ١٩٧٤، نجحت في لفت الأنظار إلى تلك القضية من خلال إعادة تسميتها. ففي السابق، كان يشار إلى تلك الممارسات بمصطلحات فنية محايدة مثل: التطهير، إزالة البظر، أو الجزء الخارجي البارز من العضو التناسلي للمرأة. أما تلك الحملة رفعت شعار رفض "تشويه" العضو التناسلي للمرأة، وأسهمت في إبراز تلك القضية عالميا. تمكنت الشبكة، من خلال إعادة تسمية تلك الممارسات، من كسر الرابط ما بينها وبين عملية تطهير الذكور (التي ينظر إليها باعتبارها واجبا دينيا عند المسلمين واليهود أو قرارا طبيا أو ثقافيا شخصيا في كثير من

البلدان، كما أنها أشارت بذلك إلى وجود رابط ضمني ما بينها وبين عملية مريبة وهي إخصاء الذكور. وبالتالي فإنها تكون قد أعادت صياغة تلك القضية باعتبارها تمثل شكلا من أشكال العنف ضد النساء.

أسفرت تلك الحملة عن العديد من ردود الأفعال القوية في بلدان كثيرة بما فيها فرنسا، والمملكة المتحدة كما قامت الأمم المتحدة بدراسة القضية، وخرجت بجملة من التوصيات من أجل محو ممارسات تقليدية محددة. وقد امتدت خلال العقد الماضي لتصل إلى إفريقيا وآسيا وحققت نتائج باهرة إلى درجة أن بعض الدول مثل مصر أصدرت تشريعا يحرم هذه الممارسة.

يمثل عدم التأكد أحد أكثر الأبعاد شيوعا في قضايا البيئة. إذ لا تتمثل الصعوبة فقط في ندرة المعلومات (رغم أن الوضع يتحسن الآن)، وإنما في كونها تحتمل العديد من التفسيرات والتأويلات إن توفرت. على سبيل المثال، قضية الغابة الاستوائية تزخر بالمعلومات العلمية غير المؤكدة، حول دور الغابات في تنظيم المناخ، مقدرتها على التجديد، وحول قيمة الموارد البيولوجية غير المكتشفة أو المستغلة بعد. من غير المرجح أن يتمكن علماء البيئة من الإجابة على تلك التساؤلات، لا سيما أنهم لم يقوموا خلال بعض الحملات الأخيرة إلا بإعادة صياغة تلك القضايا، وإثارة الاهتمام حول الآثار المترتبة عن إزالة الغابات بالنسبة لبعض السكان. إنهم بذلك يطالبون بالتحرك والإقدام على الفعل بمعزل عن البيانات العلمية.

يقـوم كـل مـن نشـطاء حقـوق الإنسـان، القـائمون عـلى حمـلات غـذاء الأطفـال، والجماعات النسوية بأدوار مشابهة من خلال إضفاء طـابع الإثـارة عـلى أوضـاع الضـحايا، جعل الحقائق الجامدة قصص وروايات إنسانية بهدف التأثير عـلى العامـة وحضـهم عـلى التحرك. مثلا اعتمدت حملة طعام الأطفال بشكل مكثـف عـلى دراسـات الصـحة العامـة التي أثبتت أن الأسـاليب الخاطئـة في إرضـاع الأطفـال صـناعيا تسـهم في إصـابتهم بسـوء التغذية وبالتالي الوفاة. أثبتت أيضا أن حمـلات الشركـات للـترويج تـؤدي في معظمهـا إلى تدني نسبة الأمهات اللواتي يقبلن على الرضاعة الطبيعيـة. بـادر نشـطاء الشـبكات بإعـادة تقديم وتفسير تلك المعلومات بحيث تصبح أكثر دراماتيكية وتـأثيرا عـلى المتلقـي لتدفعـه إلى الإقـدام عـلى الفعـل. فقامـت منظمـة التنميـة البريطانيـة (**War on Want**) بإصـدار منشور يحمل عنوان "قتلة الأطفال"، الذي قامت جماعـة العمـل السويسريـة في العـالم الثالـث بترجمته إلى الألمانية، مع تعديل بسيط على العنوان، ليصبح شركة "نسـتلة تقتـل الأطفـال". فـما كان من شركة نستله سوى المسارعة إلى مقاضاة جماعة العمل السويسرية في العالم الثالث، بتهمة القذف والتشهير، وهي بذلك تكـون غافلـة قـد منحـت النشـطاء الفرصـة لمناقشـة القضية في منتدى عام ورسمي.

أسهمت الشبكات غير الحكومية في إضفاء طابع الشرعية على اسـتخدام معلومـات الشهادات التي يـدلي بهـا المواطنـون إلى جانـب المعلومـات الإحصائية والفنيـة. يـذكر أن الارتباط ما بين النوعين من المعلومات

يبدو هاما جدا، إذ يتعذر على النشطاء حث العامة إلى التطلع إلى إحداث تغيير في السياسات دون الرجوع إلى قضايا وحالات فردية.

بدأت الحملات الدولية للشبكات، تتبنى ذلك التوجه ذي المستويين في التعامل مع المعلومات. خلال عقد الثمانينات، بدأت جماعة "السلام الأخضر- **Green peace**" والتي بدت في البداية وكأنها تتجنب إجراء بحوث صارمة حول الأحداث الإعلامية المثيرة، بلفت الأنظار إلى ضرورة عدم التلاعب في الحقائق. إذ تسهم كل من المعلومات الفنية والشهادات الدراماتيكية في إبراز الحاجة إلى التحرك أمام العامة.

يعود الفضل في كثافة العلاقات والتبادلات ما بين الشمال والجنوب جزئيا إلى الاتصالات المتاحة عبر الكمبيوتر والفاكس. أصبح ذلك يدل وبوضوح على أن الحكومات لم تعد قادرة على احتكار تدفق المعلومات كما كان الحال عليه قبل ذلك.

يسرت وسائل التكنولوجيا تلك علميات نقل المعلومات من وإلى دول العالم الثالث بشكل ملحوظ. لطالما كانت خدمات البريد بتلك الدول بطيئة وضعيفة؛ كما أنها تمنح وبالطبع امتيازات خاصة للمنظمات التي تتمتع بأحقية استخدامها. ومن الأمثلة الجيدة على الدور المعلوماتي الجديد للشبكات، هو ممارسة أتباع الحركة البيئية الأمريكيين ضغوطا على الرئيس بوش ليقوم بإثارة قضية الإقدام المستمر لأصحاب مناجم الذهب على اقتحام محمية يانومامي للسكان الأصليين، وذلك أثناء تواجد الرئيس البرازيلي **Fernando Collar de Mello** في واشنطن عام ١٩٩١.

كان الرئيس البرازيلي يعتقد أنه قد تمكن من إخماد حدة الاحتجاجات حول قضية يانومامي من خلال إثارة زوبعة إعلامية حول إقدام أصحاب مناجم الذهب على تفجير مهابط الطائرات التي كانوا يستخدمونها. إلا أن معلومات كانت قد وصلت عبر الفاكس إلى أعضاء الشبكات من البرازيل وأثبتت عكس ادعاءاته. كانت تلك موثقة بأدلة أكدت أن أصحاب المناجم أعادوا بناء مهابط الطائرات وما زالوا يحتلون محمية يانومامي.

يسهم الدور المركزي الذي تلعبه المعلومات في تلك القضايا في إيضاح الدافع وراء إنشائها. تعد المعلومات في نطاق تلك القضايا ضرورية لكنها مشتتة. يعتمد النشطاء غير الحكوميين على المعلومات التي تسهم في جعلهم لاعبين مؤهلين وفاعلين. كما أن الاتصال بالجماعات التي تتفق معهم في الأفكار، في الداخل والخارج، يمنحهم إمكانية بلوغ المعلومات اللازمة لإنجاز مهامهم، وبالتالي العمل على توسيع نطاق شرعيتهم، كما أنها تسهم في حشد المعلومات حول أهداف سياسية محددة.

أغلبية المنظمات غير الحكومية لا تقوى على تحمل تكاليف الإبقاء على كوادر بشرية عاملة لديها في دول متعددة. في بعض الحالات الاستثنائية، يرسلون أعضاء رئيسيين لديهم في مهام استطلاعية، لإبقائهم على اطلاع دائم على التطورات الروتينية إلا أن ذلك الإجراء لا يبدو عمليا. لذا يلجئون إلى أقامة علاقات مع المنظمات المحلية، الأمر الذي يمكنهم من تلقي ورصد المعلومات لدى العديد من الدول بتكاليف

أقل. أما الجماعات المحلية بـدورها، فتعتمـد عـلى اتصـالاتها وعلاقاتها الدوليـة في تصدير معلوماتها إلى الخارج وفي حماية أنشطتها.

تعد وسائل الإعلام شريكا ضروريا في سياسة الشبكات الإعلامية. في سبيل الوصـول إلى أكبر شريحة ممكنة من الجمهور، تبذل الشبكات جهودا مضنية للفت أنظار الصـحافة إليهـا. وقد ينضم بعض الصحفيين المتعاطفين مع الشبكة إليها، إلا أن الشبكات تحرص على أن تظل سمعتها مرتبطة بالمصداقية مع الصحافة في أغلب الأحيان، في ذات الوقت، تحرص كذلك على الإعلان عن معلوماتها في الوقت المناسب بأسلوب دراماتيكي لا يخلو من الإثارة ولافت لأنظار الصحفيين. وتعد العولمة الإعلانية أو مصطلح أن العالم قرية صـغيرة تطورا هامـا في انسـياب المعلومات والبيانات.

- السياسة الرمزية (Symbolic politics):

يقوم النشطاء بتبويب القضايا من خـلال التعـرف عـلى الأحـداث الرمزيـة القويـة وتقديم تفسير مقنع عنهـا. وهـذه بـدورها تصبح بمثابـة عوامـل مساعدة لنمـو وتطور الشبكات. يعد التفسير الرمزي جزءا من عملية الإقناع التي تقـوم الشبكات مـن خلالهـا بخلق الوعي لدى العامة لتوسيع نطاق الجماهـير المؤيديـن لهـا. أدى منـح جائزة نوبـل للسلام لعام ١٩٩٢، للناشطة Rigoberta Menchu، وإعلان الأمم المتحدة عام ١٩٩٣، عامـا للسكان الأصليين، إلى رفـع مسـتوى الـوعي الشـعبي بأوضاع تلـك الشعوب في الأمريكيتين. وقد استغلت الشعوب الأصلية تزامن عام ١٩٩٢

مع مرور ٥٠٠ عام على الرحلة التي قام بها كولومبوس إلى القارات الأمريكية لإثارة العديد من القضايا ذات العلاقة، الأمر الذي يعد مثالا ساطعا على كيفية استغلال الأحداث الرمزية بهدف إعادة صياغة بعض المفاهيم حول قضية معينة.

ويمكن ملاحظة مستوى التخلف والضعف للأداء في منطقة الشرق الأوسط لدرجة أن موضوع السكان الأصليين لم يتضمن الفلسطينيين والسوريين واللبنانيين الذين احتلت إسرائيل أراضيهم وضمتها إلى السيادة الإسرائيلية، وليس ذلك فحسب فحتى الآن لم تستطع المنظمات المحلية من دفع هذه المسألة لتكون ضمن جدول الاهتمام لموضوع السكان الأصليين.

لعب الانقلاب الذي حدث في تشيلي عام ١٩٧٣ دورا مساعدا مشابها بالنسبة لجماعات حقوق الإنسان. وأصبحت احتمالية حدوث انقلاب مماثل في أي مكان آخر كبيرة جدا، لا سيما بعدما شهدت تشيلي ذلك الانقلاب الوحشي وهي الدولة التي كانت تعد رمزا للديمقراطية في أمريكا اللاتينية. بالنسبة للنشطاء في الولايات المتحدة، فإن الدور الذي لعبت حكومتهم في إسقاط حكومة **Allende** ضاعف من حاجتهم إلى التحرك والإقدام على الفعل. ما يدفع الناس غالبا إلى تغيير آرائهم وأفكارهم والتحرك ليس حدثا واحدا، وإنما جملة من الأحداث المتفرقة. للعديد من الناس في الولايات المتحدة، جملة الأحداث تلك تتضمن الانقلاب في تشيلي، والحرب في فيتنام وفضيحة ووترغيت، إضافة إلى حركة الحقوق المدنية التي تمخضت عنها حركة حقوق الإنسان.

وبالمثل، فإن الآثار الدراماتيكية التي ترتبت على احتراق الغابة البرازيلية الاستوائية، خلال صيف عام ١٩٨٨ الحار، قد أسهمت في إقناع العديد من مواطني الولايات المتحدة بمدى جدية وخطورة وترابط قضيتي ارتفاع درجات الحرارة العالمي، وإزالة الغابات الاستوائية. أدى اغتيال الرئيس البرازيلي Chico Mendes في نهاية العام ذاته، إلى بلورة الاعتقاد بأن ثمة خلل بالغ في حوض الأمازون.

- سياسة النفوذ (Leverage politics):

يعنى النشطاء في شبكات المناصرة بالارتقاء إلى مستوى معين من الفعالية السياسية. غالبا ما يتضمن تعريفهم لمفهوم "الفعالية"، التمكن من إجراء تغيير معين في السياسات بواسطة الجهات الفاعلة المستهدفة target actors من أمثال الحكومات، مؤسسات التمويل الدولية كالبنك الدولي، أو جهات فاعلة تتبع للقطاع الخاص مثل الشركات العالمية. بغاية تحقيق تغييرات في السياسات، تحتاج الشبكات إلى الضغط وإقناع الفاعلين الأكثر نفوذا. لاكتساب القدرة على التأثير، لا بد للشبكات من السعي لإرجاح كفتها وهو المصطلح الذي غالبا ما يتردد في خطابات منظمات المناصرة على كفة الجهات الأكثر نفوذا. من خلال ترجيح الكفة على المؤسسات الأكثر قوة، تكتسب الجماعات الضعيفة القدرة على التأثير، وتصل حدودا أبعد بكثير من مجرد التأثير في ممارسات الدولة بشكل مباشر. وتعتبر عملية التعرف على الكفة الراجحة أخلاقيا أو ماديا خطوة إستراتيجية وحيوية في الحملات التي تقيمها الشبكات.

عادة ما ترتبط رجاحة الكفاءة المادية بقضايا المال أو السلع (يحتمل أيضا أن ترتبط بأصوات الناخبين في المنظمات الدولية، بالمناصب المرموقة، أو بمنافع أخرى. أضحت قضايا حقوق الإنسان قابلة للتفاوض لأن الحكومات والمؤسسات المالية أصبحت تربط ما بين ممارسات حقوق الإنسان من جهة، والمساعدات العسكرية والاقتصادية، أو العلاقات الدبلوماسية الثنائية من جهة أخرى. في الولايات المتحدة، تمكنت جماعات حقوق الإنسان من اكتساب النفوذ من خلال تزويد صناع السياسات بالمعلومات التي أقنعتهم بوجوب قطع مساعداتهم العسكرية والاقتصادية. في سعيها لجعل القضية قابلة للتفاوض، قامت المنظمات غير الحكومية أولا بإبراز لمحة عن مسيرتها ومزاياها، مستخدمة في ذلك السياستين الإعلامية والرمزية ثم اضطر الأعضاء الأكثر قوة في الشبكة للربط ما بين التعاون وشيء آخر ذي قيمة؛ متعلق إما بالمال، التجارة، أو المظهر الاجتماعي. وفي وضع مشابه، لأن ربط الحملة متعددة الأطراف التي أقامها أنصار البيئة بالتعاون مع بنك الإنماء لحماية البيئة بإمكانية الحصول على قروض كبيرة القوة والفعالية.

وقد استطاع الناشطون في أوروبا وخصوصا في الدول الإسكندنافية من ربط المساعدات والهبات من دولهم إلى بلدان العالم الثالث بمستوى حقوق الإنسان في تلك الدول مما دفع الكثير من الحكومات لمراعاة حقوق مواطنيها طلبا لهذه الهبات كما استطاعت أن تجعل بعض الهبات على شكل دعم ثقافي وإنساني وأن تشترط أن لا تكون لغايات عسكرية.

رغم أن تأثير المنظمات غير الحكومية كان يبدو معتمدا على تأمين الحلفاء الأقوياء في أغلب الأحيان، إلا أن مصداقية تلك المنظمات ما تزال تعتمد جزئيا على قدرتها على تعبئة وتحريك أعضائها، والتأثير في الرأي العام عبر وسائل الإعلام. في الأنظمة الديمقراطية، تمنح القدرة على التأثير وكسب أصوات الناخبين المنظمات واسعة العضوية تميزا عن المنظمات التي لا تستقبل الأعضاء، في تشكيل جماعات الضغط الهادفة لتغيير السياسات لذا، فإنه من المرجح أن تتمتع المنظمات البيئية، والتي يقدر تعداد أعضاء العديد منها بالملايين، بتلك الميزة الإضافية على منظمات حقوق الإنسان.

أما النفوذ الأخلاقي، فيتضمن ما يطلق عليه بعض المعلقين أحيانا مصطلح "تفعيل العار"، والذي يتم بموجبه دراسة سلوك الأعضاء المستهدفين بإمعان ودقة على المستوى الدولي. يقوم النشطاء في الشبكات باستخدام نفوذهم الأخلاقي، على افتراض أن الحكومات تقيم وزنا لنظرة الآخرين الإيجابية لها، يرتبط استعداد الشبكات لتعريض سمعة ومصداقية دولة ما للحظر إلى حد يكفل حفزها لإحداث التغيير المطلوب في سياساتها أو سلوكها، بمدى قدرتها على إثبات انتهاك تلك الدولة للمعايير الدولية، أو عدم التزامها بمبادئ كانت قد أعلنت سابقا عن تبنيها لها. تتفاوت درجة هشاشة كل دولة لهذا النوع من الضغوط، وسيتم مناقشته بتوسع لاحقا.

- سياسة المسؤولية والمحاسبة (**Accountability politics**):

تكرس الشبكات جزءا كبيرا من طاقتها لإقناع الحكومات والجهات الفاعلة الأخرى بضرورة تغيير مواقفها علنا تجاه عدد من القضايا. لكن غالبا ما يتم التغاضي عن مثل ذلك النوع من التغيير باعتباره غير ذي قيمة، حيث أنه من السهولة بمكان، الإعلان عن التغيير بالكلمات فقط. علاوة على أن الحكومات، تقوم أحيانا بتغيير مواقفها المتذبذبة، على أمل أن يكون ذلك كفيلا بصرف انتباه الشبكات والشعوب عنها. لذا فإن النشطاء في الشبكات يحاولون إحالة تلك التصريحات العلنية إلى فرص ضمن سياسة المسؤولية والمحاسبة. فما أن تعلن حكومة ما التزامها بأحد المبادئ – المتعلقة على سبيل المثال بحقوق الإنسان أو الديمقراطية – حتى تصبح الشبكات قادرة على استغلالها، في إبراز التباين ما بين الدولة وممارساتها. الأمر الذي يبدو محرجا للعديد من الحكومات التي ستسعى بدورها للحفاظ على ماء وجهها بإلغاء ذلك التباين.

قد يكون المثال الأبرز على سياسة المحاسبة لدى الشبكات، متمثلا في قدرة شبكة حقوق الإنسان على استخدام بنود اتفاقيات هلسنكي لحقوق الإنسان لعام ١٩٧٥، في الضغط على الاتحاد السوفيتي السابق. وعلى حكومات أوروبا الشرقية بهدف إحداث التغيير المطلوب. أسهمت اتفاقيات هلسنكي في إنعاش حركة حقوق الإنسان في تلك البلدان، كما أسفرت عن ولادة منظمات جديدة، مثل جماعة موسكو – هلسنكي – (**the Moscow Helsinki Group**) ، ولجنة متابعة هلسنكي في

الولايات المتحدة - (the Helsinki Watch Committee). فضلا عـن كونها أسهمت في توفير الحماية اللازمة للنشطاء من التعرض للقمع والاضطهاد. أشارت شبكة حقوق الإنسان إلى الالتزامات التي تعهدت بها موسكو أثناء العرض الختـامي لأعمـال المـؤتمر الذي وقعت فيه اتفاقيـة هلسـنكي، وقرنتـه بجملـة مـن الأمثلـة التي ثبت انتهاكها لتلك التعهدات. وكمثال توضيحي على الآثار التي تترتب عـلى تطبيـق نمـوذج (boomerang)، يقول الناشط في مجال حقوق الإنسان Yuri Orlov: "لا نملك الوسائل اللازمة التي تمكنـا من الوصول إلى حد أبعد مما وصل إليه المكتب الإقليمي للـ KGB لكن السؤال الذي لا بـد للرئيس من الإجابة عليه هنا هـو: مـا السبل المتاحـة أمام المـواطن السـوفيتي للوصول إلى حكومة بلاده، عدا تلك السبل غير المباشرة التي تؤمنها له حكومات دول أخرى.

البنى الهيكلية المحلية التي يمكن مـن خلالها محاسبة الـدول والجهات الفاعلـة الخاصة بموجب تصريحاتها، أمام القانون أو الاتفاقيات تتفاوت تفاوتا كبيرا مـن دولـة إلى أخرى، حتى بين الأنظمة الديمقراطية. مـن شـأن مركزية المحاكم في السياسـة الأمريكيـة إفساح المجال أمام تمثيل شتى أنواع المصالح، وهو الأمر الذي لا يبدو متوفرا لـدى أغلبيـة الأنظمة الديمقراطية الأوروبية. كـما أنها تسـفر عـن وجود أعـدادا كبـيرة مـن منظمات المناصرة المختصة في شؤون القضاء. وجود القنوات القانونية، لا يعني بالضرورة أنها تفي بالغرض، إلا أنه في البرازيل قانون خاص بالمصالح المتنوعة، يحفظ حق منظمات المناصرة المختصة بالبيئة

والمستهلك وضع عام ١٩٨٥، إلا أن بـطء وتثاقل النظـام القضـائي البـرازيلي، عرقـل بشكل كبير فاعلية هذا القانون.

- تحت أي ظروف يمكن لشبكات المناصرة التأثير ؟

لتقييم مدى تأثير شبكات المناصرة لا بد لنا النظر أولا إلى تحقيقها لأهـدافها عـلى مختلف المستويات. بمقدورنا تمييز الأنواع أو المراحل التالية لتأثير الشبكات:

١. إيجاد القضية وضبط جدول الأعمال.

٢. تأثيرها على المواقف المتذبذبة للدول والمنظمات الدولية.

٣. تأثيرها على إجراءات المؤسسات.

٤. تأثيرها على التغيير في السياسات بالنسبة للجهات الفاعلة المستهدفة, التي قد تتمثل في دول أو منظمات دولية من أمثال البنك الدولي، أو الجهات الفاعلـة الخاصـة مثـل شركة نستله.

تقوم شبكات المناصرة بإثارة الاهتمام حول قضايا جديدة، وتسهم في ضبط جـداول الأعمال لدى قيامها بإثارة وسائل الإعلام، المناظرات، والاجتماعات حـول قضـايا لم تكن في السابق موضع اهتمام عام. ولكون القيم تمثل جوهر شبكات المناصرة، فإن هـذه المرحلـة من التأثير قد تتطلب تعديلا "للسياق القيمي"، الـذي تحـدث ضـمنه المناظرات. الأعـوام والعقود التي حددتها الأمم المتحدة، للتعبير عن موضوع أو فكرة معينة، كعقد

المرأة العالمي وعام السكان الأصليين، هي عبارة عن أحداث عالمية روجت لها الشبكات مما رفع من مستوى وعي الناس بقضاياها.

يكون للشبكات تأثيرها على المواقف المتغيرة للدول عندما تسهم في إقناعها والمنظمات الدولية بضرورة دعم إعلانات الحقوق الدولية، أو بتغيير المواقف المحلية السياسية المعلنة. الدور الذي لعبته شبكات البيئة في صياغة مواقف الدول، وإعلانات مؤتمر قمة الأرض – (Earth Summit) المنعقد عام ١٩٩٢ في ريودي انيرو، يشكل مثالا ساطعا على ذلك النوع من التأثير. قد تمارس أيضا الضغوط على الدول بهدف التوصل إلى توقيع مواثيق أو قواعد معتمدة للسلوك، تكون كفيلة بمضاعفة إلزام الدولة بالتزامها وتعهداتها.

عادة ما تستجيب الجهات المستهدفة من حملات الشبكات، لمطالب تغيير السياسات بإحداث تغييرات إجرائية قد يكون لها تأثيرها على تلك السياسات في المستقبل. على سبيل المثال، حملة البنوك متعددة الأغراض، تعبر بشكل رئيسيـ عن العديد من التغييرات في التوجهات الداخلية للبنك، حيث جرى بموجبها توسيع نطاق المشاركة الشعبية والرسمية، ممثلة بمنظمات غير حكومية، في جلسات مناقشة المشاريع. كما أتاحت إمكانية الوصول إلى المعلومات التي كانت محظورة سابقا، وأسفرت عن تشكيل طاقم تفتيش مستقل لمشاريع البنك الدولي. إذا، من شأن التغييرات الإجرائية مضاعفة الفرصة أمام المنظمات الدولية لتقوم بتطوير علاقات منتظمة مع لاعبين أساسيين آخرين، يعملون على

القضية ذاتها، وهي أيضا تمهد الطريق أحيانا أمام الانتقال من خارج إستراتيجيات إلى الضغط داخلها.

قد تتمخض الأنشطة التي تقوم بها الشبكات عن حدوث تغييرات في السياسات ليس بالنسبة للدول المستهدفة فحسب، بل بالنسبة إلى دول أخرى و/أو مؤسسات دولية أخرى. يمكن النظر إلى التحولات السياسية الواضحة على أنها أحد دلائل نجاح الشبكات. لكن حتى في هذه الحالة، مسببات تلك التحولات والمعاني المنظومة عليها قد تكون مبهمة. بمقدورنا الإشارة - ببعض الثقة - إلى تأثير الشبكات، عند الحديث عن الإنجازات التي تحققت بفضل الضغوط التي مارستها شبكات حقوق الإنسان. مثل وقف المساعدات العسكرية للأنظمة القمعية. أو الحد من الممارسات القمعية. يصل تأثير أنشطة شبكات حقوق الإنسان أحيانا إلى حد تهديد استقرار النظام. إلا أن علينا التمييز بدقة ما بين التغيير في السياسات والتغيير في السلوك؛ فعلى سبيل المثال، السياسات الرسمية ضد قطع الأشجار للحصول على الخشب في ساراواك - ماليزيا، لا تؤثر شيئا على أرض الواقع في شركات الأخشاب بسبب عدم تطبيق سياستها تلك.

إننا نتحدث عن مراحل حدوث تأثير الشبكات، لا مجرد أنواعه، ذلك لاعتقادنا بأن مضاعفة الاهتمام المتبوع بتغييرات في المواقف المتذبذبة بقضية ما، يجعل من الحكومات أكثر استجابة لمطالب الشبكات. (قد تؤدي التغييرات المتذبذبة إلى حدوث الخلافات والانقسامات داخل الشبكات نفسها، بحيث ينشق الأعضاء الداخليين عن الخارجيين،

والإصلاحيين عن الراديكاليين). فالحكومة التي تدعي تبنيها لقضايا حماية مناطق السكان الأصليين والمحميات البيئية، لا بد أن تكون أكثر تأثرا لدى اتهامها بتعريض تلك المناطق للخطر, من حكومات أخرى لم تعلن عن تبنيها لمثل تلك القضايا. في هذه الحالة، على الجهود المطلوب بذلها أن تهدف إلى محاسبة تلك الحكومات ومطالبتها بالالتزام بتعهداتها السابقة لا بتغيير موقفها الحالي. لذا لا بد للمراحل الثلاث الأولى من التأثير للحدوث لكي يكون التغيير في السياسات مفهوما ومكتمل الأركان.

تعد خصائص كلا من القضية والعضو الفاعل أجزاء هامة في توضيحنا لكيفية إحداث الشبكات تأثيرا في المخرجات السياسية وللظروف التي يمكن للشبكات من خلالها إثبات فعاليتها. خصائص القضية مدى بروزها ومكانتها ضمن جداول الأعمال، تلعب دورا في تحديد مدى إمكانية قيام الشبكات بإدخال أفكار وخطابات جديدة ضمن المناظرات. النجاح في التأثير في السياسات يعتمد أيضا على مدى قوة وكثافة وقدرة الشبكة على تحقيق النفوذ. رغم أن العديد من خصائص القضايا والأعضاء الفاعلين تتصل بذلك الموضوع، إلا أننا سنكتفي بالتأكيد على صدى القضية، كثافة الشبكة، ومدى إمكانية تأثر الجهات المستهدفة.

- خصائص القضية:

تعد القضايا المتضمنة أفكارا حول الصواب والخطأ أكثر طواعية لعمل شبكات المناصرة، كونها تعمل إلى إثارة مشاعر قوية حولها. كما تتيح للشبكات توظيف العديد من المتطوعين، وإضفاء معنى معبر على تلك الأنشطة التطوعية. لكن ليس بالضرورة أن تؤدي جميع الأفكار المنظمة، ذات المبادئ، إلى تشكيل شبكات. كذلك تعتبر عملية وضع بعض القضايا ضمن أطر تترك صداها لدى صناع السياسة والجمهور أسهل من بعضها الآخر. المشاكل ذات المسببات الناتجة عن أفعال ممتدة قام بها أشخاص معروفون، تعد تحديدا أكثر استجابة لإستراتيجيات شبكات المناصرة عن غيرها. يأتي هذا على نحو مخالف للمشكلات التي تكون مسبباتها ناتجة عن خلل ما في البنى الهيكلية، والتي لا يمكن تفاديها بسهولة. تجلت الجوانب الإبداعية الحقيقة لدى شبكات المناصرة، في قدرتها على العثور على الأطر الهادفة التي يتسنى لها من خلالها مخاطبة بعض عناصر المشكلات البنيوية. رغم أن إطار العنف ضد النساء، لا يعالج تماما القضية البنيوية المتمثلة في اختلال النظام الاجتماعي الذي يمنح الرجال سلطة مطلقة في المجتمع، إلا أنه قد يتمكن من إحالة بعض الآثار المترتبة على ذلك النظام إلى مشكلات قابلة للحل. وبالمثل، فإن إعادة صياغة الشروط المتعلقة باستغلال الأراضي وامتلاكها، والتي ينظر إليها باعتبارها قضايا بيئية، لن يكون كفيلا بمعالجة مشكلات

الفقر وعدم المساواة بشكل تام، لكنه قد يسهم في تذليل بعض العقبات التي تحول دون التوصل إلى حلول لها. ويعتقد نشطاء الشبكات أنهم بذلك يعملون على إضعاف البنية الهيكلية لنظام سيادة الرجال، الفقر، وعدم المساواة. كما أنهم يسهمون في تمكين نشطاء جدد من مخاطبة تلك المشكلات بشكل أفضل في المستقبل. سواء كانوا على صواب أو على خطأ، فإن الضمور الحاصل عالميا في ظاهرة الأحزاب اليسارية الجماعية، يحد من جداول الأعمال البديلة المتوفرة التي يمكن مخاطبة تلك القضايا من خلالها.

بالنظر إلى لقضايا التي ركزت شبكات المناصرة جهودها التنظيمية حولها بشكل فعال، نجد اثنتين من خصائص القضية قد برزتا بشكل منظم للغاية:

١. القضايا المتعلقة بالإيذاء الجسدي لأشخاص ضعفاء، وبخاصة عندما يكون هناك سلسلة من الأسباب أو الروايات التي تؤكد مسؤولية المعتدي.

٢. القضايا التي تتعلق بالأحقية الشرعية في تكافؤ الفرص.

لا بد أن تستجيب الفئة الأولى من القضايا للمنطق في قواعد السلوك، أما الثانية فتتبع للمنطق القضائي والمؤسسي.

تبدو القضايا التي تنطوي على الإيذاء الجسدي للأشخاص الضعفاء أو الأبرياء مثيرة للاهتمام. بالطبع يرجح أن تتعرض مثل تلك القضايا إلى الطعن فيها، فيما يتعلق بطبيعة الإيذاء الجسدي المقصود أو الأشخاص الذين يمكن اعتبارهم ضعفاء أو أبرياء. كما تبين لنا من

خلال الحملة الفاشلة التي أقيمت سابقا ضد ختان الإناث، فإن تعرض شخص واحد للأذى قد يمثل أحد طرق الخلاص بالنسبة لآخر. ومع ذلك، ما يزال مرجحا أن تكون الحملات ضد الممارسات التي تنطوي على إيذاء جسدي للفئات الضعيفة أو البريئة من الناس، فعالة جدا عالميا. كانت القضايا المتعلقة بالتعذيب والاختفاءات، أكثر قابلية للمتابعة من قضايا أخرى متعلقة بحقوق الإنسان، كما كان الاحتجاج على تعذيب السجناء السياسيين أكثر فعالية من الاحتجاج على تعذيب المجرمين الاعتياديين أو تعريضهم لعقوبة الإعدام. كما أكدت الحملات البيئية التي كان لها التأثير الأكبر على النطاق العالمي، على ضرورة الربط ما بين حماية البيئات المختلفة وحماية الأشخاص الضعفاء الذين يعيشون فيها.

نعتقد كذلك أنه، ولأجل إقامة حملة حول قضية ما، لا بد من إحالتها أولا إلى "قضية سببية"، يتم فيها التأسيس للشخص الذي يتحمل المسؤولية. إلا أن تلك القضية لا بد لها أن تكون قصيرة وواضحة بشكل يجعل القضية تبدو مقنعة. فعلى سبيل المثال، تبدو مسؤولية المعذب الذي يقوم بتوصيل أسلاك كهربائية بأعضاء السجين التناسلية واضحة وجلية. إلا أن إلقاء اللوم هنا على زعماء الدول فيما يتعلق بممارسات جنودهم الشائنة تجاه السجناء يجعل من السلسلة السببية تبدو أطول، لكنه يتفق مع المفاهيم المشتركة المتعلقة بمبدأ سلسلة القيادة الصارمة في الأنظمة العسكرية.

تمكن النشطاء من إقناع الشعوب بالمسؤولية التي يتحملها البنك الدولي عن الآثار الإنسانية والبيئية المترتبة على المشاريع التي يقوم بتمويلها بشكل مباشر، إلا أنهم واجهوا صعوبات كبيرة في محاولات إقناع صندوق النقد الدولي بمسؤوليته عن الجماعات وحالات الشغب التي نتجت عنه في الدول النامية. في الحالة الثانية، تبدو السلسلة السببية أطول، أكثر تعقيدا، وأقل وضوحا، الأمر الذي يعود إلى حقيقة أن أحدا لن يبادر بالكشف عن حقيقة مجريات المفاوضات، سواء صندوق النقد أو الحكومات.

المثال التالي من حملة مقاطعة شركة نستله، يسهم في إيضاح فكرة السلسلة السببية. نجحت حملة المقاطعة في وضع حد للترويج المباشر لحليب الأطفال للأمهات. الفضل يعود لمقدرة النشطاء على الترويج لفكرة أن الشركة قد قامت بالتأثير بشكل مباشر على قرارات تغذية الأطفال، والتي انعكست آثارها سلبيا على حالتهم الصحية العامة. إلا أن الحملة لم تنجح في منع الشركات من التبرع بإمدادات مجانية من حليب الأطفال للمستشفيات. على الرغم من أن تلك كانت تمثل أداة التسويق الوحيدة، الأكثر فعالية بالنسبة لتلك الشركات، إلا أن السلسلة السببية الطويلة والأكثر تعقيدا التي استندت إليها الحملة في محاولتها إسناد المسؤولية إلى تلك الشركات، لم تنجح هنا. كان ذلك نتيجة لاعتقاد العامة بأن الأطباء والمستشفيات يحولون دون تأثير تلك الشركات عليهم.

القضية الثانية التي أثبتت حملات الشبكات العالمية فعاليتها حولها، تتمثل في تزايد مستوى التكافؤ الشرعي للفرص. مناقشتنا لقضايا العبودية وحق النساء في الاقتراع، تعالج تلك الخاصية من خصائص القضية بنفس مستوى النجاح الذي حققته إحدى الحملات العالمية والتي لم نقم بمناقشتها - وهي الحملة المضادة للعنصرية. السبب وراء جعل ظاهرة التمييز العنصري هدفا واضحا للشبكات هو الإطار القانوني لأغلبية الجوانب الأساسية لتكافؤ الفرص. تشكل تلك القضية هما قوميا عاما، لا سيما في المناطق التي تستفحل فيها العنصرية مثل جنوب إفريقيا، خلافا لمناطق أخرى من العالم لم يحظى فيها التميز الطبقي بإلزام قانوني، مثل البرازيل وبعض المدن الأمريكية.

- خصائص الجهات الفاعلة:

مهما بلغ حد التوافق ما بين قضايا معينة وبين الرسائل القوية التي تسعى الشبكات لتوجيهها عالميا، فلا بد من وجود أعضاء فاعلين وقادرين على إيصال تلك الرسائل. كما أنه لا بد من توفر أعضاء مستهدفين من السهل إقناعهم أو إخضاعهم لنفوذ الشبكات. يذكر أن كثافة تلك الشبكات، توافر العديد من الأعضاء، الارتباطات ما بين جماعات الشبكة الواحدة، والمسارات الموثوقة لتدفق المعلومات كفيلة برفع مستوى أدائها. (الكثافة هنا تشير إلى كل من انتظام واتساع مدى انتشار وتبادل المعلومات ضمن الشبكات، ولمقدار تغطيتها للمناطق

الرئيسية). لا بد أن تتوفر لدى الشبكات الفعالة تبادلات متداولة للمعلومات، كما لا بد من تواجد أعضاء من الـدول المسـتهدفة إلى جانـب أولئك القـادرين على اكتسـاب نفوذ مؤسسي.

يعد قياس مدى كثافة الشبكة أمرا صعبا بعـض الشيء، إذ مـن المـرجح أن تكون الشبكات ذات الكثافة المناسبة محددة في مواضيع حملاتها من بين الجوانب الهامـة التي تدل على كثافة الشبكة أيضا: أعداد وجودة نقاط التقاطع أو الالتقاء فيها. والقدرة على الوصول إلى المعلومات ونشرها، مدى المصداقية مع المستهدفين والقدرة على التحدث باسم الشبكات الاجتماعية الأخرى ومن أجلها.

لا بد للجهات المستهدفة أن تكون سريعة الاستجابة للمحفزات الماديـة أو سريعـة التأثر بالتهديد بالعقوبات من قبل جهات فاعلة خارجية. أو قد تكون حساسية بالنسبة للضغوط التي قد تفرض عليها نتيجة لوجود فجوات كبيرة مـا بين تصريحاتها المعلنـة وممارساتها على أرض الواقع. عادة ما تكون الجهات المستهدفة قابلة للتأثر نتيجة لعاملين اثنين: أولهما توافر أسباب القوة والنفوذ، وثـانيهما حساسية موقـف الدولة واستعدادها للتأثر بذلك النفوذ في حال غياب أحد هذين العاملين قد تواجه الحملة الفشل. عـادة مـا يكون لدى الدول الأكثر تأثرا بضغوط الشبكات طموحـات بالانضمام إلى حد التجمعـات الدولية المعيارية. توحي تلك الرغبة ضمنا بوجود رؤية لمبدأ المفاضلة بين الـدول، والـذي يقوم على أساس إدراك مدى أهمية التفاعلات ما بين الدول باعتبارها عملية تكيف

واندماج اجتماعي. لذلك، قد يكون للنفوذ الأخلاقي أهمية خاصة، في التعامل مع الدول التي تحاول جادة تحسين مكانتها في النظام الدولي. على سبيل المثال، ظلت الحكومات البرازيلية المتعاقبة منذ عام ١٩٨٨ قلقة جدا بشأن مدى التأثير الذي قد تحدثه قضية الأمازون على صورة البرازيل ومكانتها في المجتمع الدولي. ينظر إلى الدعوى التي وجهها الرئيس البرازيلي (Jose Sarney) لاستضافة مؤتمر الامم المتحدة حول البيئة والتنمية لعام ١٩٩٩ باعتبارها محاولة لتحسين تلك الصورة. وبالمثل، فإن حرص الإدارات المكسيكية الأخيرة على هيبة دولتهم أمام المجتمع الدولي جعلها أكثر استجابة لضغوط شبكة حقوق الإنسان. في حملة طعام الأطفال، لجأ نشطاء الشبكات لاستخدام النفوذ الأخلاقي لإقناع الدول بالتصويت لصالح لائحة قواعد السلوك المرتبطة بال WHO/UNICEF. وبالنتيجة صوت لصالح تلك اللائحة كل من هولندا وسويسرا، رغم أن كليهما تعتبران من أهم الدول المصدرة لحليب الأطفال.

- نظرة تأملية في السياسة العالمية:

من خلال التركيز على التفاعلات الدولية التي تشمل الأعضاء غير الممثلين بدول، تكون المنظمات ممثلة للعرف الذي تؤمن بالعمل المسبق في السياسة العالمية. وهو الذي كان قد أشار إلى ظهور قنوات متعددة للاتصال ما بين المجتمعات، وإلى حالة من الضبابية انتابت بالمحصلة السياستين المحلية والدولية لكل منظمة. ويقوم مفهوم الشبكات بإخضاع

ذلك العمل للمزيد من عمليات الصقل والتشذيب. مجموعة المؤلفات التي وضعها كل من **Keohane and Nye**، إلى جانب العديد من المحللين الذين تناولوا ظاهرة (**New Tran nationalism**) "العالمية الجديدة" بالبحث والتحليل، قد أجملوا في تحليلاتهم العلاقات ما بين أبرز فئات الجهات الفاعلة العالمية من أمثال: الشركات متعددة الجنسيات، الكنيسة الكاثوليكية، المنظمات العلمية الدولية، وجماعات النشطاء. إن العامل المشترك الوحيد بين العديد من علاقات ما وراء القومية تلك، يتمثل في كونها جميعا تعمل خارج نطاق الحدود القومية، وأن جميعها يمتاز بوجود أعضاء فاعلين يسعون لتحقيق أهداف محددة (واحد من أولئك الأعضاء على الأقل ليس ممثلا بدولة)، بإمكاننا التمييز بين ثلاثة فئات مختلفة منها اعتمادا على دوافعها:

١. تلك ذات الأهداف الوسيلية (التي تقوم على الوسائل المادية)، وبخاصة الشركات العالمية والبنوك.

٢. تلك التي تدفعها بشكل أساسي أفكار سببية مشتركة، مثل الجماعات العلمية أو المجتمعات المعرفية[1].

٣. والأخرى التي تدفعها أفكار أو قيم منظمة مشتركة (شبكات المناصرة العالمية).

يقابل كلا من تلك الفئات المختلفة الشبكات العالمية، نوع مختلف من أنواع منح الموارد السياسية، ونمط من أنماط التأثير

---

(١) إن العامل المشترك الوحيد بين العديد من علاقات ما وراء القومية تلك، يتمثل في كونها جميعا تعمل خارج نطاق الحدود القومية، وأن جميعها يمتاز بوجود أعضاء فاعلين يسعون لتحقيق أهداف محددة (واحدة من أولئك الأعضاء على الأقل ليس ممثلا بدولة).

المتعددة. ففي العلاقات العالمية بين الجهات الفاعلة ذات الأهداف الوسيلية، نتوقع أن تتكفل الموارد الاقتصادية بمعظم الأعباء المترتبة. أما في المجتمعات المعرفية، فتحظى الخبرات الفنية والقدرة على إقناع صناع السياسات بمدى أهميتها، بأكبر قدر من الاعتبار والأهمية. وكما هو الحال بالنسبة للمجتمعات المعرفية، فإن شبكات المناصرة العالمية، تعتمد على المعلومات، لكن الجانب الأهم إليهم يتمثل في التعرف إلى المعلومات الأكثر أهمية واستغلالها إستراتيجيا. يبدو التأثير هنا ممكنا، كون الأعضاء الفاعلين يسهمون معا في عملية تعريف القضية المطروحة، كما يعملون على إقناع الجماهير المستهدفة بأن المشكلات التي تم تحديدها قابلة للحل. وعليه يقومون بطرح حلول مقترحة لها، ثم يشرفون على عمليات تطبيقها. لذلك، تتميز شبكات المناصرة العالمية بمركزية أفكارها المنظمة؛ حيث تهدف إستراتيجيتها إلى استغلال المعلومات والمعتقدات في عمليات حفز الفعل السياسي. كما تهدف إلى استغلال نفوذها في اكتساب دعم وتأييد المزيد من المؤسسات القوية.

إننا، ودون الافتراض بأن التفاعلات السياسية في النظام الدولي قابلة للاختزال في السياسة المحلية بشكل مركز، قام العديد من الباحثين بالاعتماد بشكل مكثف على النقاط التي تدلل على بصيرة نفاذة، والتي تضمنها دراسات أجريت في مجال السياسة المحلية.

تنبهت العلوم السياسـة الأمريكيـة بشكل خـاص إلى نظريـات تشكل الجماعـات وسلوكها. ومع ذلك، قامت كل من نظريـات التعددية والنخبة بتصنيف مجـالات القضـايا على نطـاق ضيق؛ إما من حيث القطاع الاقتصادي، أو من خلال البنى الهيكليـة للسياسـة الحكومية. من خلال التوسع في استخدام مجال القضية بهدف جعلها قضايا المنظمة، يعبر بذلك المهتمون عن رفضهم للمفهوم الاختزالي المقتصد للمصالح، وتبني بدلا عنه منهجا أكثر تفاعلية في كيفية تشكيل المصالح داخل الشبكات. أسهم مجموع ما كتب حول الشبكات في علم الاجتماع في تطوير آليات رسمية مـن شـأنها تسـهيل عمليـات التعرف عـلى الشبكات، التخطيط لها، اكتشاف سماتها وعلاقاتها مثل كثافة أو قوة الروابط في داخلها.

كما حظي المفهوم الذي يتضمن اعتبار المجتمع السياسي نموذجا تفاعليا يسير وفق نمط معين، ضمن مساحة قضية معينة برواج وانتشار واسعين، فإنه أدى كذلك إلى توسيع نطاق التفاعل مع علماء الاجتماع الأوروبيين، الذين كـانوا يعتقـدون أن نظريـة جماعـات المصالح في معظمها، قد جرى تكييفها بشكل دقيق لتتناسب مع السياسة الأمريكية.

أسهم الأوروبيون في طرح مسائل أخرى للبحث والنقاش، تتعلق بحدود الجماعات العلاقات فيما بين أعضائها، أفكارها، والأشخاص المثقفين الذين يقومون بصياغتها ونشرها.

تضاعف الاهتمام بتلك البؤرة بوحي مـن كتاب للمؤلف **John Kingdon** يحمل عنوان: "ديناميكيات جدول الأعمال العام". تسـهم البحوث التـي أجريـت حـول جماعـات المناصرة عـن المصلحة العامة وجماعات المواطنين، في إضفاء شيء

من الضبابية على الحد الفاصل ما بين نظريات الحركة الاجتماعية وجماعات المصالح. ويرتبط مدى نجاح جماعات المناصرة المصلحة العامة، بمقدار محور جدل وخلاف، كما أنها تتشكل بفضل جهود السياسيين من أصحاب المشاريع الاقتصادية، وتحظى بدعم من مؤسسات القطاع الخاص. لذا، هدفنا إلى إلقاء الضوء على السياق التفاعلي الذي يتم ضمنه وضع تصور منطقي للمطالب السياسية والتفاوض بشأنها.

اكتسبت قضايا أخرى مشابهة أهمية خاصة في الدراسات التي أجريت على الحركات الاجتماعية خلال العقود الماضية. تعد المنظمات والأشخاص ضمن شبكات المناصرة، بمثابة political entrepreneurs – بمعنى أصحاب مشاريع سياسية. وفي الوقت ذاته، لديهم القدرة على تحريك وتعبئة الموارد كالمعلومات والعضوية في الشبكات، وإظهار مستوى عالي من الوعي المركب والمعقد بين الفرص السياسية التي يعملون ضمنها.

يأتي التأكيد على الدور الذي تلعبه القيم في الشبكات متناغما مع بعض الحجج والآراء المتضمنة في مجموع ما كتب حول "الحركات الاجتماعية الجديدة". الأهم من ذلك هو أن نظرية الحركة الاجتماعية قد ركزت بازدياد خلال نهايات القرن الماضي، على التفاعل ما بين الحالات البنيوية الاجتماعية والفعل، على السياق الاجتماعي للتعبئة، وعلى التغيير الشامل للمعاني المتداولة ما بين النشطاء وما بين جماهير العامة لتخلق لديهم إيمانا بمقدرتهم على إحداث تأثير معين في قضية ما.

مع تصدر الجوانب الإدراكية والأخرى المتعلقة بالاتصالات والعلاقات للمناهج النظرية تضاعفت إمكانية الاستفادة منها واستغلالها لأهداف دراسة أنشطة الجماعات العالمية. كما أننا نرى ومن خلال تفكيك الدول النامية إلى أجزائها المكونة والمتنافسة أحيانا، وتركها تتفاعل يتنوع مع أنواع الجماعات المختلفة، نكون قد اكتسبنا رؤية متعددة الأبعاد توضح كيفية دخول الأفراد والجماعات الميدان السياسي.

كما يتيح التركيز على السياقات التفاعلية لنا استكشاف الأدوار التي تلعبها القيم والأفكار، فضلا عن الأنواع المختلفة من المعلومات والمعارف. كما يعتقد (Heclo) فإن أعضاء الشبكات يقومون بتعزيز شعور بعضهم البعض إزاء القضايا، من خلال النظر إليها باعتبارها مصالحهم الخاصة، وليس (وكما تنظر إليها النماذج السياسية والاقتصادية الاعتيادية) باعتبارها مصالحهم التي تتحدد بموجبها مواقفهم من القضايا. تنتقل تلك المناهج النظرية بسهولة من نطاق العلاقات المحلية إلى العالمية، والسبب الدقيق وراء ذلك هو أنها بذلك لا تكون مضطرة للسفر بتاتا. فبدلا من ذلك، تمكن العديد من الأعضاء على المستوى العالمي من القضاء ببساطة على خرافة الدولة الوحدوية المتكاملة. ذهب Douglas Chalmers بتلك الفكرة أبعد ما بالإمكان، معتقدا بأنه وفي الوقت الحالي، لا بد من أن يتم النظر إلى العديد من تلك الجهات الفاعلة باعتبارها وببساطة "جهات فاعلة محلية تم تدويلها"، ولمواردها الدولية، باعتبارها موارد سياسية شأنها شأن غيرها. ولعل ما جاء في كتاب "السياسة

المحلية المدولة في أمريكا اللاتينية: الدور المؤسسي للأعضاء الفاعلين الدوليين" ورقة عمل غير منشورة، جامعة كولومبيا، ١٩٩٣.

- نحو مجتمع مدني عالمي:

أصبح الآن بإمكان العديد من العلماء الآخرين، إدراك حقيقة أن "الدولة لا تحتكر الميدان العام" فبدئوا يسعون للبحث عن الطرق المناسبة لوضع وصف ملائم لأفق التفاعلات الدولية، وفقا لمسميات متعددة: العلاقات العالمية، المجتمع المدني الدولي، والمجتمع المدني العالمي, ووفقا لتلك الرؤى، لا تعود الدول تبدو وحدوية من الخارج. بل تبدو العلاقات المكثفة ما بين الأفراد، الجماعات، والأعضاء في الدول والمؤسسات العالمية، وكأنها تنطوي على أكثر من مجرد إعادة عرض للمصالح على المسرح الدولي.

إننا على يقين تام بأن مفهوم شبكات المناصرة لا يمكن إدراجه ضمن المفاهيم العامة للحركات الاجتماعية العالمية، أو المجتمع المدني العالمي. وتحديدا، المنظرين الذين يفترضون أن العولمة الاقتصادية، والثورات في تكنولوجيا الاتصالات والمواصلات، ستسفر عن ظهور مجتمع عالمي، يكونوا قد تجاهلوا القضايا المتعلقة بعوامل القوة والفرصة السياسية التي نجدها مركزية في عملية فهم تطور المؤسسات والعلاقات الدولية الحديثة.

إحدى الفرضيات القوية في العولمة تتمثل في "نظرية النظام السياسي العالمي"، وهي ترتبط بعالم الاجتماع John Meyer وزملائه. بالنسبة لـ Meyer، تلعب القوى الثقافية العالمية دورا سببيا رئيسيا في

تشكيل خصائص الدولة وأفعالها. توصل الباحثون في مجال النظام السياسي العالمي، بشكل مقنع ونهائي، إلى حقيقة مفادها أن الدول المتباينة في تاريخها، ثقافاتها، والبنى الاجتماعية والسياسية، تكون جميعها قد تبنت مفاهيم متشابهة "لما يجب أن تكون عليه الدولة"، "ولمعنى أن تكون مواطنا"، بغض النظر عن أنماط التطور المؤسسي- فيها. وهم أيضا ينسبون الكثير من الظواهر التي تحدث إلى انتشار الشبكات العالمية، لكنهم يلزمون الصمت عند الحديث عن مصادر الثقافة العالمية، ويكتفون بالاعتقاد بأنها مشتقة عن الأعراف الغربية الحديثة. ووفقا لرؤيتهم تلك، فإن المنظمات غير الحكومية الدولية لا تعد جهات فاعلة (actors)، وإنما مفعلة (actors) لقواعد السلوك الثقافي العالمي؛ وينظر للدور الذي تقوم به اللجنة الأولمبية الدولية، باعتباره يشابه ذاك الذي تضطلع به منظمة السلام الأخضر (Green peace)، أو العفو الدولية (Amnesty International).

نفتقر إلى وجود دراسات مقنعة مدعمة وممتدة عن العمليات، التي يقوم كل من الأفراد والمنظمات من خلالها بإيجاد (أو مقاومة إيجاد) شيء مشابه للمجتمع المدني العالمي. قادتنا البحوث إلى الاعتقاد بأن تلك التفاعلات تتضمن من عوامل القوة مقدارا يفوق بكثير ما تفترضه وجهة نظر أنصار مذهب الانتشار والتوسع – diffusions perspective. رغم أن مضامين نتائج البحوث التي نشرت، يفوق نطاقها الحد الذي يقر به العلماء السياسيون، إلا أن تلك النتائج بحد ذاتها لا تقدم الدعم

الكافي بعد للدعاوى القوية بوجود مجتمع مدني عالمي ناشئ وجدي. إننا نطمئن أكثر للمفهوم الذي يتضمن اعتبار المجتمع المدني العالمي، ميدانا للكفاح ومساحة مجزأة للتنافس، تكون فيها "سياسة المجتمع المدني العالمي"، متمركزة حول طرق ظهور الجماعات، وكيفية حصولها على الصفة الشرعية (بواسطة الحكومات، المؤسسات، وجماعات أخرى).

- مبادئ، ومعايير، وممارسات:

في أحد أعماله الكلاسيكية، والتي حملت عنوان "المجتمع الفوضوي" – The Anarchical Society – لم يجد الكاتب Hedley Bull حرجا في الإشارة إلى حقيقة، أنه لدى الحديث عن مجتمع دولي، فإننا نتحدث عن مجتمع مكون من دول. ويعتقد الكاتب، بأن مثل هذا المجتمع يكون موجودا، في حال قامت "مجموعة من الدول، الواعية لحقيقة وجود مصالح وقيم معينة مشتركة فيما بينها، بتشكيل مجتمع على النحو الذي يجعلهم يعتبرون أنفسهم ملزمين أدبيا وأخلاقيا بجملة من القوانين المشتركة التي تحكم علاقاتهم ببعضهم البعض. كما أنهم يشتركون في تشغيل المؤسسات المشتركة". قاوم Bull مفهوم المجتمع الدولي المكون من أفراد لاعتقاده بأن التطورات التي جرت في ذلك الاتجاه (من أمثال محاكم جرائم الحرب التي تأسست في كل من نورمبيرغ وطوكيو، إضافة إلى الإعلان العالمي لحقوق الإنسان) قد ضاعفت من حالة الارتباك والفوضى التي غلبت على المسرح الدولي، حيث أنه لم يكن

هناك اتفاق حول الأهمية النسبية لتلك الأنواع المختلفة من العوامل القانونية والأخلاقية، أو حتى حول أي مشاريع قوانين كفيلة بجعلها مرتبطة ببعضها البعض. ربما كان Bull سينظر إلى شبكات المناصرة باعتبارها من العوامل التي أسهمت في مضاعفة حالة عدم اليقين تلك. إلا أنه اعتقد أيضا بوجود مجموعة من القيم الأساسية التي ما كان يمكن تصور وجود مجتمع دولي بدونها. – هذه القيم تكمن في حماية الأرواح، سلامة الجسد، التقيد بالاتفاقيات، وحالة الثبات المنطقي التي تتميز بها العلاقات المتعلقة بالملكية. إدراك أهمية الأعضاء الفاعلين و/أو قوانين التفاعلات فيما بينهم، يتطلب أخذ كل من المكان، القيم، والمعايير بعين الاعتبار لدى وضع النظريات المتعلقة بالعلاقات.

ألقت النظريات المتعلقة بالتفسير والتأويل الضوء على الدور المستقل الذي تقوم به المعايير والمصالح، باعتبارها مقومات تأسيسية متبادلة. يكمن في كون المعايير تفرض نوعا من القيود، في أنها تندمج في البنى الاجتماعية التي تنفرد بها جزئيا المجتمعات ذات التقدير والاحترام. بالرغم من ذلك، لا بد للتفسيرات النظامية ولكي تكون كفيلة بإظهار الآليات التي تفرض المعايير بموجبها القيود، من أن تقوم على أسس عملية.. بمعنى أننا إذا أردنا التعرف على المعايير بشكل عملي، فإن علينا دراسة أفعال الأفراد والجماعات ضمن سياقات تاريخية. إذ أن المعايير والممارسات تعد مقومات تأسيسية متبادلة – بمعنى أن المعايير تتحكم في وتنتج عن سلوك الناس.

نستخدم مصطلح (practice) أي الممارسة هنا، ليس فقط للدلالة على "ما يتم عمله"، وإنما للدلالة على "عمل شيء ما بشكل متكرر". الأمر الذي يتيح لنا دراسة مقدار دقة المعايير، والتغييرات المعيارية. إذ تتطلب القدرة على عزف الموسيقى، الكثير من الممارسة بحيث تصبح حركة الأيدي في النهاية تلقائية، من دون أي توجيه من الفكر الواعي. بالمثل، بإمكاننا تخيل المعايير التي تصبح ممارساتها مع مرور الزمن تلقائية، بحيث تصبح جزءا من نظام روتيني يأخذ صفة القانون أو الطبيعة. لذا يعد التغيير المعياري أمرا صعبا للغاية، فضلا عن احتمالية إثارته حالة من الفوضى والجدل، كونه يتطلب من الجهة الفاعلة دراسة أصول تلك الممارسات الروتينية، والبحث في إمكانية إيجاد ممارسات أخرى جديدة.

ما يميز النشطاء ذوي المبادئ، هي حالة الإدراك والانعكاس الذاتي المكثف للوعي بالمعايير. لا يمكن اعتبار هؤلاء النشطاء مجرد أعضاء مفعلين (enactors) آليين، بل أنهم أشخاص يسعون لتضخيم قوة المعايير الخلاقة، وتوسيع مجال الممارسات التي تنشأ عن تلك المعايير. في بعض الأحيان، يسعون لتغيير تلك المعايير نفسها ضمن سياق ذاتي تبادلي يتضمن شريحة واسعة من المحاورين المشاركين من أفراد ومنظمات. بالنهاية الحديث عن المعايير من خلال ربطها بالممارسات، كفيل بالقضاء على حالة الازدواجية ما بين الأفعال المنظمة ذات المبادئ والأفعال الإستراتيجية. لا تقوم الممارسات بترديد أصداء المعايير بل لأنها تجعلها واقعية حقيقية. يعد حدوث أي تغيير معياري أو في الممارسات أمرا

مستبعدا في حال غياب ذلك النشاط المثير للجدل والفوضى الـذي يقـوم بـه أولئـك النشطاء. إذ تعارض الدول والجهات الأخرى المستهدفة من قبل أنشطة الشبكات تقـديم تعريف واضح وصريح لما هو "صواب" أو "خطأ"، وتمثل عملية التغلب على تلك المعارضة هدفا مركزيا بالنسبة لإستراتيجيات الشبكات.

يمكن إيضاح تلك الفكرة العامة حول العلاقة ما بين المعايير والممارسات، من خـلال مناقشة الطبيعة المتغيرة للسيادة. تتحدى جميع شـبكاتنا المفاهيم التقليديـة للسـيادة. وتجعل غالبية الرؤى المتعلقة بالسيادة في العلاقات الدولية تركيزها مقصورا على مفاهيم الدولة وممارساتها، باعتبارها المحددات الوحيدة لسيادتها، والتـي ينظر إليهـا عـلى أنهـا سلسلة من الدعاوى المتعلقة حول سيادة الدولة تعد قويـة وفعالـة كونهـا تمثـل معـايير، مفاهيم، وتوقعات مشتركة يتم تعزيزها باستمرار مـن خـلال ممارسـات كـل مـن الـدول، يؤكد Alexander Wendt على أن السيادة هـي عبـارة عـن مؤسسـة تتواجـد فقـط استنادا إلى "مفاهيم وتوقعات تبادليـة ذاتيـة محـددة، وأنـه لا وجـود للسـيادة بـدون وجود الآخر" كما أنه يعتقد بأن معايير السيادة قد أصبحت الآن أمرا مسلما بـه، بحيث أصبح "من السهولة بمكان تجاهل الحدود التي تـم افتراضها مسبقا لكـل مـن تلك المعايير وللسيادة نفسها، كما أصبح مـن السـهل أيضـا التغاضي عـن العديـد مـن الممارسات الآخذة في التأصل في الدولة، والتي هي بالأصل من صنع الإنسان". "الفـوضى هي مفهوم الدول عن

السيادة" ومع ذلك، فحتى نقاد الرؤى المتداولة لمفهوم السيادة، أصبحوا يبدون اهتماما كبيرا بإبراز كيفية بناء خطاب السيادة والمحافظة عليه، لدرجة أنهم أصبحوا يتجاهلون كيفية تطور مفاهيم الدولة. والأعضاء الفاعلين غير الممثلين لدول.

وفقا للتقاليد المعروفة ولما نصت عليه المحكمة الدولية، فإن مبدأ سيادة الدولة يعني أن تكون الدولة ذات السيادة "غير خاضعة لأية دولة أخرى، وأن تتمتع بكامل سلطاتها، ضمن نطاق سلطات القضاء فيها". تنص إحدى الأفكار المنطقية الجوهرية على أن "سلوك الدولة تجاه مواطنيها، وعلى أراضيها، يعد شأنا تابعا لسلطات القضاء المحلية في الدولة، أي أنه لا يتبع لأية سلطات أخرى، ولا يمثل شأنا خاضعا للقانون الدولي". وبالمثل، تعتبر كيفية تصريف الدولة لمواردها ضمن أراضيها، أو تنظيمها لعمليات تنمية اقتصادها، على الأقل من الناحية النظرية شؤونا متعلقة بسيادتها. إلا أن العديد من أنشطة الشبكات الدولة تفترض العكس، أي أنه: من المشروع والضروري في الوقت ذاته، لكل من الأعضاء الممثلين وغير الممثلين لدول الاهتمام بالقضايا المتعلقة بنوعية المعاملة التي يلقاها سكان في دولة أخرى. أصبحت حدود المصلحة المشروعة غير واضحة، ومثيرة للكثير من الجدل حولها بمجرد أن تم التسليم بأن وجود مشكلات عابرة للحدود، وأخرى تتعلق بالبيئة العالمية، يجعل الأنشطة الاقتصادية ضمن حدود دولة ما شأنا مشروعا بالنسبة

لدولة أو دول أخرى. تسعى الشبكات العالمية لإعادة تعريف تلك المفاهيم، أما نحن فنبحث فيما إذا كانت قد نجحت في ذلك ومتى.

لأن العديد من تلك الحملات تتحدى المفاهيم التقليدية لسيادة الدولة، فإنه من المتوقع أن تتعاون الدول على إعاقة أنشطة تلك الشبكات. فالأفكار المتعلقة بالبيئة، بالشعوب الأصلية، المرأة، وحقوق الإنسان، والتي تقوم تلك الشبكات بإثارتها على المستوى العالمي، تمس سيادة الدول في نواحي متعددة. أولا المنطق الذي تنطوي عليه سياسة "المرتد" – **Boomerang** – التي غالبا ما تتبعها الشبكات، يتضمن أن تلجأ جماعة محلية ما إلى حلفاء دوليين بهدف تشكيل جماعات ضغط على حكومتهم، لتقوم بتغيير ممارسات محلية معينة – مقوضة – بذلك أسباب السيادة المطلقة بالنسبة لها. ثانيا، من خلال إنتاج معلومات مغايرة لتلك التي تقوم الدول بالإعلان عنها، توحي تلك الشبكات بأن حكومات تلك الدول تتبع سياسة الكذب في بعض الأحيان. غالبا ما تكون مصادر المعلومات التابعة للمنظمات غير الحكومية أكثر مصداقية بالنسبة للمنظمات الدولية، لكن إذا تم العمل وفقا لتلك المعلومات، وبخاصة في حال كونها تتعارض وبشكل واضح مع مواقف الدولة، تكون تلك المنظمات الدولية قد أسهمت ضمنا في تقويض دعائم تأسيسها باعتبارها منظمات تمثل دولا ذات سيادة.

إذا كانت السيادة عبارة عن جملة من المفاهيم والتوقعات المشتركة حول سلطات الدولة بالممارسات، فلا بد أن ينعكس أي تغيير يطرأ على

تلك الممارسات أو المفاهيم بدوره على تلك السيادة محدثا تحولا معينا فيها. ويعد انتشار قانون وسياسة حقوق الإنسان خلال مرحلة ما بعد الحرب، مثالا على محاولة واعية وجماعية لتعديل جملة المعايير والممارسات تلك. لتحقيق تلك الغاية، اتبعت شبكات حقوق الإنسان منهجين اثنين. مارس النشطاء ضغوطا على الحكومات والمنظمات الدولية بهدف تطوير نظام إجرائي رسمي يقضي بالتحقق من الأوضاع المتعلقة بحقوق الإنسان في الدول الأعضاء. كما أسفرت جهود المنظمات الدولية عن الكشف عن ممارسات قمعية كانت تتبعها بعض الدول، الأمر الذي دفع دولا أخرى لمطالبتها بتقديم توضيحات مناسبة. أما الدول القمعية، فقد بادرت بتقديم مبرراتها. أسهمت كل من الإجراءات المؤسسية للحث على الفعل، جماعات الضغط الموجه، وحملات الضغط في خلق وعي لدى العامة. وكذلك في دفع الدول – في أغلب الأحيان – نحو تعديل الممارسات المتعلقة بحقوق الإنسان لديها. عندما تقر الدولة بشرعية التدخلات والتغييرات الدولية في ممارساتها المحلية كاستجابة للضغوط الدولية، فإنها تعمل آنئذ على إعادة صياغة العلاقة ما بينها وبين المواطن من جهة، والجهات الدولية الفاعلة من جهة أخرى. يعد هذا النمط، والذي تقوم الشبكات بموجبه بإيجاد معايير جديدة للسلوك، أحد الأنماط الشائعة في شبكات المناصرة ولقد أنتجت تلك المفاهيم محكمة لأهالي جرائم الحرب والتعدي على الديمقراطية والتي حوكم بها رئيس النظام السابق في رومانيا ولضحايا حرب البوسنة.

- المنظمات الدولية العاملة في مجال حقوق الإنسان

المنظمات والهيئات الدولية العابرة للحدود والعالمية الاهتمام سنقوم بعرض لأهم هذه الهيئات وباختصار وذلك لأهمية دورها الإنساني على الصعيد العالمي:

أولا: الاتحاد الدولي للصليب الأحمر:

لقد كان للآثار المدمرة على الصعيد الإنساني للحرب الفرنسية الإيطالية من جهة والنمسا من جهة ثانية حافزا لعدد من الشخصيات وخصوصا التي تعيش في سويسرا وفي مقدمتهم "هنري دونانت" إلى تأليف جمعية أسموها "اللجنة الدولية لإغاثة الجنود الجرحى" وذلك لأن الجنود الجرحى تركوا دون رعاية وعلاج أدى إلى وفاة عدد كبير منهم، وقد تأسست الجمعية في بدايات عام ١٨٦٣.

وهذه المنظمة استمرت في عملها إلى العام ١٨٨٦ لتغير من أسمها وتصبح "اللجنة الدولية للصليب الأحمر" ورغم أنها هيئة سويسرية وتخضع في عملها للقوانين السويسرية ومقرها جنيف، إلا أنها أصبحت عالمية النشاط وتحظى باحترام عالمي كبير، وإضافة لنشاطها فإن مبادئها الإنسانية لمساعدة الضحايا كانت ملهمة لتأسيس منظمات محلية في كثير من الدول وأهم مبادئها:

١. إنها طرف محايد يسعى لمساعدة الضحايا ولا تتدخل إلا بعد موافقة الأطراف المتحاربة أو الدول التي ستقوم بها نشاطاتها.

٢. مساعدة أسرى الحروب أو معتقلي الرأي في البلدان المختلفة ومتابعة شؤون المفقودين في الصراعات، وتقوم اللجنة بالبحث عن الأشخاص الذين انقطعت أخبارهم أثناء الحروب أو الكوارث الطبيعية.

٣. القيام بزيارات وتقديم مساعدات للأسرى والمعتقلين في الدول المختلفة وتقديم خدمة نقل أخبارهم إلى ذويهم وتقوم اللجنة بمهمة نقل الرسائل في الدول التي يتعذر بها على الأسرى والمعتقلين التواصل مع أهاليهم.

وتحققت عالمية هذا الاتحاد من خلال اتفاقيات جنيف عام ١٩٤٩ عقب الحرب العالمية الثانية والبروتوكولات المكملة لها.

إن الأسس السامية التي قامت عليها أنشطة الاتحاد كانت أهم مميزات نفوذه في مختلف دول العالم وهي: الإنسانية، وعدم التحيز، الحياد، الاستقلال، الطوعية، الوحدة، العالمية وهذه الأسس جعلت من خلال اتفاقية جنيف أن تتوفر المساهمات التي تشكل ميزانية هذه المنظمة.

وقد قامت هذه الهيئة بدور بارز في نقل أخبار المعتقلين الفلسطينيين لدى الاحتلال الإسرائيلي في الفترات المختلفة، وكانت تكاد تكون أحد أهم الوسائل والقنوات الموثوقة لمعرفة مصير المقاتلين الفلسطينيين والعرب لدى الاحتلال، كما ساهم الاتحاد في عمليات تبادل الأسرى التي جرت بين منظمة التحرير والاحتلال في أكثر من مناسبة ولعل آخر هذه الإسهامات تلك التي أشرف عليها الصليب الأحمر في تبادل الأسرى بين حزب الله في لبنان وإسرائيل.

وما زالت مكاتب الصليب الأحمر ملاذا لكثيرين في مجالات حقوق الإنسان وتوثيق الانتهاكات بحقها ومن أنشط مكاتبه في الشرق الأوسط مكتب القدس ومكتب عمان.

ثانيا: منظمة العفو الدولية **Amnesty International**.

في ستينيات القرن الماضي ظهرت كثير من الصراعات السياسية وخصوصا في العالم الثالث وأصبح الاعتقال السياسي ظاهرة في كثير من البلدان، وفي كثر من الأحيان كان المعتقلين لا يحظون بالرعاية الصحية الإنسانية، وبظروف اعتقال ملائمة، وفي بعض البلدان تجري محاكمات شكلية كاريكاتيرية تفضي إلى السجن لفترات طويلة أو إعدامات ميدانية دون توفر حد أدنى للأفراد للدفاع عن أنفسهم.

تنامت في العالم وخصوصا في أوروبا مطالبات شعبية في ضرورة العمل وبشكل سلمي وكعمل رسمي وشعبي للإفراج عن معتقلي الرأي، أي أولئك يعتقلون ويسجنون بناء على معتقداتهم السياسية أو الدينية

أو الاجتماعية. وقد تجسد ذلك من خلال مؤتمر هلنسكي عام ١٩٨٥ والذي اهتدى بأحكام الإعلان العالمي لحقوق الإنسان والذي أكد على حق الإنسان ذكرا أو أنثى الحق في التعبير عن أرائه ومعتقداته ولا يجوز أن يعاقب على ذلك.

وقد وضعت المنظمة من أهم أهدافها متابعة معاناة المعتقلين وحالتهم وخصوصا ما يمكن أن يعانيه من تعذيب أو إساءة المعاملة والعمل على أن يحصل كل إنسان على محاكمة عادلة. ومن أهم مبادئ المنظمة:

١. حظر التعذيب والمعاملة غير الإنسانية للمعتقلين والسجناء بشكل عام وخصوصا معتقلي الرأي وتأمين معاملة إنسانية تحقق لهم إنسانيتهم.

٢. العمل من أجل إلغاء عقوبة الإعدام والعمل من خلال فرعها والمتعاونين معها على الأقل لوقف عمليات الإعدام الميدانية والعشوائية وحق المعتقل بمحاكمة قضائية عادلة.

٣. الدعوة إلى إتباع إجراءات قانونية عادلة في الاعتقال والمحاكمة والمطالبة بأن لكل إنسان الحق في الحرية وأن تتوفر لمعتقلي الرأي:

-حق المعتقل في معرفة وضعه القانوني والإطلاع على المعلومات الخاصة به.

-حقه في الاستعانة بمحام قبل إجراء المحاكمة.

-الحق في العرض الفوري على قاض للتأكد من سلامة إجراءات اعتقاله وأن يكون القضاء هو الجهة المخولة بالاحتجاز وليس الأجهزة

الأمنية. وأن يتوفر للشخص المعتقل الحق في الطعن بالاحتجاز ودفع التهم الموجهة له.

-حق المعتقل أو المحتجز في محاكمة عادلة وفق القوانين وخلال فترة زمنية معقولة لتتيح له حق إعداد دفاعه وأن لا يترك فترات طويلة في الاحتجاز دون محاكمة.

وتعتبر المنظمة من أهم المنظمات الدولية العاملة في مجال حقوق الإنسان وينتسب لها العديد من الأفراد الذي يشكلون جمعياتهم الوطنية التي تنظم عضويتهم في المنظمة الدولية، وفي كثير من الدول العربية هناك جمعيات ومنظمات محلية متفرعة عن المنظمة الدولية وتنشط في تزويد المنظمة الدولية بالبيانات.

وللمنظمة مكتبا إقليميا مقره القاهرة العاصمة المصرية لتنسيق عمل المنظمات في المنطقة وفي الأردن تنشط عدد من الجمعيات والمنظمات الحقوقية في مجال حقوق الإنسان وتنتسب للمنظمة الدولية.

ومن أهم مميزات هذه المنظمة الدولية أنها ذاتية التمويل مما قدم لها مصداقية واستقلالية.

ثالثا: منظمة مراقبة حقوق الإنسان **Human Rights watch**.

في غمرة الصراع بين المعسكر الغربي الأوروبي الأمريكي والحرب الباردة بينه وبين الاتحاد السوفيتي السابق ولدت المنظمة من خلال قسم أوروبا وآسيا الوسطى عام ١٩٧٨ وكانت تعرف باسم "منظمة هلنسكي لمراقبة حقوق الإنسان"، ووضعت لنفسها هدفا ومهمة رصد أوضاع حقوق الإنسان في الاتحاد السوفيتي وأوروبا الشرقية آنذاك.

وفي بداية ثمانينات القرن الماضي تشكلت لجنة لمتابعة التعديات على حقوق الإنسان في أمريكا اللاتينية من قبل الولايات المتحدة وحليفاتها وكانت مدعومة من مجموعة دول عدم الانحياز والاتحاد السوفيتي.

وقبيل انهيار المنظومة الاشتراكية وتحديدا عام ١٩٨٨ تم توحيد المنظمين تحت اسم "منظمة مراقبة حقوق الإنسان" وتعمل هذه المنظمة على الدفاع عن حرية الفكر والاعتقاد والتعبير والتحريض، وعلى إقامة العدل والمساواة، وتدعو لإقامة مجتمع مدني متماسك يشكل ضمانة من خلال المنظمات الأهلية للدفاع عن حق الأفراد والجماعات في التعبير والتنظيم.

تقوم المنظمة في رصد وفضح التعديات على حقوق الإنسان بتوثيق عمليات القتل والتعذيب والسجن والتمييز العنصري والطائفي وكذلك متابعة حقوق الطفل والمرأة ومنع التعديات عليهما وتسهم في المؤتمرات والندوات التي تقام من أجل خلق قوانين تكفل حق الأفراد في التنظيم والعمل الديمقراطي بأساليب سلمية لتقدم مجتمعاتهم.

وتعتمد هذه المنظمة على دعم أعضائها للمضي في مشاريعها وتصدر تقريرا دوليا حول أوضاع حقوق الإنسان في العالم، وتميز تقريرها الأخير بالتركيز على التجاوزات التي أقدمت عليها الولايات المتحدة على حقوق الإنسان في معتقل جوانتناموا وفي العراق وأفغانستان وكذلك فضح أساليب التعذيب الجسدي والنفسي الذي يتعرض له المعتقلون لدى السلطات الأمريكية، والسجون غير المعلنة للاستخبارات الأمريكية خارج الولايات المتحدة وخصوصا الذين يجري احتجازهم لدى القوات الأمريكية في العراق وأفغانستان تحت مظلة مكافحة الإرهاب، وكذلك تضمن التقرير توثيقا للجرائم الإسرائيلية بحق المعتقلين الفلسطينيين والعرب في السجون الإسرائيلية.

الفصل الرابع
حقوق الإنسان في القانون الدولي

* القانون الدولي الإنساني وحقوق الإنسان

* تطور مفهوم القانون الدولي الإنساني

* القانون الدولي الإنساني وقانون حقوق الإنسان

* القانون الدولي الإنساني

* اتفاقيات جنيف

* القانون الدولي الإنساني والحماية أثناء النزعات المسلحة

* تطبيق القانون الدولي الإنساني وآليات تنفيذه

* المؤسسات والأجهزة المختصة بمراقبة وتنفيذ القانون الدولي الإنساني

الفصل الرابع
حقوق الإنسان في القانون الدولي

- القانون الدولي الإنساني وحقوق الإنسان

* تمهيد

بعد انتهاء الحرب العالمية الثانية، فجعت الإنسانية بحجم الدمار الهائل الذي
خلفته الحرب، والمآسي التي عانى منها المواطنون الأبرياء، واتضح للعالم ضخامة ما
ارتكبته النازية من جرائم بحق المعارضين الداخليين أو الأسرى الذين مورست ضدهم
أشكالا من التعذيب والإيذاء، كل ذلك حرك لدى الكثيرين مشاعرا أفضت إلى ضرورة أن
يكون هناك ضوابط وأسس تحمي الإنسان من التعسف والاضطهاد، وأنشئت من أجل
ذلك منظمات وجمعيات أهلية في عدد من البلدان في ضوء الدساتير التي أعلت من
شأن الحرية وحقوق الإنسان كما حدث في فرنسا وبريطانيا وأمريكا وبذلك جاء تشكل
الأمم المتحدة كمنظمة دولية ترعى العلاقات بين الدول وتحدد أسسا للعلاقات بينها.

فقد كان السائد قبل ذلك أن الفرد وعلاقته بالنظام في بلده من قضايا السيادة
للدول وأي تدخل في حرية الأفراد يعد ماسا بسيادة تلك الدولة وكان الاهتمام ينصب
على القضايا العامة مثل الرقيق والاتجار

بهم ولذلك عقدت اتفاقيات بين بعض الدول تتيح لها مراقبة السفن وتفتيشها وخصوصا تلك القادمة من إفريقيا والمتجهة إلى أمريكا وقد كانت فرنسا وبريطانيا أكبر قوتين بحريتين في ذلك الوقت، وكذلك كان هناك اهتمام وإن كان أقل حول الأقليات العرقية والدينية وجاءت فعلا مقدمة لاهتمام الأمم المتحدة بحقوق الإنسان (مثل اتفاقية برلين عام ١٨٨٥، واتفاقية بروكسل عام ١٨٨٩، واتفاقية سان جرمان عام ١٩١٩).

ولأن موضوع القانون الإنساني الدولي متشعب ويحتوي العديد من المفاهيم والمفردات فقد أثرنا أن نتناول ما نراه مهما لهذا الكتاب.

- تطور مفهوم القانون الدولي الإنساني:

جاء القانون الدولي الإنساني ليعالج الأفراد والجماعات التي تكون جزءا من النزعات المسلحة أو متأثرة بها، وبالتحديد المشاكل الإنسانية الناتجة بشكل مباشر "عن النزاع المسلح" وهو المصطلح الذي استخدم بدل مصطلح "الحرب" والذي كان يتداول منذ قرون سبقت، وكان هذا التطور أبعد من كونه لغة جديدة بل جاء إحلالا لكون الحرب بمفهومها التقليدي أصبحت محرمة وقد استخدم هذا المصطلح الجديد لأول مرة في نص الاتفاقية الخاصة بالممتلكات الثقافية في حالة النزاع المسلح في لاهاي عام ١٩٥٤ (نص الأمم المتحدة ومجموعة المعاهدات).

إلا أن واضعي "القانون الدولي الإنساني" لم يظهروا إلا في عصر ـ النهضة من أمثال "جان جاك روسو" في كتابه "العقد الاجتماعي"، "دي فتيل" الذي عالج ذلك في كتابه "قانون الشعوب" وغيرهم كما تناولنا ذلك في الفصل الخاص بظهور حقوق الإنسان في الدساتير الفرنسية والبريطانية والأمريكية.

وقد جاءت اتفاقيات جنيف الأربعة والبروتوكولات الإضافية تتويجا إنسانيا وكانت كالتالي:

أولا: اتفاقية جنيف الأولى عام ١٩٠٦ والتي عالجت موضوع الجرحى والمرضى في الجيوش في ميدان المعركة.

ثانيا: اتفاقية لاهاي عام ١٩٠٧ والتي طورت اتفاقية سابقة عام ١٨٩٩ وتحمل نفس الاسم وعالجت موضوع الأسرى بين الفريقين المتقاتلين ونظمت أسسا لاحتجازهم ومعاملتهم خلال فترة الاحتجاز.

ثالثا: اتفاقية جنيف عام ١٩٢٩ والتي كانت تطويرا لاتفاقيات لاهاي بخصوص الأسرى وجنيف سالفتي الذكر.

رابعا: اتفاقيات جنيف لعام ١٩٤٩ والتي كانت تطويرا لاتفاق ١٩٢٩ التي عقدت في جنيف ١٩٢٩ واتفاقية لاهاي ١٩٠٧ وعالجت هذه الاتفاقية لأول مرة وضع المدنيين أثناء الصراعات المسلحة.

وقد الحق بهذه الاتفاقيات برتوكولات عام ١٩٤٩ خصوصا بعد أن نوضح أن الاتفاقيات السابقة عالجت المتقاتلين أنفسهم ولم تعالج وضع المدنيين الذين لا يشاركون في المعارك.

وقد أرست هذه الاتفاقيات لمفهوم جديد لم يكن متداولا وهو تقسيم الأفراد والجماعات إلى فئتين الأولى فيما يتعلق بسوء استخدام القوة والثانية بالقواعد المتعلقة باستخدام القوة.

- القانون الدولي الإنساني وقانون حقوق الإنسان:

إن التداخل بين هذين القانونين يجعل الفصل بينهما صعبا في كثير من الأحيان ويلتقيان في أنهما يعالجان موضوع حماية الإنسان المدني الأعزل والذي ليس جزءا من الصراع المسلح، على الرغم أن تطورهما وتشكلهما جاءت مختلفة.

وفي الأدب المكتوب نجد الكثيرين من الدراسات التي تناولت قانون حقوق الإنسان إلا أننا يندر أن نجد مثيلا لهما من القانون الدولي الإنساني على الرغم أنه يعالج حقوق الإنسان في أوقات النزاعات وقانون حقوق الإنسان يعالجها في وقت السلم لكونهما يمثلان روحية وفكرية تنبع من نفس المنبع والهوى.

وعلى الرغم من التباعد من حيث المعالجة والتطور إلى أن جاءت الاتفاقية الدولية لحقوق الإنسان عشية انتهاء الحرب العالمية الثانية عام ١٩٤٨ التي أغفلت مسألة احترام حقوق الإنسان أثناء النزاعات المسلحة. وكنا

بحاجة إلى عقدين من الزمن حتى يتم إقرار أن السلم هو الشرط الأول لاحترام حقوق الإنسان كما جاء في مؤتمر طهران لحقوق الإنسان عام ١٩٦٨.

وظهر مفهوم جديد وهو أن الحرب أصلا هي أفكار لحقوق الإنسان حيث أعلن مؤتمر طهران صراحة وللمرة الأولى "المبادئ الإنسانية يجب أن ترجح وتكون لها الغلبة حتى في فترة النزاع المسلح" حيث أكد المؤتمر في مقرراته "احترام حقوق الإنسان في النزاعات المسلحة" وحث في قراره الثالث والعشرين على تطبيق الاتفاقيات الدولية على نحو أفضل وكذلك دعى المؤتمر إل مزيد الاتفاقيات.

وقد توالت المؤتمرات والاتفاقيات نذكر منها كما أوردها الدكتور وائل أحمد علام في كتابه "الاتفاقيات الدولية لحقوق الإنسان ١٩٩٩":

-نشأت منظمة العمل الدولية والتي كان لها دور بارز في إظهار حقوق العمل على الصعيد الدولي.

-إعلان حقوق الطفل ١٩٥٩.

-إعلان القضاء على التميز العنصري عام ١٩٦٣.

-الإعلان الخاص بحقوق المتخلفين عقليا عام ١٩٧١.

-إعلان مبادئ التعاون الدولي والمنطلق بملاحقة واعتقال وتسليم المتهمين بجرائم حرب ضد الإنسانية عام ١٩٧٣.

-الإعلان الخاص لحقوق المعوقين عام ١٩٧٥.

-إعلان المرأة وحقها في المشاركة في تعزيز السلم والتعاون الدولي عام ١٩٨٢.

-الإعلان الخاص بالحق في التنمية عام ١٩٨٣.

-الإعلان الخاص بالأقليات القومية، الأثنية، الدينية، أو اللغوية عام ١٩٩٢.

-إعلان وبرنامج المؤتمر العالمي لحقوق الإنسان عام ١٩٩٣.

- القانون الدولي الإنساني:

شكلت اتفاقيات جنيف الأربع لعام ١٩٤٩ وبروتوكولاتها الإضافية لعام ١٩٧٧ المرتكز الأساس وتعد مصدرا للقانون الدولي الإنساني وقد اعتمدت وأسست القاعدة الأساسية وهي "احترام الشخص الإنساني وكرامته" وكذلك كرست هذه الاتفاقيات على حماية الأفراد من التعسف وكذلك المتقاتلين أثناء القتال، وقد عملت هذه الاتفاقيات بالإغاثة والرعاية دون تفرقة.

- اتفاقيات جنيف ١٩٤٩

نشأت الحاجة للقانون الدولي الإنساني لوضع حد لمعاناة الإنسان وحمايته وقت النزاعات، وقد شكلت اتفاقيات جنيف قلب هذا القانون وروحه التي تجسدت. وقد جاءت هذه الاتفاقيات ثمرة للأفكار الإنسانية التي نادى بها المفكرون والفلاسفة الأوروبيون، ونجحت أفكارهم في الوصول إلى سياسات الدول فتنادت ثلاث وستون دولة للاجتماع لأربعة أشهر ليتوصل المؤتمر إلى حزمة من الاتفاقيات سمت اتفاقيات جنيف الأربع.

وقد لخص الدكتور فيصل شطناوي في كتابه حقوق الإنسان والقانون الدولي الإنساني هذه الاتفاقيات كالتالي:

الاتفاقية الأولى: اتفاقية جنيف لتحسين حال الجرحى والمرضى بالقوات المسلحة في الميدان.

الاتفاقية الثانية: اتفاقية جنيف لتحسين حال الجرحى ومرضى وغرقى القوات المسلحة في الميدان.

الاتفاقية الثالثة: اتفاقية جنيف: بشأن معاملة أسرى الحرب.

الاتفاقية الرابعة: اتفاقية جنيف: بشأن حماية الأشخاص المدنيين في وقت الحرب.

وبفعل النظام الإنساني وأهمية هذه الاتفاقيات أضحت اليوم أكثر انتشارا وقد وصل عدد الدول الموقعة عليها وصادقت معظم دول العالم المنضوية تحت راية الأمم المتحدة وبذلك تكون قد التزمت بنصوصها وروحها الإنسانية وبذلك تكون الزمت نفسها بـ:

١. احترام آدمية الإنسان وحقوقه كاملة.
٢. إغاثة وعلاج الأصدقاء والأعداء بشكل متساو دون تمييز.
٣. تحرم اتخاذ أي ممارسات أو إجراءات تحد من حرية الأفراد والاعتداء على ممتلكاتهم.
٤. استقبال مندوبي اللجنة الدولية للصليب الأحمر وتمكينها من القيام بمهماتها دون قيود.

وبذلك عملت اتفاقيات جنيف الأربع على حقن دم الملايين من البشر وإنقاذ الآلاف أثناء النزاعات المسلحة، فقد غدى تطوير هذه الاتفاقيات ليستكمل بذلك القانون الدولي الإنساني قوانينه وعقد

لهذه الغاية عدة مؤتمرات كان أهمها المؤتمر الـدبلوماسي عـامي ١٩٧٤ و ١٩٧٧ لإعادة التأكيد على القانون الدولي الإنساني وتطويره.

عقد المؤتمر في جنيف عام ١٩٧٧ بحضور مندوبي مائة دولة وبذلك كان الرقم كافيـا للخروج بملحق للاتفاقيات الأربع وزاد على ذلك ببروتوكولات إضافية وعددها اثنان وهما:

البروتوكول الأول: إجراء إضافات وتحسينات على الاتفاقيات السابقة بشـأن حمايـة المدنيين أثناء النزاعات المسلحة وتعزيز حرية الأفراد في خـوض الصرـاع للتحـرر الـوطني ومقاومة الاحتلال ونص هـذا البروتوكول عـلى حمايـة وسـائل الإغاثـة الطبيـة والمعيشـية ووسائل النقل والإسعاف، وتضمن قواعد محددة للأسلحة المسموح استخدامها وتلك التي حرم استخدامها.

البروتوكول الثاني: عالج تطوير المادة الثالثة من اتفاقيات جنيف الخاصة بمعاملـة الأشخاص المدنيين وتكفل بحقوقهم أثناء الاعتقال أو الاحتجـاز وكذلك الاهتمام بحالة المرضى والجرحى وحماية المنشآت الطبية والعاملين فيها أثناء النزاعات المسلحة.

- القانون الدولي الإنساني والحماية أثناء النزاعات المسلحة:

كون القانون أساسا جاء لحماية البشرية من سطوة العدوان وحماية الأفراد من أية إجراءات قـد تحول دون حقوقهم الإنسانية الأساسية فقد نص القانون الـدولي الإنسـاني عـلى مجموعـة مـن الضوابط والأسس لهذه الحماية نلخصها:

أولا: حماية السكان المدنيين:

وهذه كانت من أهم روحيات اتفاقيات جنيف ١٩٤٨ والتي جاءت تطويرا للاتفاقيات السابقة فقد خصت المدنيين الذين هم أصلا عزل ليسوا طرفا في القتال ولكن هم الأكثر عرضة للإيذاء وتحمل مسير المعركة ونتائجها وقد نصت المادة (٤٨) من البروتوكول الأول على أنه يجب على أطراف النزاع حماية المدنيين من خلال "أن تعمل على التمييز بين السكان المدنيين والمقاتلين" وذلك من خلال حمايتهم "ضد الأخطار الناجمة عن العمليات العسكرية" وذلك من خلال تعريف الإنسان المدني، الذي هو شخص لا ينتمي لأي من فئات الأشخاص الذين يشتركون في الأعمال المسلحة.

وبذلك قدم الحماية ضد أي عمل عدائي يمكن أن يتعرض له السكان الآمنين العزل من خلال حماية أرواحهم وممتلكاتهم وذلك من خلال ضرورة التمييز بين الأهداف العسكرية والأهداف المدنية.

وتضمنت المادة (٤٨) من البروتوكول الأول علما أن الأطراف المتنازعة عليها التمييز بين المنشآت المدنية والعسكرية وأن توجيه أهدافها إلى العسكرية من خلال تعريف للمنشآت العسكرية على أنها "تلك التي تسهم مساهمة فعالة في العمل العسكري سواء كانت بطبيعتها أم بموقعها أم بغاياتها أم باستخداماتها" والتي يحق تدميرها التام أو الجزئي أو الاستيلاء عليها أو تعطيلها في الظروف السائدة حينذاك تكون عسكرية أكيدة.

ومن خلال ذلك تعتبر كافة مؤسسات ومنشآت المجتمع أهدافا مدنية لا يجوز الاعتداء عليها أو تعطيلها وأوجبت على الأطراف المتنازعة حمايتها وديمومة عملها وتقديمها للخدمات المطلوبة منها.

ثانيا: حماية الجرحى والمرضى والغرقى:

وقد عرف البروتوكول الأول هذه الفئة من خلال المادة الثامنة "يقصد بالجرحى والمرضى الأشخاص العسكريون أو المدنيون الذين يحتاجون إلى مساعدة أو رعاية طبية بسبب الصدمة أو المرض أو أي اضطراب أو عجز، بدنيا كان أو عقليا، والذين يحجمون عن أي عمل عدائي ويشمل التعبيران أيضا حالات الرضع والأطفال حديثي الولادة والأشخاص الآخرين الذين قد يحتاجون إل مساعدة أو رعاية طبية عاجلة مثل ذوي العاهات أو أولات الحمل ...".

وقد شمل البرتوكول الأول الغرقى أيضا معرفا إياهم بأنهم الذين يتعرضون لغرق السفن وكوارث الطائرات سواء أكانوا مدنيين أو عسكريين ويتعرضون للخطر في البحار أو الشواطئ أو في الجو.

وبذلك أكدت الاتفاقيات على حماية المنشأة والطواقم الطبية وحرمت التعرض لها سواء كانت عسكرية أو مدنية. وأكدت أن على المدنيين مراعاة واحترام الجرحى والمرضى والغرقى حتى لو كانوا من الأعداء، ونصت أيضا على واجب أن يتكفل السكان المدنيون بمساعدة الجرحى والمرضى والغرقى من الأعداء وكفل لهم هذا الواجب بأن لا يعاقبوا أو أن تتم مضايقتهم من دولهم وسلطاتها إذا قاموا بهذا العمل.

ثالثا: حماية الأسرى:

تم تعريف الأسرى في المادة (٥٣) من اتفاقية جنيف الثالثة أن الأسرى هم "الأشخاص الذين يشاركون في الأعمال العسكرية ويقعون في قبضة الخصم" وبهذا نصت الاتفاقية والبروتوكول على شروط احتجازهم والتحقيق معهم بما يتلاءم مع احترام أشخاصهم ورتبهم العسكرية وخص تحديدا النساء، وقد ميزت المادة (١٧) من الاتفاقية على أساس "الحالة الصحية والجنس، والسن، والرتبة أو المؤهلات العلمية".

وبذلك حفظ للأسرى الاحتفاظ بأدواتهم الشخصية من عدتهم العسكرية التي كانت معهم عند الأسر ومنع تجريدهم من نقودهم وملابسهم وأدواتهم دون إيصال رسمي ويمكنهم من استعادتها بعد الإفراج عنهم. وكذلك كفل لهم حق الحصول على الدفاع القانوني في حال محاكمتهم. كما يحق للأسرى تقديم الشكاوي والالتماسات لممثلي الدولة واللجنة الدولية للصليب الأحمر، وكذلك أنه يجب الإفراج عن الأسرى الذين تسوء حالتهم الصحية بسبب المرض أو الإصابة والجراح الخطيرة.

رابعا: حماية المفقودين والمتوفين:

ولم تغفل الاتفاقيات الأربع وملحقاتها موضوع المفقودين حيث ألزمت الدول بالبحث والتقصي عن الأشخاص الذين يبلغ عنهم من قبل الخصم وكذلك إتاحة الفرصة للجنة الدولية للصليب الأحمر للبحث عنهم دون إعاقة وأن تقدم ما لديها من معلومات إذا توفرت وللتسهيل فإن

الدول ملزمة بالاحتفاظ بسجلات كاملة للأشخاص الـذين احتجـزوا لـديها وأمـاكن احتجازهم.

وكذلك التزمت الدول الموقعة عـلى أن تحفـظ للإنسـان المتـوفي كرامتـه بالـدفن أو الحرق اللائق وأن يحدد مكان الدفن أو حفظ الرماد للأشخاص المتوفين وأن الدول ملزمـة بعودة الرفات أو الرماد إلى الوطن وكذلك تمكين اللجنة الدولية للصليب الأحمـر أو ذوي المتوفين من زيارة المقابر والمدافن وأكدت الاتفاقيات على حماية هـذه الأمـاكن وصيانتها بشكل دائم.

- تطبيق القانون الدولي الإنساني وآليات تنفيذه:

كان لا بد لإعمال القانون وتفعيله وضمان الالتزام بـه وتطبيـق أحكامـه أن تتـوفر الأدوات البشرية أو اللوجستية لتنفيذ بنوده ونقصد بذلك العمل في زمن السـلم والحـرب لتجهيز المستلزمات وفق الآليات التي تكفل تطبيق القانون واحترامه في كل الظروف. وقد شملت الآليات الأطراف المتنازعة أو المحايدة التي تعمل على إنفاذ القانون وتطبيقه.

- المؤسسات والأجهزة المختصة بمراقبة وتنفيذ القانون الدولي الإنساني:

أولا: اللجنة الدولية للصليب الأحمر: بصفتها المحايدة ومن خلال كوادرها تمارس دور الرقابة وتقضي الحقائق حول مدى الالتزام بالاتفاقيات الموقعة المنسجمة مع القانون الدولي الإنساني، وتعتبر تقارير هذه اللجنة أساسا لمحاسبة الدول على تقصيرها.

ثانيا: اللجنة الدولية لتقصي- الحقائق: كان من مقررات المؤتمر الدبلوماسي الذي أقر البروتوكولات الملحقة باتفاقيات جنيف تشكيل لجنة لتقصي- الحقائق ومهمتها التحقيق فيما ينسب إلى الدول من اعتداءات أو انتهاك للاتفاقيات.

وهذه اللجنة الدائمة كما نصت المادة ٩٠٩ من البروتوكول الأول أنها "جهاز دائم محايد وغير سياسي" وكذلك "تتكون من خمسة عشر عضوا على درجة عالية من الخلق ومشهود لهم بالحيدة" وكذلك نصت المادة نفسها في تشكيل اللجنة أن يراعى "التمثيل الجغرافي" ومدة عمل هذه اللجنة خمس سنوات.

ثالثا: القانونيون في القوات المسلحة: وهم أولئك المستشارون القانونيون الذين يعملون بالقوات المسلحة أو إحدى أجهزتها ومهمتهم "تقديم المشورة للقادة العسكريين على المستوى المناسب بشأن تطبيق الاتفاقيات، وخصوصا التعليمات التي يجب أن تصدر إلى القوات المسلحة في الميدان".

رابعا: الأفراد المؤهلون والعاملون، وهـم مواطنـون لـديهم الخـبرة والمعرفـة في زمـن السلم وتقدم الدول قوائم بأسمائهم ومؤهلاتهم إلى اللجنة الدولية للصليب الأحمر للإفادة منهم لتقوم بدورها بإبلاغ هذه الأسماء إلى الأطـراف الموقعـة على الاتفاقيات للاستفادة منهم على نطاق واسع في الأزمات.

الفصل الخامس
القانون الدولي واللاجئين

* الشرعية الدولية وحماية اللاجئين

* التنظيم الدولي للاجئين

* مفوضية الأمم المتحدة لشؤون اللاجئين

* المنظمات غير الحكومية المهتمة بشؤون اللاجئين

* الأوضاع القانونية للاجئين

* امتيازات وحقوق وواجبات اللاجئ

* الحماية الدولية للاجئين

* أهداف الحماية الدولية

* إجراءات الحماية الدولية وفاعليتها

الفصل الخامس
القانون الدولي واللاجئين

- الشرعية الدولية وحماية اللاجئين

* تمهيد

إن من أهم نتائج الحروب والنزعات المسلحة وكذلك الاستئثار بالسلطة على مر التاريخ نتائج كارثية من ويلات وآلام، ومن أهمها قضية اللاجئين الذين تضطرهم النزاعات المسلحة أو الاضطهاد السياسي أو العرقي أو الديني إلى مغادرة ديارهم والبحث عن ملاذ أمن يوفر لهم النجاة بأرواحهم.

ولأن غالبية السكان هم من المدنيين الذين ليسوا طرفا في الصراع وهم الأكثر تأثرا بنتائجه ودفعا لثمنه شكلت مشكلة اللاجئين أرقا إنسانيا على مر التاريخ وذلك لأسباب متعددة أهمها:

١. إن الغالبية العظمى من اللاجئين هم من النساء والشيوخ والأطفال.

٢. يشكل الفقراء والبسطاء جل عددهم الأساسي.

٣. يخرج الناس من ديارهم دون حمل أي من الأمتعة والممتلكات الخاصة التي تسهل عليهم العيش في الأماكن الجديدة.

٤. يشكل اللاجئون مشكلة إنسانية واقتصادية وسياسية للـدول المضيفة ولهـذه الأسباب وغيرها بـرز الاهتمام العالمي والإنسـاني بهـذه المشكلة وأصبح مـن الضروري أن يكون هناك قوانين وأنظمـة تحمـي هؤلاء مـن عـدد مـن المخاطر أهمها:

١. التعسف وإساءة المعاملة من أطراف متعددة.

٢. حاجتهم الماسة للإغاثة والإيواء.

٣. الرعاية الإنسانية من استغلالهم إنسانيا ومحاولة جرهم لأن يكونوا طرفا في الصراع.

ونتيجة لعمليات اللجوء ظهرت انتهاكات واسعة لحقوق الأفراد والجماعـات مـن اتساع بؤر الصراع على السلطة في كثير من البلدان أو الصراع بين الـدول المتجاورة وقد حدثت بعض الحروب بين الدول بسبب تفاقم أزمة اللاجئين وأدت إلى شطر بعض الـدول بالقوة العسكرية لحل أزمة اللاجئين كما حـدث في بنغلادش ويجـري الآن في كشمير بـين الهند وباكستان.

اهتم المجتمع الدولي بقضية اللاجئين للتخفيف من آثارها أو الحد منها وكما ذكرنا في موقع سابق اهتمت اتفاقيات جنيف الأربع وبروتوكولاتها بتـوفير الظروف الآمنـة للسكان المدنيين وذلك للحد من الهجرة واللجوء.

دعت الأمم المتحدة لانعقاد مؤتمر بقرار مـن جمعيتها العامـة في عـام ١٩٥٠ وقد عقد فعلا باسم مؤتمر المفوضين لشؤون اللاجئين ووضع اتفاقية

دولية بوضع اللاجئين عام ١٩٥١ وقد الحق بها البروتوكول الدولي عام ١٩٦٧ ومنذ ذلك الوقت تسعى المفوضية السامية للأمم المتحدة لشؤون اللاجئين بهدف وضع الاتفاقية والبروتوكول محل تنفيذ واحترام وذلك من خلال:

١. تقديم المساعدات المادية للاجئين من إغاثة مادية وتوفير المساكن والرعاية الصحية والتعليمية.

٢. توفير الحماية الدولية على اللاجئين ومخيماتهم وأماكن تجمعهم.

يعد تزايد الاهتمام بقضية اللاجئين حافزا لعدد من الدول المتجاورة والتي تعاني من مشكلة اللجوء التي أدت إلى عقد مؤتمرات واجتماعات، وقد أفضت إلى اتفاقات كتلك الاتفاقية الإفريقية بشأن اللاجئين التي صاغتها الأمم المتحدة عام ١٩٦٩ بهدف تنظيم شؤون اللاجئين في الدول الإفريقية.

اهتمت المنظمات والهيئات غير الحكومية بشؤون اللاجئين من خلال الإغاثة أو الحماية والرعاية وخصوصا تلك التي تعمل في مجال حقوق الإنسان، وعملت المنظمات على توفير الحماية للاجئين لممارسة حقوقهم الإنسانية في الحياة والعمل والتعليم من خلال رعاية الأمم المتحدة والحماية الدولية لأماكن سكن وتجمع اللاجئين من الاعتداءات العسكرية أو الاضطهاد السياسي والعرقي والاجتماعي.

- التنظيم الدولي للاجئين:

كانت قضية اللاجئين على أولويات الاهتمامات للأمم المتحدة منذ تشكيلها وبدى ذلك واضحا في أول دورة عقدتها عام ١٩٤٦ واعتمدت قرارا في ١٢شباط١٩٤٦ يحمل الرقم (٤٥/أ) ومن خلاله وضعت بموجبه أنشطة الأمم المتحدة لدعم وإغاثة اللاجئين وأكدت فيه أيضا إلى الامتناع عن ما من شأنه إرغام اللاجئين إلى العودة إلى أوطانهم أو تغيير مكان لجوئهم. وأوصت في تلك الدورة المجلس الاقتصادي والاجتماعي بتشكيل لجنة خاصة مهمتها النظر في كافة جوانب مسألة اللاجئين ووضع تقرير بهذا الخصوص.

شكل المجلس الاقتصادي لجنته وعقدت اجتماعا في جنيف عام ١٩٤٦ وأقرت ضرورة وإلحاحية تشكيل جهاز دولي للتعامل مع قضية اللاجئين من خلال صياغة تعريف للأشخاص المتوجب حمايتهم ومساعدتهم دوليا وكذلك الظروف والشروط التي تحول دون عودتهم إلى ديارهم الأصلية، والبحث في إمكانية توطينهم وتوظيفهم في بلدان اللجوء أو غيرها وأوصى المجلس إلى الجمعية العامة للأمم المتحدة بضرورة إقامة دستور لمنظمة دولية وا للاجئين وكان ذلك من ٢١حزيران عام ١٩٤٦.

وبتتابع يثير الاهتمام والريبة أقرت الجمعية العامة في ١٥كانون أول من نفس العام دستور منظمة اللاجئين الدولية ودعت أعضائها إلى التوقيع

على نصوص الدستور بهدف تمكين هذه المنظمة من البدء بعملها بالسرعة الممكنة، وبهذا حلت هذه المنظمة مكان المنظمات الدولية السابقة مثل إدارة الأمم المتحدة لإغاثة وإعادة التأهيل، واللجنة الحكومية الدولية للاجئين.

ويقول الدكتور هشام حمدان في كتابه دراسات في المنظمات الدولية العاملة في جنيف أن الهدف من منظمة اللاجئين أن تكون وكالة متخصصة مؤقتة ترتبط مع الأمم المتحدة باتفاقية اعتمادا على ميثاق الأمم المتحدة وخصوصا المادتين (٥٧،٦٣) من ميثاقها وتعمل على إيجاد حلول مشاكل اللاجئين والمشردين الذين قدر عددهم بأكثر من (١.٥) مليون إنسان.

وقد بدأت المنظمة عملها بحصر اللاجئين وتعدادهم وتسجيل أماكن تواجدهم للعمل على إعادتهم لأوطانهم، و مع سير العمل وجدت المنظمة أن مسألة إعادتهم ليست سهلة فعملت على توطينهم وتداعت الهيئة العامة للأمم المتحدة إلى طلب العون من أعضائها للمشاركة بالنفقات المتعلقة باللاجئين.

وفعلا تحملت الدول الأعضاء وبالتعاون مع الهيئات الدولية غير الحكومية إغاثة اللاجئين ورعايتهم وبدا ذلك واضحا خلال العقود الماضية.

إن النشاط المحموم التي قامت به الأمم المتحدة بخصوص اللاجئين يثير تساؤلا حول أهمية هذا النشاط ولكن ذلك اتضح بعد أشهر قليلة عندما أجلي مئات الآلاف من الفلسطينيين عن ديارهم وتوزعوا وما زالوا

في بلـدان الشـتات وكأنـنا ننظـر الآن إلى تحضـير مسـبق لهـذه الحالـة الإنسـانية السياسية.

- مفوضية الأمم المتحدة لشؤون اللاجئين:

بعد تشكيل المفوضية وبـدء عملهـا اجتمـع أعضـائها في ١١تمـوز عـام ١٩٤٩ إيذانا بانتهاء مهمتهم التي قارب أجلها في ٣٠حزيران عام ١٩٥٠ طالب الأعضاء في مذكرة لهم إلى المجلس الاقتصادي والاجتماعي الذي شكل المفوضية إعفائهم مـن مهماتهم وأوصـوا أن تشكل الأمم المتحدة جهازا خاصا تابعا لها لتـوفير الحمايـة التـي تمنحهـا الـدول المسـتقلة للاجئين في ظل المحافظة على حقوق هذه الدول في السيادة وباحترام حقوق اللاجئين.

وقد عمد الأمين للأمم المتحدة إلى دراسة المشـكلة وأعـد تقريرا مفصلا قدمـه إلى المجلس الاقتصادي والاجتماعـي للأمـم المتحـدة في شباط عـام ١٩٤٩، وعليه اعتمـدت الأكثرية من أعضاء هيئة الأمم المتحدة إنشاء " مكتب مفـوض سـام لشـؤون اللاجئـين" ويحظى باستقلالية ويخضع لإشراف الجمعية العامة، وبموجب القرار رقم ٣١٩ تم تأسيس هذا المكتب وبدأ عمله من بداية كانون الثاني من عام ١٩٥١.

وقد نص القـرار أن المكتب يمارس عملـه في إطار الأمـم المتحـدة ويحظـى بدرجة كافية من الاستقلالية والقدرة على ممارسة مهماته بشكل فاعل على أن لا تكون له أية أنشطة سياسية ويحافظ على

صلات حسـنة مـع الحكومـات والهيئـات والمـنظمات الدوليـة التـي تعنـى بشؤون اللاجئين.

تضمن النظام الأساسي لمفوضية الأمـم المتحـدة لشـؤون اللاجئين أن المهـام الأساسية لعملها "توفير الحماية الدولية للاجئين" والعمل الحثيـث عـلى "السـعي إلى حلـول دائمة للاجئين بمساعدة الحكومات" وكذلك إيجاد حلـول "تسـهل العـودة الطوعية إلى الوطن للاجئين أو إدماجهم في المجتمعات الجديدة".

وعملت المنظمة استنادا لوظائفها ومهماتها لرعاية الهـدف مـن تأسيسها وهو توفير الحماية للاجئين وإيجاد الحلول لاحتياجات اللاجئين ورعاية حقوقهم. وهـي مـن خلال نظامها الأساسي مفوضة ومؤهلـة لتقديم العون والمسـاعدة لأي إنسان "يوجد سبب خوف لـه ما يبرره مـن التعرض للاضطهاد وبسبب عرقه أو دينه أو جنسـه أو آرائه السياسية خارج البلد الذي يحمل جنسيته ولا يستطيع أو لا يريد بسبب ذلك الخوف أن يستظل بحماية ذلك البلد".

ومن خـلال عمـل مكتب المفوض السـامي وضعـت تصورات ودراسـات عـن الطبيعـة المتغـيرة لتـدفقات اللاجئـين، ولـذلك تقـوم المفوضية بتقديم الحماية والمساعدة لمجموعات كبيرة من اللاجئين الذين غادروا ديارهم فـرارا مـن الاضطهاد والتعديات الكبيرة لحقوق الإنسان، وتقوم المفوضية بدراسة أحـوال البلدان المنتجـة للاجئين ولا تتعامل مع الرغبات أو الطلبات الفردية لطلب اللجوء.

قبل تشكل المفوضية وفي بداية عملها كان العبء الأساسي لإغاثة ومساعدة اللاجئين يقع على عاتق الدول المضيفة ولكن مع اتساع دائرة اللجوء وزيادة أعداد اللاجئين وخصوصا الفلسطينيين شكلوا عبئا اقتصاديا واجتماعيا على الدولة المضيفة مما حدى بالمفوضية إلى توفير المساعدات المادية للاجئين والعائدين وفي حالات خاصة للنازحين حتى بات من مهام المفوضية إلى جانب الحماية للاجئين توفير المساعدة المادية.

وبهذا امتد نشاط المفوضية واتسعت مهماتها لتشمل مساعدة الأشخاص الذين قرروا العودة إلى أوطانهم حيث تقدم المساعدات لإعادة اندماجهم في مجتمعاتهم وكذلك الاهتمام بحالات النزوح داخل البلد الذي يتعرض لاضطرابات سياسية أو اجتماعية ويقصد بالنازحين أولئك الأشخاص الذين غادروا أماكن سكناهم إلى مناطق داخل الحدود الجغرافية لبلدهم ولم يعبروا الحدود الدولية.

- المنظمات غير الحكومية المهتمة بشؤون اللاجئين:

منذ نشأت مفوضية الأمم المتحدة لشؤون اللاجئين عام ١٩٥١ عملت على التعاون مع كافة المنظمات غير الحكومية وذلك لأن مهمتها في الأساس تستند إلى قيم إنسانية ولكون المنظمات كانت أسبق منها من حيث التأسيس وبدء العمل ولديها من الخبرات والتجارب التي يمكن أن تقدم للمفوضية الدعم والمساندة اللازمة.

وتكون المفوضية أساسا تقوم على رصد مشكلات اللاجئين وإيجاد البرامج من خلال التنسيق بين كافة الجهات المهتمة وعلى رأسها المنظمات غير الحكومية التي وصل عددها إلى المئات منخرطة في العمل على الصعيد العالمي بشكل مباشر أو غير مباشر مع مسألة اللاجئين وتقديم الخدمات في الحالات الطارئة، وبالتالي شكلت المنظمات غير الحكومية أهم شركاء المفوضية في توفير الحماية والرعاية للاجئين.

وقد قامت المفوضية بإجراء اتفاقيات تعاون مع أكثر من (٣٠٠) منظمة غير حكومية في مجالات العمل الإنساني وهذه الاتفاقيات مكنت المفوضية من استثمار قرابة (٢٥%) من ميزانيتها في تمويل ودعم المنظمات غير الحكومية لمساعدتها للقيام بوظائفها ومهماتها بتقديم الرعاية وتوصيل الإغاثة لمحتاجيها، وقيام هذه المنظمات بالخدمات الإنسانية، وهذا يزيد من فعالية برامج المفوضية وتوجهاتها وتوفر لها التحديث الدائم لقاعدة البيانات لديها ليمكنها من سرعة المبادرة والاستجابة للحاجات الإنسانية.

وتقدم المنظمات غير الحكومية الدعم الإعلامي والشعبي من خلال برامجها وعملها على تحفيز الضمير الإنساني العالمي للمفوضية، فقد استطاعت المنظمات غير الحكومية أن توجد بفعل أنشطتها تعاطفا إنسانيا مع قضايا حقوق الإنسان، واستطاعت أن تخلق مزاجا ضاغطا على الحكومات لإيجاد قوانين وفي بعض الأحيان مشاركة لرعاية اللاجئين والنازحين.

وقد أطلقت المفوضية مبادرة عام ١٩٩٤ تثمينا منها لدور المنظمات غير الحكومية وتقديرا لجهودها أطلقت عليها اسم "الشراكة في العمل" وأجرت لذلك مؤتمرا عالميا في أوسلو من نفس العام. وتقوم هذه الشراكة بإيجاد خطة عمل مشتركة قدمت للمؤتمر تعزز التعاون بين المفوضية والمنظمات غير الحكومية في مجال حماية اللاجئين وسرعة الاستجابة في حالات الطوارئ لإغاثة ومساعدة اللاجئين النازحين، وتطوير المساعدة والإغاثة إلى التنمية وخصوصا في حالة عودة اللاجئين إلى أوطانهم الأصلية.

- الأوضاع القانونية للاجئين:

اللاجئين من حيث التعريف الذي اعتمدته المنظمة الدولية للاجئين (Refugiese) "شخص ابتعد عن وطنه القديم لأنه يخشى الاضطهاد لأسباب تتعلق بالعنصر أو الدين أو الجنسية أو الرأي السياسي أو الانتماء إلى فئة اجتماعية خاصة، ولا يستطيع ولا يريد أن يضع نفسه تحت حماية بلده الأصلي". وقد عرفه معجم اللغة الفرنسية "كل شخص اضطر إلى الفرار من المكان الذي يقيم فيه للهرب من خطر معين حرب أو اضطهاد سياسي أو ديني إلى غير ذلك".

وقد أقرت المنظمة الدولية للاجئين أن مشكلة اللاجئين أنها من أمراض العصر وعزت أسبابه إلى الانتهاكات المتكررة لحقوق الإنسان وظهور مشكلة الأقليات العرقية والدينية والتي نجم عنها صراعات دولية.

وقد عالج الإعلان العالمي لحقوق الإنسان في نصوصه من خلال مادة واضحة مشكلة اللاجئين ونصت المادة (١٤) منه "من حق كل شخص إزاء الاضطهاد أن يحاول اللجوء إلى بلاد أخرى , وأن ينتفع بهذا الحق".

وقد كانت اتفاقية عام ١٩٥١ أكثر وضوحا في تعريف اللاجئين من خلال مفردها "اللاجئ" "قد نصت صراحة" لأغراض هذه الاتفاقية تنطبق لفظة لاجئ على كل من وجد نتيجة لأحداث وقعت قبل الأول من كانون الثاني ١٩٥١ وبسبب خوف له ما يبرره من التعرض للاضهاد بسبب عرقه أو دينه أو جنسيته أو انتمائه إلى فئة اجتماعية معينة بسبب أرائه السياسية، خارج البلاد التي يحمل جنسيتها ولا يستطيع أو يرغب في حماية ذلك البلد بسبب هذا الخوف، أو كل من لا جنسية له وهو خارج بلد إقامته السابقة ولا يستطيع أو لا يرغب بسبب ذلك الخوف في العودة إلى ذلك البلد واستطردت الاتفاقية في توضيح أن عبارة جنسية تعني في حالة أن يكون الشخص يحمل أكثر من جنسية فإن كل البلدان مشمولة بحقه في رغباتها.

ويتأثر مركز اللاجئ القانوني ومركزه بعدة عوامل منها كانت مفاصل سابقة نذكر منها:

١. الحرب العالمية الثانية وما جرته من ويلات وعذابات إنسانية.

٢. الحرب الباردة بين المعسكر الاشتراكي والعالم الغربي أدى إلى لجوء العديد من الأفراد من المعسكر الاشتراكي إلى أوروبا وأمريكا والذين عانوا من صراعات وحروب أهلية في بلدانهم.

وتبعا للاتفاقية الدولية فقد تشكلت اتفاقيات إقليمية مثل ميثاق منظمة الوحدة الإفريقية عامك ١٩٦٩ والتي أوردت تعريفها في المادة الأولى "تعبير لاجئ ينطبق على كل شخص أرغم على مغادرة موطنه الأصلي بحثا عن ملاذ في مكان آخر خارج وطنه المنشأ أو الأصل، وذلك نتيجة عدوان خارجي أو الاحتلال أو غزو أجنبي أو أحداث خطرة تهدد السلامة العامة في جزء من وطنه أو منطقته " توافق هذا التعريف مع منظمة الدول الأمريكية".

وكذا الحال لتعريف اللاجئين في جامعة الدول العربية وأفردت خصوصية للاجئين الفلسطينيين وأكدت أنهم يجب أن يحظوا معاملة مماثلة وحرية التنقل في الدول المضيفة دون إلحاق ضرر بحقهم في العودة.

أما الميثاق الأوروبي فقد عرف اللاجئين "الذين هم غير قادرين لأسباب عدة العودة إلى أوطانهم" وبهذا نكاد نقول أن كافة الدول ألزمت نفسها بالاتفاقية الدولية وإن كان شكليا على الأقل، لأنه جرت خروقات كثيرة انتهكت الكثير من الدول تلك الالتزامات وخصوصا في إفريقيا.

من خلال التعريف الدولي للاجئين ترتب مسؤوليات إنسانية للمنظمات الإقليمية إزاء مسألة اللاجئين ومعالجتها والتعاطي معها وألقت على مفوضية الأمم المتحدة السامية لشؤون اللاجئين التزامات كبيرة ولذلك اهتمت المفوضية بالتعريف لأنه يترتب عليه مستوى وحجم مسؤولية المفوضية اتجاه من يشملهم التعريف ولذلك لم تعر المفوضية اهتمامها للنازحين أو اللاجئين نتيجة للكوارث الطبيعية ولم

تضعها ضمن دائرة أولوياتها رغم أنها تقدم المعونات أو الخبرات في بعض الأحيان. وكذلك لم يكن ضمن دائرة الاهتمام الحراك الاجتماعي وتنقل السكان داخل القطر أو الدولة الواحدة.

واستنادا لاتفاقية عام ١٩٥١ تمتع اللاجئ بكافة الحقوق في الدولة المضيفة ما عدا حق المواطنة "الجنسية"، على الرغم أنه يخضع لقوانينها وما يستلزم ذلك من واجبات. وقد حددت مفوضية الأمم المتحدة السامية لشؤون اللاجئين حقوق اللاجئ وواجباته إزاء الدولة المضيفة منها:

١. حق اللاجئ على مساعدة المفوضية وخدماتها الإغاثية والتمتع بالحماية المنصوص عليها بالاتفاقية.

٢. حق اللاجئ بالإعانات بأشكالها المتعددة في حال عودته إلى وطنه الأصلي.

ومع تزايد التفرقة والاضطهاد للأفراد في العديد من الدول فقد اضطرت المفوضية شمول الأشخاص الذين بقوا في بلدانهم وسموا نازحين وتمتعوا بالإعانات والخدمات التي تقدمها المفوضية. وكان هذا جليا في عدد من الدول الإفريقية التي تتشكل مجتمعاتها في تعدد إثني أو عرقي أو ديني.

وللحكومات المضيفة أن تحدد بإجراءاتها الخاصة الوضع القانوني للاجئ ولكن سواء اعترفت لهم بحق اللجوء أو لا فإن المفوضية تشمله ضمن دائرة اهتمامها وخدماتها، وتقدم المفوضية الخبرة والمشورة للدول والحكومات بحكم اختصاصها حول أوضاع اللاجئين حيثما طلبت الحكومات ذلك.

وقد أتاحت اتفاقية عام ١٩٥١ للأفراد اللاجئين الاعتذار عن ولاية المفوضية وأعطت اللاجئ حق الاختيار في حالات منها:

١. حصول اللاجئ على جنسية البلد المضيف أو جنسية أخرى.

٢. تمسكه الاختياري بولاية وحماية بلده الأصلي والذي يحمل جنسيته.

٣. استعادته الاختيارية لجنسيته التي قد فقدها في السابق.

٤. إذا قرر اللاجئ العودة الطوعية لبلد المنشأ.

٥. في حالة الأشخاص الذين لا يحملون جنسية بلد الإقامة الأصلية وزال عنهم معوقات الحصول على الجنسية في ذلك البلد.

٦. حصول اللاجئ على خدمات هيئة أو وكالة تابعة للأمم المتحدة غير المفوضية ويبقى كذلك إلى حين زوال أو توقف تلك الجهة عن تقديم الخدمة له فيصبح جزءا من رعاية وخدمات المفوضية.

وقد نصت الفقرة (هـ) من اتفاقية عام ١٩٥١ بحرمان من تنطبق عليهم إحدى الحالات التالية:

أ) من اقترف أعمالا تخالف أهداف ومبادئ الأمم المتحدة.

ب) من ارتكب جريمة حرب أو جريمة ضد الإنسانية والمعرفة بميثاق الأمم المتحدة وكذلك من اقترف جريمة بحق السلام والسلم المحلي أو العالمي.

ج) كل شخص ارتكب جريمة كبيرة في بلد ثالث (خارج بلده الأصلي والبلد المضيف) قبل دخوله تصنيف المفوضية كلاجئ.

- امتيازات وحقوق وواجبات اللاجئ:

أنشئت مفوضية الأمم المتحدة السامية لشؤون اللاجئين لخدمة من اضطرتهم الأعمال العسكرية والعدائية إلى مغادرة مكان سكناهم الدائمة والاعتيادية وبالتالي فإنهم يحتاجون وبسرعة إلى جملة من الإجراءات والأعمال منها:

١. توفير الملجأ الآمن الذي يحقن دمائهم ويحقق لهم السلامة الشخصية.

٢. الحماية الدولية من كل ما يمكن أن يعرض سلالتهم البدنية للخطر.

٣. أن يحظى اللاجئ على كافة الامتيازات والحقوق التي يحصل عليها المقيم بصفة قانونية في البلد المضيف من حرية التفكير والتنقل وعدم التعرض للإكراه أو التعذيب.

٤. أن يتوفر للاجئ الخدمات الطبية الأساسية والتعليمية.

٥. أن تتوفر له الظروف القانونية للعمل وكسب العيش.

وفي بعض الأحيان ونتيجة للتدفق الكبير لأعداد اللاجئين يتعذر على البلد المضيف تقديم الخدمات اللازمة فيكون المجتمع الدولي ملزما بسد العجز في هذه الخدمات وقد يضطر البلد المضيف أن يقيد بعض حقوق اللاجئين مثل التنقل.

وقد فصلت اتفاقية ١٩٥١ حقوق وواجبات اللاجئ وكذلك موقفه من البلد المضيف وحصرت التزاماته باحترام دستور وقوانين هذا البلاد والخضوع لأنظمته وإجراءاته لحفظ النظام العام.

-نصت المواد الثالثة والرابعة من الاتفاقية على حق اللاجئ في عدم تعرضه للتمييز بسبب الدين أو العرق أسوة بالسكان المقيمين في البلد المضيف.

-نصت المواد السابعة والثامنة من الاتفاقية أن يتمتع اللاجئ بنفس معاملة الأجانب في البلد المضيف ما لم يحصل على مزيد من الخدمات والامتيازات الأفضل.

-نصت المواد السابعة والثامنة بالتزام الدول المتعاقدة على منح اللاجئ الحقوق والامتيازات التي كان يتمتع بها وعلى الدول المتعاقدة أن تضمن ذلك في حال تعرض اللاجئ لإجراءات استثنائية.

-نصت المواد (١٧، ١٨، ١٩) على حق اللاجئ في امتلاك الأموال المنقولة وغير المنقولة وبالمعاملة الأفضل منسوبا إلى الأجانب ونصت المادة (٢١) بحق اللاجئ بالإسكان وفقا للقوانين السارية في البلد المضيف.

-كفلت المادة (١٦) من الاتفاقية حق اللاجئ بالتقاضي أمام المحاكم النظامية أسوة بمواطني الدول المتعاقدة بما في ذلك الإعفاءات والتمتع بالمعونة القضائية.

-ضمنت المواد (١٩ - ٣٠) حق اللاجئ في التعليم والصحة والتسهيلات في الحصول على الشهادات والوثائق وبطاقات الهوية وتمتعه بالإعفاءات في حالات معينة من الرسوم.

-ونصت المادة (٢٤) على حق اللاجئ بالاستفادة من تشريعات العمل بما فيها الضمان الاجتماعي السارية على مواطني البلد المضيف.

-نصت المادة السابعة على حق اللاجئ بالسكن المناسب ويعامل معاملة الأجنبي المقيم عل أرض البلد المضيف بما في ذلك أن تتولى المفوضية توفير السكن المؤقت وتقدمه مجانا للاجئ.

- الحماية الدولة للاجئين:

انطلاقا من المسؤولية الإنسانية للمجتمع الدولي وتعاطفا مع اللاجئين الـذين يعـانون من الاغتراب والتشرد، وتماشيا مع ميثاق الأمـم المتحدة جـاءت العقـود والاتفاقيـات الدوليـة لرعاية وحماية من اضطرتهم الظروف إلى اللجوء. وقد تحققت الكثير مـن الشـعارات التـي نادت بها الأمم المتحدة واستطاعت أن تقدم الخدمات اللازمـة في كثير مـن حـالات اللجـوء الجماعي أو الفردي، وتسير أعمال إغاثة والمساعدة بشكل جيد إلا أن هـذه الجهـود تصطدم بعقبات من بعض المناطق وخصوصا في القرن الإفريقي.

ومن خلال وثائق الأمم المتحدة ونصوص اتفاقيـة ١٩٥١ نجد أن الحمايـة الدوليـة للاجئين والتي أنشئت من أجلها المفوضية من أجل الوصول التأكـد مـن حصـول مـن هـم بحاجة إلى المساعدة على الخدمات الكافية لإنقاذ حياتهم وسيرها بشـكل يكفل آدميتهم وحقوقهم.

وكان لإطلاق مبادرة الشراكة وزيادة حالات اللجوء وتطور وازدياد خدمات اللجنـة الدولية للصليب الأحمر وقيامها بخدمات جليلـة خففت مـن أعبـاء المفوضية وهـذه الشراكة أفضت إلى ظهور جمعيات وهيئات وطنية ومحلية في كثير مـن البلدان كانت سندا لهذه الشراكة.

- أهداف الحماية الدولية:

عملت المفوضية وشركائها من منظمات وهيئات إلى تحقيق جملة مـن الأهـداف والطموحات عبر العمل على اقتراح الحلول المناسبة لعدد من المشكلات وذلك من خلال:

* دعوة الحكومات كافة إلى الانضمام للاتفاقيات الدوليـة والترتيبـات الأممية والإقليميـة المتعلقة بشؤون اللاجئين.

* توفر الحياة والعدالة وأثناء النظر في طلبات اللجوء وضمان عـدم العـودة القصريـة إلى بلد المنشأ.

* توفير الضمانات اللازمة لمعاملة اللاجئين وفقا للمعايير الدوليـة بمـا في ذلك الحقوق الاقتصادية والاجتماعية.

* حصول اللاجئين على تعهدات وضمانات كافية ضد احتمالات اعادتهم الجبريـة إلى بلد المنشأ الذي يمكن أن يشكل خطرا على سلامتهم أو تعرضهم للاضطهاد.

* البحث عن الوسائل المناسبة وإيجـاد حلـول ملائمـة لحل مشكلة اللاجئين مـن خلال عودتهم الاختيارية لبلدهم.

* تقـديم العـون للـدول المنتجـة للاجئين لتهيئـة ظروفهـا لاسـتيعاب العائـدين ودمجهـم في المجتمع بما في ذلك الإجراءات القانونية والقضائية من خلال إصدار عفو عام عن اللاجئين وحصول المفوضية على ضمانات من حكومة البلد على عدم تعرض العائدين لأي اضطهاد.

* تعمل المفوضية وشركائها وخصوصا اللجنة الدولية للصليب الأحمر على جمع شمل الأسر وخصوصا إذا كان قد فقد أي فرد من أفراد الأسرة.

* تحقيق الأمن الشخصي والبدني للاجئين وطالبي اللجوء والعائدين إلى بلدانهم انسجاما مع أسمى حقوق الإنسان وهو حقه في الحياة.

ومن خلال العمل وجدت المفوضية نفسها امام مشكلة متعصية أوجب عليها إيجاد الحلول الملائمة وعلى رأس هذه المشكلات إنهاء وضع اللجوء من الناحية القانونية والإنسانية ولذلك وجدت نفسها أمام أحد احتمالات ثلاثة:

أولا: عودة اللاجئين الاختيارية لوطنهم الأصلي على أن توفر الأسرة الدولية المساعدة اللازمة للبلد المعني وضمان الحقوق الإنسانية للعائدين.

ثانيا: إدماج اللاجئين في بلد اللجوء وذلك من خلال منحهم جنسية البلد المضيف وفي بعض الحالات قدمت المساعدات الاقتصادية اللازمة لمساعدة هذا البلد على استيعاب دمج المهاجرين.

ثالثا: البحث عن بلد ثالث يقبل مواطنة واستيعاب اللاجئ.

- إجراءات الحماية الدولية وفاعليتها:

إن الغاية الأساسية للحماية هي كفاية حق اللاجئين ومن أجل ذلك بذلت كافة الجهود لتوفير حقوق الإنسان الأساسية وعملت مفوضية الأمم المتحدة السامية لشؤون اللاجئين إلى خلق شراكة مع كل المؤسسات والهيئات الإنسانية التي تعمل على الصعيد العالمي والمحلي

خلال الستين عاما الماضية انطلاقا من اتفاقية عام ١٩٥١ ونجحت في الجزء الأعظم من غاياتها وقدمت الخدمات اللازمة مع وجود معوقات ألقت بأثرها السلبي على سير العمل ومن هذه الصعوبات:

أ) ما زال هناك عدد من الدول لم تنظم للاتفاقية والتعهدات المتعلقة باللاجئين وهذا التمنع له أسباب معدودة أهمها سوء الفهم حول الاستحقاقات التي تترتب على الدول الموقعة وتحاول المفوضية وشركائها تذليل هذه الصعوبات وتتقدم في ذلك كل يوم من أجل توسيع دائرة الدول الموقعة.

ب) تتذرع بعض الدول بفكرة السيادة الوطنية وتضعها عائقا للتعاون وتبذل المفوضية هيئات الأمم المتحدة الأخرى والشركاء العالميين والمحليين جهودا كبيرة في توضيح وبيان أن لا تعارض بين سيادة الحكم والدولة الوطنية مع الشراكة العالمية الإنسانية.

ج) الإجراءات التقليدية التي تعرضها بعض الدول على أصناف من طالبي اللجوء من إجراءات مسبقة ومعقدة لمنح اللجوء لطالبيه بما في ذلك العنصرية والتعصب اتجاه فئات من طالبي اللجوء مما يحول دون حصولهم على هذا الحق.

د) ترسيم وتحديد مركز اللاجئين حيث يعاني طالبي اللجوء أو اللاجئين فعلا من إجراءات لا تكفل لهم أو تحول دون تمتعهم بالحقوق المنصوص عليها وخصوصا عدم إتاحة الفرصة الملائمة والكافية للأفراد لشرح ظروفهم الخاصة التي تتطلب الحماية واللجوء.

وفي الختام تبقى المشكلة المؤرقة في مسالة اللاجئين وهي لجوء أكثر من ثلثي الشعب الفلسطيني في بلدان الشتات ورغم صدور العديد من قرارات مجلس الأمن أو الهيئة العامة للأمم المتحدة والتي طالبت بعودة اللاجئين إلا أن سلطات الاحتلال ظلت ترفض تطبيق هذه القرارات لا بل تعمل على زيادة عمليات الهجرة وتفريغ الأرض الفلسطينية من سكانها الأصليين وإحلال مهاجرين مكانهم.

الفصل السادس

حقوق الإنسان في المملكة الأردنية الهاشمية

* تمهيـــــد
* الحقوق والحريات الطبيعية
* حرية وسائل الإعلام
* الحريات العامة

الفصل السادس

حقوق الإنسان في المملكة الأردنية الهاشمية

- تمهيد

جاء التشكل السياسي للمملكة حديثا إذا قورنت بالدول والمجتمعات الأخرى، فقد كان مع بدايات القرن العشرين وضمن عملية إعادة تشكل الخارطة الجيوسياسية للمنطقة، وقد جابه هذا التشكل مصاعب جمة لعل أهمها الانتداب البريطاني، الذي احتاج الأردن فترة ليست قصيرة للتخلص منه ومن تبعاته السياسية.

صحيح أن الدستور وضع في عام ١٩٥٢ ولكن قبل ذلك كان هناك مجلس تشريعي يملا الفراغ الديمقراطي ويمارس صلاحيات التشريع والرقابة، علاوة على أن الأردن كان جزءا من هيئة الأمم المتحدة وفاعلا في تشكيل جامعة الدول العربية.

شكلت إعلانات حقوق الإنسان والدساتير العالمية وخصوصا الفرنسي والبريطاني منارة لواضعي الدستور الأردني، وكانت مجموعة المواثيق والمعاهدات الدولية جزءا من الأرضية التي استفاد منها واضعي الدستور الأردني.

جاء الدستور من وحي الإيمان العميق لدى القيادة الهاشمية بقيم الإسلام السمحة ومبادئ الثورة العربية الكبرى وملبيا لطموحات

الأردنيين ومسترشدين بالمبادئ العالمية من حق الحياة والحرية والمساواة وحق الملكية وحقوق الإنسان وواجباته.

لسنا بصدد إجراء دراسة شاملة للدستور الأردني بما يخص حقوق الإنسان وحرياته ولكن سوف نمر بعجالة على ما هو جوهري في هذا الجانب معرجين على تجسيدات ذلك من خلال القوانين والأنظمة التي استوحب من الدستور مبادئها ونصوصها.

- الحقوق والحريات الطبيعية

اعتبر الدستور الأردني أن الحريات الشخصية من أهم الحريات التي يجب أن ينعم بها الإنسان كالحق في الأمن، وحرية التنقل، وحرمة المنازل، واحترام الخصوصية الشخصية وسرية مراسلاته وسوف نقوم بعرض لأهم هذه المفاصل:

أولا: الحق في الأمن والسلامة الشخصية:

انسجاما مع المنطلقات الفكرية ومبادئ الأمم المتحدة نصت المادة الثامنة من الدستور الأردني على أنه "لا يجوز أن يوقف أحد أو يحبس إلا وفق القانون" وتجسيدا لهذه المادة نص قانون العقوبات الأردني في مادته رقم (١٧٩) "إذا قبل مديروا وحراس السجون أو المعاهد التأديبية أو الإصلاحيات وكل من اضطلع بصلاحياتهم من الموظفين شخصا دون مذكرة قضائية أو قرار قضائي أو استبقوه إلى أبعد من الأجل المحدد، يعاقبون بالحبس من شهر إلى سنة" وتأكيدا لسيادة القانون وإنفاذه

وتحقيقا للأمن العام نصت المادة (١٨٠) من القانون "إن الموظفين السابق ذكرهم وضباط الشرطة والدرك وأفرادهما وأي من الموظفين الإداريين الذين يرفضون أو يؤخرون إحضار شخص موقوف أو سجين أمام المحاكم أو القاضي ذي الصلاحية الذي يطلب إليهم ذلك، يعاقبون بالحبس لمدة لا تزيد على ستة أشهر أو بغرامة لا تزيد على خمسين دينارا".

وهذه المواد وغيرها من قانون العقوبات أكدت على عدم المساس بحرية الأفراد وكذلك إنفاذ القانون وتطبيقه، ويزخر قانون العقوبات بالنصوص التي تؤكد على عدم جواز التعدي على الحقوق الفردية وتطبيق القانون كذلك التي وردت في المواد (١٠٥، ١٠٦، ١٠٧).

وقد كفل القانون ظروف وشروط المحاكمة العادلة وإعطاء الماثل أمام المحاكم الوسائل المناسبة والوقت الكافي لإثبات براءته وأكد القانون أنه لا يجوز محاكمة أي إنسان دون وجود مخالفة نص عليها القانون.

وبهذه المواد وغيرها من الدستور وتجسيداته القانونية تكون روحية ونصوص ميثاق الأمم المتحدة والقانون الدولي الإنساني قد طبقت واخذ بمبادئها التي جاءت بالمواثيق والاتفاقيات الدولية.

ثانيا: حرية اختيار مكان الإقامة والتنقل:

نصت المادة التاسعة من الدستور الأردني على هذا الحق "أنه لا يجوز إبعاد أردني من ديار المملكة، ولا يجوز أن يحظر على أردني الإقامة في جهة ما، ولا أن يلزم بالإقامة في مكان معين إلا في الأحوال المبينة في القانون".

وهذه المادة منسجمة مع الإعلان العالمي لحقوق الإنسان والاتفاقية الدولية الخاصة بالحقوق المدنية والسياسية.

وقد نظمت حركة الأفراد وشروطها إلى خارج المملكة من خلال قانون جوازات السفر رقم (٢) حيث نصت المادة (٤) من القانون "لا يجوز للأردني مغادرة المملكة أو العودة إليها إلا بجواز سفر قانوني بمقتضى أحكام هذا القانون" وقد كفل للأردني حق الجنسية.

ثالثا: حرية المراسلات الشخصية وسريتها:

إن من الحقوق الطبيعية للإنسان أن يحافظ على حريته في مكاتباته ومراسلاته مع أي شخص بما لا يتعارض مع القانون ولذلك نصت المادة السابعة من الدستور الأردني "الحرية الشخصية مصونة" وتجلت هذه الحرية من خلال المادة (٣٥٦) من قانون العقوبات الأردني بأن "يعاقب بالحبس من شهر إلى سنة كل شخص ملحق بمصلحة البرق والبريد يسيء استعمال وظيفته هذه بأن يطلع على رسالة مظروفه أو يتلف أو يختلس إحدى الرسائل أو يفضي بمضمونها إلى غير المرسل إليه، وتنزل العقوبة بالحبس مدة ستة أشهر أو بالغرامة حتى عشرين دينارا بمن كان ملحقا بمصلحة الهاتف وأفش مخابرة هاتفية اطلع عليها بحكم وظيفته أو عمله".

وقد صان القانون للأفراد مراسلاتهم الداخلية والخارجية، وسرية مخاطباتهم الهاتفية وضمن حق المواطن في تلقي رسائله الخاصة وأكدت

على ذلك أيضا المادة (٣٥٧) التي نصت "يعاقب بالغرامة كل شخص يتلف أو يغض النظر قصدا رسالة أو برقية غير مرسلة إليه".

وقد كان قانون العقوبات الأردني من روح الدستور قد استجاب ووثق بالنص حرية الراسل وسرية المراسلات المنصوص عليها في الإعلان العالمي لحقوق الإنسان والاتفاقيات الدولية للحقوق السياسية والمدنية، وآخذا أبعد منها من الاتفاقية الأوروبية لحقوق الإنسان.

رابعا: حرمة المنازل:

يعتبر المنزل من خصوصيات الأفراد ولا يجوز التعدي عليها ولذلك كانت مثار اهتمام عالمي فقد نص الإعلان العالمي لحقوق الإنسان "لا يعرض أحد للتدخل التعسفي في حياته الخاصة أو أسرته أو مسكنه ـ ومراسلاته" وقد عرفت القوانين والأنظمة المسكن بأنه "ما يقي الإنسان من الأحوال الطبيعية ويحجب عن الآخرين وعيونهم من بداخله".

وقد نصت المادة العاشرة من الدستور الأردني "للمساكن حرمة فلا يجوز دخولها إلا في الأحوال المبينة في القانون، وبالكيفية المنصوص عليها فيه" هذا النص مستوحى من الشريعة الإسلامية التي ألزمت الاستئذان قبل دخول المنزل وتلك القصة الشهيرة للخليفة عمر بن الخطاب عندما قفز عن حائط منزل كان به أشخاص اشتبه بتناولهم الخمر وكيف أنه صدع للحق وإن ما كان يقترفه هؤلاء لا يبرر الدخول دون استئذان شرعي.

وقد نظم قانون العقوبات الأردني هذا الحق في المادة (٣٤٧) من خلال "من دخل مسكن آخر أو ملحقات سكنية خلافا لإرادة ذلك الآخر

وكذلك مكث في الأماكن المذكورة خلافا من له الحق في إقصائه عنها عوقب بالحبس مدة لا تتجاوز الستة أشهر".

ونص قانون العقوبات عن الموظف العام من خلال المادة (١٨١) "بالحبس من ثلاثة أشهر إلى ثلاث سنين وبغرامة من عشرين إلى مائة دينار" إذا أقدم على دخول "مسكن أو ملحقاته في غير الحالات المنصوص عليها بالقانون".

وحتى لا تكون هذه الحرية عائقا على مأموري الشرطة أو من يقوم مقامهم في صيانة الأمن الشخصي والعام فقد نص قانون أصول المحاكمات الجزائية على أحوال جواز دخول المنازل أو ملحقاتها دون مذكرة قضائية أو إذن ممن تعود له الملكية وذلك في حالات محددة:

١. إذا كان يلاحق شخصا فارا من العدالة أو فر من المكان الموقوف فيه بوجه شرعي ودخل منزلا لا يعود له فقد أجيز الدخول وراءه.

٢. إذا طلب أحد السكان أو الموجودين في المسكن النجدة من الشرطة أو من يقوم مقامهم لأي سبب كان جاز الدخول لتقديم العون والمساعدة و/أو طلبت النجدة أثر حدوث جريمة في المكان.

٣. إذا كان لدى الشرطة أو الدرك اعتقادا بأن جناية ترتكب الآن في ذلك المكان أو أنها ارتكبت للتو واللحظة. ومع ذلك ألزم القانون رجال الشرطة والدرك أو من هم في حكمهم إعلام سكان المنزل أنهم لا يملكون تصريحا أو إذنا بالدخول ولكن الضرورة حتمت عليهم فعل ذلك.

خامسا: حرية الاعتقاد والتفكير والتعبير عنها:

إن أهم ما يميز الإنسان عن غيره أن اللـه تعالى وهبه العقل وقدرة التفكير ولذلك كانت حرية الفرد في إعمال الفكر انطلاقا مما يظنه صحيحا وفيه تلبية لمصالحه التي لا تتعارض ومصالح وحريات الآخرين.

* حرية الاعتقاد:

كفلت المواثيق والمعاهدات الدولية للأفراد وبالتالي الجماعات أن تتبنى أي طريقة في التفكير تؤدي إلى امتلاك موقف من الحياة والسلوك وأن تتشكل عقائدهم تبعا لرأيهم.

وقد كان الإسلام وبشكل مبكر جدا قد منح الأفراد حرية اختيار العقيدة عندما أتاح للفرد أن يحدد موقفه بما لديه من أفكار وقد جاءت نصوص ميثاق الأمم المتحدة والإعلان العالمي لحقوق الإنسان لتكفل حرية الفرد في اختيار المعتقد أو الدين الذي يرغب أو يراه ملائما ومناسبا لطريقة حياته.

وقد كفلت المواثيق الدولية للأفراد شعائرهم الدينية بحرية، وقد نصت المادة الأولى من الإعلان العالمي لحقوق الإنسان "لكل إنسان الحق في حرية التفكير والوجدان والدين" وتمضي مقرة بحق الفرد "بحرية إظهار دينه أو معتقده عن طريق العبادة والشعائر".

وفي الدستور الأردني حملت المادة (١٤) ما هو ابعد من حرية اختيار العقيدة أو الدين إلى "تحمي الدولة حرية القيام بشعائر الأديان والعقائد طبقا للعادات المرعية في المملكة "وهي بذلك توفر الضمانة والحماية المشروطة" ما لم تكن مخلة بالنظام العام أو منافية للآداب العامة".

وقد جرم قانون العقوبات الأردني كل من يحول دون حق الأفراد في ممارسة شعائرهم وخصوصا المواد (٢٧٥ - ٢٧٨) وبذلك تنفذ النص الدستوري بواجب الدولة حماية أرباب الشعائر من ممارستها.

* حرية التفكير:

انسجاما مع حرية الاعتقاد واختياره كفل للإنسان حرية إعمال الفكر الذي يعتبر من أهم الحريات الأساسية الإنسانية ومن خلال ذلك أتيح له تكوين الآراء والأفكار اتجاه مختلف المسائل والقضايا.

ولذلك كفلت المواثيق والمعاهدات الدولية للأفراد حرية إبداء الرأي والتعبير عنه وذلك إن هذه الحرية من ضرورات الديمقراطية والتي من خلالها يتمكن الفرد من التعبير عن أفكاره وآرائه دون قيود وله أن يختار الوسيلة التي يريد أن يوصل للآخرين أفكاره ومواقفه.

ولذلك نصت المادة (١٩) من العهد الدولي الخاص بالحقوق المدنية والسياسية "لكل شخص الحق في حرية الرأي والتعبير ويشمل هذا الحق اعتناق الآراء دون أي تدخل" وكذلك كفلت هذه المادة الوسيلة أو الطريقة التي يرغب الفرد من خلالها "وهذا الحق يشمل حرية البحث عن المعلومات أو الأفكار من أي نوع".

وقد أكدت المادة (١٩) من الإعلان العالمي لحقوق الإنسان أبعد من الحق بحرية الرأي إلى أن يشمل "اعتناق الآراء دون أي تدخل".

وبعد ذلك أعطت المواثيق الدولية للفرد حرية إعلان موقفه والتعبير عنه فقد جاء في المادة (١٩) من العهد الدولي "نقلها بغض

النظر عن الحدود وذلك إما شفاهة أو كتابة أو طباعة" وكذلك المادة (١٩) من العهد الدولي التي جاء فيها "استقاء الأفكار وتلقيها وإذاعتها بأي وسيلة تقييد بالحدود الجغرافية".

وانسجاما مع ذلك وجزءا منه نصت المادة (١٥) من الدستور الأردني "تكفل الدولة حرية الرأي، ولكل أردني أن يعرب بحرية عن رأيه بالقول والكتابة والتصوير وسائر وسائل التعبير بشرط أن لا تتجاوز حدود القانون" وهذا تطلب محددات تتعلق بحرية الآخرين وذلك من خلال:

- حماية عقائد الآخرين.
- احترام حقوق الآخرين.
- حماية الأمن الوطني والنظام العام والآداب العامة.

وبذلك كفل الدستور حرية الرأي وأن الرقابة تأتي لضمان الحريات العامة وذلك في ظل سيطرة القانون وسيادته.

- حرية وسائل الإعلام

إن الاعتراف العالمي بحرية الأفراد في تلقي المعلومات والأخبار بحرية انطلاقا من حرية وسائل الإعلام في نقل وتحليل الأخبار والقصص والمعلومات.

ومع تزايد الاهتمام بالتعليم وانخفاض مستوى الأمية أضحت وسائل الإعلام المختلفة مثار اهتمام الأفراد وبدءوا يتوجهون للبحث عن المعلومة لتشكيل مواقفهم اتجاه مختلف القضايا.

وقد أقر ورسم الإعلان العالمي لحقوق الإنسان في مادته (١٩) هذا الحق والتزمت الدول الموقعة عليه بصون هذا الحق بالتكامل مع حق الرأي والتعبير عنه بالوسائل المختلفة. على الرغم أن الكثير من التشريعات الحديثة تناولت حرية الإعلام إلا أنها قليلة بالنسبة لتلك التي عالجت حرية الرأي.

تم سن تشريعات في الأردن عالجت مسألة الإعلام من خلال قانون "المطبوعات والنشر" والذي تم العمل على تعديله مرات عدة، وقد بين أن للإعلاميين وخصوصا الصحفيين لهم الحق في الحصول على المعلومات لصياغة عملهم في نقل الخبر وتكوين الرأي العام وبذلك يسهم في الحوار الديمقراطي.

* حرية الصحافة:

تزايدت الأصوات التي تعتبر "صاحبة الجلالة" من أهم أدوات الرأي العام وصياغته ونحى كثيرون لتسميتها "السلطة الرابعة" على أنها

تشترك مع السلطات الثلاث (التشريعية، التنفيذية، القضائية) في حماية المواطن وخصوصا في مجال الحريات العامة وصون حق الفرد في المعرفة والمعلومات.

وفعلا اعتبرت الصحافة كجزء أساسي من وسائل الإعلام على أنها تحمل رسالة دعم السلام العالمي والسلم الاجتماعي وتعزيز حقوق الإنسان وقد تناولت الدورة العشرون للمؤتمر العام لمنظمة اليونسكو عام ١٩٧٨ "يجب ضمان حصول الجمهور على المعلومات عن طريق تنوع مصادر وسائل الإعلام المهيأة له، مما يتيح لكل فرد التأكد من صحة الوقائع وتكوين رأيه بصورة موضوعية".

وقد تناولت المادة الثانية من مقررات المؤتمر نفسه الصحفيين بقولها "يجب أن يتمتع الصحفيون بحرية الإعلام وأن تتوافر لديهم أكبر التسهيلات الممكنة للحصول على المعلومات".

ونحن اليوم من خلال الرعاية الدائمة لزيادة الحريات العامة في الأردن فقد ألغيت كافة إجراءات الرقابة المسبقة على الصحف ويجري الآن تداول عبارة "من المطار إلى الأكشاك" وبذلك ليس لأي جهة حكومية أن تتدخل في سياسة الصحف بصدد النشر وإبداء الرأي، وقد تناول قانون المطبوعات والنشر أن لكل جهة رسمية أو شعبية أو أفراد الحق في مقاضاة الصحيفة أو الصحفي إذا تجاوز وقدم معلومات غير دقيقة أو خاطئة.

* التلفزة والفضائيات:

تطور العمل الصحفي في العمل بالصحف والإذاعات إلى محطات فضائية عابرة للحدود والقارات وأصبحت الآراء أو الأفكار تقدم بسهولة ويسر ـ لكل راغب فيها دون أن يكون للحكومات الحق أو الإمكانية في حجب هذه الخدمة وبهذا ازدادت أهمية وتأثير وسائل الإعلام في صياغة الرأي العام.

ويعمل الآن في الأردن عشرات المراسلين والمحررين الذين يغطون الأخبار والتحليلات لوسائل الإعلام المختلفة وينظم عملهم من خلال هيئة حكومية هي هيئة المسموع والمقروء التي تنضوي تحت راية المجلس الأعلى للإعلام والذي هو تشكيل مختلط من أصحاب الرأي وجهات إعلامية وصحفية أردنية ومؤسسات حكومية.

ويمكننا تسجيل أن الأردن من الدول القليلة في العالم الثالث التي نالت في أكثر من مناسبة تقييما عاليا في مجال الحرية الصحفية وفي حرية الحصول على المعلومات كان آخرها تقرير منظمة الشفافية الدولية الذي وضع الأردن ليس في طليعة دول العالم الثالث بل في مصاف الدول الأوروبية.

- الحريات العامة

نقصد بالحريات العامة هي حق الفرد في التعبير عن موقفه إزاء كل ما يراه يمس حياته أو معتقداته ولذلك كفل الدستور الأردني حرية الأفراد ومشاركتهم في الحياة العامة. وذلك أن المملكة هي

حكم ملكي دستوري، نيابي ينتخب من الشعب مباشرة وقد كفل الدستور للأفراد حق تكوين الجمعيات والنقابات والأحزاب وكافة الأطر التي تمكن المواطن في أن يكون صاحب الكلمة الفصل فيما يخص الوطن وسيره العام.

وبالتالي فالحقوق الاجتماعية يمكن التعبير عنها بكونها تلك الحقوق التي تدخل في نطاقها كل الفعاليات والأنشطة ذات الصبغة الاجتماعية وتشمل صون حق الاجتماع، تأليف الجمعيات والنقابات والأحزاب.

* حق الاجتماع:

إن تمتع الأفراد في حرية التجمع التي تتيح إمكانية الاجتماع وتداول الرأي ومناقشة ما يرونه مناسبا من موضوعات، وخصوصا الحق في الدفاع عن رأي محدد ومحاولة إقناع الآخرين وتشكيل رأي عام اتجاه قضية محددة. وقد نص الدستور الأردني في مادته السادسة عشرة أن "للأردنيين حق الاجتماع ضمن القانون ونظمت القوانين أساليب ممارسة هذا الحق وأعطت للمواطن حق الاعتراض ومقاضاة الجهة التي حدت هذا الحق".

* حق تشكيل الجمعيات:

ومن منطلق حق الفرد في الاجتماعات العامة كان له حق التكتل مع آخرين لتشكيل الجمعيات والنقابات والأحزاب.

فقد كفل الإعلان العالمي لحقوق الإنسان حرية الأفراد في تشكيل الجمعيات الأهلية ونصت المادة (٢٠) منه "لكل شخص الحق في حرية الاشتراك في الجمعيات، والجماعات السلمية" وهذا الحق له حرية ممارسته من عدمها ولذلك نصت نفس المادة على "أنه لا يجوز إرغام أحد على الانضمام إلى جمعية ما"، وكذلك نصت المادة (٢١) من العهد الخاص بالحقوق المدنية والسياسية "يعترف بالحق في التجمع السلمي. ولا يجوز وضع قيود على ممارسة هذا الحق"، والمادة (٢٢) أكدت على "لكل فرد الحق في حرية المشاركة مع الآخرين بما في ذلك حق تشكيل النقابات أو الانضمام إليها لحماية مصالحه".

وقد كفل الدستور الأردني في مادته السادسة عشرة "حرية تأليف النقابات والجمعيات، وهذا الحق في يشمل كافة أشكال التجمع بما فيها الأحزاب السياسية على أن تكون غايتها مشروعه ووسائلها سليمة وذات نظم لا تخالف أحكام الدستور".

وقد نظمت القوانين تشكيل الجمعيات والأحزاب السياسية من خلال إتاحة الفرصة لأي مجموعة التقدم بطلب لدى الجهة المختصة لإنشاء جمعية ذات أهداف محددة أو حزب سياسي يحمل برنامجا معينا ويقصد بالمختصة تلك الوزارة التي تعنى بأهداف الجمعية فإذا كانت ثقافية فان وزارة الثقافة هي الجهة المعنية وإذا كانت خيرية كانت وزارة الشؤون الاجتماعية وهكذا.

أما النقابات فقد عني بها المشرع أيما عناية فقد نص الدستور الأردني في مادته (٢٣) "حق التنظيم النقابي الحر للعمال" وتبعه قانون العمل ١٩٥٣ ليوضح آليات تشكيل النقابات وشروطها، وقد كفل القانون للنقابات الأردنية حرية الانضمام إلى التجمعات والمنظمات الدولية بعد إخطار وزير العمل.

وكان جليا الدور الكبير الذي لعبته النقابات المهنية الأردنية في مجال مراقبة حقوق الإنسان في الأردن وكانت ولا زالت أحد أهم منافذ التعبير عن الرأي وتعتبر من أهم مؤسسات المجتمع المدني في مجال حقوق الإنسان ورعايتها.

أما الحياة الحزبية فإن قانون الأحزاب جسد الحق الدستوري وقد كان قانون ١٩٩٢ وتعديلاته التي جاءت ٢٠٠٦ منظمة للحياة السياسية وتعبيراتها الحزبية، وقد كفل للأردنيين حرية تأسيس الأحزاب والانضمام إليها.

وتتميز الأردن بكونها من الدول القليلة التي أوجدت وزارة خاصة للتنمية السياسية وتحظى هذه الوزارة بمكانة عالية من كتب التكليف التي توجه للحكومات عند تشكيلها.

* حق الانتخاب واختيار ممثليه:
كفل الدستور الأردني والقوانين المنبثقة عنة للمواطن الأردني حرية الترشيح والانتخاب لكافة الهيئات التي تمثله ويجري مجلس الأمة

رقابة صارمة على أعمال الحكومة في ترتيباتها الفنية والإدارية لإجراء أي انتخابات في البلاد.

وتحرص الحكومة على الوقوف على مسافة متساوية من كافة المرشحين وقد كفل قانون العقوبات وقانون الانتخابات للمواطن الأردني سرية الاقتراع، وتجري الانتخابات النيابية بإشراف قضائي وتحت سلطة المجلس القضائي الأعلى وتحرص الحكومات التي تجري الانتخابات في عهدها على استضافة منظمات دولية للإشراف على الانتخابات، وقد حظيت الانتخابات التي جرت بتقييم ايجابي من هذه المنظمات، وقد كفل القانون للمواطن حق الطعن بالانتخاب ونظمت هذه المسالة من خلال القوانين والأنظمة حيث لا يجوز إعلان نتائج الانتخابات قبل انقضاء فترة الاعتراض عليها.

* حق الملكية:

يعرف د. محمد حلمي في كتابه المبادئ الدستورية العامة حق الملكية "قدرة الفرد على أن يصبح مالكا، وأن تصان ملكيته من الاعتداء عليها، وأن يكون له حق التصرف فيها وفيما تنتجه".

هذا الحق الذي يكفل للإنسان توفير مستلزمات حياته مكفول بالإعلان العالمي لحقوق الإنسان فقد نصت المادة (١٧) "لكل شخص حق التملك بمفرده، أو بالاشتراك مع غيره، ولا يجوز تجريد أحد من ملكه تعسفا" وهذا النص الواضح جاء منسجما ما نص عليه الإعلان الفرنسي لحقوق الإنسان والمواطن في مادته (١٧) "لما كانت الملكية حقا مصونا

ومقدسا فلا يمكن لأحد أن يحرم منها إلا عندما تقتضي الضرورة العامة المثبتة قانونا ذلك وبصورة واضحة وشرط التعويض العادل والمسبق".

وفي المملكة حرص المشرع الأردني على حق الملكية فقد جاء في الدستور "لا يتملك ملك أحد إلا للمنفعة العامة وفي مقابل تعويض عادل حسبما يبين في القانون" وأكدت المادة (١٢) "لا تصادر أموال منقولة أو غير منقولة إلا بمقتضى القانون"، وجسدت هذه المبادئ بقوانين مثل قانون أملاك الدولة ١٩٧٤ وقانون قناة الغور عام ١٩٦٢ وقانون الاستملاك عام ١٩٨٠، وهذا كفل الحق بالقانون المدني في مواده ١٠١٦ – ١٠٧٥ وأكدت "أن الملكية حق للمالك يتصرف في ملكه عينا ومنفعة واستغلالا".

* حق العمل:

أقرت المواثيق الدولية والشرائع الدينية حق المواطن بالعمل ليكسب قوته ويلبي احتياجاته وأكدت على أن الدولة ملزمة بتهيئة الظروف وتوجيه الاقتصاد الوطني لفتح الأبواب أمام فرص عمل كريمة تحقق الاستقرار الاقتصادي للإنسان، والدولة يجب أن تكفل للإنسان العمل لمن يحتاجه ويطلبه وأن تعمل على رفع مستوى المعيشة ومكافحة البطالة.

وقد كفل الدستور الأردني حق العمل للمواطن الأردني وحرم أعمال السخرة وأكد أنه "لا يفرض التشغيل الإلزامي على أحد غير أنه يجوز بمقتضى القانون" وحدد قانون العمل الأردني في الحالات التي يباح فيها التشغيل الإلتزامي من خلال مواده:

١. حالة الحرب والكوارث الطبيعية.

٢. نتيجة أن يصدر حكما من محكمة مختصة على شخص بالسجن والأشغال على أن يكون العمل تحت إشراف سلطة رسمية.

ووضعت شروط لهذا التشغيل في الحالتين:

١. لا يجوز تأجير الشخص المحكوم لأشخاص أو شركات أو جمعيات.

٢. لا يجوز أن يكون هذا العمل فوق طاقته أو قد يؤدي إلى تعريض حياته للخطر.

٣. أن تتناسب ساعات العمل مع الظروف السائدة في البلاد.

وقد كانت التشريعات الأردنية منسجمة مع الإعلان العالمي لحقوق الإنسان وخصوصا حقه في العمل وكذلك العهد الدولي الخاص بالحقوق الاقتصادية من خلال نص واضح "تعترف الدول الأطراف من هذا العهد بالحق في العمل الذي يشمل ما لكل شخص من حق في أن تتاح له إمكانية كسب رزقه بعمل يختاره أو يقبله بحرية".

وقد كفلت اتفاقية منظمة العمل الدولية الاستقرار الوظيفي للعامل ولذلك نصت الاتفاقية رقم ١١٩ لعام ١٩٦٣ "العامل يجب أن لا يفقد عمله بدون أسباب واضحة إلا إذا كانت ناتجة عن عدم مقدرة العامل".

ونظمت القوانين الأردنية وخصوصا قانون العمل أمور كثيرة منها:

١. أن توفر للعامل الظروف والأدوات الملائمة للعمل.

٢. تحديد ساعات العمل وأيام العطل الأسبوعية والسنوية.

٣. إعطاء العامل أجرا مناسبا للعمل الذي يقوم به وقد حددت الحد الأدنى للأجور الذي يجب أن لا يقل عنه.

٤. نظمت تسريح العمال وإنهاء خدماتهم بتعويض ملائم وقد نظمت من خلال قانون الضمان الاجتماعي.

٥. الحق في الانضواء إلى تنظيم نقابي حر ضمن حدود القانون وأن لا يضار بذلك.

* حق الضمان الاجتماعي والرعاية الصحية:

إن من واجب الدولة أن تكفل للمواطن وأسرته حياة كريمة بمستوى يليق بكرامته وأن تتوفر له مستلزمات الحياة من غذاء وخدمات صحية وكساء وخدمات ثقافية تؤمن له العيش بحرية وخصوصا إذا كان غير قادر على العمل أو سرح من عمله لأسباب صحية أو بلغ سن التقاعد، وخصت المرأة بحقها بالأمومة وتوفير مستلزمات الحياة التي تمكنها من رعاية مولودها.

وقد حدد الدستور الأردني على أن السلطات العامة يجب أن توفر كافة الظروف المواتية لراحة الإنسان بغض النظر عن عمره أو طبيعة عمله وقد نظمت من خلال قوانين العمل وقانون التأمين الصحي وقانون الضمان الاجتماعي.

وكان ذلك منسجما مع القانون الدولي الإنساني واتفاقيات منظمة العمل الدولية التي نصت المادة (٩) منها "تقر الدول الأطراف في الاتفاقية الحالية بحق كل فرد في الضمان الاجتماعي بما في ذلك التأمين الصحي" وليس ذلك فقط بل نصت المادة (١٢) "يحق لكل فرد في المجتمع بأعلى مستوى ممكن من الصحة البدنية والعقلية".

وألزم القانون الأردني المشغلين للعمالة الأردنية وغيرها إلحاق عامليهم بالضمان الاجتماعي واقتطاع نسبة من رواتبهم وتحمل الباقي لغايات الضمان وكذلك عملت الدولة على إصدار تعليمات أمنت صحيا كافة الأطفال دون سن السادسة من العمر والشيخوخة ما بعد سن الستين مجانا في عيادات ومستشفيات وزارة الصحة، وقد صدرت مظلة الأمان الاجتماعي حيث تقوم الدولة بتقديم مبالغ مالية شهرية منتظمة للأسر والأفراد الذين لا معيل لهم من خلال صندوق المعونة الوطنية ويعتبر كافة المستفيدين من هذا الصندوق مؤمنين صحيا في مستشفيات وعيادات وزارة الصحة.

الفصل السابع

التربية ودورها في ثقافة حقوق الإنسان

* التربية على حقوق الإنسان
* دور المعلم في التربية على حقوق الإنسان
* الأهداف التربوية
* تطور مفهوم حقوق الإنسان
* مقترحات تربوية

الفصل السابع

التربية ودورها في ثقافة حقوق الإنسان

- التربية على حقوق الإنسان

تهدف العملية التعليمية بشكل عام إلى تغيير في أفكار الأفراد الناشئة وفي سلوكياتهم وفي نوعية حياتهم، لهذا لا يمكن تجاهل أهمية الدور الذي تقوم به التربية والتنشئة الاجتماعية على حقوق الإنسان، في السعي العام لإنجاز هذه الحقوق. ولا يمكن لحماية حقوق الإنسان أن تكون عالمية "كونية" وفعلية إن لم يطالب بها الأفراد بشكل واضح وباستمرار, ولا يمكن الدفاع عن حقوق الجميع, وبالتالي استخدامها والاستفادة منها, إلا بعد التعرف عليها ومعرفة الطرق والوسائل الكفيلة بضمان صونها واحترامها. وبهذا المعنى تعتبر التربية على حقوق الإنسان المساهمة الأساسية في الوقاية طويلة الأمد من انتهاكات حقوق الإنسان واستثمارا إنسانيا مهما في اتجاه إقامة مجتمع مدني عادل يحظى فيه جميع الأفراد بالتقدير والاحترام والحياة الكريمة.

*** لماذا التربية على حقوق الإنسان؟**

إن ارتفاع جهد المجتمع الدولي في مجال حقوق الإنسان على الصعيدين القانوني والمؤسساتي, لم يرافقه تحول حقيقي وشامل في

الواقع الاجتماعي, إذ بقيت الأوضاع الفعلية للأفراد والجماعات بعيدة عن المثل العليا التي نصت عليها الديانات وخصوصا السماوية منها والمعلنة في الإعلان العالمي لحقوق الإنسان مجموع الإعلانات المتعلقة بالحقوق مثل الإعلان العالمي لحقوق الطفل وحقوق الأقليات...الخ, وان كان ذلك بصفة متفاوتة. وحتى يتسنى لكل إنسان التمتع بحقوقه وحرياته الأساسية مثلما رسمتها الشرائع الدينية وأقرتها النصوص الدولية, يتوجب العمل على نشر ـ الوعي بتلك الحقوق, فالوعي بالحقوق وممارستها في الحياة اليومية تترتب عليه مجموعة من الآثار الايجابية:

١. الوعي الذاتي بالحقوق يتيح للأفراد الفرصة لحماية حقوقهم الفردية والدفاع عنها.

٢. الوعي الجماعي بالحقوق يكسب المجتمع حصانة ضد الانتهاكات والاعتداءات مهما كان مصدرها ويجعله يملك وسائل درء العدوان على حقوق مواطنيه وتعزيزها.

٣. الوعي وهو نشاط ذهني مصدره العقل, يؤدي اتساعه في المجتمع إلى اتساع نطاق العقلانية, والمجتمع العقلاني هو ساحة للحوار الهادئ المتمدن.

٤. الحوار هو وسيلة العبور في اتجاه الآخر: احترامه وحفظ حقه في الاختلاف، وغايته التوافق, توافق الآراء وتوافق المصالح.

5. يؤدي الوعي بحقوق الإنسان وحرياته الأساسية على الصعيد العالمي إلى تعزيز التفاهم الدولي وعدم الالتجاء إلى القوة والعنف بقصد الاعتداء والتوسع وقبول حل النزاعات بالطرق السلمية.

* **لماذا التربية على حقوق الإنسان في المدرسة والمؤسسات التعليمية؟**

العملية التربوية هي: عملية اجتماعية عن طريقها يتعلم الأفراد والجماعات, داخل مجتمعاتهم الوطنية والدولية ولصالحها, بأن تنمي وعي وفهم كافة الأفراد لقدراتهم الشخصية واتجاهاتهم واستعداداتهم ومعارفهم. وهذه العملية لا تقتصر على أنشطة بعينها "إن الحرب تبدأ في عقول البشر وفي عقول البشر أيضا ولا بد أن تنشأ حصون السلام" (اليونسكو توصيات مؤتمر ١٩٧٤).

تجري التربية على حقوق الإنسان في المجتمع العربي في ظل واقع اجتماعي وثقافي يتسم إجمالا بالآتي:

١. ظروف اقتصادية ومعيشية متدنية.
٢. استمرار البنى والعلاقات التقليدية سواء داخل الأسرة أو المجتمع.
٣. وضع متدني للمرأة ولمكانتها الاجتماعية وعدم تأمين مساواتها الكاملة مع الرجل في شتى مجالات الحياة السياسية والاقتصادية والاجتماعية وسيادة المجتمع الذكوري في طريقة وآليات التفكير.
٤. هيمنة النماذج التقليدية وعادات السلوك المتعارضة مع حقوق الإنسان في الحياة اليومية والتصرف بتلقائية الموروث الاجتماعي.

إزاء هـذا الوضـع تشـكل المدرسـة والجامعـة الملاذ الـرئيس لتحـديث الواقـع الاجتماعي والثقافي بأن تصبح منارة إشعاع ثقافي يـثري النسـق الفكـري للمجتمـع ويغنـي نظامه القيمي بما يشيعه من قيم جديـدة تتصـل بمفـاهيم الحداثـة ومنظومتهـا القيميـة الإنسانية..

ولـكي تـنجح المدرسـة في الإسـهام بتعلـيم حقـوق الإنسـان ينبغـي أن تكـون لهـا إستراتيجية وخطـة عمـل إسـتراتيجية وأخـرى مرحليـة , فالتسـليم بـأن مفـاهيم حقـوق الإنسان وما يتصل بها من ممارسات ترتبط بالاتجاهـات والمـبررات وأنمـاط السـلوك التـي يكتسبها الفرد في سن الطفولة يستوجب اختيار بداية سليمة في إطـار الخطـة التعليميـة والتربوية بمراعاة أعمال المتعلمين ومستوى نضجهم الذهني والمعرفي. وهذا يعنـي مبـاشرة التربية على حقوق الإنسـان في مرحلـة مـا قبـل المدرسـة وتواصـلها في المراحـل التعليميـة المختلفة.

إن هذه العملية يجـب أن تبقـى دائمـة مـن خـلال الوسـائل المتعـددة وأن تبقـى هاجس كل المؤسسات التعليمية والسياسية، ومـن خـلال الاسـتمرارية والرعايـة مـن قبـل المجتمع والدولة.

- دور المعلم في التربية على حقوق الإنسان

إن ثقافة المعلم ووعيه تمثل عاملا رئيسيا في عمليـة التربيـة عـلى حقـوق الإنسـان. المعلم الناجع في مجال التربية على حقوق الإنسان هو ذاك الذي يمتلك المعارف الأساسـية النظرية منها والتطبيقية وله القدرة

على استعمالها وتطويعها في السياق المناسب لبلوغ الأهداف المرسومة. فالأداء المميز للمعلم يتركز في الآتي:

١. وعي المعلم بأهمية وأهداف التربية على حقوق الإنسان.

٢. وجود حوافز إنسانية لدى المعلم توجه سلوكه في الصف ليكون نموذجا للسلوك المرغوب تعليمة.

٣. كفاية مهنية عند المعلم تؤهله لتنظيم الصف الدراسي وتسييرة وتحديد مضامين التدريس ونسقه وهيكلته مما يكون له التأثير المباشر في مردوده الفردي.

٤. استعمال وسائل مبتكره لتسهيل الحوار والنقاش في الصف واعتبار الغرفة الصفية خلية أساسية لممارسة الحقوق.

٥. تجهيز غرفة الصف بعناصر التزيين المختلفة من صور ومعلقات وعبارات دالة على موضوعات تتعلق بحقوق الإنسان.

٦. توظيف الصور والرسوم والملصقات والبطاقات في العملية التعليمية.

٧. ترجمة الأهداف العامة للتربية على حقوق الإنسان إلى أهداف نوعية - اجرائية.

٨. ضبط المحتوى المعرفي للدرس وتحديد عناصره الأساسية.

٩. تصميم الأنشطة التعليمية الملائمة بما في ذلك أنشطة التقييم.

١٠. تهيئة وسائل الاتصال التعليمية الناجعة.

- الأهداف التربوية:

إن أفضل مدخل لتدريس حقوق الإنسان للتلاميذ في مراحل التعليم الأساسية هـو البدء بتدريبهم على قواعد الحياة ضمن مجموعات (التعلم التعاوني) سواء داخل العائلة أو في الحي السكني أو في المؤسسة التعليمية, عـلى أن تكون فضاء للمشاركة والممارسة الديمقراطية.

وفي المدرسة أيضا يعرف الأطفـال حقوقهم إزاء أنفسـهم واتجاه الآخرين وينمو لديهم الإحساس بالواجب والشعور بالمسؤولية مما يمنحهم الرضا عـن النـفس والميل إلى التسامح والاعتدال في المواقف.

وتهدف من خلال ذلك إلى:

١. إحساس الطلاب بموضوع حقوق الإنسان وإثارة رغبتهم وشد انتباههم إليه.

٢. تنمية عواطف الطلاب وخبراتهم واستعداداتهم للتعاون مـع الآخرين والتعـاطف معهم واحترامهم.

٣. تنمية روح المودة والسلام عند المتعلمين وفي ذات الوقت الحد من النزعات والمبررات الأنانية والعدوانية لديهم.

٤. تنمية القدرات لتحديد المفاهيم الأساسية لحقوق الإنسان.

٥. تعزيز القدرة على التمييز بين مختلف أصناف الحقوق وبيان الصلات الوثيقة بينها.

٦. معرفة النصوص المرجعية لحقوق الإنسـان والحريـات الأساسية (الدستور, القوانين, الإعلان العالمي لحقوق الإنسان.... الخ).

- تطور مفهوم حقوق الإنسان

يمكننا تلخيص فكرة حقوق الإنسان أنها:

يمكن تعريفها بكونها مجموعة من الامتيازات تتصل طبيعيا بكل كائن بشري، يتمتع بها الإنسان ويضمنها القانون ويحميها. الحقوق الأساسية للإنسان نابعة من قيم اجتماعية وأبرز هذه القيم هي كرامة الإنسان. والحقوق الأساسية كثيرة منها: حق احترام الإنسان, الحق في العيش والأمن, الحق في المساواة, الحق في الحرية, الحق في التملك والحق في معاملة لائقة. إن مصدر هذه الحقوق هو الإنسان نفسه وهي ليست منة من احد. وكرامة الإنسان جاءت لتعبر عن الاحترام المتبادل بين بني البشر.

ويرتكز مفهوم حقوق الإنسان إلى محاور أساسية:

١. الإنسان المتمتع بالحقوق يختلف عن "الفرد" لأن كلمة "فرد" تجعل من الشخص مجرد ذات جسدية, في حين أن عبارة "إنسان" تنطوي على الجسد والفكر والكرامة.

٢. نوعية الحقوق وخصائصها. تعددت التصنيفات والآراء حول حقوق الإنسان ولكن أهم هذه المحددات اثنان:

أ-معيار قانوني – يميز بين الحقوق الأساسية والحقوق الأخرى.

ب-معيار زمني – يقسم حقوق الإنسان إلى ثلاثة أجيال: جيل أول يتمثل في الحقوق السياسية والمدنية, وجيل ثان يتمثل في الحقوق الاقتصادية والاجتماعية والثقافية وجيل ثالث يعترف بحقوق

التضامن الإنساني, حيث السلم والتنمية, والإرث الإنساني المشترك, وحق الأجيال المقبلة في بيئة نقية ومحيط سليم.

٣. حماية الحقوق إذ أنه لا معنى لإقرار الحقوق والحريات ما لم تتم حمايتها على المستويين الوطني والدولي. من أهم أساليب الحماية بواسطة القانون حيث تشرـع قواعد قانونية تكفل التمتع بحقوق الإنسان بصورة فعلية, ونذكر الحماية بواسطة التربية والتعليم لضمان نشر ثقافة حقوق الإنسان كقيمة إنسانية, والتربية عليها, وجعلها سلوكا يوميا للأفراد اتجاه كل القضايا التي يتعامل معها.

- مقترحات تربوية

أنشطة تربوية يمكن من خلالها تعزيز مفاهيم حقوق الإنسان وذلك من خلال الحوار وتبادل الرأي وأن تكون النموذج الذي نعزز فيه قيما وحقوقا كالحق في التعلم.

إن الحق في التعلم يعتبر عاملا أساسيا في التعرف على حقوق الإنسان وتقدمها, وهذا الحق محمي بعدة قوانين وأنظمة دولية وبالدساتير الوطنية وقوانين مختلف البلدان. ومن المعروف أنه بفضل التعلم تستطيع الكائنات البشرية أن تتقدم بالاعتماد على نفسها, والتطور وبلوغ أعلى مستوى من الكرامة في علاقاتها بالأشخاص والشعوب الأخرى. وبالتالي, يعتبر الحق في التعلم حقا أساسيا ومفتاحا يمكن الأفراد من تنمية الحقوق الأخرى والتمتع بها.

* نشاط رقم (١): المدرسة أحد أهم عوامل النمو الشخصي للإنسان.

الفئة العمرية: تلاميذ من ٦ إلى ١٢ سنة.

-الأهداف:

- إفهام الطالب أو الطفل بأن التعليم يشكل موضوع حق.

- إحساس الطالب بضرورة التعليم.

-المواد والتجهيزات:

- لوح أو ورق.

- أدوات كتابية ملائمة.

- قراءة قصة حول موضوع الحق في التعليم.

-مسار الأنشطة:

١. قراءة الحكاية في الصف.

٢. فتح نقاش حول هذه الحكاية.

٣. تصور أو وضع نهاية للحكاية, شفويا ثم كتابيا.

٤. كتابة نص يحكي قصة مماثلة في منطقة الطالب تحمل سمات واقع التلميذ ومحيطه القريب.

قصة زغلولة

أنا زغلولة، بنت ريفية، عمري ١٤ سنة، أخت لخمسة كنت محظوظة أنني ذهبت إلى المدرسة الابتدائية وتعلمت فيها وكنت متفوقة ومجتهدة، وكانت معلماتي يشجعنني دائما، إلى درجة أن زميلاتي كن يغرن مني، وعندما وصلت مرحلة التعليم المتوسط انقطعت عن الدراسة بقرار من أبي أبلغتني إياه أمي كبقية القرارات، فقالت: أنت أحسن حظا من أختيك فهما لم تذهبا إلى المدرسة، أما أنت ما شاء الله فقد تعلمت، ولكن يا ابنتي تعلمين الحال فوالدك لم يعد قادرا على تحمل مصاريفك والإنفاق على تعليمك، فيكفيه ما يدفعه على تعليم إخوتك الذكور في المدينة... وهكذا علمت إنني لن أذهب إلى المدرسة مرة أحرى ... وهكذا سارت الحياة الجديدة.

أنا الآن أساعد أمي في عمل المنزل أكنس وأغسل وأساعد والدي في الحقل وأنتظر...

حلم يطاردني

يعيش طارق مع أخواله وهو الآن يسكن مع خاله أحمد منذ وفاة والديه، عمره الآن ١٠ سنوات لكنه لم يذهب أبدا إلى المدرسة يعيش حياة بسيطة يعتني بنفسه ويقوم بأعماله.

كان طارق يعيش مع خاله محمود في القرية اعتاد أن يمر كل صباح أمام المدرسة الابتدائية في القرية أثناء ذهابه لرعي البقر. وكان يتوقف أحيانا عند أحد النوافذ تاركا البقر يسير لوحده ويختلس السمع على الطلاب ومعلميهم.

كان يحلم أن يكون طالبا مثل أقرانه يجلس بالصف، يكتب، يقرأ، يعيش حياة ملؤها الصور والكتب، وكان يتخيل نفسه أحيانا وهو يكتب اسمه على الحائط الأسود في غرفة الصف، يصحو فيدرك أنه ما زال يحلم، في أحد الأيام قرر أن يترك البقر في المرعى ويذهب إلى مدرسة القرية وفعلا توقف عند النافذة مصغيا وناظرا إلى ما يحدث داخل الصف سمع الطلاب يقرؤون وينشدون ويرسمون والمعلم يتجول بينهم يشرح لهم ويعلمهم الأرقام فزادت رغبته في أن يكون طالبا في المدرسة.

كان طارق يزور صديقه وجاره كل مساء، ويستمتع في الجلوس بجانبه وهو ينجز واجباته المدرسية، وفي يوم من الأيام طلب من جاره أن يتحدث مع الأستاذ بشأن طارق وإمكانية التحاقه بالمدرسة.

تحدث الجار العزيز إلى معلمه الذي أبدى اهتماما شديدا، وذهب ذات مساء إلى منزل محمود (خال طارق) وبعد أن سلم وتبادل أطراف

الحديث سأل الأستاذ هل يمكن أن ترسل ابن أختك إلى المدرسة غدا؟ قال خاله محمود: ليس من حقك التدخل في شؤوننا، فأجاب الأستاذ مترددا غاضبا فقط كنت أريد المساعدة، رد عليه الخال ليس بمثل هذه النصيحة يمكنك مساعدتنا.

فغادر الأستاذ غاضبا لا يدري ماذا يفعل كيف ينقذ الطفل،

بعد عودته إلى منزله قرر الأستاذ أن يلجأ إلى أحد وجوه القرية يحثه على التدخل لدى محمود لتعليم الطفل فوعده خيرا ولكنه قال له: عندما أعود من زيارتي أبنائي سأكلم محمود.

وعندما ذهب الأستاذ ووجيه القرية إلى منزل محمود وحدثوه قال: أنا آسف فقد غادرني طارق إلى مكان لا أعلمه.

أنا الآن أعيش في منزل خالي أحمد أعمل في حانوته أنظف وأرتب وكل يوم أحلم بأن أكون طالبا في المدرسة وما زال الحلم يطاردني.

* نشاط رقم (٢): حقوق الإنسان وحقوق الطفل.

الفئة العمرية: مرحلة إعدادية أو ثانوية ١٤ – ١٨.

-الأهداف:

١. أن يتعرف المشاركون على بنود اتفاقية حقوق الطفل والإعلان العالمي لحقوق الإنسان.

٢. أن يجسدوا ما جاء فيها من أفكار إلى لغتهم الخاصة.

٣. تداول قصص أو حكايات مختلفة لانتهاكات لحقوق الإنسان تحدث في محيطهم الاجتماعي للوصول إلى قناعة بضرورة الحد من وجود هذه التجاوزات في المجتمع الذي يعيشون فيه.

٤. أن يربطوا بين مواد اتفاقية حقوق الطفل ومواد الإعلان العالمي لحقوق الإنسان.

٥. أن يصيغ المشاركون برامج عملية لإطلاع غيرهم على تجربة المشاركة في الحلقة.

٦-المواد والتجهيزات المطلوبة:

● أقلام، بوسترات، ملصقات، نسخ من اتفاقية حقوق الطفل.

-مسار الفعالية:

أ) يقسم المعلم المشاركين إلى أربع أو خمس المجموعات (للتعلم الجماعي التعاوني).

ب) يقترح المعلم لكل مجموعة موقفا لدراسته والنقاش حوله.

ت) يطلب المعلم من كل مجموعة الإجابة على:

-ماذا؟   - كيف؟   - لماذا؟

ث) تستنتج كل مجموعة مشاركة المواد التي تنص على هذه الحقوق من اتفاقية الطفل والإعلان العالمي لحقوق الإنسان.

ج) يتحدث كل مندوب عن مجموعة العمل.

ح) مقارنة ما وصلت كل مجموعة من الأفراد عبر مجموعات كاملة.

-النتائج المتوقعة:

- يتوقع أن يتعرف المشاركون على أهم المواد المنصوص عليها في اتفاقية حقوق الطفـل والإعلان العالمي لحقوق الإنسان.

- تطبيقها ومقارنتها مع الواقع اليومي للطالب من خلال استحضـار نماذج معاشـة مـن انتهاك هذه الحقوق.

* قراءة النص بما يخص حق التعليم.

-الإعلان العالمي لحقوق الإنسان

-المادة ٢٦:

١. لكل شخص الحق في التعليم. ويجب أن يوفر التعليم مجانا، عـلى الأقل في مرحلتيـه الابتدائية والأساسية. ويكون التعليم الابتدائي إلزاميا. ويكون التعليم الفنـي والمهنـي متاحا للعموم. ويكون التعليم العالي متاحا للجميع تبعا لكفاءتهم.

٢. يجب أن يستهدف التعليم التنمية الكاملة لشخصية الإنسان وتعزيـز احـترام حقـوق الإنسان والحريات الأساسية. كما يجب أن يعـزز التفاهم والتسامح والصـداقة بـين جميع الأمم وجميع الفئات العنصرية أو الدينية، وأن يؤيد الأنشطة التي تضطلع بها الأمم المتحدة لحفظ السلام.

٣. للآباء، على سبيل الأولوية، حق اختيار نوع التعليم الذي يعطى لأولادهم.

- اتفاقية حقوق الطفل

المادة ٢٨: تعترف الدول الأطراف بحق الطفل في التعليم، وتحقيقا للإعمـال الكاملـة لهـذا الحق تدريجيا وعلى أساس تكافؤ الفرص، تقوم بوجه خاص بما يلي:

أ) جعل التعليم الابتدائي إلزاميا ومتاحا مجانا للجميع.

ب) تشجيع تطوير شتى أشكال التعليم الثانوي، سواء العام أو المهني، وتوفيرها وإتاحتهـا لجميع الأطفال، واتخاذ التدابير المناسبة مثل إدخال مجانية التعليم وتقديم المساعدة المالية عند الحاجة إليها.

ج) جعل التعليم العالي، بشتى الوسائل المناسبة، متاحا للجميع على أساس القدرات.

* نشاط رقم (٣): المراة وحقوقها في المجتمع.

الفئة العمرية: طلاب من ١١ عاما إلى عشرين.

-الأهداف:

١. تنمية مفهوم مكانة المرأة في المجتمع.

٢. أن يتعرف المشاركون على أسس المساواة بين الجنسين.

٣. تشجيع وتنمية المهارات الفردية والجماعية على احترام المرأة.

-مدة النشاط: ٣٠ – ٤٠ دقيقة.

-المواد والتجهيزات:

١. وثيقة إعلان حقوق الإنسان ووثيقة حقوق الطفل.

٢. مجموعة من الأمثال الشعبية تعبر عن المفهوم السائد حول المرأة.

-سير النشاط:

١. يفتتح المعلم نقاشا من خلال تداول الآراء والحديث عن دور المرأة في المجتمع .

٢. يوزع المعلم الطلاب إلى أربع أو خمس مجموعات حسب عدد الطلبة.

٣. يقوم المعلم بتوزيع بطاقة "الأمثال الشعبية " ويطلب منهم مناقشة وقراءة هذه الأمثال.

٤. يوزع المعلم وثيقة حقوق الإنسان (ووثائق أخرى يراها مناسبة) ويطلب من التلاميذ تسجيل البنود التي تتناقض مع الأمثال الشعبية.

٥. يطلب من كل فرقة أن تعبر عن رأيها في الموضوع كتابيا.

٦. يعود الطلاب إلى زملائهم في الصف ويجرى نقاشا عاما.

-مواضيع مقترحة للنقاش:

١. موقف الأديان السماوية من المرأة.

٢. النظام الأسري للمجتمع وأسباب تخلف المرأة.

٣. مشاركة المرأة في العمل ومشكلة الفقر في المجتمع العربي.

٤. تعدد الزوجات / الزواج من الأجنبيات ورأي المجتمع في ذلك.

٥. أمثلة شعبية تكرس دونية المرأة في المجتمع العربي.

المثل الشعبي	هذا المثل يتناقض مع المواد التالية من حقوق الإنسان /اتفاقية كل أشكال التمييز ضد المرأة.
اللحية تسبق الظفيرة	

	هذا رأي مرة
	هذا عقل ولية
	ناقصات عقل ودين
	المرا زريعة إبليس
	المرا من الضلعة العوجة
	الحجرة ما تذوب والمرا ما توب
	سوق النساء ما يعمر
	إذا مشيت للمرا ما تنسى العصا
	المرا والعصا من جهنم
	طب الجرة على فمها البنت تطلع لأمها
	بيت البنات خراب
	بيت البنات خاوي
	مرا ولد مرا اللي يسمع كلام المرا
	البنات أولهم شماته وآخرهم ندامه
	هم البنات حتى الممات
	ديرها في الرجــال واترجاهـا, وديرهـا في النساء وانساها
	شاورها ولا تاخذ برايها
	كلمة بتوديها وكلمة بتجيبها

الملاحــــق

* الإعلان العالمي لحقوق الإنسان
* إعلان حقوق الإنسان والمواطن الفرنسي (اوت ١٧٨٩)
* نص الإعلان الإسلامي لحقوق الإنسان
* نص اتفاقية حقوق الطفل
* إعلان حقوق الطفل
* العهد الدولي الخاص بالحقوق المدنية والسياسية
* البروتوكول الاختياري الملحق بالعهد الخاص بالحقوق المدنية والسياسية
* البروتوكول الاختياري الثاني الملحق بالعهد الخاص بالحقوق المدنية والسياسية
* ميثاق الأمم المتحدة
* إعلان حماية المدافعين عن حقوق الإنسان
* القواعد النموذجية الدنيا الدنيا لمعاملة السجناء

الإعلان العالمي لحقوق الإنسان

اعتمد ونشر على الملأ بقرار الجمعية العامة ٢١٧ ألف (د-٣) المؤرخ في ١٠ كانون الأول/ ديسمبر ١٩٤٨.

*** الديباجة**

لما كان الإقرار بما لجميع أعضاء الأسرة البشرية من كرامة أصيلة فيهم، ومن حقوق متساوية وثابتة، يشكل أساس الحرية والعدل والسلام في العالم، ولما كان تجاهل حقوق الإنسان وازدراؤها قد أفضيا إلى أعمال أثارت بربريتها الضمير الإنساني، وكان البشر قد نادوا ببزوغ عالم يتمتعون فيه بحرية القول والعقيدة وبالتحرر من الخوف والفاقة، كأسمى ما ترنو إليه نفوسهم، ولما كان من الأساسي أن تتمتع حقوق الإنسان بحماية النظام القانوني إذا أريد للبشر ألا يضطروا آخر الأمر إلى اللياذ بالتمرد على الطغيان والاضطهاد، ولما كان من الجوهري العمل على تنمية علاقات ودية بين الأمم، ولما كانت شعوب الأمم المتحدة قد أعادت في الميثاق تأكيد إيمانها بحقوق الإنسان الأساسية، وبكرامة الإنسان وقدره، وبتساوي الرجال والنساء في الحقوق، وحزمت أمرها على النهوض بالتقدم الاجتماعي وبتحسين مستويات الحياة في جو من الحرية أفسح، ولما كانت الدول الأعضاء قد تعهدت بالعمل،

بالتعاون مع الأمم المتحدة على ضمان تعزيز الاحترام والمراعاة العالميين لحقوق الإنسان وحرياته الأساسية، ولما كان التقاء الجميع على فهم مشترك لهذه الحقوق والحريات أمرا بالغ الضرورة لتمام الوفاء بهذا التعهد، فإن الجمعية العامة.

تنشر على الملأ هذا الإعلان العالمي لحقوق الإنسان بوصفه المثل الأعلى المشترك الذي ينبغي أن تبلغه كافة الشعوب وكافة الأمم، كما يسعى جميع أفراد المجتمع وهيئاته، واضعين هذا الإعلان نصب أعينهم على الدوام، ومن خلال التعليم والتربية، إلى توطيد احترام هذه الحقوق والحريات، وكما يكفلوا، بالتدابير المطردة والدولية، الاعتراف العالمي بها ومراعاتها الفعلية، فيما بين شعوب الدول الأعضاء ذاتها وفيما بين شعوب الأقاليم الموضوعة تحت ولايتها على السواء.

المادة ١: يولد جميع الناس أحرارا ومتساوين في الكرامة والحقوق. وهم قد وهبوا العقل والوجدان وعليهم أن يعاملوا بعضهم بعضا بروح الإخاء.

المادة ٢: لكل إنسان حق التمتع بجميع الحقوق والحريات المذكورة في هذا الإعلان، دونما تمييز من أي نوع، ولاسيما التمييز بسبب العنصر، أو اللون أو الجنس، أو اللغة، أو الدين، أو الرأي سياسيا وغير سياسي، أو الأصل الوطني أو الاجتماعي، أو الثروة، أو المولد، أو أي وضع أخر.

وفضلا عن ذلك، لا يجوز التمييز على أساس الوضع السياسي أو القانوني أو الدولي للبلد أو الإقليم الذي ينتمي إليه الشخص، سواء

أكان مستقلا أو موضوعا تحت الوصاية أو غير متمتع بـالحكم الـذاتي أم خاضعا لأي قيد آخر على سيادته.

المادة ٣: لكل فرد حق في الحياة والحرية وفي الأمان على شخصه.

المادة ٤: لا يجوز استرقاق أحد أو استعباده، ويحظر الـرق والاتجـار بـالرقيق بجميع صورهما.

المادة ٥: لا يجوز إخضاع أحد للتعذيب ولا للمعاملة أو العقوبـة القاسية أو اللاإنسانية أو الحاطة بالكرامة.

المادة ٦: لكل إنسان، في كل مكان، الحق بأن يعترف له بالشخصية القانونية.

المادة ٧: الناس جميعا سواء أمام القانون، وهم يتساوون في حق التمتـع بحمايـة القـانون دونما تمييز، كما يتساوون في حق التمتـع بالحمايـة مـن أي تمييـز ينتهك هـذا الإعلان ومن أي تحريض على مثل هذا التمييز.

المادة ٨: لأي شخص حق اللجوء إلى المحاكم الوطنيـة المختصـة لإنصافه الفعلـي مـن أيـة أعمال تنتهك الحقوق الأساسية التي يمنحها إياه الدستور أو القانون.

المادة ٩: لا يجوز اعتقال أي إنسان أو حجزه أو نفيه تعسفا.

المادة ١٠: لكل إنسان، على قدم المساواة التامة مـع الآخـرين، الحـق في أن تنظر قضيته محكمة مستقلة ومحايدة، نظرا منصفا وعلنيا، للفصل في حقوقه والتزاماته وفي أية تهمة جزائية توجه إليه.

المادة ١١:

١. كل شخص متهم بجريمة يعتبر بريئا إلى أن يثبت ارتكابه لها قانونا في محاكمة علنية تكون قد وفرت له فيها جميع الضمانات اللازمة للدفاع عن نفسه.

٢. لا يدان أي شخص بجريمة بسبب أي عمل أو امتناع عن عمل لم يكن في حينه يشكل جرما بمقتضى القانون الوطني أو الدولي، كما لا توقع عليه أية عقوبة أشد من تلك التي كانت سارية في الوقت الذي ارتكب فيه الفعل الجرمي.

المادة ١٢: لا يجوز تعريض أحد لتدخل تعسفي في حياته الخاصة أو في شؤون أسرته أو مسكنه أو مراسلاته، ولا لحملات تضمن شرفه وسمعته. ولكل شخص حق في أن يحميه القانون من مثل ذلك التدخل أو تلك الحملات.

المادة ١٣:

١. لكل فرد حق في حرية التنقل وفي اختيار محل إقامته داخل حدود الدولة.

٢. لكل فرد حق في مغادرة أي بلد، بما في ذلك بلده، وفي العودة إلى بلده.

المادة ١٤:

١. لكل فرد حق التماس ملجأ في بلدان أخرى والتمتع به خلاصا من الاضطهاد.

٢. لا يمكن التذرع بهذا الحق إذا كانت هناك ملاحقة ناشئة بالفعل عن جريمة غير سياسية أو عن أعمال تناقض مقاصد الأمم المتحدة ومبادئها.

المادة ١٥:

١.   لكل فرد حق التمتع بجنسية ما.

٢.   لا يجوز، تعسفا، حرمان أي شخص من جنسيته ولا من حقه في تغيير جنسيته.

المادة ١٦:

١.   للرجل والمرأة، متى أدركا سن البلوغ، حق التزاوج وتأسيس أسرة، دون أي قيد بسبب العرق أو الجنسية أو الدين. وهما متساويان في الحقوق لدى التزاوج وخلال قيام الزواج ولدى انحلاله.

٢.   لا يعقد الزواج إلا برضا الطرفين والمزمع زواجهما رضاء كاملا لا إكراه فيه.

٣.   الأسرة هي الخلية الطبيعية والأساسية في المجتمع، ولها حق التمتع بحماية المجتمع والدولة.

المادة ١٧:

١.   لكل فرد حق في التملك، بمفرده أو بالاشتراك مع غيره.

٢.   لا يجوز تجريد أحد من ملكه تعسفا.

المادة ١٨: لكل شخص حق في حرية الفكر والوجدان والدين، ويشمل هذا الحق حريته في تغيير دينه أو معتقده، وحريته في إظهار دينه أو معتقده بالتعبد وإقامة الشعائر والممارسة والتعليم، بمفرده أو مع جماعة، وأمام الملأ أو على حدة.

المادة ١٩: لكل شخص حق التمتع بحرية الـرأي والتعبيـر، ويشـمل هـذا الحـق حريتـه في اعتنـاق الآراء دون مضـايقة، وفي الـتماس الأنبـاء والأفكـار وتلقيهـا ونقلهـا إلى الآخرين، بأية وسيلة ودونما اعتبار للحدود.

المادة ٢٠:

١. لكل شخص حق في حرية الاشتراك في الاجتماعات والجمعيات السلمية.

٢. لا يجوز إرغام أحد على الانتماء إلى جمعية ما.

المادة ٢١:

١. لكل شخص حق المشاركة في إدارة الشؤون العامة لبلده، إما مبـاشرة وآمـا بواسـطة ممثلين يختارون في حرية.

٢. لكل شخص، بالتساوي مع الآخرين، حق تقلد الوظائف العامة في بلده.

٣. إرادة الشعب هي مناط سلطة الحكم، ويجـب أن تتجلى هـذه الإرادة مـن خلال انتخابات نزيهة تجري دوريا بالاقتراع العام وعلى قدم المساواة بين الناخبين وبالتصويت السري أو بـإجراء مكافئ من حيث ضمان حرية التصويت.

المادة ٢٢: لكل شخص، بوصفه عضوا في المجتمع، حق في الضمان الاجتماعي، ومـن حقـه أن توفر له، من خلال المجهود القومي والتعاون الدولي، وبما يتفق مـع هيكـل كـل دولة ومواردها، الحقـوق الاقتصادية والاجتماعيـة والثقافيـة التـي لا غنى عنهـا لكرامته ولتنامي شخصيته في حرية.

المادة ٢٣:

١. لكل شخص حق في العمل، وفي حرية اختيار عمله، وفي شروط عمل عادلة ومرضية، وفي الحماية من البطالة.

٢. لجميع الأفراد، دون أي تمييز، الحق في أجر متساو على العمل المتساوي.

٣. لكل فرد يعمل حق في مكافأة عادلة ومرضية تكفل له ولأسرته عيشة لائقة بالكرامة البشرية وتستكمل، عند الاقتضاء، بوسائل أخرى للحماية الاجتماعية.

٤. لكل شخص حق إنشاء النقابات مع آخرين والانضمام إليها من أجل حماية مصالحه.

المادة ٢٤: لكل شخص حق في الراحة وأوقات الفراغ، وخصوصا في تحديد معقول لساعات العمل وفي إجازات دورية مأجورة.

المادة ٢٥:

١. لكل شخص حق في مستوى معيشة يكفي لضمان الصحة والرفاهة له ولأسرته، وخاصة على صعيد المأكل والملبس والمسكن والعناية الطبية وصعيد الخدمات الاجتماعية الضرورية، وله الحق في ما يؤمن به الغوائل في حالات البطالة أو المرض أو العجز أو الترمل أو الشيخوخة أو غير ذلك من الظروف الخارجة عن إرادته والتي تفقده أسباب عيشه.

٢. للأمومة والطفولة حق في رعايـة ومسـاعدة خاصـتين. ولجميـع الأطفـال حـق التمتـع بذات الحماية الاجتماعية سواء ولدوا في إطار الزواج أو خارج هذا الإطار.

المادة ٢٦:

١. لكل شخص حق في التعليم. ويجب أن يوفر التعليـم مجانـا، عـلى الأقل في مرحلتيـه الابتدائية والأساسية. ويكون التعليـم الابتدائي إلزاميا. ويكون التعليـم الفنـي والمهنـي متاحا للعموم. ويكون التعليم العالي متاحا للجميع تبعا لكفاءتهم.

٢. يجب أن يستهدف التعليم التنمية الكاملة لشخصية الإنسان وتعزيـز احـترام حقوق الإنسان والحريات الأساسية. كما يجـب أن يعـزز التفـاهم والتسامح والصـداقة بـين جميع الأمم وجميع الفئات العنصرية أو الدينية، وأن يؤيد الأنشطة التي تضطلع بهـا الأمم المتحدة لحفظ السلام.

٣. للآباء، على سبيل الأولوية، حق اختيار نوع التعليم الذي يعطى لأولادهم.

المادة ٢٧:

١. لكل شخص حق المشاركة الحرة في حياة المجتمع الثقافية، وفي الاستمتاع بـالفنون، والإسـهام في التقدم العلمي وفي الفوائد التي تنجم عنه.

٢. لكل شخص حق في حماية المصالح المعنوية والمادية المترتبة عـلى أي إنتـاج علمـي أو أدبي أو فني من صنعه.

المادة ٢٨: لكل فرد حق التمتع بنظام اجتماعي ودولي يمكن أن تتحقق في ظله الحقوق والحريات المنصوص عليها في هذا الإعلان تحققا تاما.

المادة ٢٩:

١. على كل فرد واجبات إزاء الجماعة، التي فيها وحدها يمكن أن تنمو شخصيته النمو الحر الكامل.

٢. لا يخضع أي فرد، في ممارسة حقوقه وحرياته، إلا للقيود التي يقررها القانون مستهدفا منها، حصرا، ضمان الاعتراف الواجب بحقوق وحريات الآخرين واحترامها، والوفاء بالعادل من مقتضيات الفضيلة والنظام العام ورفاه الجميع في مجتمع ديمقراطي،

٣. لا يجوز في أي حال أن تمارس هذه الحقوق على نحو يناقض مقاصد الأمم المتحدة ومبادئها.

المادة ٣٠: ليس في هذا الإعلان أي نص يجوز تأويله على نحو يفيد انطواءه على تخويل أية دولة أو جماعة، أو أي فرد، أي حق في القيام بأي نشاط أو بأي فعل يهدف إلى هدم أي من الحقوق والحريات المنصوص عليها فيه.

إعلان حقوق الإنسان والمواطن الفرنسي (اوت ١٧٨٩)

الإعلان الذي أصدرته الجمعية الوطنية في ٢٦ أغسطس - أوت -١٧٨٩.

يعتبر هذا الإعلان من أهم وثائق الثورة الفرنسية الأساسية وتعرف فيها الحقوق الفردية والجماعية للأمة للفرنسية آنذاك وهو لا يزال من الوثائق المرجعية في مجال المواطنة وحقوق الإنسان.

جاء الإعلان متأثرا بفكر فلاسفة التنوير ونظريات العقد الاجتماعي والحقوق الطبيعية التي قال بها مفكرون أمثال جان جاك روسو، جون لوك، فولتير، مونتيسكيو، وهو يشكل الخطوة الأولى لصياغة الدستور. رغم أن الإعلان حدد حقوق البشر دون استثناء (وليس حقوق المواطنين الفرنسيين فقط) إلا أنه لم يحدد مكانة النساء أو العبودية بشكل واضح.

إن ممثلي الشعب الفرنسي، الملتئمين في جمعية وطنية، إذ يؤكدون أن الجهل والإهمال وعدم احترام حقوق الإنسان هي وحدها أسباب شقاء المجتمع وفساد الحكومات، يعلنون أنه قد قر عزمهم على أن يعرضوا في إعلان للعموم حقوق الإنسان الطبيعية، المقدسة، غير القابلة للخلع، وذلك لكي يبقى هذا الإعلان حاضرا باستمرار في جميع أعضاء الجسم الاجتماعي يذكر الناس على الدوام بحقوقهم وواجباتهم، ولكي تكون

أعمال السلطات التشريعية وتصرفات السلطات التنفيذية قابلة لأن توزن في كل لحظة بالهدف من كل مؤسسة سياسية فتحظى بذلك باحترام أكبر، ولكي تكون احتجاجات المواطنين التي ستنبني من الآن فصاعدا على مبادئ بسيطة وغير قابلة للاعتراض عليها، لأنها ستدور دوما حول العمل بالدستور ومن أجل سعادة الجميع. وبناء عليه فإن الجمعية الوطنية تقرر وتعلن، أمام الكائن الأسمى (اللـه) وتحت رعايته، حقوق الإنسان والمواطن الآتي ذكرها.

المادة ١: يولد الناس ويعيشون أحرارا متساوين قي الحقوق. ولا يمتاز بعضهم عن بعض إلا فيما يختص بالمصلحة العمومية (أي أن نفع الجمهور هو قاعدة الامتياز).

المادة ٢: غرض كل اجتماع سياسي حفظ الحقوق الطبيعة التي للإنسان والتي لا يجوز مسها. وهذه الحقوق هي: حق الملك وحق الأمن وحق مقاومة الظلم والاستبداد.

المادة ٣: الأمة هي مصدر كل سلطة. وكل سلطة للأفراد والجمهور من الناس لا تكون صادرة عنها تكون سلطة فاسدة.

المادة ٤: كل الناس أحرار والحرية هي إباحة كل عمل لا يضر ـ أحدا. وبناء عليه لا حد لحقوق الإنسان الواحد غير حقوق الإنسان الثاني. ووضع هذه الحدود منوط بالقانون دون سواه.

المادة ٥: ليس للقانون حق في أن يحرم شيئا إلا متى كان فيه ضرر للهيئة الاجتماعية. وكل ما لا يحرمه القانون يكون مباحا فلا يجوز أن يرغم الإنسان به.

المادة ٦: إن القانون هو عبارة عن إرادة الجمهور. فلكل واحد من الجمهور أن يشترك في وضعه سواء كان ذلك الاشتراك بنفسه أو بواسطة نائب عنه. ويجب أن يكون هذا القانون واحدا للجميع. أي أن الجميع متساوون لديه. ولكل واحد منهم الحق في الوظائف والرتب بحسب استعداده ومقدرته ولا يجوز أن يفضل رجل على رجل في هذا الصدد إلا بفضيلته ومعارفه.

المادة ٧: لا يجوز إلقاء الشبهة على رجل أيا كان ولا القبض عليه ولا سجنه إلا في المسائل التي ينص عليها القانون وبموجب الطرق التي يذكرها. وكل من يغرى أولى الأمر بعمل جائر أو كل موظف يعمل عملا جائرا لا ينص عليه القانون يعاقب لا محالة. ولكن كل رجل يدعى أو يقبض عليه باسم القانون يجب عليه أن يخضع في الحال. وإذا تمرد استحق العقاب.

المادة ٨: لا يجوز أن يعاقب القانون إلا العقاب اللازم الضروري. ولا يجوز أن يعاقب أحد إلا بموجب نظام مسنون قبل الجرم ومعمول به قانونيا قبله.

المادة ٩: كل رجل يحسب بريئا إلى أن يثبت ذنبه. وإذا مست الحاجة إلى القبض عليه فيجب أن يقبض عليه بلا شدة إلا متى دعت الحاجة إلى ذلك. وكل شدة غير ضرورية يعاقب صاحبها.

المادة ١٠: لا يجوز التعرض لأحد لما يبديه من الأفكار حتى في المسائل الدينية على شرط أن تكون هذه الأفكار غير مخلة بالأمن العام.

المادة ١١: إن حرية نشر الأفكار والآراء حق من حقوق كل إنسان. فلكل إنسان أن يتكلم ويكتب وينشر آراءه بحرية. ولكن عليه عهدة ما يكتبه في المسائل التي ينص القانون عليها.

المادة ١٢: إن السهر على حقوق الناس يستوجب إنشاء قوة عمومية أي هيئة حاكمة. فهذه الهيئة تنشأ إذا لمنفعة الجميع.

المادة ١٣: بما أن الهيئة الحاكمة تحتاج إلى نفقات لإدارة الشؤون فيجب وضع ضريبة عمومية على جميع المواطنين. أما مقدار هذه الضريبة فيجب أن يكون مناسبا لحالة الذين يدفعونها.

المادة ١٤: لكل المواطنين الحق في أن يراقبوا أموال الضريبة سواء كانت المراقبة بأنفسهم أو بواسطة نوابهم. ولهم أيضا البحث عن الوجوه التي تنفق فيها وتعيين مدة جبايتها.

المادة ١٥: للهيئة الحاكمة والمحكومة الحق في أن تسأل كل موظف عمومي عن إراداته وأعماله وأن تناقشه والحساب فيها.

المادة ١٦: كل هيئة لا تكون فيها حقوق الأفراد مضمونة ضمانة فعلية بواسطة السلطة العمومية ولا تكون فيها السلطة التشريعية (أي البرلمان) والسلطة التنفيذية (أي الحكومة) منفصلتين الواحدة عن الأخرى انفصالا تاما تكون هيئة غير دستورية.

المادة ١٧: بما أن حق الامتلاك من الحقوق المقدسة التي لا تنقض فلا يجوز نزع الملكية من أحد إلا إذا اقتضت المصلحة العمومية ذلك اقتضاء صريحا وفي هذه الحالة يعطي الذي تنزع منه ملكيته تعويضا كافيا.

نص الإعلان الإسلامي لحقوق الإنسان

بدأت فكرة كتابة هذا الإعلان رسميا في عام ١٩٧٩ حيث قرر المؤتمر الإسلامي العاشر لوزراء الخارجية تشكيل لجنة مشاورة من المتخصصين الإسلاميين لإعداد لائحة بحقوق الإنسان في الإسلام وقد احيلت على المؤتمر الحادي عشر- والذي قام بدوره بإحالتها على لجنة قانونية وعرض النص المعدل على مؤتمر القمة الإسلامي الثالث ولكنه أحاله إلى لجنة أخرى، ووافق المؤتمر الرابع عشر- لوزراء الخارجية في (دكا) على المقدمة وأول مادة فيه، وأحال باقي المواد على لجنة ثالثة. ثم تتابعت المؤتمرات مؤكدة عليها، إلى أن عقد اجتماع طهران في ديسمبر ١٩٨٩م وأعد الصيغة النهائية والتي تمت الموافقة عليها نهائيا في المؤتمر التاسع عشر- لوزراء الخارجية في القاهرة، وهكذا تكون اللائحة قد مرت بمجملها في عشرة مؤتمرات للخارجية: (فاس، إسلام آباد، بغداد، نيامي، دكا، صنعاء، عمان، الرياض، طهران، القاهرة) وثلاثة مؤتمرات للقمة في (الطائف، الدار البيضاء، الكويت) ومجموعة من جلسات الخبراء كان آخرها في طهران.

قال تعالى: ﴿ يَٰٓأَيُّهَا ٱلنَّاسُ إِنَّا خَلَقْنَٰكُم مِّن ذَكَرٍ وَأُنثَىٰ وَجَعَلْنَٰكُمْ شُعُوبًا وَقَبَآئِلَ لِتَعَارَفُوٓا۟ ۚ إِنَّ أَكْرَمَكُمْ عِندَ ٱللَّهِ أَتْقَىٰكُمْ ﴾ (الحجرات:١٣).

إن الدول الأعضاء في منظمة المؤتمر الإسلامي، إيمانا منها بالله رب العالمين خالق كل شيء، وواهب كل النعم، الذي خلق الإنسان في أحسن تقويم وكرمه وجعله في الأرض خليفة، ووكل إليه عمارتها و إصلاحها، وحمله أمانة التكاليف الإلهية وسخر له ما في السموات وما في الأرض جميعا.

وتصديقا برسالة محمد ﷺ الذي أرسله الله بالهدى ودين الحق رحمة للعالمين ومحررا للمستعبدين ومحطما للطواغيت والمستكبرين، والذي أعلن المساواة بين البشر ـ كافة، فلا فضل لأحد على أحد إلا بالتقوى، وألغى الفوارق والكراهية بين الناس، الذين خلقهم الله من نفس واحدة.

وانطلاقا من عقيدة التوحيد الخالص التي قام عليها بناء الإسلام، والتي دعت البشر كافة ألا يعبدوا إلا الله ولا يشركوا به شيئا ولا يتخذ بعضهم بعضا أربابا من دون الله، والتي وضعت الأساس الحقيقي لحرية البشر المسؤولة وكرامتهم الخالدة، من المحافظة على الدين والنفس والعقل والعرض والمال والنسل، وما امتازت به من الشمول والوسطية في كل مواقفها وأحكامها، فمزجت بين الروح والمادة وأخذت بين العقل والقلب.

وتأكيدا للدور الحضاري والتاريخي للأمة الإسلامية التي جعلها الله خير امة أورثت البشرية حضارة عالمية متوازنة ربطت الدنيا بالآخرة، وجمعت بين العلم والإيمان، وما يرجى أن تقوم به هذه الأمة اليوم لهداية

البشرية الحائرة بين التيارات والمذاهب المتنافسة، وتقديم الحلول لمشكلات الحضارة المادية المزمنة.

ومساهمة في الجهود البشرية المتعلقة بحقوق الإنسان التي تهدف إلى حمايته من الاستغلال والاضطهاد، وتهدف إلى تأكيد حريته وحقوقه في الحياة الكريمة التي تتفق مع الشريعة الإسلامية.

وثقة منها بأن البشرية التي بلغت في مدارج العلم المادي شأوا بعيدا لا تزال وستبقى في حاجة ماسة إلى سند إيماني لحضارتها و إلى وازع ذاتي يحرس حقوقها.

وإيمانا بأن الحقوق الأساسية والحريات العامة في الإسلام جزء من دين المسلمين، لا يملك أحد بشكل مبدئي تعطيلها كليا أو جزئيا، أو خرقها أو تجاهلها في أحكام إلهية تكليفية أنزل الله بها كتبه، وبعث بها خاتم رسله، وتمم بها ما جاءت به الرسالات السماوية، وأصبحت رعايتها عبادة و إهمالها أو العدول عنها منكرا في الدين، وكل إنسان مسؤول عنها بمفرده، والأمة مسؤولة عنها بالتضامن، إن الدول الأعضاء في منظمة المؤتمر الإسلامي تأسيسا على ذلك تعلن ما يلي:

المادة الأولى:

أ) البشر جميعا أسرة واحدة جمعت بينهم العبودية لله والبنوة لآدم، وجميع الناس متساوون في أصل الكرامة الإنسانية وفي أصل التكليف والمسؤولية، دون تمييز بينهم بسبب العرق أو اللون أو اللغة أو الجنس أو المعتقد الديني أو الانتماء السياسي أو الوضع الاجتماعي أو غير ذلك من

الاعتبارات، و إن العقيدة الصحيحة هي الضمان لنمو هذه الكرامة على طريق تكامل الإنسان.

ب) إن الخلق كلهم عيال الله، و إن أحبهم إليه أنفعهم لعياله، و إنه لا فضل لأحد منهم على الآخر إلا بالتقوى والعمل الصالح.

المادة الثانية:

أ) الحياة هبة الله وهي مكفولة لكل إنسان، وعلى الأفراد والمجتمعات والدول حماية هذا الحق من كل اعتداء عليه، ولا يجوز إزهاق روح دون مقتض شرعي.

ب) يحرم اللجوء إلى وسائل تقضي بفناء الينبوع البشري.

ج) المحافظة على استمرار الحياة البشرية إلى ما شاء الله واجب شرعي.

د) يجب أن تصان حرمة جنازة الإنسان وأن لا تنتهك، كما يحرم تشريحه إلا بمجوز شرعي، وعلى الدول ضمان ذلك.

المادة الثالثة:

أ) في حالة استعمال القوة أو المنازعات المسلحة لا يجوز قتل من لا مشاركة لهم في القتال كالشيخ والمرأة والطفل، وللجريح والمريض الحق في أن يداوى وللأسير أن يطعم ويؤوى ويكسى، ويحرم التمثيل بالقتلى ويجوز تبادل الأسرى واجتماع الأسر التي فرقتها ظروف القتال.

ب) لا يجوز قطع الشجر أو إتلاف الزرع والضرع أو تخريب المباني والمنشآت المدنية للعدو بقصف أو نسف أو غير ذلك.

المادة الرابعة:

لكل إنسان حرمته والحفاظ على سمعته في حياته وبعد موته، وعلى الدولة والمجتمع حماية جثمانه ومدفنه.

المادة الخامسة:

أ) الأسرة هي الأساس في بناء المجتمع، والزواج أساس تكوينها وللرجال والنساء الحق في الزواج ولا تحول دون تمتعهم بهذا الحق قيود منشؤها العرق أو اللون أو الجنسية.

ب) على المجتمع والدولة إزالة العوائق أمام الزواج وتيسير سبله وحماية الأسرة ورعايتها.

المادة السادسة:

أ) المرأة مساوية للرجل في الكرامة الإنسانية، ولها من الحقوق مثل ما عليها من الواجبات، ولها شخصيتها المدنية وذمتها المالية المستقلة وحق الاحتفاظ باسمها ونسبها.

ب) على الرجل عبء الإنفاق على الأسرة ومسؤولية رعايتها.

المادة السابعة:

أ) لكل طفل منذ ولادته حق على الأبوين والمجتمع والدولة في الحضانة والتربية والرعاية المادية والعلمية والأدبية، كما تجب حماية الجنين والأم وإعطاؤهما عناية خاصة.

ب) للآباء ومن بحكمهم، الحق في اختيار نوع التربية التي يريدون لأولادهم، مع وجوب مراعاة مصلحتهم ومستقبلهم في ضوء القيم الأخلاقية والأحكام الشرعية.

ج) للأبوين على الأبناء حقوقهما وللأقارب حق على ذويهم وفقا لأحكام الشريعة.

المادة الثامنة:

لكل إنسان التمتع بأهليته الشرعية من حيث الالزام والالتزام، وإذا فقدت أهليته أو انتقصت قام وليه مقامه.

المادة التاسعة:

أ) طلب العلم فريضة والتعليم واجب على المجتمع والدولة، وعليها تأمين سبله ووسائله وضمان تنوعه بما يحقق مصلحة المجتمع، ويتيح للإنسان معرفة دين الإسلام وحقائق الكون وتسخيرها لخير البشرية.

ب) من حق كل إنسان على مؤسسات التربية والتوجيه المختلفة من الأسرة والمدرسة والجامعة وأجهزة الإعلام وغيرها أن تعمل على تربية الإنسان دينيا ودنيويا تربية متكاملة ومتوازنة وتعزز إيمانه بالله واحترامه للحقوق والواجبات وحمايتها.

المادة العاشرة:

لما كان على الإنسان أن يتبع الإسلام دين الفطرة فإنه لا تجوز ممارسة أي لون من الإكراه عليه كما لا يجوز استغلال فقره أو ضعفه أو جهله لتغيير دينه إلى دين آخر أو إلى الإلحاد.

المادة الحادية عشرة:

أ) يولد الإنسان حرا وليس لأحد أن يستعبده أو يذله أو يقهره أو يستغله ولا عبودية لغير الله تعالى.

ب) الاستعمار بشتى أنواعه باعتباره من أسوأ أنواع الاستعباد محرم تحريما مؤكدا، وللشعوب التي تعانيه الحق الكامل للتحرر منه وفي تقرير المصير، وعلى جميع الدول والشعوب واجب النصرة لها في كفاحها لتصفية كل أشكال الاستعمار أو الاحتلال، ولجميع الشعوب الحق في الاحتفاظ بشخصيتها المستقلة والسيطرة على ثرواتها ومواردها الطبيعية.

المادة الثانية عشرة:

لكل إنسان الحق في إطار الشريعة بحرية التنقل، واختيار محل إقامته داخل بلاده أو خارجها، وله إذا اضطهد حق اللجوء إلى بلد آخر، وعلى البلد الذي لجأ إليه أن يجيره حتى يبلغه مأمنه ما لم يكن سبب اللجوء اقتراف جريمة في نظر الشرع.

المادة الثالثة عشرة:

العمل حق تكفله الدولة والمجتمع لكل قادر عليه، وللإنسان حرية اختيار العمل اللائق به، مما تتحقق به مصلحته ومصلحة المجتمع، وللعامل حقه في الأمن والسلامة وفي الضمانات الاجتماعية الأخرى كافة، ولا يجوز تكليفه بما لا يطيقه، أو إكراهه، أو استغلاله، أو الإضرار

به، وله ـ دون تمييز بين الذكر والأنثى أن يتقاضى أجرا عـادلا مقابل عملـه دون تأخير، وله الإجازات والعلاوات والترقيات التي يستحقها، وهو مطالب بالإخلاص والإتقان، و إذا اختلف العمال وأصحاب العمل فعلى الدولة أن تتـدخل لفـض النـزاع ورفع الظلم و إقرار الحق والإلزام بالعدل دون تحيز.

المادة الرابعة عشرة:

للإنسـان الحـق في الكسـب المشـروع، دون احتكـار أو غـش أو إضرار بـالنفس أو بالغير، والربا ممنوع مؤكدا.

المادة الخامسة عشرة:

أ) لكل إنسان الحق في التملك بالطرق الشرعية، والتمتع بحقوق الملكية بما لا يضرـ بـه أو بغيره من الأفراد أو المجتمع، ولا يجوز نزع الملكية إلا لضرورات المنفعة العامة ومقابل تعويض فوري وعادل.

ب) تحرم مصادرة الأموال وحجزها إلا بمقتض شرعي.

المادة السادسة عشرة:

لكل إنسان الحق في الانتفاع بثمرات إنتاجه العملي أو الأدبي أو الفنـي أو التقنـي، وله الحق في حماية مصالحه الأدبية والمالية الناشئة عنه، على أن يكون هذا الإنتاج غـير مناف لأحكام الشريعة.

المادة السابعة عشرة:

أ) لكل إنسان الحق أن يعيش في بيئة نظيفة من المفاسد والأوبئة الأخلاقية تمكنه من بناء ذاته معنويا، وعلى المجتمع والدولة أن يوفرا له هذا الحق.

ب) لكل إنسان على مجتمعه ودولته حق الرعاية الصحية والاجتماعية بتهيئة جميع المرافق العامة التي يحتاج إليها في حدود الإمكانات المتاحة.

ج) تكفل الدولة لكل إنسان حقه في عيش كريم يحقق له تمام كفايته وكفاية من يعوله، ويشمل ذلك المأكل والملبس والمسكن والتعليم والعلاج وسائر الحاجات الأساسية.

المادة الثامنة عشرة:

أ) لكل إنسان الحق في أن يعيش آمنا على نفسه ودينه وأهله وعرضه وماله.

ب) للإنسان الحق في الاستقلال بشؤون حياته الخاصة في مسكنه وأسرته وماله واتصالاته، ولا يجوز التجسس أو الرقابة عليه أو الإساءة إلى سمعته، وتجب حمايته من كل تدخل تعسفي.

ج) للمسكن حرمته في كل حال ولا يجوز دخوله بغير إذن أهله أو بصورة غير مشروعة، ولا يجوز هدمه أو مصادرته أو تشريد أهله منه.

المادة التاسعة عشرة:

أ) الناس سواسية أمام الشرع يستوي في ذلك الحاكم والمحكوم.

ب) حق اللجوء إلى القضاء مكفول للجميع.

ج) المسؤولية في أساسها شخصية.

د) لا جريمة ولا عقوبة إلا بموجب أحكام الشريعة.

هـ) المتهم بريء حتى تثبت إدانته بمحاكمة عادلة تأمن له فيها كل الضمانات الكفيلة بالدفاع عنه.

المادة العشرون:

لا يجوز القبض على إنسان أو تقييد حريته أو نفيه أو عقابه بغير موجب شرعي، ولا يجوز تعريضه للتعذيب البدني أو النفسي. أو لاي نوع من المعاملات المذلة أو القاسية أو المنافية للكرامة الإنسانية، كما لا يجوز إخضاع أي فرد للتجارب الطبية أو العلمية إلا برضاه، وبشرط عدم تعرض صحته وحياته للخطر، كما لا يجوز سن القوانين الاستثنائية التي تخول ذلك للسلطات التنفيذية.

المادة الحادية والعشرون:

أخذ الإنسان رهينة محرم بأي شكل من الأشكال ولأي هدف من الأهداف.

المادة الثانية والعشرون:

أ) لكل إنسان الحق في التعبير بحرية عن رأيه بشكل لا يتعارض مع المبادئ الشرعية.

ب) لكل إنسان الحق في الدعوة إلى الخير والنهي عن المنكر وفقا لضوابط الشريعة الإسلامية.

ج) الإعلام ضرورة حيوية للمجتمع، ويحرم استغلاله وسوء استعماله والتعرض للمقدسات وكرامة الأنبياء فيه، وممارسة كل ما من شأنه الإخلال بالقيم أو إصابة المجتمع بالتفكك أو الانحلال أو الضرر أو زعزعة الاعتقاد.

د) لا تجوز إثارة الكراهية القومية والمذهبية وكل ما يؤدي إلى التحريض على التمييز العنصري بأشكاله كافة.

المادة الثالثة والعشرون:

أ) الولاية أمانة يحرم الاستبداد فيها وسوء استغلالها تحريما مؤكدا ضمانا للحقوق الأساسية للإنسان.

ب) لكل إنسان حق الاشتراك في إدارة الشؤون العامة لبلاده بصورة مباشرة أو غير مباشرة، كما أن له الحق في تقلد الوظائف العامة وفقا لأحكام الشريعة.

المادة الرابعة والعشرون:

كل الحقوق والحريات المقررة في هذا الإعلان مقيدة بأحكام الشريعة الإسلامية.

المادة الخامسة والعشرون:

الشريعة الإسلامية هي المرجع الوحيد لتفسير أو توضيح أي مادة من مواد الإعلان.

يودع أصل هذه الاتفاقية التي تتساوى في الحجية نصوصها بالأسبانية والإنجليزية والروسية والصينية والعربية والفرنسية، لدى الأمين العام للأمم المتحدة. وإثباتا لذلك، قام المفوضون الموقعون أدناه، المخولون حسب الأصول من جانب حكوماتهم، بالتوقيع على هذه الاتفاقية.

نص اتفاقية حقوق الطفل

اعتمدت وعرضت للتوقيع والتصديق والانضمام بموجب قرار الجمعية العامة للأمم المتحدة ٢٥/٤٤ المؤرخ في ٢٠ تشرين الثاني/نوفمبر ١٩٨٩ تاريخ بدء النفاذ: ٢ أيلول/سبتمبر ١٩٩٠، وفقا للمادة ٤٩.

* الديباجة

إن الدول الأطراف في هذه الاتفاقية، إذ ترى أنه وفقا للمبادئ المعلنة في ميثاق الأمم المتحدة، يشكل الاعتراف بالكرامة المتأصلة لجميع أعضاء الأسرة البشرية وبحقوقهم المتساوية وغير القابلة للتصرف، أساس الحرية والعدالة والسلم في العالم، وإذا تضع في اعتبارها أن شعوب الأمم المتحدة قد أكدت من جديد في الميثاق إيمانها بالحقوق الأساسية للإنسان وبكرامة الفرد وقدره، وعقدت العزم على أن تدفع بالرقى الاجتماعي قدما وترفع مستوى الحياة في جو من الحرية أفسح، وإذا تدرك أن الأمم المتحدة قد أعلنت، في الإعلان العالمي لحقوق الإنسان وفى العهدين الدوليين الخاصين بحقوق الإنسان، أن لكل إنسان حق التمتع بجميع الحقوق والحريات الواردة في تلك الصكوك، دون أي نوع من أنواع التمييز كالتمييز بسبب العنصر- أو اللون أو الجنس أو اللغة أو الدين أو الرأي السياسي أو غيره أو الأصل القومي أو الاجتماعي أو الثروة أو المولد أو أي وضع آخر، واتفقت على ذلك، وإذ تشير إلى أن الأمم المتحدة قد أعلنت في

الإعلان العالمي لحقوق الإنسان أن للطفولة الحق في رعاية ومساعدة خاصتين، واقتناعا منها بأن الأسرة، باعتبارها الوحدة الأساسية للمجتمع والبيئة الطبيعية لنمو ورفاهية جميع أفرادها وبخاصة الأطفال، ينبغي أن تولى الحماية والمساعدة اللازمتين لتتمكن من الاضطلاع الكامل بمسؤولياتها داخل المجتمع،وإذ تقر بأن الطفل، كي تترعرع شخصيته ترعرعا كاملا ومتناسقا، ينبغي أن ينشأ في بيئة عائلية في جو من السعادة والمحبة والتفاهم، وإذ ترى أنه ينبغي إعداد الطفل إعدادا كاملا ليحيا حياة فردية في المجتمع وتربيته بروح المثل العليا المعلنة في ميثاق الأمم المتحدة، وخصوصا بروح السلم والكرامة والتسامح والحرية والمساواة والإخاء، وإذ تضع في اعتبارها أن الحاجة إلى توفير رعاية خاصة للطفل قد ذكرت في إعلان جنيف لحقوق الطفل لعام ١٩٢٤ وفي إعلان حقوق الطفل الذي اعتمدته الجمعية العامة في ٢٠ تشرين الثاني/نوفمبر ١٩٥٩ والمعترف به في الإعلان العالمي لحقوق الإنسان وفي العهد الدولي الخاص بالحقوق المدنية والسياسية (ولاسيما في المادتين ٢٣ و ٢٤) وفي العهد الدولي الخاص بالحقوق الاقتصادية والاجتماعية والثقافية (ولا سيما في المادة ١٠) وفي النظم الأساسية والصكوك ذات الصلة للوكالات المتخصصة والمنظمات الدولية المعنية بخير الطفل، وإذ تضع في اعتبارها "أن الطفل، بسبب عدم نضجه البدني والعقلي، يحتاج إلى إجراءات وقاية ورعاية خاصة، بما في ذلك حماية قانونية مناسبة، قبل الولادة وبعدها" وذلك كما جاء في إعلان حقوق

الطفل، وإذ تشير إلى أحكام الإعلان المتعلق بالمبادئ الاجتماعية والقانونية المتصلة بحماية الأطفال ورعايتهم، مع الاهتمام الخاص بالحضانة والتبني على الصعيدين الوطني والدولي، وإلى قواعد الأمم المتحدة الدنيا النموذجية لإدارة شئون قضاء الأحداث (قواعد بكين)، وإلى الإعلان بشأن حماية النساء والأطفال أثناء الطوارئ والمنازعات المسلحة، وإذ تسلم بأن ثمة، في جميع بلدان العالم، أطفالا يعيشون في ظروف صعبة للغاية، وبأن هؤلاء الأطفال يحتاجون إلى مراعاة خاصة، وإذ تأخذ في الاعتبار الواجب أهمية تقاليد كل شعب وقيمه الثقافية لحماية الطفل وترعرعه ترعرعا متناسقا، وإذا تدرك أهمية التعاون الدولي لتحسين ظروف معيشة الأطفال في كل بلد، ولا سيما في البلدان النامية، قد اتفقت على ما يلي:

-الجزء الأول

المادة ١: لأغراض هذه الاتفاقية، يعني الطفل كل إنسـان لم يتجـاوز الثامنـة عشـرة، مـا لم يبلغ سن الرشد قبل ذلك بموجب القانون المنطبق عليه.

المادة ٢:

١. تحترم الدول الأطراف الحقوق الموضحة في هذه الاتفاقيـة وتضـمنها لكـل طفـل يخضـع لولايتها دون أي نوع من أنواع التمييز، بغض النظر عن عنصر الطفل أو والديه أو الوصي القانوني عليه أو لونهم أو جنسهم أو

لغتهم أو دينهم أو رأيهم السياسي أو غيره أو أصلهم القومي أو الإثني أو الاجتماعي، أو ثروتهم، أو عجزهم، أو مولدهم، أو أي وضع آخر.

٢. تتخذ الدول الأطراف جميع التدابير المناسبة لتكفل للطفل الحماية من جميع أشكال التمييز أو العقاب القائمة على أساس مركز والدي الطفل أو الأوصياء القانونيين عليه أو أعضاء الأسرة، أو أنشطتهم أو آرائهم المعبر عنها أو معتقداتهم.

المادة ٣:

١. في جميع الإجراءات التي تتعلق بالأطفال، سواء قامت بها مؤسسات الرعاية الاجتماعية العامة أو الخاصة، أو المحاكم أو السلطات الإدارية أو الهيئات التشريعية، يولي الاعتبار الأول لمصالح الطفل الفضلى.

٢. تتعهد الدول الأطراف بأن تضمن للطفل الحماية والرعاية اللازمتين لرفاهه، مراعية حقوق وواجبات والديه أو أوصيائه أو غيرهم من الأفراد المسؤولين قانونا عنه، وتتخذ، تحقيقا لهذا الغرض، جميع التدابير التشريعية والإدارية الملائمة.

٣. تكفل الدول الأطراف أن تتقيد المؤسسات والإدارات والمرافق المسؤولة عن رعاية أو حماية الأطفال بالمعايير التي وضعتها السلطات المختصة، ولا سيما في مجالي السلامة والصحة وفي عدد موظفيها وصلاحيتهم للعمل، وكذلك من ناحية كفاءة الإشراف.

المادة ٤: تتخذ الدول الأطراف كل التدابير التشريعية والإدارية وغيرها من التدابير الملائمة لإعمال الحقوق المعترف بها في هذه الاتفاقية. وفيما يتعلق بالحقوق الاقتصادية والاجتماعية والثقافية، تتخذ الدول الأطراف هذه التدابير إلى أقصى ـ حدود مواردها المتاحة، وحيثما يلزم، في إطار التعاون الدولي.

المادة ٥: تحترم الدول الأطراف مسؤوليات وحقوق وواجبات الوالدين أو، عند الاقتضاء، أعضاء الأسرة الموسعة أو الجماعة حسبما ينص عليه العرف المحلي، أو الأوصياء أو غيرهم من الأشخاص المسؤولين قانونا عن الطفل، في أن يوفروا بطريقة تتفق مع قدرات الطفل المتطورة، التوجيه والإرشاد الملائمين عند ممارسة الطفل الحقوق المعترف بها في هذه الاتفاقية.

المادة ٦:

١.   تعترف الدول الأطراف بأن لكل طفل حقا أصيلا في الحياة.

٢.   تكفل الدول الأطراف إلى أقصى حد ممكن بقاء الطفل ونموه.

المادة ٧:

١.   يسجل الطفل بعد ولادته فورا ويكون له الحق منذ ولادته في اسم والحق في اكتساب جنسية، ويكون له قدر الإمكان، الحق في معرفة والديه وتلقى رعايتهما.

٢.   تكفل الدول الأطراف إعمال هذه الحقوق وفقا لقانونها الوطني والتزاماتها بموجب الصكوك الدولية المتصلة بهذا الميدان، ولاسيما حيثما يعتبر الطفل عديم الجنسية في حال عدم القيام بذلك.

المادة ٨:

١. تتعهد الدول الأطراف باحترام حق الطفل في الحفاظ على هويته بما في ذلك جنسيته، واسمه، وصلاته العائلية، على النحو الذي يقره القانون، وذلك دون تدخل غير شرعي.

٢. إذا حرم أي طفل بطريقة غير شرعية من بعض أو كل عناصر هويته، تقدم الدول الأطراف المساعدة والحماية المناسبتين من أجل الإسراع بإعادة إثبات هويته.

المادة ٩:

١. تضمن الدول الأطراف عدم فصل الطفل عن والديه على كره منهما، إلا عندما تقرر السلطات المختصة، رهنا بإجراء إعادة نظر قضائية، وفقا للقوانين والإجراءات المعمول بها، أن هذا الفصل ضروري لصون مصالح الطفل الفضلى. وقد يلزم مثل هذا القرار في حالة معينة مثل حالة إساءة الوالدين معاملة الطفل أو إهمالهما له، أو عندما يعيش الوالدان منفصلين ويتعين اتخاذ قرار بشأن محل إقامة الطفل.

٢. في أية دعاوى تقام عملا بالفقرة ١ من هذه المادة، تتاح لجميع الأطراف المعنية الفرصة للاشتراك في الدعوى والإفصاح عن وجهات نظرها.

٣. تحترم الدول الأطراف حق الطفل المنفصل عن والديه أو عن أحدهما في الاحتفاظ بصورة منتظمة بعلاقات شخصية واتصالات مباشرة بكلا والديه، إلا إذا تعارض ذلك مع مصالح الطفل الفضلى.

٤. في الحالات التي ينشأ فيها هذا الفصل عن أي إجراء اتخذته دولة من الدول الأطراف، مثل تعريض أحد الوالدين أو كليهما أو الطفل للاحتجاز أو الحبس أو النفي أو الترحيل أو الوفاة (بما في ذلك الوفاة التي تحدث لأي سبب أثناء احتجاز الدولة الشخص)، تقدم تلك الدولة الطرف عند الطلب، للوالدين أو الطفل أو عند الاقتضاء، لعضو آخر من الأسرة، المعلومات الأساسية الخاصة بمحل وجود عضو الأسرة الغائب (أو أعضاء الأسرة الغائبين) إلا إذا كان تقديم هذه المعلومات ليس لصالح الطفل. وتضمن الدول الأطراف كذلك أن لا تترتب على تقديم مثل هذا الطلب، في حد ذاته، أي نتائج ضارة للشخص المعني (أو الأشخاص المعنيين).

المادة ١٠:

١. وفقا للالتزام الواقع على الدول الأطراف بموجب الفقرة ١ من المادة ٩، تنظر الدول الأطراف في الطلبات التي يقدمها الطفل أو والداه لدخول دولة طرف أو مغادرتها بقصد جمع شمل الأسرة، بطريقة إيجابية وإنسانية وسريعة. وتكفل الدول الأطراف كذلك ألا تترتب على تقديم طلب من هذا القبيل نتائج ضارة على مقدمي الطلب وعلى أفراد أسرهم.

٢. للطفل الذي يقيم والداه في دولتين مختلفتين الحق في الاحتفاظ بصورة منتظمة بعلاقات شخصية واتصالات مباشرة بكلا والديه، إلا في ظروف استثنائية. وتحقيقا لهذه الغاية ووفقا لالتزام الدول

الأطراف بموجب الفقرة ٢ من المادة ٩، تحترم الدول الأطراف حق الطفل ووالديه في مغادرة أي بلد، بما في ذلك بلدهم هم، وفى دخول بلدهم. ولا يخضع الحق في مغادرة أي بلد إلا للقيود التي ينص عليها القانون والتي تكون ضرورية لحماية الأمن الوطني، أو النظام العام، أو الصحة العامة، أو الآداب العامة أو حقوق الآخرين وحرياتهم وتكون متفقة مع الحقوق الأخرى المعترف بها في هذه الاتفاقية.

المادة ١١:

١. تتخذ الدول الأطراف تدابير لمكافحة نقل الأطفال إلى الخارج وعدم عودتهم بصورة غير مشروعة.

٢. وتحقيقا لهذا الغرض، تشجع الدول الأطراف عقد اتفاقات ثنائية أو متعددة الأطراف أو الانضمام إلى اتفاقات قائمة.

المادة ١٢:

١. تكفل الدول الأطراف في هذه الاتفاقية للطفل القادر على تكوين آرائه الخاصة حق التعبير عن تلك الآراء بحرية في جميع المسائل التي تمس الطفل، وتولى آراء الطفل الاعتبار الواجب وفقا لسن الطفل ونضجه.

٢. ولهذا الغرض، تتاح للطفل، بوجه خاص، فرصة الاستماع إليه في أي إجراءات قضائية وإدارية تمس الطفل، إما مباشرة، أو من خلال ممثل أو هيئة ملائمة، بطريقة تتفق مع القواعد الإجرائية للقانون الوطني.

المادة ١٣:

١. يكون للطفل الحق في حرية التعبير، ويشمل هـذا الحـق حريـة طلـب جميـع أنـواع المعلومات والأفكار وتلقيها وإذاعتها، دون أي اعتبار للحدود، سواء بالقول أو الكتابـة أو الطباعة، أو الفن، أو بأية وسيلة أخرى يختارها الطفل.

٢. يجوز إخضاع ممارسة هـذا الحق لـبعض القيـود، بشرط أن يـنص القـانون عليهـا وأن تكون لازمة لتأمين ما يلي:

أ) احترام حقوق الغير أو سمعتهم، أو،

ب) حماية الأمن الوطني أو النظام العام، أو الصحة العامة أو الآداب العامة.

المادة ١٤:

١. تحترم الدول الأطراف حق الطفل في حرية الفكر والوجدان والدين.

٢. تحـترم الـدول الأطراف حقـوق وواجبات الوالـدين وكذلك، تبعـا للحالـة، الأوصيـاء القانونيين عليه، في توجيه الطفل في ممارسة حقه بطريقة تنسجم مع قدرات الطفل المتطورة.

٣. لا يجوز أن يخضع الجهر بالدين أو المعتقدات إلا للقيـود التـي يـنص عليهـا القـانون واللازمة لحماية السلامة العامـة أو النظـام أو الصـحة أو الآداب العامـة أو الحقـوق والحريات الأساسية للآخرين.

المادة ١٥:

١. تعترف الدول الأطراف بحقوق الطفل في حرية تكوين الجمعيات وفي حرية الاجتماع السلمي.

٢. لا يجوز تقييد ممارسة هذه الحقوق بأية قيود غير القيود المفروضة طبقا للقانون والتي تقتضيها الضرورة في مجتمع ديمقراطي لصيانة الأمن الوطني أو السلامة العامة أو النظام العام، أو لحماية الصحة العامة أو الآداب العامة أو لحماية حقوق الغير وحرياتهم.

المادة ١٦:

١. لا يجوز أن يجرى أي تعرض تعسفي أو غير قانوني للطفل في حياته الخاصة أو أسرته أو منزله أو مراسلاته، ولا أي مساس غير قانوني بشرفه أو سمعته.

٢. للطفل حق في أن يحميه القانون من مثل هذا التعرض أو المساس.

المادة ١٧: تعترف الدول الأطراف بالوظيفة الهامة التي تؤديها وسائط الإعلام وتضمن إمكانية حصول الطفل على المعلومات والمواد من شتى المصادر الوطنية والدولية، وبخاصة تلك التي تستهدف تعزيز رفاهيته الاجتماعية والروحية والمعنوية وصحته الجسدية والعقلية، وتحقيقا لهذه الغاية، تقوم الدول الأطراف بما يلي:

أ-تشجيع وسائط الإعلام على نشر المعلومات والمواد ذات المنفعة الاجتماعية والثقافية للطفل ووفقا لروح المادة ٢٩.

ب-تشجيع التعاون الدولي في إنتاج وتبادل ونشر هذه المعلومات والمواد من شتى المصادر الثقافية والوطنية والدولية.

ج- تشجيع إنتاج كتب الأطفال ونشرها.

د- تشجيع وسائط الإعلام على إيلاء عناية خاصة للاحتياجات اللغوية للطفل الـذي ينتمي إلى مجموعة من مجموعات الأقليات أو إلى السكان الأصليين.

هـ- تشجيع وضع مبادئ توجيهية ملائمة لوقاية الطفل من المعلومات والمـواد التـي تضرـ بصالحه، مع وضع أحكام المادتين ١٣ و ١٨ في الاعتبار.

المادة ١٨:

١. تبذل الدول الأطراف قصارى جهدها لضمان الاعتراف بالمبدأ القائل إن كـلا الوالـدين يتحملان مسؤوليات مشتركة عن تربية الطفل ونموه. وتقع علـي عـاتق الوالـدين أو الأوصياء القانونيين، حسب الحالة، المسؤولية الأولي عن تربية الطفـل ونمـوه. وتكون مصالح الطفل الفضلى موضع اهتمامهم الأساسي.

٢. في سبيل ضمان وتعزيز الحقوق المبينة في هذه الاتفاقية، على الدول الأطراف في هذه الاتفاقيـة أن تقـدم المسـاعدة الملائمـة للوالـدين وللأوصياء القـانونيين في الاضطلاع بمسئوليات تربية الطفل وعليها أن تكفل تطوير مؤسسات ومرافق وخدمات رعايـة الأطفال.

٣. تتخذ الدول الأطراف كل التدابير الملائمة لتضمن لأطفال الوالدين العاملين حق الانتفاع بخدمات ومرافق رعاية الطفل التي هم مؤهلون لها.

المادة ١٩:

١. تتخذ الدول الأطراف جميع التدابير التشريعية والإدارية والاجتماعية والتعليمية الملائمة لحماية الطفل من كافة أشكال العنف أو الضرر أو الإساءة البدنية أو العقلية والإهمال أو المعاملة المنطوية على إهمال، وإساءة المعاملة أو الاستغلال، بما في ذلك الإساءة الجنسية، وهو في رعاية الوالد (الوالدين) أو الوصي القانوني (الأوصياء القانونيين) عليه، أو أي شخص آخر يتعهد الطفل برعايته.

٢. ينبغي أن تشمل هذه التدابير الوقائية، حسب الاقتضاء، إجراءات فعالة لوضع برامج اجتماعية لتوفير الدعم اللازم للطفل ولأولئك الذين يتعهدون الطفل برعايتهم، وكذلك للأشكال الأخرى من الوقاية، ولتحديد حالات إساءة معاملة الطفل المذكورة حتى الآن والإبلاغ عنها والإحالة بشأنها والتحقيق فيها ومعالجتها ومتابعتها وكذلك لتدخل القضاء حسب الاقتضاء.

المادة ٢٠:

١. للطفل المحروم بصفة مؤقتة أو دائمة من بيئته العائلية أو الذي لا يسمح له، حفاظا على مصالحة الفضلى، بالبقاء في تلك البيئة، الحق في حماية ومساعدة خاصتين توفرهما الدولة.

٢.   تضمن الدول الأطراف، وفقا لقوانينها الوطنية، رعاية بديلة لمثل هذا الطفل.

٣.   يمكن أن تشمل هذه الرعاية، في جملة أمور، الحضانة، أو الكفالـة الـواردة في القـانون الإسلامي، أو التبني، أو، عند الضرورة، الإقامة في مؤسسـات مناسبة لرعايـة الأطفـال. وعند النظر في الحلول، ينبغي إيلاء الاعتبار الواجب لاستصواب الاستمرارية في تربيـة الطفل ولخلفية الطفل الإثنية والدينية والثقافية واللغوية.

المادة ٢١: تضمن الدول التي تقر و/أو تجيـز نظام التبنـي إيلاء مصالح الطفل الفضلى الاعتبار الأول والقيام بما يلي:

أ)   تضمن ألا تصرح بتبنـي الطفل إلا السلطات المختصة التي تحـدد، وفقا للقوانين والإجراءات المعمول بها وعلى أسـاس كـل المعلومـات ذات الصـلة الموثـوق بهـا، أن التبني جائز نظرا لحالة الطفل فيما يتعلق بالوالدين والأقـارب والأوصياء القـانونيين وأن الأشخاص المعنيين، عند الاقتضاء، قد أعطوا عن علم موافقتهم علـى التبنـي علـى أساس حصولهم على ما قد يلزم من المشورة.

ب)   تعترف بأن التبني في بلد آخر يمكن اعتباره وسيلـة بديلـة لرعايـة الطفل، إذا تعذرت إقامة الطفل لدى أسرة حاضنة أو متبنية، أو إذا تعذرت العناية به بأي طريقة ملائمـة في وطنه.

ج)   تضمن، بالنسبة للتبني في بلد آخر، أن يستفيد الطفـل مـن ضمانات ومعـايير تعـادل تلك القائمة فيما يتعلق بالتبني الوطني.

د) تتخذ جميع التدابير المناسبة كي تضمن، بالنسبة للتبني في بلـد آخـر، أن عمليـة التبنـي لا تعـود على أولئك المشاركين فيها بكسب مالي غير مشروع.

هـ) تعزز، عند الاقتضاء، أهداف هذه المادة بعقد ترتيبات أو اتفاقات ثنائيـة أو متعـددة الأطراف، وتسعى، في هذا الإطار، إلى ضمان أن يكـون تبنـى الطفـل في بلـد آخـر مـن خلال السلطات أو الهيئات المختصة.

المادة ٢٢:

١. تتخذ الدول الأطراف في هذه الاتفاقية التدابير الملائمـة لتكفـل للطفـل الـذي يسعى للحصول على مركز لاجئ، أو الذي يعتبر لاجئا وفقـا للقـوانين والإجراءات الدوليـة أو المحليـة المعمـول بهـا، سـواء صـحبه أو لم يصحبه والـداه أو أي شـخص آخـر، تلقى الحماية والمساعدة الإنسانية المناسبتين في التمتع بالحقوق المنطبقة الموضحة في هذه الاتفاقية وفي غيرها من الصكوك الدولية الإنسانية أو المتعلقة بحقوق الإنسـان التـي تكون الدول المذكورة أطرافا فيها.

٢. ولهذا الغرض، توفر الـدول الأطراف، حسـب مـا تـراه مناسبا، التعـاون في أي جهـود تبذلها الأمم المتحدة وغيرها من المنظمات الحكوميـة الدوليـة المختصـة أو المنظمات غير الحكومية المتعاونة مع الأمم المتحدة، لحماية طفل كهـذا ومساعدته، وللبحث عن والدي طفل لاجئ لا يصحبه أحد أو عن أي أفراد آخرين مـن أسـرته، مـن أجـل الحصول على المعلومات اللازمة لجمع شمل أسرته، وفي الحـالات التي يتعذر فيها العثور على الوالدين أو الأفراد الآخرين لأسرته، يمنح الطفل ذات

الحماية الممنوحة لأي طفل آخر محروم بصفة دائمة أو مؤقته من بيئته العائلية لأي سبب، كما هو موضح في هذه الاتفاقية.

المادة ٢٣:

١. تعترف الدول الأطراف بوجوب تمتع الطفل المعوق عقليا أو جسديا بحياة كاملة وكريمة، في ظروف تكفل له كرامته وتعزز اعتماده على النفس وتيسر مشاركته الفعلية في المجتمع.

٢. تعترف الدول الأطراف بحق الطفل المعوق في التمتع برعاية خاصة وتشجع وتكفل للطفل المؤهل لذلك وللمسؤولين عن رعايته، رهنا بتوفر الموارد، تقديم المساعدة التي يقدم عنها طلب، والتي تتلاءم مع حالة الطفل وظروف والديه أو غيرهما ممن يرعونه.

٣. إدراكا للاحتياجات الخاصة للطفل المعوق، توفر المساعدة المقدمة وفقا للفقرة ٢ من هذه المادة مجانا كلما أمكن ذلك، مع مراعاة الموارد المالية للوالدين أو غيرهما ممن يقومون برعاية الطفل، وينبغي أن تهدف إلى ضمان إمكانية حصول الطفل المعوق فعلا على التعليم والتدريب، وخدمات الرعاية الصحية، وخدمات إعادة التأهيل، والإعداد لممارسة عمل، والفرص الترفيهية وتلقيه ذلك بصورة تؤدى إلى تحقيق الاندماج الاجتماعي للطفل ونموه الفردي، بما في ذلك نموه الثقافي والروحي، على أكمل وجه ممكن.

٤. على الدول الأطراف أن تشجع، بروح التعاون الدولي، تبادل المعلومات المناسبة في ميدان الرعاية الصحية الوقائية والعلاج الطبي والنفسي

والوظيفي للأطفال المعوقين، بما في ذلك نشر ـ المعلومات المتعلقة بمناهج إعادة التأهيل والخدمات المهنية وإمكانية الوصول إليها، وذلك بغية تمكين الدول الأطراف من تحسين قدراتها ومهاراتها وتوسيع خبرتها في هذه المجالات. وتراعى بصفة خاصة، في هذا الصدد، احتياجات البلدان النامية.

المادة ٢٤:

١.   تعترف الدول الأطراف بحق الطفل في التمتع بأعلى مستوى صحي يمكن بلوغه وبحقه في مرافق علاج الأمراض وإعادة التأهيل الصحي. وتبذل الدول الأطراف قصارى جهدها لتضمن ألا يحرم أي طفل من حقه في الحصول على خدمات الرعاية الصحية هذه.

٢.   تتابع الدول الأطراف إعمال هذا الحق كاملا وتتخذ، بوجه خاص، التدابير المناسبة من أجل:

أ) خفض وفيات الرضع والأطفال.

ب) كفالة توفير المساعدة الطبية والرعاية الصحية اللازمتين لجميع الأطفال مع التشديد على تطوير الرعاية الصحية الأولية.

ج) مكافحة الأمراض وسوء التغذية حتى في إطار الرعاية الصحية الأولية، عن طريق أمور منها تطبيق التكنولوجيا المتاحة بسهولة وعن طريق توفير الأغذية المغذية الكافية ومياه الشرب النقية، آخذة في اعتبارها أخطار تلوث البيئة ومخاطره.

د) كفالة الرعاية الصحية المناسبة للأمهات قبل الولاة وبعدها.

هـ) كفالة تزويد جميع قطاعات المجتمع، ولا سيما الوالدين والطفل، بالمعلومات الأساسية المتعلقة بصحة الطفل وتغذيته، ومزايا الرضاعة الطبيعية، ومبادئ حفظ الصحة والإصحاح البيئي، والوقاية من الحوادث، وحصول هذه القطاعات على تعليم في هذه المجالات ومساعدتها في الاستفادة من هذه المعلومات.

و) تطوير الرعاية الصحية الوقائية والإرشاد المقدم للوالدين، والتعليم والخدمات المتعلقة بتنظيم الأسرة.

٣. تتخذ الدول الأطراف جميع التدابير الفعالة والملائمة بغية إلغاء الممارسات التقليدية التي تضر بصحة الأطفال.

٤. تتعهد الدول الأطراف بتعزيز وتشجيع التعاون الدولي من أجل التوصل بشكل تدريجي إلى الإعمال الكامل للحق المعترف به في هذه المادة. وتراعى بصفة خاصة احتياجات البلدان النامية في هذا الصدد.

المادة ٢٥: تعترف الدول الأطراف بحق الطفل الذي تودعه السلطات المختصة لأغراض الرعاية أو الحماية أو علاج صحته البدنية أو العقلية في مراجعة دورية للعلاج المقدم للطفل ولجميع الظروف الأخرى ذات الصلة بإيداعه.

المادة ٢٦:

١. تعترف الدول الأطراف لكل طفل بالحق في الانتفاع من الضمان الاجتماعي، بما في ذلك التأمين الاجتماعي، وتتخذ التدابير اللازمة لتحقيق الإعمال الكامل لهذا الحق وفقا لقانونها الوطني.

٢. ينبغي منح الإعانات، عند الاقتضاء، مع مراعاة موارد وظروف الطفل والأشخاص المسؤولين عن إعالة الطفل، فضلا عن أي اعتبار آخر ذي صلة بطلب يقدم من جانب الطفل أو نيابة عنه للحصول على إعانات.

المادة ٢٧:

١. تعترف الدول الأطراف بحق كل طفل في مستوى معيشي ملائم لنموه البدني والعقلي والروحي والمعنوي والاجتماعي.

٢. يتحمل الوالدان أو أحدهما أو الأشخاص الآخرون المسؤولون عن الطفل، المسؤولية الأساسية عن القيام، في حدود إمكانياتهم المالية وقدراتهم، بتأمين ظروف المعيشة اللازمة لنمو الطفل.

٣. تتخذ الدول الأطراف، وفقا لظروفها الوطنية وفي حدود إمكانياتها، التدابير الملائمة من أجل مساعدة الوالدين وغيرهما من الأشخاص المسؤولين عن الطفل، علي إعمال هذا الحق وتقدم عند الضرورة المساعدة المادية وبرامج الدعم، ولا سيما فيما يتعلق بالتغذية والكساء والإسكان.

٤. تتخذ الدول الأطراف كل التدابير المناسبة لكفالة تحصيل نفقة الطفل من الوالدين أو من الأشخاص الآخرين المسؤولين ماليا عن الطفل، سواء داخل الدولة الطرف أو في الخارج. وبوجه خاص، عندما يعيش الشخص المسؤول ماليا عن الطفل في دولة أخرى غير الدولة التي يعيش فيها الطفل، تشجع الدول الأطراف الانضمام إلى اتفاقات دولية أو إبرام اتفاقات من هذا القبيل، وكذلك اتخاذ ترتيبات أخرى مناسبة.

المادة ٢٨:

١. تعترف الدول الأطراف بحق الطفل في التعليم، وتحقيقا للإعمال الكامل لهذا الحق تدريجيا وعلى أساس تكافؤ الفرص، تقوم بوجه خاص بما يلي:

أ) جعل التعليم الابتدائي إلزاميا ومتاحا مجانا للجميع،

ب) تشجيع تطوير شتى أشكال التعليم الثانوي، سواء العام أو المهني، وتوفيرها وإتاحتها لجميع الأطفال، واتخاذ التدابير المناسبة مثل إدخال مجانية التعليم وتقديم المساعدة المالية عند الحاجة إليها.

ج) جعل التعليم العالي، بشتى الوسائل المناسبة، متاحا للجميع على أساس القدرات.

د) جعل المعلومات والمبادئ الإرشادية التربوية والمهنية متوفرة لجميع الأطفال وفى متناولهم.

هـ) اتخاذ تدابير لتشجيع الحضور المنتظم في المدارس والتقليل من معدلات ترك الدراسة.

٢. تتخذ الدول الأطراف كافة التدابير المناسبة لضمان إدارة النظام في المدارس على نحو يتمشى مع كرامة الطفل الإنسانية ويتوافق مع هذه الاتفاقية.

٣. تقوم الدول الأطراف في هذه الاتفاقية بتعزيز وتشجيع التعاون الدولي في الأمور المتعلقة بالتعليم، وبخاصة بهدف الإسهام في القضاء على الجهل والأمية في جميع أنحاء العالم وتيسير الوصول إلى المعرفة العلمية والتقنية وإلى وسائل التعليم الحديثة. وتراعى بصفة خاصة احتياجات البلدان النامية في هذا الصدد.

المادة ٢٩ :

١. توافق الدول الأطراف على أن يكون تعليم الطفل موجها نحو:

أ) تنمية شخصية الطفل ومواهبه وقدراته العقلية والبدنية إلى أقصى إمكاناتها.

ب) تنمية احترام حقوق الإنسان والحريات الأساسية والمبادئ المكرسة في ميثاق الأمم المتحدة.

ج) تنمية احترام ذوى الطفل وهويته الثقافية ولغته وقيمة الخاصة، والقيم الوطنية للبلد الذي يعيش فيه الطفل والبلد الذي نشأ فيه في الأصل والحضارات المختلفة عن حضارته.

د) إعداد الطفل لحياة تستشعر المسؤولية في مجتمع حر، بروح من التفاهم والسلم والتسامح والمساواة بين الجنسين والصداقة بين جميع الشعوب والجماعات الإثنية والوطنية والدينية والأشخاص الذين ينتمون إلى السكان الأصليين.

هـ) تنمية احترام البيئة الطبيعية.

٢. ليس في نص هذه المادة أو المادة ٢٨ ما يفسر على أنه تدخل في حرية الأفراد والهيئات في إنشاء المؤسسات التعليمية وإدارتها، رهنا على الدوام بمراعاة المبادئ المنصوص عليها في الفقرة ١ من هذه المادة وباشتراط مطابقة التعليم الذي توفره هذه المؤسسات للمعايير الدنيا التي قد تضعها الدولة.

المادة ٣٠: في الدول التي توجد فيها أقليات إثنية أو دينية أو لغوية أو أشخاص من السكان الأصليين، لا يجوز حرمان الطفل المنتمى لتلك الأقليات أو لأولئك السكان من الحق في أن يتمتع، مع بقية أفراد المجموعة، بثقافته، أو الإجهار بدينه وممارسة شعائره، أو استعمال لغته.

المادة ٣١:

١. تعترف الدول الأطراف بحق الطفل في الراحة ووقت الفراغ، ومزاولة الألعاب وأنشطة الاستجمام المناسبة لسنه والمشاركة بحرية في الحياة الثقافية وفى الفنون.

٢. تحترم الدول الأطراف وتعزز حق الطفل في المشاركة الكاملة في الحياة الثقافية والفنية وتشجع على توفير فرص ملائمة ومتساوية للنشاط الثقافي والفني والاستجمامي وأنشطة أوقات الفراغ.

المادة ٣٢:

١. تعترف الدول الأطراف بحق الطفل في حمايته من الاستغلال الاقتصادي ومن أداء أي عمل يرجح أن يكون خطيرا أو أن يمثل إعاقة لتعليم الطفل، أو أن يكون ضارا بصحة الطفل أو بنموه البدني، أو العقلي، أو الروحي، أو المعنوي، أو الاجتماعي.

٢. تتخذ الدول الأطراف التدابير التشريعية والإدارية والاجتماعية والتربوية التي تكفل تنفيذ هذه المادة. ولهذا الغرض، ومع مراعاة أحكام الصكوك الدولية الأخرى ذات الصلة، تقوم الدول الأطراف بوجه خاص بما يلي:

أ) تحديد عمر أدنى أو أعمار دنيا للالتحاق بعمل,

ب) وضع نظام مناسب لساعات العمل وظروفه.

ج) فرض عقوبات أو جزاءات أخرى مناسبة بغية ضمان إنفاذ هذه المادة بفعالية.

المادة ٣٣: تتخذ الدول الأطراف جميع التدابير المناسبة، بما في ذلك التدابير التشريعية والإدارية والاجتماعية والتربوية، لوقاية الأطفال من الاستخدام غير المشروع للمواد المخدرة والمواد المؤثرة على العقل، وحسبما تحددت في المعاهدات الدولية ذات الصلة، ولمنع استخدام الأطفال في إنتاج مثل هذه المواد بطريقة غير مشروعة والاتجار بها.

المادة ٣٤: تتعهد الدول الأطراف بحماية الطفل من جميع أشكال الاستغلال الجنسي والانتهاك الجنسي. ولهذه الأغراض تتخذ الدول الأطراف، بوجه خاص، جميع التدابير الملائمة الوطنية والثنائية والمتعددة الأطراف لمنع:

أ) حمل أو إكراه الطفل على تعاطى أي نشاط جنسي غير مشروع.

ب) الاستخدام الاستغلالي للأطفال في الدعارة أو غيرها من الممارسات الجنسية غير المشروعة.

ج) الاستخدام الاستغلالي للأطفال في العروض والمواد الداعرة.

المادة ٣٥: تتخـذ الـدول الأطـراف جميـع التـدابير الملائمـة الوطنيـة والثنائيـة والمتعـددة الأطراف لمنع اختطاف الأطفال أو بيعهم أو الاتجار بهـم لأي غـرض مـن الأغراض أو بأي شكل من الأشكال.

المادة ٣٦: تحمي الدول الأطراف الطفل من سائر أشكال الاستغلال الضارة بأي جانب مـن جوانب رفاة الطفل.

المادة ٣٧: تكفل الدول الأطراف:

أ) ألا يعرض أي طفل للتعذيب أو لغيره من ضروب المعاملة أو العقوبة القاسية

ب) أو اللاإنسانية أو المهينة. ولا تفرض عقوبـة الإعـدام أو السـجن مـدى الحيـاة بسبب جرائم يرتكبها أشخاص تقل أعمارهم عن ثماني عشرة سنة دون وجود إمكانية للإفراج عنهم.

ج) ألا يحرم أي طفل من حريته بصورة غير قانونية أو تعسفية. ويجب أن يجرى اعتقال الطفل أو احتجازه أو سجنه وفقا للقانون ولا يجوز ممارسته إلا كملجأ أخير ولأقصر- فترة زمنية مناسبة.

د) يعامل كل طفل محروم مـن حريتـه بإنسانية واحـترام للكرامـة المتأصـلة في الإنسان، وبطريقة تراعى احتياجات الأشخاص الذين بلغوا سنه. وبوجه خاص، يفصل كل طفل محروم من حريته عن البالغين، ما لم يعتبر أن مصلحة الطفل تقتضي- خلاف ذلـك، ويكون له الحق في البقاء على اتصال مع أسرته عن طريق المراسلات والزيارات، إلا في الظروف الاستثنائية.

هـ) يكون لكل طفل محروم من حريته الحق في الحصول بسرعة على مساعدة قانونية وغيرها من المساعدة المناسبة، فضلا عن الحق في الطعن في شرعية حرمانه من الحرية أمام محكمة أو سلطة مختصة مستقلة ومحايدة أخرى، وفى أن يجرى البت بسرعة في أي إجراء من هذا القبيل.

المادة ٣٨:

١. تتعهد الدول الأطراف بأن تحترم قواعد القانون الإنساني الدولي المنطبقة عليها في المنازعات المسلحة وذات الصلة بالطفل وأن تضمن احترام هذه القواعد.

٢. تتخذ الدول الأطراف جميع التدابير الممكنة عمليا لكي تضمن ألا يشترك الأشخاص الذين لم يبلغ سنهم خمس عشرة سنة اشتراكا مباشرا في الحرب.

٣. تمتنع الدول الأطراف عن تجنيد أي شخص لم تبلغ سنه خمس عشرة سنة في قواتها المسلحة. وعند التجنيد من بين الأشخاص الذين بلغت سنهم خمس عشرة سنة ولكنها لم تبلغ ثماني عشرة سنة، يجب على الدول الأطراف أن تسعي لإعطاء الأولوية لمن هم أكبر سنا.

٤. تتخذ الدول الأطراف، وفقا لالتزاماتها بمقتضى القانون الإنساني الدولي بحماية السكان المدنيين في المنازعات المسلحة، جميع التدابير الممكنة عمليا لكي تضمن حماية ورعاية الأطفال المتأثرين بنزاع مسلح.

المادة ٣٩:

تتخذ الدول الأطراف كل التدابير المناسبة لتشجيع التأهيل البدني والنفسي- وإعادة الاندماج الاجتماعي للطفل الذي يقع ضحية أي شكل من أشكال الإهمال أو الاستغلال أو الإساءة، أو التعذيب أو أي شكل آخر من أشكال المعاملة أو العقوبة القاسية أو اللاإنسانية أو المهينة، أو المنازعات المسلحة. ويجرى هذا التأهيل وإعادة الاندماج هذه في بيئة تعزز صحة الطفل، واحترامه لذاته، وكرامته.

المادة ٤٠:

١. تعترف الدول الأطراف بحق كل طفل يدعي أنه انتهك قانون العقوبات أو يتهم بذلك أو يثبت عليه ذلك في أن يعامل بطريقة تتفق مع رفع درجة إحساس الطفل بكرامته وقدره، وتعزز احترام الطفل لما للآخرين من حقوق الإنسان والحريات الأساسية وتراعي سن الطفل واستصواب تشجيع إعادة اندماج الطفل وقيامه بدور بناء في المجتمع.

٢. وتحقيقا لذلك، ومع مراعاة أحكام الصكوك الدولية ذات الصلة، تكفل الدول الأطراف، بوجه خاص، ما يلي:

أ) عدم إدعاء انتهاك الطفل لقانون العقوبات أو اتهامه بذلك أو إثبات ذلك عليه بسبب أفعال أو أوجه قصور لم تكن محظورة بموجب القانون الوطني أو الدولي عند ارتكابها.

ب) يكون لكل طفل يدعي بأنه انتهك قانون العقوبات أو يتهم بذلك الضمانات التالية على الأقل:

١) افتراض براءته إلى أن تثبت إدانته وفقا للقانون.

٢) إخطاره فورا ومباشرة بالتهم الموجهة إليه، عن طريق والديه أو الأوصياء القانونيين عليه عند الاقتضاء، والحصول على مساعدة قانونية أو غيرها من المساعدة الملائمة لإعداد وتقديم دفاعه،

٣) قيام سلطة أو هيئة قضائية مختصة ومستقلة ونزيهة بالفصل في دعواه دون تأخير في محاكمة عادلة وفقا للقانون، بحضور مستشار قانوني أو بمساعدة مناسبة أخرى وبحضور والديه أو الأوصياء القانونيين عليه، ما لم يعتبر أن ذلك في غير مصلحة الطفل الفضلى، ولا سيما إذا أخذ في الحسبان سنه أو حالته.

٤) عدم إكراهه على الإدلاء بشهادة أو الاعتراف بالذنب، واستجواب أو تأمين استجواب الشهود المناهضين وكفالة اشتراك واستجواب الشهود لصالحه في ظل ظروف من المساواة.

٥) إذا اعتبر أنه انتهك قانون العقوبات، تأمين قيام سلطة مختصة أو هيئة قضائية مستقلة ونزيهة أعلى وفقا للقانون بإعادة النظر في هذا القرار وفي أية تدابير مفروضة تبعا لذلك.

٦) الحصول على مساعدة مترجم شفوي مجانا إذا تعذر على الطفل فهم اللغة المستعملة أو النطق بها.

٧) تأمين احترام حياته الخاصة تماما أثناء جميع مراحل الدعوى.

٣. تسعى الدول الأطراف لتعزيز إقامة قوانين وإجراءات وسلطات ومؤسسات منطبقة خصيصا على الأطفال الذين يدعى أنهم انتهكوا

قانون العقوبات أو يتهمون بذلك أو يثبت عليهم ذلك، وخاصة القيام بما يلي:

أ)تحديد سن دنيا يفترض دونها أن الأطفال ليس لديهم الأهلية لانتهاك قانون العقوبات.

ب) استصواب اتخاذ تدابير عند الاقتضاء لمعاملة هؤلاء الأطفال دون اللجوء إلى إجـراءات قضائية، شريطة أن تحترم حقوق الإنسان والضمانات القانونية احترام كاملا.

٤.   تتاح ترتيبات مختلفة، مثـل أوامـر الرعايـة والإرشـاد والإشراف، والمشـورة، والاختبـار، والحضانة، وبرامج التعليم والتدريب المهني وغيرها مـن بدائل الرعايـة المؤسسـية، لضمان معاملة الأطفال بطريقة تلائم رفاههم وتتناسب مـع ظروفهم وجرمهم عـلى السواء.

المادة ٤١: ليس في هذه الاتفاقية ما يمس أي أحكام تكون أسرع إفضاء إلى إعـمال حقـوق الطفل والتي قد ترد في:

أ) قانون دولة طرف، أو،

ب) القانون الدولي الساري على تلك الدولة.

-الجزء الثاني

المادة ٤٢: تتعهد الدول الأطراف بأن تنشر مبادئ الاتفاقيـة وأحكامهـا عـلى نطـاق واسـع بالوسائل الملائمة والفعالة، بين الكبار والأطفال على السواء.

المادة ٤٣:

١. تنشأ لغرض دراسة التقدم الذي أحرزته الدول الأطراف في استيفاء تنفيـذ الالتزامـات التي تعهدت بها في هذه الاتفاقية لجنـة معنيـة بحقـوق الطفل تضطلع بالوظائف المنصوص عليها فيما يلي.

٢. تتألف اللجنة من عشرة خبراء من ذوى المكانة الخلقية الرفيعة والكفاءة المعـترف بها في الميدان الذي تغطيه هذه الاتفاقية. وتنتخب الدول الأطراف أعضاء اللجنـة من بين رعاياها ويعمل هؤلاء الأعضاء بصفتهم الشخصية، ويولى الاعتبار للتوزيع الجغرافي العادل وكذلك للنظم القانونية الرئيسية.

٣. ينتخب أعضاء اللجنة بالاقتراع السري مـن قائمـة أشخاص ترشحهم الـدول الأطراف، ولكل دولة طرف أن ترشح شخصا واحدا من بين رعاياها.

٤. يجرى الانتخاب الأول لعضوية اللجنة بعد ستة أشهر على الأكثر من تاريخ بـدء نفـاذ هذه الاتفاقية وبعد ذلك مرة كل سـنتين. ويوجـه الأمـين العـام للأمـم المتحـدة قبـل أربعة أشهر على الأقل من تاريخ كل انتخاب رسالة إلى الدول الأطراف يـدعوها فيهـا إلى تقديم ترشيحاتها

في غضون شهرين. ثم يعد الأمين العام قائمة مرتبة ترتيبا ألفبائيا بجميع الأشخاص المرشحين على هذا النحو مبينا الدول الأطراف التي رشحتهم، ويبلغها إلى الدول الأطراف في هذه الاتفاقية.

٥. تجرى الانتخابات في اجتماعات للدول الأطراف يدعو الأمين العام إلى عقدها في مقر الأمم المتحدة. وفي هذه الاجتماعات، التي يشكل حضور ثلثي الدول الأطراف فيها نصابا قانونيا لها، يكون الأشخاص المنتخبون لعضوية اللجنة هم الذين يحصلون على أكبر عدد من الأصوات وعلى الأغلبية المطلقة لأصوات ممثلي الدول الأطراف الحاضرين المصوتين.

٦. ينتخب أعضاء اللجنة لمدة أربع سنوات. ويجوز إعادة انتخابهم إذا جرى ترشيحهم من جديد. غير أن مدة ولاية خمسة من الأعضاء المنتخبين في الانتخاب الأول تنقضي ـ بانقضاء سنتين، وبعد الانتخاب الأول مباشرة يقوم رئيس الاجتماع باختيار أسماء هؤلاء الأعضاء الخمسة بالقرعة.

٧. إذا توفي أحد أعضاء اللجنة أو استقال أو أعلن لأي سبب آخر أنه غير قادر على تأدية مهام اللجنة، تعين الدولة الطرف التي قامت بترشيح العضو خبيرا آخر من بين رعاياها ليكمل المدة المتبقية من الولاية، رهنا بموافقة اللجنة.

٨. تضع اللجنة نظامها الداخلي.

٩. تنتخب اللجنة أعضاء مكتبها لفترة سنتين.

١٠. تعقد اجتماعات اللجنة عادة في مقر الأمم المتحدة أو في أي كان مناسب آخر تحدده اللجنة. وتجتمع اللجنة عادة مرة في السنة وتحدد مدة اجتماعات اللجنة، ويعاد النظر فيها، إذا اقتضى الأمر، في اجتماع للدول الأطراف في هذه الاتفاقية، رهنا بموافقة الجمعية العامة.

١١. يوفر الأمين العام للأمم المتحدة ما يلزم من موظفين ومرافق لاضطلاع اللجنة بصورة فعالة بوظائفها بموجب هذه الاتفاقية.

١٢. يحصل أعضاء اللجنة المنشأة بموجب هذه الاتفاقية، بموافقة الجمعية العامة، على مكافآت من موارد الأمم المتحدة، وفقا لما قد تقرره الجمعية العامة من شروط وأحكام.

المادة ٤٤:

١. تتعهد الدول الأطراف بأن تقدم إلى اللجنة، عن طريق الأمين العام للأمم المتحدة، تقارير عن التدابير التي اعتمدتها لإنفاذ الحقوق المعترف بها في هذه الاتفاقية وعن التقدم المحرز في التمتع بتلك الحقوق:

أ) في غضون سنتين من بدء نفاذ هذه الاتفاقية بالنسبة للدولة الطرف المعنية،

ب) وبعد ذلك مرة كل خمس سنوات.

٢. توضح التقارير المعدة بموجب هذه المادة العوامل والصعاب التي تؤثر على درجة الوفاء بالالتزامات المتعهد بها بموجب هذه الاتفاقية إن وجدت مثل هذه العوامل والصعاب. ويجب أن تشتمل التقارير أيضا

على معلومات كافية توفر للجنة فهما شاملا لتنفيذ الاتفاقية في البلد المعني.

٣. لا حاجة بدولة طرف قدمت تقريرا أوليا شاملا إلي اللجنة أن تكرر، في ما تقدمه من تقارير لاحقة وفقا للفقرة ١ (ب) من هذه المادة، المعلومات الأساسية التي سبق لها تقديمها.

٤. يجوز للجنة أن تطلب من الدول الأطراف معلومات إضافية ذات صلة بتنفيذ الاتفاقية.

٥. تقدم اللجنة إلى الجمعية العامة كل سنتين، عن طريق المجلس الاقتصادي والاجتماعي، تقارير عن أنشطتها.

٦. تتيح الدول الأطراف تقاريرها على نطاق واسع للجمهور في بلدانها.

المادة ٤٥ :

لدعم تنفيذ الاتفاقية علي نحو فعال وتشجيع التعاون الدولي في الميدان الذي تغطيه الاتفاقية:

أ) يكون من حق الوكالات المتخصصة ومنظمة الأمم المتحدة للطفولة وغيرها من أجهزة الأمم المتحدة أن تكون ممثلة لدى النظر في تنفيذ ما يدخل في نطاق ولايتها من أحكام هذه الاتفاقية. وللجنة أن تدعو الوكالات المتخصصة ومنظمة الأمم المتحدة للطفولة والهيئات المختصة الأخرى، حسبما تراه ملائما، لتقديم مشورة خبرائها بشأن تنفيذ الاتفاقية في المجالات التي تدخل في نطاق ولاية كل منها. وللجنة أن تدعو الوكالات المتخصصة ومنظمة الأمم المتحدة

للطفولة وغيرها من أجهزة الأمم المتحدة لتقديم تقارير عن تنفيذ الاتفاقية في المجالات التي تدخل في نطاق أنشطتها.

ب) تحيل اللجنة، حسبما تراه ملائما، إلى الوكالات المتخصصة ومنظمة الأمم المتحدة للطفولة والهيئات المختصة الأخرى أية تقارير من الدول الأطراف تتضمن طلبا للمشورة أو المساعدة التقنيتين، أو تشير إلى حاجتها لمثل هذه المشورة أو المساعدة، مصحوبة بملاحظات اللجنة واقتراحاتها بصدد هذه الطلبات أو الإشارات، إن وجدت مثل هذه الملاحظات والاقتراحات.

ج) يجوز للجنة أن توصي بأن تطلب الجمعية العامة إلى الأمين العام إجراء دراسات بالنيابة عنها عن قضايا محددة تتصل بحقوق الطفل.

د) يجوز للجنة أن تقدم اقتراحات وتوصيات عامة تستند إلى معلومات تلقتها عملا بالمادتين ٤٤، ٤٥ من هذه الاتفاقية. وتحال مثل هذه الاقتراحات والتوصيات العامة إلى أية دولة طرف معنية، وتبلغ للجمعية العامة مصحوبة بتعليقات الدول الأطراف. إن وجدت.

-الجزء الثالث

المادة ٤٦ : يفتح باب التوقيع على هذه الاتفاقية لجميع الدول.

المادة ٤٧: تخضع هذه الاتفاقية للتصديق. وتودع صكوك التصديق لدى الأمين العام للأمم المتحدة.

المادة ٤٨: يظل باب الانضمام إلى هذه الاتفاقية مفتوحا لجميع الدول. وتودع صكوك الانضمام لدى الأمين العام للأمم المتحدة.

المادة ٤٩:

١. يبدأ نفاذ هذه الاتفاقية في اليوم الثلاثين الذي يلي تاريخ إيداع صك التصديق أو الانضمام العشرين لدي الأمين العام الأمم المتحدة.

٢. الدول التي تصدق علي هذه الاتفاقية أو تنضم إليها بعد إيداع صك التصديق أو الانضمام العشرين، يبدأ نفاذ الاتفاقية إزاءها في اليوم الثلاثين الذي يلي تاريخ إيداع هذه الدولة صك تصديقها أو انضمامها.

المادة ٥٠:

١. يجوز لأي دولة طرف أن تقترح إدخال تعديل وأن تقدمه إلى الأمين العام للأمم المتحدة. ويقوم الأمين العام عندئذ بإبلاغ الدول الأطراف بالتعديل المقترح مع طلب بإخطاره بما إذا كانت هذه الدول تحبذ عقد مؤتمر للدول الأطراف للنظر في الاقتراحات والتصويت عليها. وفى حالة تأييد ثلث الدول الأطراف على الأقل، في غضون أربعة أشهر من تاريخ هذا التبليغ، عقد هذا المؤتمر، يدعو الأمين العام إلى عقده تحت رعاية الأمم المتحدة. ويقدم أي تعديل تعتمده أغلبية من الدول الأطراف الحاضرة والمصوتة في المؤتمر إلى الجمعية العامة لإقراره.

٢. يبدأ نفاذ أي تعديل يتم اعتماده وفقا للفقرة ١ من هذه المادة عندما تقره الجمعية العامة للأمم المتحدة وتقبله الدول الأطراف في هذه الاتفاقية بأغلبية الثلثين.

٣. تكون التعديلات، عند بدء نفاذها، ملزمة للدول الأطراف التي قبلتها وتبقى الدول الأطراف الأخرى ملزمة بأحكام هذه الاتفاقية وبأية تعديلات سابقة تكون قد قبلتها.

المادة ٥١:

١. يتلقى الأمين للأمم المتحدة نص التحفظات التي تبديها الدول وقت التصديق أو الانضمام، ويقوم بتعميمها على جميع الدول.

٢. لا يجوز إبداء أي تحفظ يكون منافيا لهدف هذه الاتفاقية وغرضها.

٣. يجوز سحب التحفظات في أي وقت بتوجيه إشعار بهذا المعنى إلى الأمين العام للأمم المتحدة، الذي يقوم عندئذ بإبلاغ جميع الدول به. ويصبح هذا الإشعار نافذ المفعول اعتبارا من تاريخ تلقيه من قبل الأمين العام.

المادة ٥٢: يجوز لأي دولة طرف أن تنسحب من هذه الاتفاقية بإشعار خطى ترسله إلى الأمين العام للأمم المتحدة. ويصبح الانسحاب نافذا بعد مرور سنة على تاريخ تسلم الأمين العام هذا الإشعار.

المادة ٥٣: يعين الأمين العام للأمم المتحدة وديعا لهذه الاتفاقية.

المادة ٥٤: يودع أصل هذه الاتفاقية، التي تتساوى في الحجية نصوصها بالإسبانية والإنكليزية والروسية والصينية والعربية والفرنسية، لدى الأمين العام للأمم المتحدة. وإثباتا لذلك، قام المفوضون الموقعون أدناه، المخولون حسب الأصول من جانب حكومتهم، بالتوقيع على هذه الاتفاقية.

إعلان حقوق الطفل

اعتمد ونشر على الملأ بموجب قرار الجمعية العامة١٣٨٦ (د-١٤)

المؤرخ في ٢٠ تشرين الثاني/نوفمبر ١٩٥٩

-الديباجة

لما كانت شعوب الأمم المتحدة، في الميثاق، قد أكدت مرة أخرى إيمانها بحقوق الإنسان الأساسية وبكرامة الشخص الإنساني وقيمته، وعقدت العزم على تعزيز التقدم الاجتماعي والارتقاء بمستويات الحياة في جو من حرية أفسح، ولما كانت الأمم المتحدة، قد نادت، في الإعلان العالمي لحقوق الإنسان، بأن لكل إنسان أن يتمتع بجميع الحقوق والحريات المقررة فيه، دون أي تمييز بسبب العرق أو اللون أو الجنس أو اللغة أو الدين، أو الرأي سياسيا أو غير سياسي، أو الأصل القومي أو الاجتماعي أو الثروة أو النسب أو أي وضع آخر، ولما كان الطفل يحتاج، بسبب عدم نضجه الجسمي والعقلي إلى حماية وعناية خاصة، وخصوصا إلى حماية قانونية مناسبة سواء قبل مولده أو بعده، وبما أن ضرورة هذه الحماية الخاصة قد نص عليها في إعلان حقوق الطفل الصادر في جنيف عام ١٩٢٤ واعترف بها في الإعلان العالمي لحقوق الإنسان وفي النظم الأساسية للوكالات المتخصصة والمنظمات الدولية المعنية برعاية

الأطفال، وبما أن للطفل على الإنسانية أن تمنحه خير ما لديها، فإن الجمعية العامة، تصدر رسميا "إعلان حقوق الطفل" هذا لتمكنيه من التمتع بطفولة سعيدة ينعم فيها، لخيره وخير المجتمع، بالحقوق والحريات المقررة في هذا الإعلان، وتدعو الآباء والأمهات، والرجال والنساء كلا بمفرده، كما تدعو المنظمات الطوعية والسلطات المحلية والحكومات القومية إلى الاعتراف بهذه الحقوق والسعي لضمان مراعاتها بتدابير تشريعية وغير تشريعية تتخذ تدريجيا وفقا للمبادئ التالية:

-المبدأ الأول

* يجب أن يتمتع الطفل بجميع الحقوق المقررة في هذا الإعلان. ولكل طفل بلا استثناء أن يتمتع بهذه الحقوق دون أي تفريق أو تمييز بسبب العرق أو اللون أو الجنس أو الدين أو الرأي سياسيا أو غير سياسي، أو الأصل القومي أو الاجتماعي، أو الثروة أو النسب أو أي وضع آخر يكون له أو لأسرته.

-المبدأ الثاني

* يجب أن يتمتع الطفل بحماية خاصة وأن يمنح، بالتشريع وغيره من الوسائل، الفرص والتسهيلات اللازمة لإتاحة نموه الجسمي والعقلي والخلقي والروحي والاجتماعي نموا طبيعيا سليما في جو من الحرية

والكرامة. وتكون مصلحته العليا محل الاعتبار الأول في سن القوانين لهذه الغاية.

-المبدأ الثالث

* للطفل منذ مولده حق في أن يكون له اسم وجنسية.

-المبدأ الرابع

* يجب أن يتمتع الطفل بفوائد الضمان الاجتماعي وأن يكون مؤهلا للنمو الصحي السليم. وعلى هذه الغاية، يجب أن يحاط هو وأمه بالعناية والحماية الخاصتين اللازمتين قبل الوضع وبعده. وللطفل حق في قدر كاف من الغذاء والمأوى واللهو والخدمات الطبية.

-المبدأ الخامس

* يجب أن يحاط الطفل المعوق جسميا أو عقليا أو اجتماعيا بالمعالجة والتربية والعناية الخاصة التي تقتضيها حالته.

-المبدأ السادس

* يحتاج الطفل لكي ينعم بشخصية منسجمة النمو مكتملة التفتح، إلى الحب والتفهم. ولذلك يراعى أن تتم تنشئته إلى أبعد مدى ممكن، برعاية والديه وفي ظل مسؤوليتهما، وعلى أي حال، في جو يسوده الحنان والأمن المعنوي والمادي فلا يجوز، إلا في ظروف استثنائية، فصل الطفل الصغير عن أمه. ويجب على المجتمع والسلطات العامة تقديم عناية خاصة للأطفال المحرومين من الأسرة وأولئك المفتقرين إلى كفاف

العيش. ويحسن دفع مساعدات حكومية وغير حكومية للقيام بنفقة أطفال الأسر الكبيرة العدد.

-المبدأ السابع

* للطفل حق في تلقي التعليم، الذي يجب أن يكون مجانيا وإلزاميا، في مراحله الابتدائية على الأقل، وأن يستهدف رفع ثقافة الطفل العامة وتمكينه، على أساس تكافؤ الفرص، من تنمية ملكاته وحصافته وشعوره بالمسؤولية الأدبية والاجتماعية، ومن أن يصبح عضوا مفيدا في المجتمع.

ويجب أن تكون مصلحة الطفل العليا هي المبدأ الذي يسترشد به المسؤولون عن تعليمه وتوجيهه. وتقع هذه المسؤولية بالدرجة الأولى على أبويه.

ويجب أن تتاح للطفل فرصة كاملة للعب واللهو، اللذين يجب أن يوجها نحو أهداف التعليم ذاتها. وعلى المجتمع والسلطات العامة السعي لتيسير التمتع بهذا الحق.

-المبدأ الثامن

* يجب أن يكون الطفل، في جميع الظروف، بين أوائل المتمتعين بالحماية والإغاثة.

-المبدأ التاسع

* يجب أن يتمتع الطفل بالحماية من جمع صور الإهمال والقسوة والاستغلال. ويحظر الاتجار به على أية صورة.

ولا يجوز استخدام الطفل قبل بلوغه السن الأدنى الملائم. ويحظر في جميع الأحوال حمله على العمل أو تركه يعمل في أية مهنة أو صنعة تؤذي صحته أو تعليمه أو تعرقل نموه الجسمي أو العقلي أو الخلقي.

-المبدأ العاشر

* يجب أن يحاط الطفل بالحماية من جميع الممارسات التي قد تدفع إلى التمييز العنصري أو الديني أو أي شكل آخر من أشكال التمييز، وأن يربى على روح التفهم والتسامح، والصداقة بين الشعوب، والسلم والأخوة العالمية، وعلى الإدراك التام لوجوب تكريس طاقته ومواهبه لخدمة إخوانه البشر.

العهد الدولي الخاص بالحقوق المدنية والسياسية

اعتمد وعرض للتوقيع والتصديق والانضمام

بقرار الجمعية العامة ٢٢٠٠ (ألف) المؤرخ في كانون الأول/ ديسمبر ١٩٦٦

تاريخ بدء النفاذ : ٢٣ آذار/ مارس ١٩٧٦، طبقا للمادة ٤٩

-الديباجة

إن الدول الأطراف في هذا العهد، إذ ترى أن الإقرار بما لجميع أعضاء الأسرة البشرية من كرامة أصيلة فيهم، ومن حقوق متساوية وثابتة، يشكل، وفقا للمبادئ المعلنة في ميثاق الأمم المتحدة، أساس الحرية والعدل والسلام في العالم، وإذ تقر بأن هذه الحقوق تنبثق من كرامة الإنسان الأصيلة فيه، وإذ تدرك أن السبيل الوحيد لتحقيق المثل الأعلى المتمثل، وفقا للإعلان العالمي لحقوق الإنسان، في أن يكون البشر أحرارا، ومتمتعين بالحرية المدنية والسياسية ومتحررين من الخوف والفاقة، هو سبيل تهيئة الظروف لتمكين كل إنسان من التمتع بحقوقه المدنية والسياسية، وكذلك بحقوقه الاقتصادية والاجتماعية والثقافية، وإذ تضع في اعتبارها ما على الدول، بمقتضى ميثاق الأمم المتحدة، من التزام بتعزيز الاحترام والمراعاة العالميين لحقوق الإنسان وحرياته، وإذ تدرك أن على الفرد، الذي تترتب عليه واجبات إزاء الأفراد الآخرين إزاء الجماعة التي ينتمي إليها، مسؤولية السعي إلى تعزيز ومراعاة الحقوق المعترف بها في هذا العهد، قد اتفقت على المواد التالية:

-الجزء الأول

المادة ١ :

١- لجميع الشعوب حق تقرير مصيرها بنفسها، وهي بمقتضى هـذا الحـق حـرة في تقريـر مركزها السياسي وحرة في السعي لتحقيق نمائها الاقتصادي والاجتماعي والثقافي.

٢- لجميع الشعوب، سعيا وراء أهدافها الخاصة، التصرف الحر بثرواتها ومواردها الطبيعية دونما إخلال بأية التزامات منبثقة عن مقتضيات التعاون الاقتصادي الـدولي القـائم على مبدأ المنفعة المتبادلة وعن القانون الدولي. ولا يجـوز في أيـة حـال حرمـان أي شعب من أسباب عيشه الخاصة.

٣- على الدول الأطراف في هذا العهد، بما فيها الدول التي تقع على عاتقها مسؤولية إدارة الأقاليم غير المتمتعة بالحكم الذاتي والأقاليم المشمولة بالوصاية، أن تعمل عـلى تحقيق حق تقرير المصير وأن تحترم هذا الحق، وفقا لأحكام ميثاق الأمم المتحدة.

-الجزء الثاني

المادة ٢ :

١- تتعهد كل دولة طرف في هذا العهد باحترام الحقوق المعترف بهـا فيـه، وبكفالـة هـذه الحقوق لجميع الأفراد الموجودين في إقليمها

والداخلين في ولايتها، دون أي تمييز بسبب العرق، أو اللون، أو الجنس، أو اللغة، أو الدين، أو الرأي سياسي أو غير سياسي، أو الأصل القومي أو الاجتماعي، أو الثروة، أو النسب، أو غير ذلك من الأسباب.

٢- تتعهد كل دولة طرف في هذا العهد، إذا كانت تدابيرها التشريعية أو غير التشريعية القائمة لا تكفل فعلا إعمال الحقوق المعترف بها في هذا العهد، بأن تتخذ، طبقا لإجراءاتها الدستورية ولأحكام هذا العهد، ما يكون ضرورة لهذا الإعمال من تدابير تشريعية أو غير تشريعية.

٣- تتعهد كل دولة طرف في هذا العهد:

(أ) بأن تكفل توفر سبيل فعال للتظلم لأي شخص انتهكت حقوقه أو حرياته المعترف بها في هذا العهد، حتى لو صدر الانتهاك عن أشخاص يتصرفون بصفتهم الرسمية.

(ب) بأن تكفل لكل متظلم على هذا النحو أن تبت في الحقوق التي يدعي انتهاكها سلطة قضائية أو إدارية أو تشريعية مختصة، أو أية سلطة مختصة أخرى ينص عليها نظام الدولة القانوني، وبأن تنمي إمكانيات التظلم القضائي.

(ج) بأن تكفل قيام السلطات المختصة بإنفاذ الأحكام الصادرة لمصالح المتظلمين.

المادة ٣ :

تتعهد الدول الأطراف في هذا العهد بكفالة تساوي الرجال والنساء في حق التمتع بجميع الحقوق المدنية والسياسية المنصوص عليها في هذا العهد.

المادة ٤ :

١- في حالات الطوارئ الاستثنائية التي تتهدد حياة الأمة، والمعلن قيامها رسميا، يجوز للدول الأطراف في هذا العهد أن تتخذ، في أضيق الحدود التي يتطلبها الوضع، تدابير لا تتقيد بالالتزامات المترتبة عليها بمقتضى هذا العهد، شريطة عدم منافاة هذه التدابير للالتزامات الأخرى المترتبة عليها بمقتضى القانون الدولي وعدم انطوائها على تمييز يكون مبرره الوحيد هو العرق أو اللون أو الجنس أو اللغة أو الدين أو الأصل الاجتماعي.

٢- لا يجيز هذا النص أي مخالفة لأحكام المواد ٦ و ٧ و ٨ (الفقرتين ١و ٢) و ١١.

٣- على أية دولة طرف في هذا العهد استخدمت حق عدم التقيد أن تعلم الدول الأطراف الأخرى فورا، عن طريق الأمين العام للأمم المتحدة، بالأحكام التي لم تتقيد بها وبالأسباب التي دفعتها إلى ذلك. وعليها، في التاريخ الذي تنهي فيه عدم التقيد، أن تعلمها بذلك مرة أخرى وبالطريق ذاته.

المادة ٥ :

١- ليس في هذا العهد أي حكم يجوز تأويله على نحو يفيد انطواءه على حق لأي دولة أو جماعة أو شخص بمباشرة أي نشاط أو القيام بأي عمل يهدف إلى إهدار أي من الحقوق أو الحريات المعترف بها في هذا العهد أو إلى فرض قيود عليها أوسع من تلك المنصوص عليها فيه.

٢- لا يقبل فرض أي قيد أو أي تضييق على أي من حقوق الإنسان الأساسية المعترف بها أو النافدة في أي بلد تطبيقا لقوانين أو اتفاقيات أو أنظمة أو أعراف، بذريعة كون هذا العهد لا يعترف بها أو كون اعترافه بها أضيق مدى.

-الجزء الثالث

المادة ٦:

١- الحق في الحياة حق ملازم لكل إنسان. وعلى القانون أن يحمي هذا الحق. ولا يجوز حرمان أحد من حياته تعسفا.

٢- لا يجوز. في البلدان التي لم تلغ عقوبة الإعدام، أن يحكم بهذه العقوبة إلا جزاء على أشد الجرائم خطورة وفقا للتشريع النافذ وقت ارتكاب الجريمة وغير المخالف لأحكام هذا العهد ولاتفاقية منع جريمة الإبادة الجماعية والمعاقبة عليها. ولا يجوز تطبيق هذه العقوبة إلا بمقتضى حكم نهائي صادر عن محكمة مختصة.

٣- حين يكون الحرمان من الحياة جريمة من جرائم الإبادة الجماعية، يكون من المفهوم بداهة أنه ليس في هذه المادة أي نص يجيز لأية دولة طرف في هذا العهد أن تعفي نفسها على أية صورة من أي التزام يكون مترتبا عليها بمقتضى أحكام اتفاقية منع جريمة الإبادة الجماعية والمعاقبة عليها.

٤- لأي شخص حكم عليه بالإعدام حق التماس العفو الخاص أو إبدال العقوبة. ويجوز منح العفو العام أو العفو الخاص أو إبدال عقوبة الإعدام في جميع الحالات.

٥- لا يجوز الحكم بعقوبة الإعدام على جرائم ارتكبها أشخاص دون الثامنة عشرة من العمر، ولا تنفذ هذه العقوبة بالحوامل.

٦- ليس في هذه المادة أي حكم يجوز التذرع به لتأخير أو منع إلغاء الإعدام من قبل أية دولة طرف في هذا العهد.

المادة ٧ :

لا يجوز إخضاع أحد للتعذيب ولا للمعاملة أو العقوبة القاسية أو اللاإنسانية أو الحاطة بالكرامة. وعلى وجه الخصوص، لا يجوز إجراء أية تجربة طبية أو علمية على أحد دون رضاه الحر.

المادة ٨:

١- لا يجوز استرقاق أحد، ويحظر الرق والاتجار بالرقيق بجميع صورهما.

٢- لا يجوز إخضاع أحد للعبودية.

٣- (أ) لا يجوز إكراه أحد على السخرة أو العمل الإلزامي.

(ب) لا يجوز تأويل الفقرة ٣ (أ) على نحو يجعلها، في البلدان التي تجيز المعاقبة على بعض الجرائم بالسجن مع الأشغال الشاقة، تمنع تنفيذ عقوبة الأشغال الشاقة المحكوم بها من قبل محكمة مختصة.

(ج) لأغراض هذه الفقرة، لا يشمل تعبير "السخرة أو العمل الإلزامي ".

"١" الأعمال والخدمات غير المقصودة بالفقرة الفرعية (ب) والتي تفرض عادة على الشخص المعتقل نتيجة قرار قضائي أو قانوني أو الذي صدر بحقه مثل هذا القرار ثم أفرج عنه بصورة مشروطة.

"٢" أية خدمة ذات طابع عسكري، وكذلك، في البلدان التي تعترف بحق الاستنكاف الضميري عن الخدمة العسكرية، أية خدمة قومية يفرضها القانون على المستنكفين ضميريا.

"٣" أية خدمة تفرض في حالات الطوارئ أو النكبات التي تهدد حياة الجماعة أو رفاهها.

"٤" أية أعمال أو خدمات تشكل جزءا من الالتزامات المدنية العادية.

المادة ٩:

١- لكل فرد حق في الحرية وفي الأمان على شخصه. ولا يجوز توقيف أحد أو اعتقاله تعسفا. ولا يجوز حرمان أحد من حريته إلا لأسباب ينص عليها القانون وطبق الإجراء المقرر فيه.

٢- يتوجب إبلاغ أي شخص يتم توقيفه بأسباب هذا التوقيف لدى وقوعه كما يتوجب إبلاغه سريعا بأية تهمة توجه إليه.

٣- يقدم الموقوف أو المعتقل بتهمة جزائية، سريعا إلى أحد القضاة أو أحد الموظفين المخولين قانونا مباشرة وظائف قضائية، ويكون من حقه أن يحاكم خلال مهلة معقولة أو أن يفرج عنه. ولا يجوز أن يكون احتجاز الأشخاص الذين ينتظرون المحاكمة هو القاعدة العامة، ولكن من الجائز تعليق الإفراج عنهم على ضمانات لكفالة حضورهم المحاكمة في أية مرحلة أخرى من مراحل الإجراءات القضائية، ولكفالة تنفيذ الحكم عند الاقتضاء.

٤- لكل شخص حرم من حريته بالتوقيف أو الاعتقال حق الرجوع إلى محكمة لكي تفصل هذه المحكمة دون إبطاء في قانونية اعتقاله، وتأمر بالإفراج عنه إذا كان الاعتقال غير قانوني.

٥- لكل شخص كان ضحية توقيف أو اعتقال غير قانوني حق في الحصول على تعويض.

المادة ١٠:

١- يعامل جميع المحرومين من حريتهم معاملة إنسانية، تحترم الكرامة الأصيلة في الشخص الإنساني.

(أ) يفصل الأشخاص المتهمون عن الأشخاص المدانين، إلا في ظروف استثنائية، ويكونون محل معاملة على حدة تتفق مع كونهم أشخاصا غير مدانين،

(ب) يفصل المتهمون الأحداث عن البالغين، و يحالون بالسرعة الممكنة إلى القضاء للفصل في قضاياهم.

٢- يجب أن يراعي نظام السجون معاملة المسجونين معاملة يكون هدفها الأساسي إصلاحهم وإعادة تأهيلهم الاجتماعي. ويفصل المذنبون الأحداث عن البالغين ويعاملون معاملة تتفق مع سنهم ومركزهم القانوني.

المادة ١١ :

لا يجوز سجن أي إنسان لمجرد عجزه عن الوفاء بالتزام تعاقدي.

المادة ١٢ :

١- لكل فرد يوجد على نحو قانوني داخل إقليم دولة ما حق حرية التنقل فيه وحرية اختيار مكان إقامته.

٢- لكل فرد حرية مغادرة أي بلد، بما في ذلك بلده.

٣- لا يجوز تقييد الحقوق المذكورة أعلاه بأية قيود غير تلك التي ينص عليها القانون، وتكون ضرورية لحماية الأمن القومي أو النظام العام أو الصحة العامة أو الآداب العامة أو حقوق الآخرين وحرياتهم، وتكون متمشية مع الحقوق الأخرى المعترف بها في هذا العهد.

٤- لا يجوز حرمان أحد، تعسفا، من حق الدخول إلى بلده.

المادة ١٣:

لا يجوز إبعاد الأجنبي المقيم بصفة قانونية في إقليم دولة طرف في هذا العهد إلا تنفيذا لقرار اتخذ وفقا للقانون، وبعد تمكينه، ما لم تحتم دواعي الأمن القومي خلاف ذلك، من عرض الأسباب المؤيدة لعدم إبعاده ومن عرض قضيته على السلطة المختصة أو على من تعينه أو تعينهم خصيصا لذلك، ومن توكيل من يمثله أمامها أو أمامهم.

المادة ١٤:

١- الناس جميعا سواء أمام القضاء. ومن حق كل فرد، لدى الفصل في أية تهمة جزائية توجه إليه أو في حقوقه والتزاماته في أية دعوى مدنية، أن تكون قضيته محل نظر منصف وعلني من قبل محكمة مختصة مستقلة حيادية، منشأة بحكم القانون. ويجوز منع الصحافة والجمهور من حضور المحاكمة كلها أو بعضها لدواعي الآداب العامة أو النظام العام أو الأمن القومي في مجتمع

ديمقراطي، أو لمقتضيات حرمة الحياة الخاصة لأطراف الدعوى، أو في أدنى الحدود التي تراها المحكمة ضرورية حين يكون من شأن العلنية في بعض الظروف الاستثنائية أن تخل بمصلحة العدالة، إلا أن أي حكم في قضية جزائية أو دعوى مدنية يجب أن يصدر بصورة علنية، إلا إذا كان الأمر يتصل بأحداث تقتضي مصلحتهم خلاف ذلك أو كانت الدعوى تتناول خلافات بين زوجين أو تتعلق بالوصاية على أطفال.

٢- من حق كل متهم بارتكاب جريمة أن يعتبر بريئا إلى أن يثبت عليه الجرم قانونا.

٣- لكل متهم بجريمة أن يتمتع أثناء النظر في قضيته، وعلى قدم المساواة التامة، بالضمانات الدنيا التالية:

(أ) أن يتم إعلامه سريعا وبالتفصيل، وفي لغة يفهمها، بطبيعة التهمة الموجهة إليه وأسبابها.

(ب) أن يعطى من الوقت ومن التسهيلات ما يكفيه لإعداد دفاعه وللاتصال بمحام يختاره بنفسه.

(ج) أن يحاكم دون تأخير لا مبرر له.

(د) أن يحاكم حضوريا وأن يدافع عن نفسه بشخصه أو بواسطة محام من اختياره، وأن يخطر بحقه في وجود من يدافع عنه إذا لم يكن له

من يدافع عنه، وأن تزوده المحكمة حكما، كلما كانت مصلحة العدالة تقتضي ذلك، بمحام يدافع عنه، دون تحميله أجرا على ذلك إذا كان لا يملك الوسائل الكافية لدفع هذا الأجر.

(هـ) أن يناقش شهود الاتهام، بنفسه أو من قبل غيره، وأن يحصل على الموافقة على استدعاء شهود النفي بذات الشروط المطبقة في حالة شهود الاتهام.

(و) أن يزود مجانا بترجمان إذا كان لا يفهم أو لا يتكلم اللغة المستخدمة في المحكمة.

(ز) ألا يكره على الشهادة ضد نفسه أو على الاعتراف بذنب.

٤- في حالة الأحداث، يراعى جعل الإجراءات مناسبة لسنهم ومواتية لضرورة العمل على إعادة تأهيلهم.

٥- لكل شخص أدين بجريمة حق اللجوء، وفقا للقانون، إلى محكمة أعلى كي ما تعيد النظر في قرار إدانته وفي العقاب الذي حكم به عليه.

٦- حين يكون قد صدر على شخص ما حكم نهائي يدينه بجريمة، ثم أبطل هذا الحكم أو صدر عفو خاص عنه على أساس واقعة جديدة أو واقعة حديثة الاكتشاف تحمل الدليل القاطع على وقوع خطأ قضائي، يتوجب تعويض الشخص الذي أنزل به العقاب نتيجة تلك الإدانة، وفقا للقانون، ما لم يثبت أنه يتحمل، كليا أو جزئيا، المسؤولية عن عدم إفشاء الواقعة المجهولة في الوقت المناسب.

٧- لا يجوز تعريض أحد مجددا للمحاكمة أو للعقاب على جريمة سبق أن أدين بها أو بريء منها بحكم نهائي و وفقا للقانون وللإجراءات الجنائية في كل بلد.

المادة ١٥:

١- لا يدان أي فرد بأية جريمة بسبب فعل أو امتناع عن فعل لم يكن وقت ارتكابه يشكل جريمة بمقتضى القانون الوطني أو الدولي. كمالا يجوز فرض أية عقوبة تكون أشد من تلك التي كانت سارية المفعول في الوقت الذي ارتكبت فيه الجريمة. وإذا حدث، بعد ارتكاب الجريمة، أن صدر قانون ينص على عقوبة أخف، وجب أن يستفيد مرتكب الجريمة من هذا التخفيف.

٢- ليس في هذه المادة من شيء يخل بمحاكمة ومعاقبة أي شخص على أي فعل أو امتناع عن فعل كان حين ارتكابه يشكل جرما وفق المبادئ القانون العامة التي تعترف بها جماعة الأمم.

المادة ١٦:

لكل إنسان، في كل مكان، الحق بأن يعترف له بالشخصية القانونية.

المادة ١٧ :

١- لا يجوز تعريض أي شخص، على نحو تعسفي أو غير قانوني، لتدخل في خصوصياته أو شؤون أسرته أو بيته أو مراسلاته، ولأي حملات غير قانونية تمسن شرفه أو سمعته.

٢- من حق كل شخص أن يحميه القانون من مثل هذا التدخل أو المساس.

المادة ١٨:

١- لكل إنسان حق في حرية الفكر والوجدان والدين. ويشـمل ذلـك حريتـه في أن يـدين بدين ما، وحريته في اعتناق أي دين أو معتقد يختاره، وحريته في إظهار دينـه أو معتقده بالتعبد و إقامة الشعائر والممارسة والتعليم، بمفرده أو مع جماعة، وأمـام الملأ أو على حدة.

٢- لا يجوز تعريض أحد لإكراه من شأنه أن يخل بحريته في أن يدين بدين ما، أو بحريتـه في اعتناق أي دين أو معتقد يختاره.

٣- لا يجوز إخضاع حرية الإنسان في إظهار دينـه أو معتقـده، إلا للقيـود التـي يفرضها القانون والتي تكون ضرورية لحماية السـلامة العامة أو النظـام العـام أو الصـحة العامة أو الآداب العامة أو حقوق الآخرين وحرياتهم الأساسية.

٤- تتعهد الدول الأطراف في هذا العهد باحترام حرية الآبـاء، أو الأوصياء عند وجودهم، في تأمين تربية أولادهم دينيا وخلقيا وفقا لقناعاتهم الخاصة.

المادة ١٩ :

١- لكل إنسان حق في اعتناق أراء دون مضايقة.

٢- لكل إنسان حق في حرية التعبير. ويشمل هذا الحق حريته في التماس مختلف ضروب المعلومات والأفكار وتلقيها ونقلها إلى الآخرين دونـما اعتبـار للحـدود، سـواء عـلى شكل مكتوب أو مطبوع أو في قالب أو بأية وسيلة أخرى يختارها.

٣- تستتبع ممارسة الحقوق المنصوص عليها في الفقرة ٢ من هذه المادة واجبات ومسؤوليات خاصة. وعلى ذلك يجوز إخضاعها لبعض القيود ولكن شريطة أن تكون محددة بنص القانون وأن تكون ضرورية:

(أ) لاحترام حقوق الآخرين أو سمعتهم،

(ب) لحماية الأمن القومي أو النظام العام أو الصحة العامة أو الآداب العامة.

المادة ٢٠ :

١- تحظر بالقانون أية دعاية للحرب.

٢- تحظر بالقانون أية دعوة إلى الكراهية القومية أو العنصرية أو الدينية تشكل تحريضا على التمييز أو العداوة أو العنف.

المادة ٢١ :

يكون الحق في التجمع السلمي معترفا به. ولا يجوز أن يوضع من القيود على ممارسة هذا الحق إلا تلك التي تفرض طبقا للقانون وتشكل تدابير ضرورية، في مجتمع ديمقراطي، لصيانة الأمن القومي أو السلامة العامة أو النظام العام أو حماية الصحة العامة أو الآداب العامة أو حماية حقوق الآخرين وحرياتهم.

المادة ٢٢ :

١- لكل فرد حق في حرية تكوين الجمعيات مع آخرين، بما في ذلك حق إنشاء النقابات والانضمام إليها من أجل حماية مصالحه.

٢- لا يجوز أن يوضع من القيود على ممارسة هذا الحق إلا تلك التي ينص عليها القانون وتشكل تدابير ضرورية، في مجتمع ديمقراطي، لصيانة الأمن القومي أو السلامة العامة أو النظام العام أو حماية الصحة العامة أو الآداب العامة أو حماية حقوق الآخرين وحرياتهم. ولا تحول هذه المادة دون إخضاع أفراد القوات المسلحة ورجال الشرطة لقيود قانونية على ممارسة هذا الحق.

٣- ليس في هذه المادة أي حكم يجيز للدول الأطراف في اتفاقية منظمة العمل الدولية المعقودة عام ١٩٤٨ بشأن الحرية النقابية وحماية حق التنظيم النقابي اتخاذ تدابير تشريعية من شأنها، أو تطبيق القانون بطريقة من شأنها أن تخل بالضمانات المنصوص عليها في تلك الاتفاقية.

المادة ٢٣:

١- الأسرة هي الوحدة الجماعية الطبيعية والأساسية في المجتمع، ولها حق التمتع بحماية المجتمع والدولة.

٢- يكون للرجل والمرأة، ابتداء من بلوغ سن الزواج، حق معترف به في التزوج وتأسيس أسرة.

٣- لا ينعقد أي زواج إلا برضا الطرفين المزمع زواجهما رضاء كاملا لا إكراه فيه.

٤- تتخذ الدول الأطراف في هذا العهد التدابير المناسبة لكفالة تساوي حقوق الزوجين وواجباتهما لدى التزوج وخلال قيام الزواج ولدى انحلاله. وفي حالة الانحلال يتوجب اتخاذ تدابير لكفالة الحماية الضرورية للأولاد في حالة وجودهم.

المادة ٢٤ :

١- يكون لكل ولد، دون أي تمييز بسبب العرق أو اللون أو الجنس أو اللغة أو الدين أو الأصل القومي أو الاجتماعي أو الثروة أو النسب، حق على أسرته وعلى المجتمع وعلى الدولة في اتخاذ تدابير الحماية التي يقتضيها كونه قاصرا.

٢- يتوجب تسجيل كلى طفل فور ولادته ويعطى اسما يعرف به.

٣- لكل طفل حق في اكتساب جنسية.

المادة ٢٥:

يكون لكل مواطن، دون أي وجه من وجوه التمييز المذكورة في المادة ٢، الحقوق التالية، التي يجب أن تتاح له فرصة التمتع بها دون قيود غير معقولة:

(أ) أن يشارك في إدارة الشؤون العامة، إما مباشرة وإما بواسطة ممثلين يختارون في حرية،

(ب) أن ينتخب وينتخب، في انتخابات نزيهة تجرى دوريا بالاقتراع العام وعلى قدم المساواة بين الناخبين وبالتصويت السري، تضمن التعبير الحر عن إرادة الناخبين،

(ج) أن تتاح له، على قدم المساواة عموما مع سواه، فرصة تقلد الوظائف العامة في بلده.

المادة ٢٦ :

الناس جميعا سواء أمام القانون ويتمتعون دون أي تمييز بحق متساو في التمتع بحمايته. وفي هذا الصدد يجب أن يحظر القانون أي تمييز وأن يكفل لجميع الأشخاص على السواء حماية فعالة من التمييز لأي سبب، كالعرق أو اللون أو الجنس أو اللغة أو الدين أو الرأي سياسيا أو غير سياسي، أو الأصل القومي أو الاجتماعي، أو الثروة أو النسب، أو غير ذلك من الأسباب.

المادة ٢٧ :

لا يجوز، في الدول التي توجد فيها أقليات أثنية أو دينية أو لغوية، أن يحرم الأشخاص المنتسبون إلى الأقليات المذكورة من حق التمتع بثقافتهم الخاصة أو المجاهرة بدينهم وإقامة شعائره أو استخدام لغتهم، بالاشتراك مع الأعضاء الآخرين في جماعتهم.

-الجزء الرابع

المادة ٢٨ :

١- تنشأ لجنة تسمى"اللجنة المعنية بحقوق الإنسان" (يشار إليها في ما يلي من هذا العهد باسم "اللجنة"). وتتألف هـذه اللجنة مـن ثمانيـة عشرـ عضـوا وتتولى الوظـائف المنصوص عليها في ما يلي:

٢- تؤلف اللجنة من مواطنين في الدول الأطراف في هذا العهد، من ذوي المناقب الخلقيـة الرفيعة المشهود لهم بالاختصاص في ميدان حقوق الإنسان، مـع مراعـاة أن مـن المفيد أن يشرك فيها بعض الأشخاص ذوي الخبرة القانونية.

٣- يقع تعيين أعضاء اللجنة بالانتخاب، وهم يعملون فيها بصفتهم الشخصية.

المادة ٢٩ :

١- يتم انتخاب أعضاء اللجنة بـالاقتراع السري مـن قائمـة أشخاص تتـوفر لهـم المـؤهلات المنصوص عليها في المادة ٢٨، تكون قد رشـحتهم لهـذا الغـرض الـدول الأطـراف في هذا العهد.

٢- لكل دولة طرف في هذا العهد أن ترشح، من بين مواطنيها حصرا، شخصين على الأكثر.

٣- يجوز ترشيح الشخص ذاته أكثر من مرة.

المادة ٣٠ :

١- يجرى الانتخاب الأول في موعد لا يتجاوز ستة أشهر من بدء نفاذ هذا العهد.

٢- قبل أربعة أشهر على الأقل من موعد أي انتخاب لعضوية اللجنة، في غير حالة الانتخاب لملء مقعد يعلن شغوره وفقا للمادة ٣٤، يوجه الأمين العام للأمم المتحدة إلى الدول الأطراف في هذا العهد رسالة خطية يدعوها فيها إلى تقديم أسماء مرشحيها لعضوية اللجنة في غضون ثلاثة أشهر.

٣- يضع الأمين العام للأمم المتحدة قائمة أسماء جميع المرشحين على هذا النحو، بالترتيب الألفبائي ومع ذكر الدولة الطرف التي رشحت كلاً منهم، ويبلغ هذه القائمة إلى الدول الأطراف في هذا العهد قبل شهر على الأقل من موعد كل انتخاب.

٤- ينتخب أعضاء اللجنة في اجتماع تعقده الدول الأطراف في هذا العهد، بدعوة من الأمين العائم للأمم المتحدة، في مقر الأمم المتحدة. وفي هذا الاجتماع، الذي يكتمل النصاب فيه بحضور ممثلي ثلثي الدول الأطراف في هذا العهد، يفوز في الانتخاب لعضوية اللجنة أولئك المرشحون الذين حصلوا على أكبر عدد من الأصوات وعلى الأغلبية المطلقة لأصوات ممثلي الدول الأطراف الحاضرين والمقترعين.

المادة ٣١ :

١- لا يجوز أن تضم اللجنة أكثر من واحد من مواطني أية دولة.

٢- يراعى، في الانتخاب لعضوية اللجنة، عدالة التوزيع الجغرافي وتمثيل مختلف الحضارات والنظم القانونية الرئيسية.

المادة ٣٢ :

١- يكون انتخاب أعضاء اللجنة لولاية مدتها أربع سنوات. ويجوز أن يعاد انتخابهم إذا أعيد ترشيحهم. إلا أن ولاية تسعة من الأعضاء المنتخبين في الانتخاب الأول تنقضي ـ بانتهاء سنتين، ويتم تحديد هؤلاء الأعضاء التسعة فور انتهاء الانتخاب الأول، بأن يقوم رئيس الاجتماع المنصوص عليه في الفقرة ٤ من المادة ٣٠ باختيار أسمائهم بالقرعة.

٢- تتم الانتخابات اللازمة عند انقضاء الولاية وفقا للمواد السالفة من هذا الجزء من هذا العهد.

المادة ٣٣:

١- إذا انقطع عضو في اللجنة، بإجماع رأي أعضائها الآخرين، عن الاضطلاع بوظائفه لأي سبب غير الغياب ذي الطابع المؤقت، يقوم رئيس اللجنة بإبلاغ ذلك إلى الأمين العام للأمم المتحدة، فيعلن الأمين العام حينئذ شغور مقعد ذلك العضو.

٢- في حالة وفاة أو استقالة عضو في اللجنة، يقوم رئيس اللجنة فورا بإبلاغ ذلك إلى الأمين العام للأمم المتحدة، فيعلن الأمين العام حينئذ شغور مقعد ذلك العضو ابتداء من تاريخ وفاته أو من تاريخ نفاذ استقالته.

المادة ٣٤ :

١- إذا أعلن شغور مقعد ما طبقا للمادة ٣٣، وكانت ولاية العضو الذي يجب استبداله لا تنقضي خلال الأشهر الستة التي تلي إعلان شغور مقعده، يقوم الأمين العام للأمم المتحدة بإبلاغ ذلك إلى الدول الأطراف في هذا العهد، التي يجوز لها، خلال مهلة شهرين، تقديم مرشحين وفقا للمادة ٢٩ من أجل ملء المقعد الشاغر.

٢- يضع الأمين العائم للأمم المتحدة قائمة بأسماء جميع المرشحين على هذا النحو، بالترتيب الألفبائي، ويبلغ هذه القائمة إلى الدول الأطراف في هذا العهد. وإذ ذاك يجرى الانتخاب اللازم لملء المقعد الشاغر طبقا للأحكام الخاصة بذلك من هذا الجزء من هذا العهد.

٣- كل عضو في اللجنة انتخب لملء مقعد أعلن شغوره طبقا للمادة ٣٣ يتوكل مهام العضوية فيها حتى انقضاء ما تبقي من مدة ولاية العضو الذي شغر مقعده في اللجنة بمقتضى أحكام تلك المادة.

المادة ٣٥ :

يتقاضى أعضاء اللجنة، بموافقة الجمعية العامة للأمم المتحدة، مكافآت تقتطع مـن مـوارد الأمم المتحدة بالشروط التي تقررها الجمعية العامة، مع أخذ أهميـة مسؤوليـات اللجنـة بعين الاعتبار.

المادة ٣٦ :

يوفر الأمين العام للأمم المتحدة ما يلـزم مـن مـوظفين وتسهيلات لتمكين اللجنـة مـن الاضطلاع الفعال بالوظائف المنوطة بها بمقتضى هذا العهد.

المادة ٣٧:

١- يتولى الأمين العام للأمم المتحدة دعوة اللجنـة إلى عقـد اجتماعهـا الأول في مقـر الأمـم المتحدة.

٢- بعد اجتماعها الأول، تجتمع اللجنة في الأوقات التي ينص عليها نظامها الداخلي.

٣- تعقـد اللجنة اجتماعاتهـا عـادة في مقـر الأمـم المتحـدة أو في مكتـب الأمـم المتحـدة بجنيف.

المادة ٣٨ :

يقوم كل عضو من أعضاء اللجنة، قبـل توليـه منصبه، بالتعهـد رسميا، في جلسـة علنيـة، بالقيام بمهامه بكل تجرد ونزاهة.

المادة ٣٩ :

١- تنتخب اللجنة أعضاء مكتبها لمدة سنتين. ويجوز أن يعاد انتخابهم.

٢- تتولى اللجنة بنفسها وضع نظامها الداخلي، ولكن مع تضمينه الحكمين التاليين:

(أ) يكتمل النصاب بحضور اثني عشر عضوا .

(ب) تتخذ قرارات اللجنة بأغلبية أصوات أعضائها الحاضرين.

المادة ٤٠ :

١- تتعهد الدول الأطراف في هذا العهد بتقديم تقارير عـن التـدابير التـي اتخـذتها والتـي تمثل إعمالا للحقوق المعترف بها فيه، وعن التقدم المحرز في التمتع بهذه الحقوق، وذلك:

(أ) خلال سنة من بدء نفاذ هذا العهد إزاء الدول الأطراف المعنية.

(ب) ثم كلما طلبت اللجنة إليها ذلك.

٢- تقدم جميع التقارير إلى الأمين العام للأمم المتحدة، الذي يحيلها إلى اللجنة للنظر فيها. ويشار وجوبا في التقارير المقدمة إلى ما قد يقوم مـن عوامـل ومصـاعب تـؤثر في تنفيذ أحكام هذا العهد.

٣- للأمين العام للأمم المتحدة، بعد التشاور مع اللجنة، أن يحيل إلى الوكـالات المتخصصـة المعنية نسخا من أية أجزاء من تلك التقارير قد تدخل في ميدان اختصاصها.

٤- تقوم اللجنة بدراسة التقارير المقدمة مـن الـدول الأطـراف في هـذا العهـد. وعليهـا أن توافي هذه الدول بما تضعه هي مـن تقـارير، وبأيـة ملاحظات عامـة تستنتجها. وللجنة أيضا أن توافي المجلس

الاقتصادي والاجتماعي بتلك الملاحظات مشفوعة بنسخ من التقارير التي تلقتها من الدول الأطراف في هذا العهد.

٥- للدول الأطراف في هذا العهد أن تقدم إلى اللجنة تعليقات على أية ملاحظات تكون قد أبديت وفقا للفقرة ٤ من هذه المادة.

المادة ٤١ :

١- لكل دولة طرف في هذا العهد أن تعلن في أي حين، بمقتضى أحكام هذه المادة أنها تعترف باختصاص اللجنة في استلام ودراسة بلاغات تنطوي على ادعاء دولة طرف بأن دولة طرفا أخرى لا تفي بالالتزامات التي يرتبها عليها هذا العهد. ولا يجوز استلام ودراسة البلاغات المقدمة بموجب هذه المادة إلا إذا صدرت عن دولة طرف أصدرت إعلانا تعترف فيه، في ما يخصها، باختصاص اللجنة. ولا يجوز أن تستلم اللجنة أي بلاغ يهم دولة طرفا لم تصدر الإعلان المذكور. ويطبق الإجراء التالي على البلاغات التي يتم استلامها وفقا لأحكام هذه المادة:

(أ) إذا رأت دولة طرف في هذا العهد أن دولة طرفا أخرى تتخلف عن تطبيق أحكام هذا العهد، كان لها أن تسترعي نظر هذه الدولة الطرف، في بلاغ خطي، إلى هذا التخلف. وعلى الدولة المستلمة أن تقوم، خلال ثلاثة أشهر من استلامها البلاغ، بإيداع الدولة المرسلة، خطيا، تفسيرا أو بيانا من أي نوع أخر ليوضح المسألة وينبغي أن

ينطوي، بقدر ما يكون ذلك ممكنا ومفيدا، على إشارة إلى القواعد الإجرائية وطرق التظلم المحلية التي استخدمت أو الجاري استخدامها أو التي لا تزال متاحة

(ب) فإذا لم تنته المسألة إلى تسوية ترضي كلتا الدولتين الطرفين المعنيتين خلال ستة أشهر من تاريخ تلقي الدولة المستلمة للبلاغ الأول، كان لكل منهما أن تحيل المسألة إلى اللجنة بإشعار توجهه إليها وإلى الدولة الأخرى " .

(ج) لا يجوز أن تنظر اللجنة في المسألة المحالة إليها إلا بعد الاستيثاق من أن جميع طرق التظلم المحلية المتاحة قد لجئ إليها واستنفدت، طبقا لمبادئ القانون الدولي المعترف بها عموما. ولا تنطبق هذه القاعدة في الحالات التي تستغرق فيها إجراءات التظلم مددا تتجاوز الحدود المعقولة.

(د) تعقد اللجنة جلسات سرية لدى بحث الرسائل في إطار هذه المادة.

(هـ) على اللجنة، مع مراعاة أحكام الفقرة الفرعية (ج)، أن تعرض مساعيها الحميدة على الدولتين الطرفين المعنيتين، بغية الوصول إلى حل ودي للمسألة على أساس احترام حقوق الإنسان والحريات الأساسية المعترف بها في هذا العهد.

(و) للجنة، في أية مسألة محالة إليها، أن تدعو الدولتين الطرفين المعنيتين المشار إليهما في الفقرة الفرعية (ب) إلى تزويدها بأية معلومات ذات شأن.

(ز) للدولتين الطرفين المعنيتين المشار إليهما في الفقرة الفرعية (ب) حق إيفاد من يمثلهما لدى اللجنة أثناء نظرها في المسألة، وحق تقديم الملاحظات شفويا و/ أو خطيا.

(ح) على اللجنة أن تقدم تقريرا في غضون اثني عشر شهرا من تاريخ تلقيها الإشعار المنصوص عليه في الفقرة الفرعية (ب):

"١" فإذا تم التوصل إلى حل يتفق مع شروط الفقرة الفرعية (هـ)، قصرت اللجنة تقريرها على عرض موجز للوقائع وللحل الذي تم التوصل إليه .

"٢" وإذا لم يتم التوصل إلى حل يتفق مع شروط الفقرة الفرعية (هـ)، قصرت اللجنة تقريرها على عرض موجز للوقائع، وضمن إلى التقرير المذكرات الخطية ومحضر البيانات الشفوية المقدمة من الدولتين الطرفين المعنيتين.ويجب، في كل مسألة، إبلاغ التقرير إلى الدولتين الطرفين المعنيتين.

٢- يبدأ نفاذ أحكام هذه المادة متى قامت عشر من الدول الأطراف في هذا العهد بإصدار إعلانات في إطار الفقرة (١) من هذه المادة. وتقوم الدول الأطراف بإيداع هذه الإعلانات لدى الأمين العام للأمم المتحدة، الذي يرسل صورا منها إلى الدول الأطراف الأخرى.وللدولة الطرف أن

تسحب إعلانها في أي وقت بإخطار ترسله إلى الأمين العام. ولا يخل هـذا السحب بـالنظر في أية مسألة تكون موضوع بلاغ سبق إرساله في إطار هذه المـادة، ولا يجـوز استلام أي بلاغ جديد من أية دولة طرف بعد تلقي الأمين العام الأخطار بسحب الإعلان، مـا لم تكن الدولة الطرف المعنية قد أصدرت إعلانا جديدا.

المادة ٤٢ :

١- (أ) إذا تعذر على اللجنة حل مسألة أحيلـت إليها وفقـا للمـادة ٤١ حلا مرضيا للدولتين الطرفين المعنيتين جاز لها، بعد الحصول مسبقا عـلى موافقـة الـدولتين الطرفين المعنيتين، تعيين هيئة توفيق خاصة (يشار إليها في ما يـلي باسـم "الهيئة") تضع مساعيها الحميدة تحت تصرف الدولتين الطرفين المعنيتين بغية التوصل إلى حل ودي للمسألة على أساس احترام أحكام هذا العهد.

(ب) تتألف الهيئة من خمسة أشخاص تقبلهم الـدولتان الطرفان المعنيتان. فـإذا تعذر وصول الدولتين الطرفين المعنيتين خلال ثلاثة أشهر إلى اتفاق على تكوين الهيئة كلها أو بعضها، تنتخب اللجنة من بين أعضائها بالاقتراع السري وبأكثرية الثلثين، أعضاء الهيئة الذين لم يتفق عليهم.

٢-يعمل أعضاء الهيئة بصفتهم الشخصية. ويجب ألا يكونوا من مواطني الدولتين الطرفين المعنيتين أو من مواطني أية دولة لا تكون

طرفا في هذا العهد أو تكون طرفا فيه ولكنها لم تصدر الإعلان المنصوص عليه في المادة ٤١.

٣- تنتخب الهيئة رئيسها وتضع النظام الداخلي الخاص بها.

٤- تعقد اجتماعات الهيئة عادة في مقر الأمم المتحدة أو في مكتب الأمم المتحدة بجنيف. ولكن من الجائز عقدها في أي مكان مناسب أخر قد تعينه الهيئة بالتشاور مع الأمين العام للأمم المتحدة ومع الدولتين الطرفين المعنيتين.

٥- تقوم الأمانة المنصوص عليها في المادة ٣٦ بتوفير خدماتها، أيضا، للهيئات المعينة بمقتضى هذه المادة.

٦- توضع المعلومات التي تلقتها اللجنة وجمعتها تحت تصرف الهيئة، التي يجوز لها أن تطلب إلى الدولتين الطرفين المعنيتين تزويدها بأية معلومات أخرى ذات صلة بالموضوع.

٧- تقوم الهيئة، بعد استنفادها نظر المسألة من مختلف جوانبها، ولكن على أي حال خلال مهلة لا تتجاوز اثني عشر شهرا بعد عرض المسألة عليها، بتقديم تقرير إلى رئيس اللجنة لانهائه إلى الدولتين الطرفين المعنيتين:

(أ) فإذا تعذر على الهيئة إنجاز النظر في المسألة خلال اثني عشر شهرا، قصرت تقريرها على إشارة موجزة إلى المرحلة التي بلغتها من هذا النظر،

(ب) وإذا تم التوصل إلى حل ودي للمسألة على أساس احترام حقوق الإنسان المعترف بها في هذا العهد، قصرت الهيئة تقريرها على عرض موجز للوقائع وللحل الذي تم التوصل إليه

(ج) فذا لم يتم التوصل إلى حل تتوفر له شروط الفقرة الفرعية (ب)، ضمنت الهيئة تقريرها النتائج التي وصلت إليها بشأن جميع المسائل الوقائعية المتصلة بالقضية المختلف عليها بين الدولتين الطرفين المعنيتين، وآراءها بشأن إمكانيات حل المسألة حلا وديا، وكذلك المذكرات الخطية ومحضر الملاحظات الشفوية المقدمة من الدولتين الطرفين المعنيتين،

(د) إذا قدمت الهيئة تقريرها في إطار الفقرة (ج) تقوم الدولتان الطرفان المعنيتان، في غضون ثلاثة أشهر من استلامها هذا التقرير، بإبلاغ رئيس اللجنة هل تقبلان أم لا تقبلان مضامين تقرير الهيئة.

٨-لا تخل أحكام هذه المادة بالمسؤوليات المنوطة باللجنة في المادة ٤١.

٩-تتقاسم الدولتان الطرفان المعنيتان بالتساوي سداد جميع نفقات أعضاء اللجنة على أساس تقديرات يضعها الأمين العام للأمم المتحدة.

١٠-للأمين العام للأمم المتحدة سلطة القيام، عند اللزوم، بدفع نفقات أعضاء الهيئة قبل سداد الدولتين الطرفين المعنيتين لها وفقا للفقرة ٩ من هذه المادة.

المادة ٤٣ :

يكون لأعضاء اللجنة، ولأعضاء هيئات التوفيق الخاصة الذين قد يعينون وفقا.

للمادة ٤٢، حق التمتع بالتسهيلات والامتيازات والحصانات المقررة للخبراء المكلفين بمهمة للأمم المتحدة المنصوص عليها في الفروع التي لتتناول ذلك من اتفاقية امتيازات الأمم المتحدة وحصاناتها.

المادة ٤٤ :

تنطبق الأحكام المتعلقة بتنفيذ هذا العهد دون إخلال بالإجراءات المقررة في ميدان. حقوق الإنسان في أو بمقتضى ـ الصكوك التأسيسية والاتفاقيات الخاصة بالأمم المتحدة والوكالات المتخصصة، ولا تمنع الدول الأطراف في هذا العهد من اللجوء إلى إجراءات أخرى لتسوية نزاع ما طبقا للاتفاقات الدولية العمومية أو الخاصة النافدة فيما بينها.

المادة ٤٥ :

تقدم اللجنة إلى الجمعية العامة للأمم المتحدة، عن طريق المجلس الاقتصادي والاجتماعي، تقريرا سنويا عن أعمالها.

-الجزء الخامس

المادة ٤٦ :

ليس في أي من أحكام هذا العهد ما يجوز تأويله على نحو يفيد اخلاله بما في ميثاق الأمم المتحدة ودساتير الوكالات المتخصصة من أحكام تحدد المسؤوليات الخاصة بكل من هيئات الأمم المتحدة والوكالات المتخصصة بصدد المسائل التي يتناولها هذا "العهد.

المادة ٤٧ :

ليس في أي أحكام هذا العهد ما يجوز تأويله على نحو يفيد إخلاله بما لجميع الشعوب من حق أصيل في التمتع والانتفاع الكاملين، بملء الحرية، بثرواتها ومواردها الطبيعية.

-الجزء السادس

المادة ٤٨ :

١- هذا العهد متاح لتوقيع أية دولة عضو في الأمم المتحدة أو عضو في أية وكالة من وكالاتها المتخصصة، وأية دولة طرف في النظام الأساسي لمحكمة العدل الدولية، وأية دولة أخرى دعتها الجمعية العامة للأمم المتحدة إلى أن تصبح طرفا في هذا العهد.

٢- يخضع هذا العهد للتصديق. وتودع صكوك التصديق لدى الأمين العام للأمم المتحدة.

٣- يتاح الانضمام إلى هذا العهد لأية دولة من الدول المشار إليها في الفقرة أ من هذه المادة.

٤- يقع الانضمام بإيداع صك انضمام لدى الأمين العام للأمم المتحدة.

٥- يخطر الأمين العام للأمم المتحدة جميع الدول التي وقعت هذا العهد أو انضمت إليه بإيداع كل صك من صكوك التصديق أو الانضمام.

المادة ٤٩ :

١- يبدأ نفاذ هذا العهد بعد ثلاثة أشهر من تاريخ إيداع صك الانضمام أو التصديق الخامس والثلاثين لدى الأمين العام للأمم المتحدة.

٢- أما الدول التي تصدق هذا العهد أو تنضم إليه بعد أن يكون قد تم إيداع صك التصديق أو الانضمام الخامس والثلاثين فيبدأ نفاذ هذا العهد إزاء كل منها بعد ثلاثة أشهر من تاريخ إيداعها صك تصديقها أو صك انضمامها.

المادة ٥٠:

تنطبق أحكام هذا العهد، دون أي قيد أو استثناء، على جميع الوحدات التي تتشكل منها الدول الاتحادية.

المادة ٥١ :

١- لأية دولة طرف في هذا العهد أن تقترح تعديلا عليه تودع نصه لدى الأمين العام للأمم المتحدة. وعلى إثر ذلك يقوم الأمين العام بإبلاغ الدول الأطراف في هذا العهد بأية تعديلات مقترحة، طالبا إليها إعلامه عما إذا كانت تحبذ"عقد مؤتمر للدول الأطراف للنظر في تلك المقترحات والتصويت عليها. فإذا حبذت عقد المؤتمر ثلث الدول الأطراف على الأقل عقده الأمين العام برعاية الأمم المتحدة. وأي

تعديل تعتمده أغلبية الدول الأطراف الحـاضرة والمقترحـة في المـؤتمر يعرض عـلى الجمعيـة العامة للأمم المتحدة لإقراره.

٢- يبدأ نفاذ التعديلات متى أقرتها الجمعية العامة للأمم المتحـدة وقبلتهـا أغلبيـة ثلثـي الدول الأطراف في هذا العهد، وفقا للإجراءات الدستورية لدى كل منها.

٣- متى بدأ نفاذ التعديلات تصبح ملزمة للدول الأطراف التي قبلتهـا، بيـنما تظل الـدول الأطراف الأخرى ملزمة بأحكام هذا العهد وبأي تعديل سابق تكون قد قبلته.

المادة ٥٢ :

بصرف النظر عن الإخطارات التي تتم بمقتضى الفقرة ٥ من المادة ٤٨، يخطر الأمين العـام للأمم المتحدة جميع الدول المشار إليها في الفقرة أ من المادة المذكورة بما يلي:

(أ) التوقيعات والتصديقات والإنضمامات المودعة طبقا للمادة ٤٨.

(ب) تاريخ بدء نفاذ هذا العهد بمقتضى المادة ٤٩، وتاريخ بدء أية تعديلات تـتم في إطار المادة ٥١.

المادة ٥٣ :

١- يودع هذا العهد، الذي تتساوى في الحجية نصوصه بالإسبانية والإنكليزية والروسية والصينية والفرنسية، في محفوظات الأمم المتحدة.

٢- يقوم الأمين العام للأمم المتحدة بإرسال صور مصدقة من هذا العهد إلى جميـع الـدول المشار إليها في المادة ٤٨.

البروتوكول الاختياري الملحق
بالعهد الدولي الخاص بالحقوق المدنية والسياسية

اعتمد وعرض للتوقيع والتصديق والانضمام بموجب قرار الجمعية العامة
للأمم المتحدة ٢٢٠٠ ألف (د-٢١) المؤرخ في ١٦ كانون الأول/ديسمبر ١٩٦٦
تاريخ بدء النفاذ: ٢٣ آذار/مارس ١٩٧٦ وفقا لأحكام المادة ٩

إن الدول الأطراف في هذا البروتوكول، إذ ترى من المناسب، تعزيزا لإدراك مقاصد العهد الدولي الخاص بالحقوق المدنية والسياسية (المشار إليه فيما يلي باسم "العهد") ولتنفيذ أحكامه، تمكين اللجنة المعنية بحقوق الإنسان، المنشأة بموجب أحكام الجزء الرابع من العهد (المشار إليها فيما يلي باسم "اللجنة")، من القيام وفقا لأحكام هذا البروتوكول، باستلام ونظر الرسائل المقدمة من الأفراد الذين يدعون أنهم ضحايا أي انتهاك لأي حق من الحقوق المقررة في العهد، قد اتفقت على ما يلي:

المادة ١:

تعترف كل دولة طرف في العهد، تصبح طرفا في هذا البروتوكول، باختصاص اللجنة في استلام ونظر الرسائل المقدمة من الأفراد الداخلين في ولاية تلك الدولة الطرف والذين يدعون أنهم ضحايا أي انتهاك من جانبها لأي حق من الحقوق المقررة في العهد. ولا يجوز للجنة استلام أية رسالة تتعلق بأية دولة طرف في العهد لا تكون طرفا في هذا البروتوكول.

المادة ٢:

رهنا بأحكام المادة ١، للأفراد الذين يدعون أن أي حق من حقوقهم المذكورة في العهد قد انتهك، والذين يكونون قد استنفدوا جميع طرق التظلم المحلية المتاحة، تقديم رسالة كتابية إلى اللجنة لتنظر فيها.

المادة ٣ :

على اللجنة أن تقرر رفض أية رسالة مقدمة بموجب هذا البروتوكول تكون غفلا من التوقيع أو تكون، في رأى اللجنة منطوية على إساءة استعمال لحق تقديم الرسائل أو منافية لأحكام العهد.

المادة ٤ :

١- رهنا بأحكام المادة ٣، تحيل اللجنة أية رسالة قدمت إليها بموجب هذا البروتوكول إلى الدولة الطرف في هذا البروتوكول والمتهمة بانتهاك أي حكم من أحكام العهد.

٢- تقوم الدولة المذكورة، في غضون ستة أشهر، بموافاة اللجنة بالإيضاحات أو البيانات الكتابية اللازمة لجلاء المسألة، مع الإشارة عند الاقتضاء إلى أية تدابير لرفع الظلامة قد تكون اتخذتها.

المادة ٥ :

١- تنظر اللجنة في الرسائل التي تتلقاها بموجب هذا البروتوكول في ضوء جميع المعلومات الكتابية الموفرة لها من قبل الفرد المعنى ومن قبل الدولة الطرف المعنية.

٢- لا يجوز للجنة أن تنظر في أية رسالة من أي فرد إلا بعد التأكد من:

أ) عدم كون المسألة ذاتها محل دراسة بالفعل من قبل هيئة أخرى من هيئات التحقيق الدولي أو التسوية الدولية،

ب) كون الفرد المعني قد استنفذ جميع طرق التظلم المحلية المتاحة. ولا تنطبق هذه القاعدة في الحالات التي تستغرق فيها إجراءات التظلم مددا تتجاوز الحدود المعقولة.

٣- تنظر اللجنة في الرسائل المنصوص عليها في هذا البروتوكول في اجتماعات مغلقة.

٤- تقوم اللجنة بإرسال الرأي الذي انتهت إليه إلى الدولة الطرف المعنية وإلى الفرد.

المادة ٦:

تدرج اللجنة في التقرير السنوي الذي تضعه عملا بالمادة ٤٥ من العهد ملخصا للأعمال التي قامت بها في إطار هذا البروتوكول.

المادة ٧:

بانتظار تحقيق أغراض القرار ١٥١٤ (د- ١٥) الذي اعتمدته الجمعية العامة في ١٤ كانون الأول/ديسمبر ١٩٦٠ بشأن إعلان منح الاستقلال للبلدان والشعوب المستعمرة، لا تفرض أحكام هذا البروتوكول أي تقييد من أي نوع لحق تقديم الالتماسات الممنوح لهذه الشعوب في ميثاق الأمم

المتحدة وفي غيره من الاتفاقيات والصكوك الدولية المعقودة برعاية الأمم المتحدة ووكالاتها المتخصصة.

المادة ٨ :

١- هذا البروتوكول متاح لتوقيع أي دولة وقعت العهد.

٢- يخضع هذا البرتوكول لتصديق أية دولة صدقت العهد أو انضمت إليه. وتودع صكوك التصديق لدى الأمين العام للأمم المتحدة.

٣- يتاح الانضمام إلى هذا البروتوكول لأية دولة صدقت العهد أو انضمت إليه.

٤- يقع الانضمام بإيداع صك انضمام لدى الأمين العام للأمم المتحدة.

٥- يخطر الأمين العام للأمم المتحدة جميع الدول التي وقعت هذا البروتوكول أو انضمت إليه بإيداع كل صك من صكوك التصديق أو الانضمام.

المادة ٩ :

١- رهنا ببدء نفاذ العهد، يبدأ نفاذ هذا البروتوكول بعد ثلاثة أشهر من تاريخ إيداع صك التصديق أو الانضمام العاشر لدى الأمين العام للأمم المتحدة.

٢- أما الدول التي تصدق هذا البروتوكول أو تنضم إليه بعد أن يكون قد تم إيداع صك التصديق أو الانضمام العاشر فيبدأ نفاذ هذا

البروتوكول إزاء كل منها بعد ثلاثة أشهر من تاريخ إيداع صك تصديقه أو صك انضمامها.

المادة ١٠ :

تنطبق أحكام هذا البروتوكول، دون أي قيد أو استثناء، على الوحدات التي تتشكل منها الدول الاتحادية.

المادة ١١:

١- لأية دولة طرف في هذا البروتوكول أن تقترح تعديلا عليه تودعه لدى الأمين العام للأمم المتحدة. وعلى إثر ذلك يقوم الأمين العام بإبلاغ الدول الأطراف في هذا البروتوكول بأية تعديلات مقترحة، طالبا إليها إعلامه عما إذا كانت تحبذ عقد مؤتمر للدول الأطراف للنظر في تلك المقترحات والتصويت عليها. فإذا حبذ عقد المؤتمر ثلث الدول الأطراف على الأقل عقده الأمين العام برعاية الأمم المتحدة، وأي تعديل تعتمده أغلبية الدول الأطراف الحاضرة والمقترعة في المؤتمر يعرض على الجمعية العامة للأمم المتحدة لإقراره.

٢- يبدأ نفاذ التعديلات متى أقرتها الجمعية العامة للأمم المتحدة وقبلتها أغلبية ثلثي الدول الأطراف في هذا البروتوكول، وفقا للإجراءات الدستورية لدى كل منها.

٣- متى بدأ نفاذ التعديلات تصبح ملزمة للدول الأطراف التي قبلتها، بينما تظل الدول الأطراف الأخرى ملزمة بأحكام هذا البروتوكول وبأي تعديل سابق تكون قد قبلته.

المادة ١٢:

١- لأية دولة طرف أن تنسحب من هذا البروتوكول في أي حين بإشعار خطى توجهه إلى الأمين العام للأمم المتحدة. ويصبح الانسحاب نافذا بعد ثلاثة أشهر من تاريخ استلام الأمين العام للإشعار.

٢- لا يخل الانسحاب باستمرار انطباق أحكام هذا البروتوكول على أية رسالة مقدمة بمقتضى المادة ٢ قبل تاريخ نفاذ الانسحاب.

المادة ١٣:

بصرف النظر عن الإخطارات التي تتم بمقتضى الفقرة ٥ من المادة ٨ من هذا البروتوكول، يخطر الأمين العام للأمم المتحدة جميع الدول المشار إليها في الفقرة ١ من المادة ٤٨ من العهد بما يلي:

أ) التوقيعات والتصديقات والانضمامات التي تتم بمقتضى المادة ٨،

ب) تاريخ بدء نفاذ هذا البروتوكول بمقتضى المادة ٩، وتاريخ بدء نفاذ أية تعديلات تتم بمقتضى المادة ١١.

ج) إشعارات الانسحاب الواردة بمقتضى المادة ١٢.

المادة ١٤:

١- يـودع هـذا البروتوكـول، الـذي تتسـاوى في الحجيـة نصوصـه بالأسبانية والإنكليزيـة والروسية والصينية والفرنسية، في محفوظات الأمم المتحدة.

٢- يقوم الأمين العام للأمم المتحدة بإرسال صور مصدقة مـن هـذا البروتوكـول إلى جميـع الدول المشار إليها في المادة ٤٨ من العهد.

البروتوكول الاختياري الثاني الملحق بالعهد الدولي الخاص بالحقوق المدنية والسياسية

بهدف العمل على إلغاء عقوبة الإعدام

اعتمد وعرض للتوقيع والتصديق والانضمام بموجب قرار الجمعية العامة للأمم المتحدة ١٢٨/٤٤ المؤرخ في ١٥ كانون الأول/ديسمبر ١٩٨٩

دخل حيز النفاذ: في ١١ تموز/يوليو ١٩٩١، وفقا لأحكام المادة ٨

إن الدول الأطراف في هذا البرتوكول، إذ تؤمن بأن إلغاء عقوبة الإعدام يسهم في تعزيز الكرامة الإنسانية والتطوير التدريجي لحقوق الإنسان، وإذ تشير إلى المادة ٣ من الإعلان العالمي لحقوق الإنسان المعتمد في ١٠ كانون الأول/ديسمبر ١٩٤٨، والمادة ٦ من العهد الدولي الخاص بالحقوق المدنية والسياسية المعتمد في ١٦ كانون الأول/ديسمبر ١٩٦٦، وإذ تلاحظ أن المادة ٦ من العهد الدولي الخاص بالحقوق المدنية والسياسية تشير إلى إلغاء عقوبة الإعدام بعبارات توحي بشدة بأن هذا الإلغاء أمر مستصوب، واقتناعا منها بأنه ينبغي اعتبار جميع التدابير الرامية إلى الغاء عقوبة الإعدام تقدما في التمتع بالحق في الحياة، ورغبة منها في أن تأخذ على عاتقها بموجب هذا البرتوكول التزاما دوليا بإلغاء عقوبة الإعدام، اتفقت على ما يلي:

المادة ١:

١- لا يعدم أي شخص خاضع للولاية القضائية لدولة طرف في هذا البروتوكول.

٢- تتخذ كل دولة طرف جميع التدابير اللازمة لإلغاء عقوبة الإعدام داخل نطاق ولايتها القضائية.

المادة ٢:

١- لا يسمح بأي تحفظ على هذا البروتوكول إلا بالنسبة لتحفظ يكون قد أعلن عند التصديق عليه أو الانضمام إليه، وينص على تطبيق عقوبة الإعدام في وقت الحرب طبقا لإدانة في جريمة بالغة الخطورة تكون ذات طبيعة عسكرية وترتكب في وقت الحرب.

٢- ترسل الدولة الطرف، التي تعلن مثل هذا التحفظ، إلى الأمين العام للأمم المتحدة، عند التصديق على البروتوكول أو الانضمام إليه، الأحكام ذات الصلة من تشريعاتها الوطنية التي تطبق في زمن الحرب.

٣- تقوم الدولة الطرف التي تعلن مثل هذا التحفظ بإخطار الأمين العام للأمم المتحدة ببداية أو نهاية أي حالة حرب تكون منطبقة على أراضيها.

المادة ٣:

تقوم الدول الأطراف في هذا البروتوكول بتضمين التقارير التي تقدمها إلى اللجنة المعنية بحقوق الإنسان، وفقا للمادة ٤٠ من العهد، معلومات عن التدابير التي اتخذتها لإنفاذ هذا البروتوكول.

المادة ٤ :

بالنسبة للدول الأطراف في العهد التي تكون قد قدمت إعلانا بموجب المادة ٤١، يمتد اختصاص اللجنة المعنية بحقوق الإنسان في استلام الرسائل والنظر فيها، عندما تدعي دولة طرف أن دولة طرفا أخرى لا تفي بالتزاماتها، ليشمل أحكام هذا البروتوكول ما لم تصدر الدولة الطرف المعنية بيانا يفيد العكس عند التصديق على البروتوكول أو الانضمام إليه.

المادة ٥:

بالنسبة للدول الأطراف في البروتوكول الاختياري الأول للعهد الدولي الخاص بالحقوق المدنية والسياسية المعتمد في ١٦ كانون الأول/ديسمبر ١٩٦٦، يمتد اختصاص اللجنة المعنية بحقوق الإنسان في استلام الرسائل الواردة من أفراد خاضعين لولايتها القضائية والنظر فيها، ليشمل أحكام هذا البروتوكول ما لم تصدر الدولة الطرف المعنية بيانا يفيد العكس عند التصديق على البروتوكول أو الانضمام إليه.

المادة ٦:

١-تنطبق أحكام هذا البروتوكول كأحكام إضافية للعهد.

٢- دون المساس بإمكانية إعلان تحفظ بموجب المادة ٢ من هذا البروتوكول، لا ينتقص الحق المضمون في الفقرة ١ من المادة ١ من هذا البروتوكول بموجب المادة ٤ من العهد.

المادة ٧:

١- باب التوقيع على هذا البروتوكول مفتوح أمام أية دولة من الدول الموقعة على العهد.

٢- تصدق على هذا البروتوكول أية دولة تكون قد صدقت على العهد أو انضمت إليه. وتودع صكوك التصديق لدي الأمين العام للأمم المتحدة.

٣- يفتح باب الانضمام إلى هذا البروتوكول أمام أية دولة تكون قد صدقت على العهد أو انضمت إليه.

٤- يبدأ نفاذ الانضمام بإيداع صك الانضمام لدى الأمين العام للأمم المتحدة.

٥- يقوم الأمين العام للأمم المتحدة بإبلاغ جميع الدول التي وقعت على هذا البروتوكول أو انضمت إليه، عن إيداع كل صك من صكوك التصديق أو الانضمام.

المادة ٨:

١- يبدأ نفاذ هذا البروتوكول بعد مضي ثلاثة أشهر من تاريخ إيداع صك التصديق أو الانضمام العاشر لدى الأمين العام للأمم المتحدة.

٢- يبدأ نفاذ هذا البرتوكول بالنسبة لكل دولة تصدق عليه أو تنضم إليه بعد إيداع صك التصديق أو الانضمام العاشر، بعد مضي ثلاثة أشهر من تاريخ إيداع صك التصديق أو الانضمام الخاص بها.

المادة ٩ :

تنطبق أحكام هذا البروتوكول على جميع أجزاء الدول الاتحادية دون أية قيود أو استثناءات.

المادة ١٠:

يقوم الأمين العام للأمم المتحدة بإبلاغ جميع الدول المشار إليها في الفقرة ١ من المادة ٤٨ من العهد بالتفاصيل التالية:

(أ) التحفظات والرسائل والإخطارات الصادرة بموجب المادة ٢ من هذا البروتوكول،

(ب) البيانات الصادرة بموجب المادة ٤ أو المادة ٥ من هذا البروتوكول،

(ج) التوقيعات والتصديقات والإنضمامات بموجب المادة ٧ من هذا البروتوكول،

(د) تاريخ بدء نفاذ هذا البروتوكول بموجب المادة ٨ منه.

المادة ١١:

١- يودع هذا البروتوكول، الذي تتساوى نصوصه الأسبانية والإنكليزية والروسية والصينية والعربية والفرنسية في الحجية في محفوظات الأمم المتحدة.

٢- يقوم الأمين العام بإرسال نسخ موثقة من هذا البروتوكول إلى جميع الدول المشار إليها في المادة ٤٨ من العهد.

العهد الدولي الخاص بالحقوق الاقتصادية والاجتماعية والثقافية

اعتمد وعرض للتوقيع والتصديق والانضمام

بقرار الجمعية العامة ٢٢٠٠ ألف (د-٢١) المؤرخ في ١٦ كانون الأول/ ديسمبر ١٩٦٦

تاريخ بدء النفاذ: ٣ كانون الثاني/ يناير ١٩٧٦، طبقا للمادة ٢٧

الديباجة:

إن الدول الأطراف في هذا العهد، إذ ترى أن الإقرار بما لجميع أعضاء الأسرة البشرية من كرامة أصيلة فيهم، ومن حقوق متساوية وثابتة، يشكل وفقا للمبادئ المعلنة في ميثاق الأمم المتحدة، أساس الحرية والعدل والسلام في العالم، وإذ تقر بأن هذه الحقوق تنبثق من كرامة الإنسان الأصيلة فيه، وإذ تدرك أن السبيل الوحيد لتحقيق المثل الأعلى المتمثل، وفقا للإعلان العالمي لحقوق الإنسان، في أن يكون البشر ـ أحرارا ومتحررين من الخوف والفاقة، هو سبيل تهيئة الظروف الضرورية لتمكين كل إنسان من التمتع بحقوقه الاقتصادية والاجتماعية والثقافية، وكذلك بحقوقه المدنية والسياسية، وإذ تضع في اعتبارها ما على الدول، بمقتضى ميثاق الأمم المتحدة، من التزام بتعزيز الاحترام والمراعاة العالميين لحقوق الإنسان وحرياته، وإذ تدرك أن على الفرد، الذي تترتب عليه واجبات إزاء الأفراد الآخرين وإزاء الجماعة التي ينتمي إليها، مسؤولية السعي إلى تعزيز ومراعاة الحقوق المعترف بها في هذا العهد.

قد اتفقت على المواد التالية:

-الجزء الأول

المادة ١ :

١- لجميع الشعوب حق تقرير مصيرها بنفسها. وهي بمقتضى هذا الحق حرة في تقرير مركزها السياسي وحرة في السعي لتحقيق نمائها الاقتصادي والاجتماعي والثقافي.

٢- لجميع الشعوب، سعيا وراء أهدافها الخاصة، التصرف الحر بثرواتها ومواردها الطبيعية دونما إخلال بأية التزامات منبثقة عن مقتضيات التعاون الاقتصادي الدولي القائم على مبدأ المنفعة المتبادلة وعن القانون الدولي. ولا يجوز في أية حال حرمان أي شعب من أسباب عيشه الخاصة.

٣- على الدول الأطراف في هذا العهد، بما فيها الدول التي تقع على عاتقها مسؤولية إدارة الأقاليم غير المتمتعة بالحكم الذاتي والأقاليم المشمولة بالوصاية أن تعمل على تحقيق حق تقرير المصير وأن تحترم هذا الحق، وفقا لأحكام ميثاق الأمم المتحدة.

-الجزء الثاني

المادة ٢:

١- تتعهد كل دولة طرف في هذا العهد بأن تتخذ، بمفردها وعن طريق المساعدة والتعاون الدوليين، ولا سيما على الصعيدين الاقتصادي

والتقني، وبأقصى ما تسمح به مواردها المتاحة، ما يلزم من خطوات لضمان التمتع الفعلي التدريجي بالحقوق المعترف بها في هذا العهد، سالكة إلى ذلك جميع السبل المناسبة، وخصوصا سبيل اعتماد تدابير تشريعية.

٢- تتعهد الدول الأطراف في هذا العهد بأن تضمن جعل ممارسة الحقوق المنصوص عليها في هذا العهد بريئة من أي تمييز بسبب العرق، أو اللون، أو الجنس، أو اللغة، أو الدين، أو الرأي سياسيا أو غير سياسي، أو الأصل القومي أو الاجتماعي، أو الثروة، أو النسب، أو غير ذلك من الأسباب.

٣- للبلدان النامية أن تقرر، مع إيلاء المراعاة الواجبة لحقوق الإنسان ولاقتصادها القومي، إلى أي مدى ستضمن الحقوق الاقتصادية المعترف بها في هذا العهد لغير المواطنين.

المادة ٣ :

تتعهد الدول الأطراف في هذا العهد بضمان مساواة الذكور والإناث في حق التمتع بجميع الحقوق الاقتصادية والاجتماعية والثقافية المنصوص عليها في هذا العهد.

المادة ٤:

تقر الدول الأطراف في هذا العهد بأنه ليس للدولة أن تخضع للتمتع بالحقوق التي تضمنها طبقا لهذا العهد إلا للحدود المقررة في القانون،

وإلا بمقدار توافق ذلك مع طبيعة هذه الحقوق، وشريطة أن يكون هدفها الوحيد تعزيز الرفاه العام في مجتمع ديمقراطي.

المادة ٥ :

١- ليس في هذا العهد أي حكم يجوز تأويله على نحو يفيد انطواءه على أي حق لأي دولة أو جماعة أو شخص بمباشرة أي نشاط أو القيام بأي فعل يهدف إلى إهدار أي من الحقوق أو الحريات المعترف بها في هذا العهد والى فرض قيود عليها أوسع من تلك المنصوص عليها فيه.

٢- لا يقبل فرض أي قيد أو أي تضييق على أي من حقوق الإنسان الأساسية المعترف بها أو النافذة في أي بلد تطبيقا لقوانين أو اتفاقيات أو أنظمة أو أعراف، بذريعة كون هذا العهد لا يعترف بها أو كون اعترافه بها أضيق مدى.

-الجزء الثالث

المادة ٦ :

١- تعترف الدول الأطراف في هذا العهد بالحق في العمل، الذي يشمل ما لكل شخص من حق في أن تتاح له إمكانية كسب رزقه بعمل يختاره أو يقبله بحرية، وتقوم باتخاذ تدابير مناسبة لصون هذا الحق.

٢- يجب أن تشمل التدابير التي تتخذها كل من الدول الأطراف في هذا العهد لتأمين الممارسة الكاملة لهذا الحق توفير برامج التوجيه والتدريب للتقنيين والمهنيين، والأخذ في هذا المجال بسياسات

وتقنيات من شأنها تحقيق تنمية اقتصادية واجتماعية وثقافية مطردة وعمالة كاملة ومنتجة في ظل شروط تضمن للفرد الحريات السياسية والاقتصادية الأساسية.

المادة ٧ :

تعترف الدول الأطراف في هذا العهد بما لكل شخص من حق في التمتع بشروط عمل عادلة ومرضية تكفل على الخصوص:

(أ) مكافأة توفر لجميع العمال، كحد أدنى:

"١" أجرا منصفا، ومكافأة متساوية لدى تساوي قيمة العمل دون أي تمييز، على أن يضمن للمرأة خصوصا تمتعها بشروط عمل لا تكون أدنى من تلك التي يتمتع بها الرجل، وتقاضيها أجرا يساوي أجر الرجل لدى تساوي العمل،

"٢" عيشا كريما لهم ولأسرهم طبقا لأحكام هذا العهد،

(ب) ظروف عمل تكفل المساواة والصحة،

(ج) تساوي الجميع في فرص الترقية، داخل عملهم، إلى مرتبة أعلى ملائمة، دون إخضاع ذلك إلا لاعتباري الأقدمية والكفاءة،

(د) الاستراحة وأوقات الفراغ، والتحديد المعقول لساعات العمل، والإجازات الدورية المدفوعة الأجر، وكذلك المكافأة عن أيام العطل الرسمية.

المادة ٨:

١- تتعهد الدول الأطراف في هذا العهد بكفالة ما يلي:

(أ) حق كل شخص في تكوين النقابات بالاشتراك مع آخرين وفي الانضمام إلى النقابة التي يختارها، دونما قيد سوى قواعد المنظمة المعنية، على قصد تعزيز مصالحه الاقتصادية والاجتماعية وحمايتها. ولا يجوز إخضاع ممارسة هذا الحق لأية قيود غير تلك التي ينص عليها القانون وتشكل تدابير ضرورية، في مجتمع ديمقراطي، لصيانة الأمن القومي أو النظام القائم أو لحماية حقوق الآخرين وحرياتهم،

(ب) حق النقابات في إنشاء اتحادات أو اتحادات حلافية قومية، وحق هذه الاتحادات في تكوين منظمات نقابية دولية أو الانضمام إليها ،

(ج) حق النقابات في ممارسة نشاطها بحرية، دونما قيود غير تلك التي ينص عليها القانون وتشكل تدابير ضرورية، في مجتمع ديمقراطي، لصيانة الأمن القومي أو النظام العام أو لحماية حقوق الآخرين وحرياتهم،

(د) حق الإضراب، شريطة ممارسته وفقا لقوانين البلد المعني.

٢- لا تحول هذه المادة دون إخضاع أفراد القوات المسلحة أو رجال الشرطة أو موظفي الإدارات الحكومية لقيود قانونية على ممارستهم لهذه الحقوق.

٣- ليس في هذه المادة أي حكم يجيز للدول الأطراف في اتفاقية منظمة العمل الدولية المعقودة عام ١٩٤٨ بشأن الحرية النقابية وحماية حق التنظيم النقابي اتخاذ تدابير تشريعية من شأنها، أو تطبيق القانون بطريقة من شأنها، أن تخل بالضمانات المنصوص عليها في تلك الاتفاقية.

المادة ٩ :

تقر الدول الأطراف في هذا العهد بحق كل شخص في الضمان الاجتماعي، بما في ذلك التأمينات الاجتماعية.

المادة ١٠:

تقر الدول الأطراف في هذا العهد بما يلي:

١- وجوب منح الأسرة، التي تشكل الوحدة الجماعية الطبيعية والأساسية في المجتمع، أكبر قدر ممكن من الحماية والمساعدة، وخصوصا لتكوين هذه الأسرة وطوال نهوضها بمسؤولية تعهد وتربية الأولاد الذين تعيلهم. ويجب أن ينعقد الزواج برضا الطرفين المزمع زواجهما رضاء لا إكراه فيه.

٢- وجوب توفير حماية خاصة للأمهات خلال فترة معقولة قبل الوضع وبعده. وينبغي منح الأمهات العاملات، أثناء الفترة المذكورة، إجازة مأجورة أو إجازة مصحوبة باستحقاقات ضمان اجتماعي كافية.

٣- وجوب اتخاذ تدابير حماية ومساعدة خاصة لصالح جميع الأطفال والمراهقين، دون أي تمييز بسبب النسب أو غيره من الظروف. ومن الواجب حماية الأطفال والمراهقين من الاستغلال الاقتصادي والاجتماعي. كما يجب جعل القانون يعاقب على استخدامهم في أي عمل من شأنه إفساد أخلاقهم أو الإضرار بصحتهم أو تهديد حياتهم بالخطر أو إلحاق الأذى بنموهم الطبيعي. وعلى الدول أيضا أن تفرض حدودا دنيا للسن يحظر القانون استخدام الصغار الذين لم يبلغوها في عمل مأجور ويعاقب عليه.

المادة ١١:

١- تقر الدول الأطراف في هذا العهد بحق كل شخص في مستوى معيشي كاف له ولأسرته، يوفر ما يفي بحاجتهم من الغذاء والكساء والمأوى، وبحقه في تحسين متواصل لظروفه المعيشية. وتتعهد الدول الأطراف باتخاذ التدابير اللازمة لإنفاذ هذا الحق، معترفة في هذا الصدد بالأهمية الأساسية للتعاون الدولي القائم على الارتضاء الحر.

٢- واعترافا بما لكل إنسان من حق أساسي في التحرر من الجوع، تقوم الدول الأطراف في هذا العهد، بمجهودها الفردي وعن طريق التعاون الدولي، باتخاذ التدابير المشتملة على برامج محددة ملموسة واللازمة لما يلي:

(أ) تحسين طرق إنتاج وحفظ وتوزيع المواد الغذائية، عـن طريـق الاسـتفادة الكليـة مـن المعارف التقنية والعلمية، ونشر المعرفة بمبادئ التغذية، واسـتحداث أو إصـلاح نظـم توزيع الأراضي الزراعية بطريقة تكفل أفضل إنماء للموارد الطبيعية وانتفاع بها.

(ب) تأمين توزيع الموارد الغذائيـة العالميـة توزيعـا عـادلا في ضـوء الاحتياجـات، يضـع في اعتباره المشاكل التي تواجهها البلدان المستوردة للأغذية والمصدرة لها على السواء.

المادة ١٢:

١- تقر الدول الأطراف في هذا العهد بحق كل إنسان في التمتع بأعلى مستوى مـن الصـحة الجسمية والعقلية يمكن بلوغه.

٢- تشمل التدابير التي يتعين على الدول الأطراف في هذا العهد اتخاذها لتـأمين الممارسـة الكاملة لهذا الحق، تلك التدابير اللازمة من أجل:

(أ) العمل على خفض معدل موتى المواليد ومعدل وفيات الرضع وتأمين نمـو الطفـل نمـوا صحيا.

(ب) تحسين جميع جوانب الصحة البيئية والصناعية؟

(ج) الوقايـة مـن الأمـراض الوبائيـة والمتوطنـة والمهنيـة والأمـراض الأخـرى وعلاجهـا ومكافحتها.

(د) تهيئة ظروف من شأنها تأمين الخدمات الطبية والعناية الطبية للجميع في حالة المرض.

المادة ١٣:

١- تقر الدول الأطراف في هذا العهد بحق كل فرد في التربية والتعليم. وهي متفقة على وجوب توجيه التربية والتعليم إلى الإنماء الكامل للشخصية الإنسانية والحس بكرامتها والى توطيد احترام حقوق الإنسان والحريات الأساسية. وهي متفقة كذلك على وجوب استهداف التربية والتعليم تمكين كل شخص من الإسهام بدور نافع في مجتمع حر، وتوثيق أواصر التفاهم والتسامح والصداقة بين جميع الأمم ومختلف الفئات السلالية أو الإثنية أو الدينية، ودعم الأنشطة التي تقوم بها الأمم المتحدة من أجل صيانة السلم.

٢- وتقر الدول الأطراف في هذا العهد بأن ضمان الممارسة التامة لهذا الحق يتطلب:

(أ) جعل التعليم الابتدائي إلزاميا وإتاحته مجانا للجميع.

(ب) تعميم التعليم الثانوي بمختلف أنواعه، بما في ذلك التعليم الثانوي التقني والمهني، وجعله متاحا للجميع بكافة الوسائل المناسبة ولا سيما بالأخذ تدريجيا بمجانية التعليم.

(ج) جعل التعليم العالي متاحا للجميع على قدم المساواة، تبعا للكفاءة، بكافة الوسائل المناسبة ولا سيما بالأخذ تدريجيا بمجانية التعليم،

(د) تشجيع التربية الأساسية أو تكثيفها، إلى أبعد مدى ممكن، من أجل الأشخاص الـذين لم يتلقوا أو لم يستكملوا الدراسة الابتدائية،

(هـ) العمل بنشاط على إنماء شبكة مدرسية على جميع المستويات، وإنشاء نظام منح واف بالغرض، ومواصلة تحسين الأوضاع المادية للعاملين في التدريس.

٣- تتعهد الدول الأطراف في هذا العهد باحترام حرية الآباء، أو الأوصياء عند وجودهم، في اختيار مدارس لأولادهم غير المـدارس الحكوميـة، شريطة تقيد المـدارس المختارة بمعايير التعليم الدنيا التي قد تفرضها أو تقرها الدولة، وبتأمين تربية أولئك الأولاد دينيا وخلقيا وفقا لقناعاتهم الخاصة.

٤- ليس في أي من أحكام هذه المادة ما يجوز تأويله على نحو يفيد مساسه بحرية الأفراد والهيئـات في إنشاء وإدارة مؤسسـات تعليميـة، شريطـة التشبث دائمـا بالمبادئ المنصوص عليها في الفقرة أ من هذه المادة ورهنا بخضوع التعليـم الـذي توفره هذه المؤسسات لما قد تفرضه الدولة من معايير دنيا.

المادة ١٤:

تتعهد كل دولة طرف في هذا العهد، لم تكن بعد وهي تصبح طرفا فيه قد تمكنت من كفالة إلزامية ومجانية التعليم الابتدائي في بلدها ذاته أو في أقاليم أخرى تحت ولايتها، بالقيام، في غضون سنتين، بوضع واعتماد خطة عمل مفصلة للتنفيذ الفعلي والتدريجي لمبدأ إلزامية التعليم ومجانيته للجميع، خلال عدد معقول من السنين يحدد في الخطة.

المادة ١٥:

١- تقر الدول الأطراف في هذا العهد بأن من حق كل فرد:

(أ) أن يشارك في الحياة الثقافية.

(ب) أن يتمتع بفوائد التقدم العلمي وبتطبيقاته.

(ج) أن يفيد من حماية المصالح المعنوية والمادية الناجمة عن أي أثر علمي أو فني أو أدبي من صنعه.

٢- تراعي الدول الأطراف في هذا العهد، في التدابير التي ستتخذها بغية ضمان الممارسة الكاملة لهذا الحق، أن تشمل تلك التدابير التي تتطلبها صيانة العلم والثقافة وإنماؤهما وإشاعتهما.

٣- تتعهد الدول الأطراف في هذا العهد باحترام الحرية التي لا غنى عنها للبحث العلمي والنشاط الإبداعي.

٤- تقر الدول الأطراف في هذا العهد بالفوائد التي تجنى مـن تشجيع وإنمـاء الاتصـال والتعاون الدوليين في ميداني العلم والثقافة.

-الجزء الرابع

المادة ١٦:

١- تتعهد الدول الأطراف في هذا العهد بأن تقدم، طبقا لأحكام هذا الجزء مـن العهد، تقـارير عن التدابير التي تكون قد اتخـذتها وعـن التقـدم المحـرز عـلى طريـق ضـمان احـترام الحقوق المعترف بها في هذا العهد.

٢-

(أ) توجه جميع التقـارير إلى الأمـين العـام للأمـم المتحـدة، الـذي يحيـل نسخـا منهـا إلى المجلس الاقتصادي والاجتماعي للنظر فيها طبقا لأحكام هذا العهد.

(ب) على الأمين العام للأمم المتحدة أيضا، حين يكون التقرير الـوارد مـن دولـة طرف في هذا العهد، أو جـزء أو أكـثر مـنه، متصـلا بأيـة مسـألة تـدخل في اختصـاص إحـدى الوكالات المتخصصة وفقا لصكها التأسيسي وتكون الدولة الطرف المـذكورة عضـوا في هذه الوكالة، أن يحيل إلى تلك الوكالة نسخة من هذا التقرير أو مـن جزئـه المتصـل بتلك المسألة، حسب الحالة.

المادة ١٧:

١- تقدم الدول الأطراف في هذا العهد تقاريرها على مراحل، طبقا لبرنامج يضعه المجلس الاقتصادي والاجتماعي في غضون سنة من بدء نفاذ هذا العهد، بعد التشاور مع الدول الأطراف والوكالات المتخصصة المعنية.

٢- للدولة أن تشير في تقريرها إلى العوامل والمصاعب التي تمنعها من الإيفاء الكامل بالالتزامات المنصوص عليها في هذا العهد.

٣- حين يكون قد سبق للدولة الطرف في هذا العهد أن أرسلت المعلومات المناسبة إلى الأمم المتحدة أو إلى إحدى الوكالات المتخصصة، ينتفي لزوم تكرار إيراد هذه المعلومات ويكتفي بإحالة دقيقة إلى المعلومات المذكورة.

المادة ١٨:

للمجلس الاقتصادي والاجتماعي، بمقتضى المسؤوليات التي عهد بها إليه ميثاق الأمم المتحدة في ميدان حقوق الإنسان والحريات الأساسية، أن يعقد مع الوكالات المتخصصة ما يلزم من ترتيبات كيما توافيه بتقارير عن التقدم المحرز في تأمين الامتثال لما يدخل في نطاق أنشطتهما من أحكام هذا العهد. ويمكن تضمين هذه التقارير تفاصيل عن المقررات والتوصيات التي اعتمدتها الأجهزة المختصة في هذا الوكالات بشأن هذا الامتثال.

المادة ١٩:

للمجلس الاقتصادي والاجتماعي أن يحيل إلى لجنة حقوق الإنسان التقارير المتعلقة بحقوق الإنسان والمقدمة من الدول عملا بالمادتين ١٦ و١٧ ومن الوكالات المتخصصة عملا بالمادة ١٨، لدراستها ووضع توصيات عامة بشأنها أو لاطلاعها عليها عند الاقتضاء.

المادة ٢٠ :

للدول الأطراف في هذا العهد وللوكالات المتخصصة المعنية أن تقدم إلى المجلس الاقتصادي والاجتماعي ملاحظات على أية توصية عامة تبديها لجنة حقوق الإنسان بمقتضى المادة ١٩ أو على أي إيماء إلى توصية عامة يرد في أي تقرير للجنة حقوق الإنسان أو في أية وثيقة تتضمن إحالة إليها.

المادة ٢١ :

للمجلس الاقتصادي والاجتماعي أن يقدم إلى الجمعية العامة بين الحين والحين تقارير تشتمل على توصيات ذات طبيعة عامة وموجز للمعلومات الواردة من الدول الأطراف في هذا العهد، ومن الوكالات المتخصصة حول التدابير المتخذة والتقدم المحرز على طريق كفالة تعميم مراعاة الحقوق المعترف بها في هذا العهد.

المادة ٢٢ :

للمجلس الاقتصادي والاجتماعي استرعاء نظر هيئات الأمم المتحدة الأخرى وهيئاتها الفرعية، والوكالات المتخصصة المعنية بتوفير المساعدة التقنية، إلى أية مسائل تنشأ عن التقارير المشار إليها في هذا الجزء من

هذا العهد ويمكن أن تساعد تلك الأجهزة كل في مجال اختصاصه، على تكوين رأي حول ملاءمة اتخاذ تدابير دولية من شأنها أن تساعد على فعالية التنفيذ التدريجي لهذا العهد.

المادة ٢٣:

توافق الدول الأطراف في هذا العهد على أن التدابير الدولية الرامية إلى كفالة إعمال الحقوق المعترف بها في هذا العهد تشمل عقد اتفاقيات، واعتماد توصيات، وتوفير مساعدة تقنية، وعقد اجتماعات إقليمية واجتماعات تقنية بغية التشاور والدراسة تنظم بالاشتراك مع الحكومات المعنية.

المادة ٢٤ :

ليس في أي حكم من أحكام هذا العهد ما يجوز تأويله على نحو يفيد مساسه بأحكام ميثاق الأمم المتحدة وأحكام دساتير الوكالات المتخصصة التي تحدد مسؤوليات مختلف هيئات الأمم المتحدة والوكالات المتخصصة بصدد المسائل التي يتناولها هذا العهد.

المادة ٢٥ :

ليس في أي حكم من أحكام هذا العهد ما يجوز تأويله على نحو يفيد مساسه بما لجميع الشعوب من حق أصيل في حرية التمتع والانتفاع كليا بثرواتها ومواردها الطبيعية.

-الجزء الخامس

المادة ٢٦:

١- هذا العهد متاح لتوقيع أي دولة عضو في الأمم المتحدة أو عضو في أية وكالة من وكالاتها المتخصصة وأية دولة طرف في النظام الأساسي لمحكمة العدل الدولية، وأية دولة أخرى دعتها الجمعية العامة للأمم المتحدة إلى أن تصبح طرفا في هذا العهد.

٢- يخضع هذا العهد للتصديق. وتودع صكوك التصديق لدى الأمين العام للأمم المتحدة.

٣- يتاح الانضمام إلى هذا العهد لأية دولة من الدول المشار إليها في الفقرة أ من هذه المادة.

٤- يقع الانضمام بإيداع صك انضمام لدى الأمين العام للأمم المتحدة.

٥- يخطر الأمين العام للأمم المتحدة جميع الدول التي تكون قد وقعت هذا العهد أو انضمت إليه بإيداع كل صك من صكوك التصديق أو الانضمام.

المادة ٢٧:

١- يبدأ نفاذ هذا العهد بعد ثلاثة أشهر من تاريخ إيداع صك الانضمام أو التصديق الخامس والثلاثين لدى الأمين العام للأمم المتحدة.

٢- أما الدول التي تصدق هذا العهد أو تنضم إليه بعد أن يكون قـد تـم إيـداع صـك التصديق أو الانضمام الخامس والثلاثين فيبدأ نفاذ هذا العهد إزاء كل منها بعـد ثلاثة أشهر من تاريخ إيداعها صك تصديقها أو صك انضمامها.

المادة ٢٨:

تنطبق أحكام هذا العهد، دون أي قيد أو استثناء، على جميع الوحدات التي تتشكل منها الدول الاتحادية.

المادة ٢٩:

١- لأية دولة طرف في هذا العهد أن تقترح تعديلا عليه تودع نصه لـدى الأمـين العـام للأمـم المتحدة. وعلى أثر ذلك يقوم الأمين العام بإبلاغ الـدول الأطراف في هـذا العهـد بأيـة تعديلات مقترحة، طالبا إليها إعلامه عما إذا كانت تحبذ عقد مـؤتمر للـدول الأطراف للنظر في تلك المقترحات والتصويت عليها. فإذا حبذ عقد المؤتمر ثلث الدول الأطراف على الأقل عقده الأمين العام برعاية الأمم المتحدة. وأي تعديل تعتمده أغلبية الـدول الأطراف الحاضرة والمقترعة في المـؤتمر يعـرض عـلى الجمعيـة العامـة للأمـم المتحـدة لإقراره.

٢- يبدأ نفاذ التعديلات متى أقرتها الجمعية العامة للأمم المتحدة وقبلتها أغلبيـة ثلثـي الدول الأطراف في هذا العهد، وفقا للإجراءات الدستورية لدى كل منها.

٣- متى بدأ نفاذ هذه التعديلات تصبح ملزمة للدول الأطراف التي قبلتها، بينما تظل الدول الأطراف الأخرى ملزمة بأحكام هذا العهد وبأي تعديل سابق تكون قد قبلته.

المادة ٣٠ :

بصرف النظر عن الإخطارات التي تتم بمقتضى الفقرة ٥ من المادة ٢٦، يخطر الأمين العام للأمم المتحدة جميع الدول المشار إليها في الفقرة أ من المادة المذكورة بما يلي:

(أ) التوقيعات والتصديقات والانضمامات التي تتم طبقا للمادة ٢٦.

(ب) تاريخ بدء نفاذ هذا العهد بمقتضى المادة ٢٧، وتاريخ بدء نفاذ أية تعديلات تتم في إطار المادة٢١.

المادة ٣١:

١- يودع هذا العهد، الذي تتساوى في الحجية نصوصه بالإسبانية والإنكليزية والروسية والصينية والفرنسية، في محفوظات الأمم المتحدة!

٢- يقوم الأمين العام للأمم المتحدة بإرسال صور مصدقة من هذا العهد إلى جميع الدول المشار إليها في المادة ٢٦.

ميثاق الأمم المتحدة

صدر بمدينة سان فرانسيسكو في يوم ٢٦ حزيران/ يونيه ١٩٤٥

أولا: مذكرة تمهيدية

وقع ميثاق الأمم المتحدة في ٢٦ حزيران/ يونيه ١٩٤٥ في سان فرانسيسكو في ختام مؤتمر الأمم المتحدة الخاص بنظام الهيئة الدولية وأصبح نافذا في ٢٤ تشرين الأول/أكتوبر ١٩٤٥. ويعتبر النظام الأساسي لمحكمة العدل الدولية جزءا متمما للميثاق.

وقد اعتمدت الجمعية العامة في ١٧ كانون الأول/ديسمبر ١٩٦٣ التعديلات التي أدخلت على المواد ٢٣ و ٢٧ و ٦١ من الميثاق، والتي أصبحت نافذة في ٣١ آب/أغسطس ١٩٦٥. كما اعتمدت الجمعية العامة في ٢٠ كانون الأول/ديسمبر ١٩٦٥ التعديلات التي أدخلت على المادة ١٠٩ وأصبحت نافذة في ١٢ حزيران/ يونيه ١٩٦٨.

ويقضي تعديل المادة ٢٣ بزيادة عدد أعضاء مجلس الأمن من أحد عشر عضوا إلى خمسة عشر عضوا. وتنص المادة ٢٧ المعدلة على أن تصدر قرارات مجلس الأمن في المسائل الإجرائية بموافقة أصوات تسعة من أعضائه (سبعة في السابق)، وفي كافة المسائل الأخرى بموافقة أصوات تسعة من أعضائه (سبعة في السابق) يكون من بينها أصوات أعضاء مجلس الأمن الدائمين الخمسة.

ويقضي تعديل المادة ٦١، الذي أصبح نافذا في ٣١ آب/أغسطس ١٩٦٥، بزيادة عدد أعضاء المجلس الاقتصادي والاجتماعي من ثمانية عشر عضوا إلى سبعة وعشرين عضوا. ويقضي التعديل اللاحق للمادة نفسها، الذي أصبح نافذا في ٢٤ أيلول/سبتمبر ١٩٧٣، بزيادة عدد أعضاء المجلس من سبعة وعشرين إلى أربعة وخمسين عضوا.

ويقضي تعديل المادة ١٠٩ المتعلق بالفقرة الأولى من تلك المادة بجواز عقد مؤتمر عام لأعضاء الأمم المتحدة لإعادة النظر في الميثاق في الزمان والمكان اللذين تحددهما الجمعية العامة بأغلبية ثلثي أعضائها وبموافقة أي تسعة من أعضاء مجلس الأمن (سبعة في السابق). أما الفقرة الثالثة من المادة ١٠٩ التي تتناول مسألة النظر في إمكانية الدعوة إلى عقد هذا المؤتمر خلال الدورة العادية العاشرة للجمعية العامة، فقد بقيت في صيغتها الأصلية وذلك بالنسبة لإشارتها إلى "موافقة سبعة من أعضاء مجلس الأمن" إذ سبق للجمعية العامة ومجلس الأمن أن اتخذا إجراء بشأن هذه الفقرة في الدورة العادية العاشرة عام ١٩٥٥.

الديباجة

نحن شعوب الأمم المتحدة

وقد آلينا على أنفسنا أن ننقذ الأجيال المقبلة من ويلات الحرب التي في خلال جيل واحد جلبت على الإنسانية مرتين أحزانا يعجز عنها الوصف،

وأن نؤكد من جديد إيماننا بالحقوق الأساسية للإنسان وبكرامة الفرد وقدره وبما للرجال والنساء والأمم كبيرها وصغيرها من حقوق متساوية، وأن نبين الأحوال التي يمكن في ظلها تحقيق العدالة واحترام الالتزامات الناشئة عن المعاهدات وغيرها من مصادر القانون الدولي،

وأن ندفع بالرقي الاجتماعي قدما، وأن نرفع مستوى الحياة في جو من الحرية أفسح.وفي سبيل هذه الغايات اعتزمنا:

أن نأخذ أنفسنا بالتسامح، وأن نعيش معا في سلام وحسن جوار، وأن نضم قوانا كي نحتفظ بالسلم والأمن الدولي، وأن نكفل بقبولنا مبادئ معينة ورسم الخطط اللازمة لها ألا تستخدم القوة المسلحة في غير المصلحة المشتركة، وأن نستخدم الأداة الدولية في ترقية الشؤون الاقتصادية والاجتماعية للشعوب جميعها، قد قررنا أن نوحد جهودنا لتحقيق هذه الأغراض،

ولهذا فإن حكوماتنا المختلفة على يد مندوبيها المجتمعين في مدينة سان فرانسيسكو الذين قدموا وثائق التفويض المستوفية للشرائط، قد ارتضت ميثاق الأمم المتحدة هذا، وأنشأت بمقتضاه هيئة دولية تسمى "الأمم المتحدة".

الفصل الأول: في مقاصد الهيئة ومبادئها

المادة ١ :

مقاصد الأمم المتحدة هي:

١- حفظ السلم والأمن الدولي، وتحقيقا لهذه الغاية تتخذ الهيئة التدابير المشتركة الفعالة لمنع الأسباب التي تهدد السلم ولإزالتها،

وتقمع أعمال العدوان وغيرها من وجوه الإخلال بالسلم، وتتذرع بالوسائل السلمية، وفقا لمبادئ العدل والقانون الدولي، لحل المنازعات الدولية التي قد تؤدي إلى الإخلال بالسلم أو لتسويتها.

٢- إنماء العلاقات الودية بين الأمم على أساس احترام المبدأ الذي يقضي بالتسوية في الحقوق بين الشعوب وبأن يكون لكل منها تقرير مصيرها، وكذلك اتخاذ التدابير الأخرى الملائمة لتعزيز السلم العام.

٣- تحقيق التعاون الدولي على حل المسائل الدولية ذات الصبغة الاقتصادية والاجتماعية والثقافية والإنسانية وعلى تعزيز احترام حقوق الإنسان والحريات الأساسية للناس جميعا والتشجيع على ذلك إطلاقا بلا تمييز بسبب الجنس أو اللغة أو الدين ولا تفريق بين الرجال والنساء.

٤- جعل هذه الهيئة مرجعا لتنسيق أعمال الأمم وتوجيهها نحو إدراك هذه الغايات المشتركة.

المادة ٢ :

تعمل الهيئة وأعضاؤها في سعيها وراء المقاصد المذكورة في المادة الأولى وفقا للمبادئ الآتية:

١- تقوم الهيئة على مبدأ المساواة في السيادة بين جميع أعضائها.

٢- لكي يكفل أعضاء الهيئة لأنفسهم جميعا الحقوق والمزايا المترتبة على صفة العضوية يقومون في حسن نية بالالتزامات التي أخذوها على أنفسهم بهذا الميثاق.

٣- يفض جميع أعضاء الهيئة منازعاتهم الدولية بالوسائل السلمية على وجه لا يجعل السلم والأمن والعدل الدولي عرضة للخطر.

٤- يمتنع أعضاء الهيئة جميعا في علاقاتهم الدولية عن التهديد باستعمال القوة أو استخدامها ضد سلامة الأراضي أو الاستقلال السياسي لأية دولة أو على أي وجه آخر لا يتفق ومقاصد "الأمم المتحدة".

٥- يقدم جميع الأعضاء كل ما في وسعهم من عون إلى "الأمم المتحدة" في أي عمل تتخذه وفق هذا الميثاق، كما يمتنعون عن مساعدة أية دولة تتخذ الأمم المتحدة إزاءها عملا من أعمال المنع أو القمع.

٦- تعمل الهيئة على أن تسير الدول غير الأعضاء فيها على هذه المبادئ بقدر ما تقتضيه ضرورة حفظ السلم والأمن الدولي.٧. ليس في هذا الميثاق ما يسوغ "للأمم المتحدة" أن تتدخل في الشؤون التي تكون من صميم السلطان الداخلي لدولة ما، وليس فيه ما يقتضي- الأعضاء أن يعرضوا مثل هذه المسائل لأن تحل بحكم هذا الميثاق، على أن هذا المبدأ لا يخل بتطبيق تدابير القمع الواردة في الفصل السابع.

الفصل الثاني: في العضوية

المادة ٣:

الأعضاء الأصليون للأمم المتحدة هم الدول التي اشتركت في مؤتمر الأمم المتحدة لوضع نظام الهيئة الدولية المنعقد في سان فرانسيسكو، والتي توقع هذا الميثاق وتصدق عليه طبقا للمادة ١١٠، وكذلك الدول التي وقعت من قبل تصريح الأمم المتحدة الصادر في أول كانون الثاني/يناير سنة ١٩٤٢، وتوقع هذا الميثاق وتصدق عليه.

المادة ٤ :

١- العضوية في "الأمم المتحدة" مباحة لجميع الدول الأخرى المحبة للسلام، والتي تأخذ نفسها بالالتزامات التي يتضمنها هذا الميثاق، والتي ترى الهيئة أنها قادرة على تنفيذ هذه الالتزامات وراغبة فيه .

٢- قبول أية دولة من هذه الدول في عضوية "الأمم المتحدة" يتم بقرار من الجمعية العامة بناء على توصية مجلس الأمن .

المادة ٥ :

يجوز للجمعية العامة أن توقف أي عضو اتخذ مجلس الأمن قبله عملا من أعمال المنع أو القمع، عن مباشرة حقوق العضوية ومزاياها، ويكون ذلك بناء على توصية مجلس الأمن، ولمجلس الأمن أن يرد لهذا العضو مباشرة تلك الحقوق والمزايا.

المادة ٦:

إذا أمعن عضو من أعضاء "الأمم المتحدة" في انتهاك مبادئ الميثاق جاز للجمعية العامة أن تفصله من الهيئة بناء على توصية مجلس الأمن

الفصل الثالث: في فروع الهيئة

المادة ٧ :

١- تنشأ الهيئات الآتية فروعا رئيسية للأمم المتحدة:

- جمعية عامة.
- مجلس أمن.
- مجلس اقتصادي واجتماعي.
- مجلس وصاية.
- محكمة عدل دولية.
- أمانة عامة.

٢- يجوز أن ينشأ وفقا لأحكام هذا الميثاق ما يرى ضرورة إنشائه من فروع ثانوية أخرى .

المادة ٨ :

لا تفرض "الأمم المتحدة" قيودا تحد بها جواز اختيار الرجال والنساء للاشتراك بأية صفة وعلى وجه المساواة في فروعها الرئيسية والثانوية.

الفصل الرابع: في الجمعية العامة

تأليفها

المادة ٩ :

١- تتألف الجمعية العامة من جميع أعضاء "الأمم المتحدة".

٢- لا يجوز أن يكون للعضو الواحد أكثر من خمسة مندوبين في الجمعية العامة. في وظائف الجمعية وسلطاتها

المادة ١٠:

للجمعية العامة أن تناقش أية مسألة أو أمر يدخل في نطاق هذا الميثاق أو يتصل بسلطات فرع من الفروع المنصوص عليها فيه أو وظائفه. كما أن لها في ما عدا ما نص عليه في المادة ١٢ أن توصي أعضاء الهيئة أو مجلس الأمن أو كليهما بما تراه في تلك المسائل والأمور.

المادة ١١:

١- للجمعية العامة أن تنظر في المبادئ العامة للتعاون في حفظ السلم والأمن الدولي ويدخل في ذلك المبادئ المتعلقة بنزع السلاح وتنظيم التسليح، كما أن لها أن تقدم توصياتها بصدد هذه المبادئ إلى الأعضاء أو إلى مجلس الأمن أو إلى كليهما.

٢- للجمعية العامة أن تناقش أية مسألة يكون لها صلة بحفظ السلم والأمن الدولي يرفعها إليها أي عضو من أعضاء "الأمم المتحدة"

ومجلس الأمن أو دولة ليست من أعضائها وفقا لأحكام الفقرة الثانية من المادة ٣٥، ولها -فيما عدا ما تنص عليه المادة الثانية عشرة- أن تقدم توصياتها بصدد هذه المسائل للدولة أو الدول صاحبة الشأن أو لمجلس الأمن أو لكليهما معا. وكل مسألة مما تقدم ذكره يكون من الضروري فيها القيام بعمل ما، ينبغي أن تحيلها الجمعية العامة على مجلس الأمن قبل بحثها أو بعده.

٣- للجمعية العامة أن تسترعي نظر مجلس الأمن إلى الأحوال التي يحتمل أن تعرض السلم والأمن الدولي للخطر.

٤- لا تحد سلطات الجمعية العامة المبينة في هذه المادة من عموم مدى المادة العاشرة.

المادة ١٢ :

١- عندما يباشر مجلس الأمن، بصدد نزاع أو موقف ما، الوظائف التي رسمت في الميثاق، فليس للجمعية العامة أن تقدم أية توصية في شأن هذا النزاع أو الموقف إلا إذا طلب ذلك منها مجلس الأمن.

٢- يخطر الأمين العام -بموافقة مجلس الأمن- الجمعية العامة في كل دور من أدوار انعقادها بكل المسائل المتصلة بحفظ السلم والأمن الدولي التي تكون محل نظر مجلس الأمن، كذلك يخطرها أو يخطر أعضاء "الأمم المتحدة" إذا لم تكن الجمعية

العامة في دور انعقادها، بفراغ مجلس الأمن من نظر تلك المسائل وذلك بمجرد انتهائه منها.

المادة ١٣ :

١- تعد الجمعية العامة دراسات وتشير بتوصيات بقصد:

أ - إنماء التعاون الدولي في الميدان السياسي وتشجيع التقدم المطرد للقانون الدولي وتدوينه،

ب - إنماء التعاون الدولي في الميادين الاقتصادية والاجتماعية والثقافية والتعليمية والصحية، والإعانة على تحقيق حقوق الإنسان والحريات الأساسية للناس كافة بلا تمييز بينهم في الجنس أو اللغة أو الدين ولا تفريق بين الرجال والنساء.

٢- تبعات الجمعية العامة ووظائفها وسلطاتها الأخرى فيما يختص بالمسائل الواردة في الفقرة السابقة (ب) مبينة في الفصلين التاسع والعاشر من هذا الميثاق.

المادة ١٤:

مع مراعاة أحكام المادة الثانية عشرة، للجمعية العامة أن توصي باتخاذ التدابير لتسوية أي موقف، مهما يكن منشؤه، تسوية سلمية متى رأت أن هذا الموقف قد يضر بالرفاهية العامة أو يعكر صفو العلاقات الودية بين الأمم، ويدخل في ذلك المواقف الناشئة عن انتهاك أحكام هذا الميثاق الموضحة لمقاصد الأمم المتحدة ومبادئها.

المادة ١٥ :

١- تتلقى الجمعية العامة تقارير سنوية وأخرى خاصة من مجلس الأمن وتنظر فيهـا، وتتضـمن هذه التقارير بيانا عن التدابير التي يكون مجلس الأمـن قـد قررهـا أو اتخـذها لحفـظ السلم والأمن الدولي.

٢- تتلقى الجمعية العامة تقارير من الفروع الأخرى للأمم المتحدة وتنظر فيها.

المادة ١٦ :

تباشر الجمعية العامة الوظائف التي رسمت لها بمقتضى الفصلين الثاني عشر والثالث عشر في ما يتعلق بنظام الوصاية الدولية، ويدخل في ذلك المصادقة على اتفاقات الوصاية بشأن المواقع التي تعتبر أنها مواقع استراتيجية.

المادة ١٧ :

١- تنظر الجمعية العامة في ميزانية الهيئة وتصدق عليها.

٢- يتحمل الأعضاء نفقات الهيئة حسب الأنصبة التي تقررها الجمعية العامة.

٣- تنظـر الجمعية العامـة في أيـة ترتيبـات ماليـة أو متعلقـة بالميزانيـة مـع الوكـالات المتخصصة المشار إليها في المـادة ٥٧، وتصـدق عليهـا وتـدرس الميزانيـات الإداريـة لتلك الوكالات لكي تقدم لها توصياتها.

التصويت

المادة ١٨:

١- يكون لكل عضو في "الأمم المتحدة" صوت واحد في الجمعية العامة.

٢- تصدر الجمعية العامة قراراتها في المسائل العامة بأغلبية ثلثي الأعضاء الحاضرين المشتركين في التصويت. وتشمل هذه المسائل: التوصيات الخاصة بحفظ السلم والأمن الدولي، وانتخاب أعضاء مجلس الأمن غير الدائمين، وانتخاب أعضاء المجلس الاقتصادي والاجتماعي، وانتخاب أعضاء مجلس الوصاية وفقا لحكم الفقرة الأولى (ج) من المادة ٨٦، وقبول أعضاء جدد في "الأمم المتحدة" ووقف الأعضاء عن مباشرة حقوق العضوية والتمتع بمزاياها، وفصل الأعضاء، والمسائل المتعلقة بسير نظام الوصاية، والمسائل الخاصة بالميزانية.

٣- القرارات في المسائل الأخرى -ويدخل في ذلك تحديد طوائف المسائل الإضافية التي تتطلب في إقرارها أغلبية الثلثين- تصدر بأغلبية الأعضاء الحاضرين المشتركين في التصويت.

المادة ١٩:

لا يكون لعضو الأمم المتحدة الذي يتأخر عن تسديد اشتراكاته المالية في الهيئة حق التصويت في الجمعية العامة إذا كان المتأخر عليه مساويا لقيمة الاشتراكات المستحقة عليه في السنتين الكاملتين السابقتين أو

زائدا عنها، وللجمعية العامة مع ذلك أن تسمح لهذا العضو بالتصويت إذا اقتنعت بـأن عدم الدفع ناشئ عن أسباب لا قبل للعضو بها.

الإجراءات

المادة ٢٠ :

تجتمع الجمعية العامة في أدوار انعقاد عادية وفي أدوار انعقاد سنوية خاصة بحسب ما تدعو إليه الحاجة. ويقوم بالدعوة إلى أدوار الانعقاد الخاصة الأمين العام بناء عـلى طلـب مجلس الأمن أو أغلبية أعضاء "الأمم المتحدة".

المادة ٢١ :

تضع الجمعية العامة لائحة إجراءاتها، وتنتخب رئيسها لكل دور انعقاد.

المادة ٢٢ :

للجمعية العامة أن تنشئ من الفروع الثانوية ما تراه ضروريا للقيام بوظائفها.

الفصل الخامس: في مجلس الأمـن

تأليفه

المادة ٢٣ :

١- يتألف مجلس الأمن من خمسـة عشـر عضوا مـن الأمـم المتحـدة، وتكون جمهوريـة الصـين، وفرنسـا، واتحاد الجمهوريـات الاشـتراكية السـوفياتية، والمملكة المتحـدة لبريطانيا العظمى وأيرلندا الشمالية، والولايات المتحدة الأمريكية أعضاء دائمـين فيه. وتنتخب الجمعية

العامة عشرة أعضاء آخرين من الأمم المتحدة ليكونوا أعضاء غير دائمين في المجلس. ويراعى في ذلك بوجه خاص وقبل كل شيء مساهمة أعضاء الأمم المتحدة في حفظ السلم والأمن الدولي وفي مقاصد الهيئة الأخرى، كما يراعى أيضا التوزيع الجغرافي العادل.

٢- ينتخب أعضاء مجلس الأمن غير الدائمين لمدة سنتين، على أنه في أول انتخاب للأعضاء غير الدائمين بعد زيادة عدد أعضاء مجلس الأمن من أحد عشر ــ عضوا إلى خمسة عشر عضوا، يختار اثنان من الأعضاء الأربعة الإضافيين لمدة سنة واحدة والعضو الذي انتهت مدته لا يجوز إعادة انتخابه على الفور.

٣- يكون لكل عضو في مجلس الأمن مندوب واحد.

الوظائف والسلطات

المادة ٢٤ :

١- رغبة في أن يكون العمل الذي تقوم به "الأمم المتحدة" سريعا فعالا، يعهد أعضاء تلك الهيئة إلى مجلس الأمن بالتبعات الرئيسية في أمر حفظ السلم والأمن الدولي ويوافقون على أن هذا المجلس يعمل نائبا عنهم في قيامه بواجباته التي تفرضها عليه هذه التبعات.

٢- يعمل مجلس الأمن، في أداء هذه الواجبات وفقا لمقاصد "الأمم المتحدة" .

ومبادئها والسلطات الخاصة المخولة لمجلس الأمن لتمكينـه مـن القيـام بهذه الواجبـات مبينة في الفصول السادس والسابع والثامن والثاني عشر.

٣- يرفع مجلس الأمن تقارير سنوية، وأخرى خاصة، إذا اقتضت الحال إلى الجمعية العامة لتنظر فيها.

المادة ٢٥ :

يتعهد أعضاء "الأمم المتحدة" بقبول قرارات مجلس الأمن وتنفيذها وفق هذا الميثاق.

المادة ٢٦ :

رغبة في إقامـة السـلم والأمـن الـدولي وتوطيـدهما بأقـل تحويـل لمـوارد العـالم الإنسانية والاقتصادية إلى ناحية التسليح، يكون مجلس الأمن مسؤولا بمساعدة لجنة أركان الحرب المشار إليها في المادة ٤٧ عن وضع خطط تعرض على أعضاء "الأمم المتحدة" لوضع منهاج لتنظيم التسليح.

في التصويت

المادة ٢٧:

١- يكون لكل عضو من أعضاء مجلس الأمن صوت واحد.

٢- تصدر قرارات مجلس الأمن في المسائل الإجرائية بموافقة تسعة من أعضائه.

٣- تصدر قرارات مجلس الأمن في المسائل الأخرى كافة بموافقة أصوات تسعة من أعضائه يكون من بينها أصوات الأعضاء الدائمين متفقة، بشرط أنه في القرارات المتخذة تطبيقا لأحكام الفصل السادس والفقرة ٣ من المادة ٥٢ يمتنع من كان طرفا في النزاع عن التصويت.

في الإجراءات

المادة ٢٨ :

١- ينظم مجلس الأمن على وجه يستطيع معه العمل باستمرار، ولهذا الغرض يمثل كل عضو من أعضائه تمثيلا دائما في مقر الهيئة.

٢- يعقد مجلس الأمن اجتماعات دورية يمثل فيها كل عضو من أعضائه -إذا شاء ذلك- بأحد رجال حكومته أو بمندوب آخر يسميه لهذا الغرض خاصة.

٣- لمجلس الأمن أن يعقد اجتماعات في غير مقر الهيئة إذا رأى أن ذلك أدنى إلى تسهيل أعماله.

المادة ٢٩ :

لمجلس الأمن أن ينشئ من الفروع الثانوية ما يرى له ضرورة لأداء وظائفه.

المادة ٣٠:

يضع مجلس الأمن لائحة إجراءاته ويدخل فيها طريقة اختيار رئيسه.

المادة ٣١ :

لكل عضو من أعضاء "الأمم المتحدة" من غير أعضاء مجلس الأمن أن يشترك بدون تصويت في مناقشة أية مسألة تعرض على مجلس الأمن إذا رأى المجلس أن مصالح هذا العضو تتأثر بها بوجه خاص.

المادة ٣٢ :

كل عضو من أعضاء "الأمم المتحدة" ليس بعضو في مجلس الأمن، وأية دولة ليست عضوا في "الأمم المتحدة" إذا كان أيهما طرفا في نزاع معروض على مجلس الأمن لبحثه يدعى إلى الاشتراك في المناقشات المتعلقة بهذا النزاع دون أن يكون له حق في التصويت، ويضع مجلس الأمن الشروط التي يراها عادلة لاشتراك الدولة التي ليست من أعضاء "الأمم المتحدة".

الفصل السادس: في حل المنازعات حلا سلميا

المادة ٣٣:

١- يجب على أطراف أي نزاع من شأن استمراره أن يعرض حفظ السلم والأمن الدولي للخطر أن يلتمسوا حله بادئ ذي بدء بطريق المفاوضة والتحقيق والوساطة والتوفيق والتحكيم والتسوية القضائية، أو أن يلجئوا إلى الوكالات والتنظيمات الإقليمية أو غيرها من الوسائل السلمية التي يقع عليها اختيارها.

٢- ويدعو مجلس الأمن أطراف النزاع إلى أن يسووا ما بينهم مـن النـزاع بتلك الطرق إذا رأى ضرورة ذلك.

المادة ٣٤:

لمجلس الأمن أن يفحص أي نزاع أو أي موقف قد يؤدي إلى احتكاك دولي أو قد يثير نزاعا لكي يقرر ما إذا كان استمرار هذا النـزاع أو الموقـف مـن شـأنه أن يعـرض للخطـر حفـظ السلم والأمن الدولي.

المادة ٣٥:

١- لكل عضو من "الأمم المتحدة" أن ينبه مجلس الأمن أو الجمعية العامة إلى أي نـزاع أو موقـف من النوع المشار إليه في المادة الرابعة والثلاثين.

٢- لكل دولة ليست عضوا في "الأمم المتحدة" أن تنبه مجلس الأمن أو الجمعية العامة إلى أي نزاع تكون طرفا فيه إذا كانت تقبل مقـدما في خصـوص هـذا النـزاع التزامـات الحل السلمي المنصوص عليها في هذا الميثاق.

٣- تجرى أحكام المادتين ١١ و ١٢ على الطريقـة التي تعالج بها الجمعيـة العامـة المسائل التي تنبه إليها وفقا لهذه المادة.

المادة ٣٦ :

١- لمجلس الأمن في أية مرحلة من مراحل نزاع من النوع المشار إليه في المادة ٣٣ أو موقف شبيه به أن يوصي بما يراه ملائما من الإجراءات وطرق التسوية.

٢- على مجلس الأمن أن يراعي ما اتخذه المتنازعون من إجراءات سابقة لحل النزاع القائم بينهم.

٣- على مجلس الأمن وهو يقدم توصياته وفقا لهذه المادة أن يراعي أيضا أن المنازعات القانونية يجب على أطراف النزاع -بصفة عامة- أن يعرضوها على محكمة العدل الدولية وفقا لأحكام النظام الأساسي لهذه المحكمة.

المادة ٣٧:

١- إذا أخفقت الدول التي يقوم بينها نزاع من النوع المشار إليه في المادة ٣٣ في حله بالوسائل المبينة في تلك المادة وجب عليها أن تعرضه على مجلس الأمن.

٢- إذا رأى مجلس الأمن أن استمرار هذا النزاع من شأنه في الواقع، أن يعرض للخطر حفظ السلم والأمن الدولي قرر ما إذا كان يقوم بعمل وفقا للمادة ٣٦ أو يوصي بما يراه ملائما من شروط حل النزاع.

المادة ٣٨ :

لمجلس الأمن -إذا طلب إليه جميع المتنازعين ذلك- أن يقدم إليهم توصياته بقصد حل النزاع حلا سلميا، وذلك بدون إخلال بأحكام المواد من ٣٣ إلى ٣٧.

الفصل السابع: فيما يتخذ من الأعمال في حالات تهديد السلم والإخلال به ووقوع العدوان.

المادة ٣٩:

يقرر مجلس الأمن ما إذا كان قد وقع تهديد للسلم أو إخلال به أو كان ما وقع عملا من أعمال العدوان، ويقدم في ذلك توصياته أو يقرر ما يجب اتخاذه من التدابير طبقا لأحكام المادتين ٤١ و ٤٢ لحفظ السلم والأمن الدولي أو إعادته إلى نصابه.

المادة ٤٠ :

منعا لتفاقم الموقف، لمجلس الأمن، قبل أن يقدم توصياته أو يتخذ التدابير المنصوص عليها في المادة ٣٩، أن يدعو المتنازعين للأخذ بما يراه ضروريا أو مستحسنا من تدابير مؤقتة، ولا تخل هذه التدابير المؤقتة بحقوق المتنازعين ومطالبهم أو بمركزهم، وعلى مجلس الأمن أن يحسب لعدم أخذ المتنازعين بهذه التدابير المؤقتة حسابه.

المادة ٤١:

لمجلس الأمن أن يقرر ما يجب اتخاذه من التدابير التي لا تتطلب استخدام القوات المسلحة لتنفيذ قراراته، وله أن يطلب إلى أعضاء "الأمم المتحدة" تطبيق هذه التدابير، ويجوز أن يكون من بينها وقف الصلات الاقتصادية والمواصلات الحديدية والبحرية والجوية والبريدية والبرقية واللاسلكية وغيرها من وسائل المواصلات وقفا جزئيا أو كليا وقطع العلاقات الدبلوماسية.

المادة ٤٢ :

إذا رأى مجلس الأمن أن التدابير المنصوص عليها في المادة ٤١ لا تفي بالغرض أو ثبت أنها لم تف به، جاز له أن يتخذ بطريق القوات الجوية والبحرية والبرية من الأعمال ما يلزم لحفظ السلم والأمن الدولي أو لإعادته إلى نصابه. ويجوز أن تتناول هذه الأعمال المظاهرات والحصر والعمليات الأخرى بطريق القوات الجوية أو البحرية أو البرية التابعة لأعضاء "الأمم المتحدة".

المادة ٤٣ :

١- يتعهد جميع أعضاء "الأمم المتحدة" في سبيل المساهمة في حفظ السلم والأمن الدولي، أن يضعوا تحت تصرف مجلس الأمن بناء على طلبه وطبقا لاتفاق أو اتفاقات خاصة ما يلزم من القوات

المسلحة والمساعدات والتسهيلات الضرورية لحفظ السلم والأمن الدولي ومن ذلك حـق المرور.

٢- يجب أن يحدد ذلك الاتفاق أو تلك الاتفاقات عـدد هـذه القوات وأنواعها ومـدى استعدادها وأماكنها عموما ونوع التسهيلات والمساعدات التي تقدم.

٣- تجرى المفاوضة في الاتفاق أو الاتفاقات المذكورة بـأسرع مـا يمكـن بنـاء عـلى طلـب مجلس الأمن، وتبرم بين مجلس الأمن وبين أعضاء "الأمـم المتحدة" أو بينـه وبين مجموعـات مـن أعضـاء "الأمـم المتحـدة"، وتصدق عليهـا الـدول الموقعـة وفـق مقتضيات أوضاعها الدستورية.

المادة ٤٤ :

إذا قرر مجلس الأمن استخدام القوة، فإنه قبل أن يطلب من عضو غير ممثل فيه تقديم القوات المسلحة وفاء بالالتزامات المنصوص عليها في المادة ٤٣، ينبغي لـه أن يـدعو هـذا العضو إلى أن يشترك إذا شاء في القرارات التي يصدرها فيما يختص باستخدام وحدات من قوات هذا العضو المسلحة.

المادة ٤٥:

رغبة في تمكين الأمم المتحدة من اتخاذ التدابير الحربيـة العاجلـة يكون لـدى الأعضـاء وحدات جوية أهلية يمكن استخدامها فورا لأعمال القمع الدولية المشتركة. ويحـدد مجلـس الأمـن قـوى هذه الوحدات ومدى استعدادها

والخطط لأعمالها المشتركة، وذلك بمساعدة لجنة أركان الحرب وفي الحدود الواردة في الاتفاق أو الاتفاقات الخاصة المشار إليها في المادة ٤٣.

المادة ٤٦

الخطط اللازمة لاستخدام القوة المسلحة يضعها مجلس الأمن بمساعدة لجنة أركان الحرب.

المادة ٤٧:

١- تشكل لجنة من أركان الحرب تكون مهمتها أن تسدي المشورة والمعونة إلى مجلس الأمن وتعاونه في جميع المسائل المتصلة بما يلزمه من حاجات حربية لحفظ السلم والأمن الدولي ولاستخدام القوات الموضوعة تحت تصرفه وقيادتها ولتنظيم التسليح ونزع السلاح بالقدر المستطاع.

٢- تشكل لجنة أركان الحرب من رؤساء أركان حرب الأعضاء الدائمين في مجلس الأمن أو من يقوم مقامهم، وعلى اللجنة أن تدعو أي عضو في "الأمم المتحدة" من الأعضاء غير الممثلين فيها بصفة دائمة للاشتراك في عملها إذا اقتضى- حسن قيام اللجنة بمسؤولياتها أن يساهم هذا العضو في عملها.

٣- لجنة أركان الحرب مسؤولة تحت إشراف مجلس الأمن عن التوجيه الاستراتيجي لأية قوات مسلحة موضوعة تحت تصرف المجلس. أما المسائل المرتبطة بقيادة هذه القوات فستبحث فيما بعد.

٤- للجنة أركان الحرب أن تنشئ لجانا فرعية إقليمية إذا خولها ذلك مجلس الأمـن وبعـد التشاور مع الوكالات الإقليمية صاحبة الشأن.

المادة ٤٨:

١- الأعمال اللازمة لتنفيذ قرارات مجلس الأمن لحفـظ السـلم والأمـن الـدولي يقـوم بهـا جميع أعضاء "الأمم المتحدة" أو بعض هؤلاء الأعضاء وذلك حسبما يقرره المجلس.

٢- يقوم أعضاء "الأمم المتحدة" بتنفيـذ القـرارات المتقدمـة مبـاشرة وبطريـق العمـل في الوكالات الدولية المتخصصة التي يكونون أعضاء فيها.

المادة ٤٩ :

يتضافر أعضاء "الأمم المتحدة" على تقديم المعونـة المتبادلـة لتنفيـذ التـدابير التـي قررهـا مجلس الأمن.

المادة ٥٠:

إذا اتخذ مجلس الأمن ضد أية دولة تدابير منع أو قمع فإن لكل دولة أخرى -سواء أكانت من أعضاء "الأمم المتحدة" أم لم تكن- تواجه مشـاكل اقتصادية خاصة تنشـأ عـن تنفيـذ هذه التدابير، الحق في أن تتذاكر مع مجلس الأمن بصدد حل هذه المشاكل.

المادة ٥١:

ليس في هذا الميثاق ما يضعف أو ينتقص الحق الطبيعي للـدول، فـرادى أو جماعـات، في الدفاع عن أنفسهم إذا اعتدت قوة مسلحة على أحد أعضاء "الأمم المتحدة" وذلك إلى أن يتخذ مجلس الأمن التدابير اللازمة لحفظ السلم والأمن الـدولي، والتـدابير التـي اتخـذها الأعضاء استعمالا لحق الدفاع عن النفس تبلغ إلى المجلس فورا، ولا تؤثر تلك التدابير بـأي حال فيما للمجلس -بمقتضى سلطته ومسؤولياته المستمدة من أحكـام هـذا الميثاق- مـن الحق في أن يتخذ في أي وقت ما يرى ضرورة لاتخاذه مـن الأعمـال لحفـظ السـلم والأمـن الدولي أو إعادته إلى نصابه.

الفصل الثامـن: في التنظيمات الإقليمية

المادة ٥٢ :

١- ليس في هذا الميثاق ما يحول دون قيام تنظيمات أو وكالات إقليميـة تعـالج مـن الأمـور المتعلقة بحفظ السلم والأمن الدولي ما يكون العمل الإقليمي صالحا فيها ومناسبا مـا دامت هذه التنظيمات أو الوكالات الإقليميـة ونشـاطها متلائمـة مـع مقاصد "الأمـم المتحدة" ومبادئها.

٢- يبذل أعضاء "الأمم المتحدة" الداخلون في مثل هذه التنظيمات أو الذين تتـألف مـنهم تلك الوكالات كل جهدهم لتدبير الحـل السـلمي للمنازعـات المحليـة عـن طريـق هذه التنظيمات الإقليمية أو بواسطة هذه الوكالات وذلك قبل عرضها على مجلس الأمن.

٣- على مجلس الأمن أن يشجع على الاستكثار من الحل السلمي لهذه المنازعات المحلية بطريق هذه التنظيمات الإقليمية أو بواسطة تلك الوكالات الإقليمية بطلب من الدول التي يعنيها الأمر أو بالإحالة عليها من جانب مجلس الأمن.

٤- لا تعطل هذه المادة بحال من الأحوال تطبيق المادتين ٣٤ و ٣٥.

المادة ٥٣:

١- يستخدم مجلس الأمن تلك التنظيمات والوكالات الإقليمية في أعمال القمع، كلما رأى ذلك ملائما، ويكون عملها حينئذ تحت مراقبته وإشرافه. أما التنظيمات والوكالات نفسها فإنه لا يجوز بمقتضاها أو على يدها القيام بأي عمل من أعمال القمع بغير إذن المجلس، ويستثنى مما تقدم التدابير التي تتخذ ضد أية دولة من دول الأعداء المعرفة في الفقرة ٢ من هذه المادة مما هو منصوص عليه في المادة ١٠٧ أو التدابير التي يكون المقصود بها في التنظيمات الإقليمية منع تجدد سياسة العدوان من جانب دولة من تلك الدول، وذلك إلى أن يحين الوقت الذي قد يعهد فيه إلى الهيئة، بناء على طلب الحكومات ذات الشأن، بالمسؤولية عن منع كل عدوان آخر من جانب أية دولة من تلك الدول.

٢- تنطبق عبارة "الدولة المعادية" المذكورة في الفقرة ١ من هذه المادة على أية دولة كانت في الحرب العالمية الثانية من أعداء أية دولة موقعة على هذا الميثاق.

المادة ٥٤:

يجب أن يكون مجلس الأمن على علم تام بما يجري من الأعمال لحفظ السلم والأمن الدولي بمقتضى تنظيمات أو بواسطة وكالات إقليمية أو ما يزمع إجراؤه منها.

الفصل التاسع: في التعاون الدولي الاقتصادي والاجتماعي

المادة ٥٥ :

رغبة في تهيئة دواعي الاستقرار والرفاهية الضروريين لقيام علاقات سليمة ودية بين الأمم مؤسسة على احترام المبدأ الذي يقضي بالتسوية في الحقوق بين الشعوب وبأن يكون لكل منها تقرير مصيرها، تعمل الأمم المتحدة على:

(أ) تحقيق مستوى أعلى للمعيشة وتوفير أسباب الاستخدام المتصل لكل فرد والنهوض بعوامل التطور والتقدم الاقتصادي والاجتماعي،

(ب) تيسير الحلول للمشاكل الدولية الاقتصادية والاجتماعية والصحية وما يتصل بها، وتعزيز التعاون الدولي في أمور الثقافة والتعليم،

(ج) أن يشيع في العالم احترام حقوق الإنسان والحريات الأساسية للجميع بلا تمييز بسبب الجنس أو اللغة أو الدين، ولا تفريق بين الرجال والنساء، ومراعاة تلك الحقوق والحريات فعلا.

المادة ٥٦ :

يتعهد جميع الأعضاء بأن يقوموا، منفردين أو مشتركين، بما يجب عليهم من عمل بالتعاون مع الهيئة لإدراك المقاصد المنصوص عليها في المادة ٥٥.

المادة ٥٧:

١- الوكالات المختلفة التي تنشأ بمقتضى اتفاق بين الحكومات والتي تضطلع بمقتضى نظمها الأساسية بتبعات دولية واسعة في الاقتصاد والاجتماع والثقافة والتعليم والصحة وما يتصل بذلك من الشؤون يوصل بينها وبين "الأمم المتحدة" وفقا لأحكام المادة ٦٣

٢- تسمى هذه الوكالات التي يوصل بينها وبين "الأمم المتحدة" فيما يلي من الأحكام بالوكالات المتخصصة.

المادة ٥٨:

تقدم الهيئة توصيات بقصد تنسيق سياسات الوكالات المتخصصة ووجوه نشاطها.

المادة ٥٩:

تدعو الهيئة عند المناسبة إلى إجراء مفاوضات بين الدول ذات الشأن بقصد إنشاء أية وكالة متخصصة جديدة يتطلبها تحقيق المقاصد المبينة في المادة ٥٥.

المادة ٦٠ :

مقاصد الهيئة المبينة في هذا الفصل تقع مسؤولية تحقيقها على عاتق الجمعية العامة كما تقع على عاتق المجلس الاقتصادي والاجتماعي تحت إشراف الجمعية العامة، ويكون لهذا المجلس من أجل ذلك السلطات المبينة في الفصل العاشر.

الفصل العاشر: المجلس الاقتصادي والاجتماعي

التأليف

المادة ٦١:

١- يتألف المجلس الاقتصادي والاجتماعي من أربعة وخمسين عضوا من الأمم المتحدة تنتخبهم الجمعية العامة.

٢- مع مراعاة أحكام الفقرة ٣، ينتخب ثمانية عشر عضوا من أعضاء المجلس الاقتصادي والاجتماعي كل سنة لمدة ثلاث سنوات ويجوز أن يعاد انتخاب العضو الذي انتهت مدته مباشرة.

٣- في الانتخاب الأول بعد زيادة عدد أعضاء المجلس الاقتصادي والاجتماعي مـن سـبعة وعشرين إلى أربعة وخمسين عضوا، يختار سبعة وعشرون عضوا إضافيا علاوة على الأعضاء المنتخبين محل الأعضاء التسعة الذين تنتهي مدة عضويتهم في نهاية هـذا العام. وتنتهي عضوية تسعة من هؤلاء الأعضاء السبعة والعشرين الإضافيين بعـد انقضاء سنة واحدة، وتنتهي عضوية تسعة أعضاء آخـرين بعـد انقضـاء سنتين، ويجرى ذلك وفقا للنظام الذي تضعه الجمعية العامة.

٤- يكون لكل عضو من أعضاء المجلس الاقتصادي والاجتماعي مندوب واحد.

الوظائف والسلطات

المادة ٦٢:

١- للمجلس الاقتصادي والاجتماعي أن يقوم بدراسات ويضع تقارير عن المسـائل الدوليـة في أمور الاقتصاد والاجتماع والثقافة والتعليم والصحة وما يتصل بها، كما أن له أن يوجه إلى مثل تلك الدراسات وإلى وضع مثل تلك التقارير. وله أن يقـدم توصياته في أية مسألة من تلك المسائل إلى الجمعية العامـة وإلى أعضـاء "الأمـم المتحـدة" وإلى الوكالات المتخصصة ذات الشأن.

٢- وله أن يقدم توصيات فيما يختص بإشاعة احترام حقوق الإنسان والحريـات الأساسـية ومراعاتها.

٣- وله أن يعد مشروعات اتفاقات لتعرض على الجمعية العامة عن المسائل التي تدخل في دائرة اختصاصه.

٤- وله أن يدعو إلى عقد مؤتمرات دولية لدراسة المسائل التي تدخل في دائرة اختصاصه، وفقا للقواعد التي تضعها "الأمم المتحدة".

المادة ٦٣:

١- للمجلس الاقتصادي والاجتماعي أن يضع اتفاقات مع أي وكالة من الوكالات المشار إليها في المادة ٥٧ تحدد الشروط التي على مقتضاها يوصل بينها وبين "الأمم المتحدة" وتعرض هذه الاتفاقات على الجمعية العامة للموافقة عليها.

٢- وله أن ينسق وجوه نشاط الوكالات المتخصصة بطريق التشاور معها وتقديم توصياته إليها وإلى الجمعية العامة وأعضاء "الأمم المتحدة".

المادة ٦٤ :

١- للمجلس الاقتصادي والاجتماعي أن يتخذ الخطوات المناسبة للحصول بانتظام على تقارير من الوكالات المتخصصة وله أن يضع مع أعضاء "الأمم المتحدة" ومع الوكالات المتخصصة ما يلزم من الترتيبات كيما تمده بتقارير عن الخطوات التي اتخذتها لتنفيذ توصياته أو لتنفيذ توصيات الجمعية العامة في شأن المسائل الداخلة في اختصاصه.

٢- وله أن يبلغ الجمعية العامة ملاحظاته على هذه التقارير.

المادة ٦٥ :

للمجلس الاقتصادي والاجتماعي أن يمد مجلس الأمن بما يلـزم مـن المعلومـات وعليـه أن يعاونه متى طلب إليه ذلك.

المادة ٦٦ :

١- يقوم المجلس الاقتصادي والاجتماعي في تنفيذ توصيات الجمعيـة العامـة بالوظـائف التي تدخل في اختصاصه.

٢- وله بعد موافقة الجمعية العامة أن يقوم بالخدمات اللازمة لأعضاء "الأمم المتحدة" أو الوكالات المتخصصة متى طلب إليه ذلك.

٣- يقوم المجلس بالوظائف الأخرى المبينة في غير هـذا الموضـع مـن الميثـاق وبالوظـائف التي قد تعهد بها إليه الجمعية العامة.

التصويت

المادة ٦٧:

١- يكون لكل عضو من أعضاء المجلس الاقتصادي والاجتماعي صوت واحد.

٢- تصدر قرارات المجلس الاقتصادي والاجتماعي بأغلبية أعضائه الحاضرين المشـتركين في التصويت.

الإجراءات

المادة ٦٨ :

ينشئ المجلس الاقتصادي والاجتماعي لجانا للشؤون الاقتصادية والاجتماعية ولتعزيز حقوق الإنسان، كما ينشئ غير ذلك من اللجان التي قد يحتاج إليها لتأدية وظائفه.

المادة ٦٩ :

يدعو المجلس الاقتصادي والاجتماعي أي عضو من "الأمم المتحدة" للاشتراك في مداولاته عند بحث أية مسألة تعني هذا العضو بوجه خاص، على ألا يكون له حق التصويت.

المادة ٧٠:

للمجلس الاقتصادي والاجتماعي أن يعمل على إشراك مندوبي الوكالات المتخصصة في مداولاته أو في مداولات اللجان التي ينشئها دون أن يكون لهم حق التصويت، كما أن له أن يعمل على إشراك مندوبيه في مداولات الوكالة المتخصصة.

المادة ٧١:

للمجلس الاقتصادي والاجتماعي أن يجرى الترتيبات المناسبة للتشاور مع الهيئات غير الحكومية التي تعني بالمسائل الداخلة في اختصاصه. وهذه الترتيبات قد يجريها المجلس مع هيئات دولية، كما أنه قد يجريها

إذا رأى ذلك ملائما مع هيئات أهلية وبعد التشاور مع عضو "الأمم المتحدة" ذي الشأن.

المادة ٧٢ :

١- يضع المجلس الاقتصادي والاجتماعي لائحة إجراءاته ومنها طريقة اختيار رئيسه.

٢- يجتمع المجلس الاقتصادي والاجتماعي كلما دعت الحاجة إلى ذلك وفقا للائحة التي يسنها. ويجب أن تتضمن تلك اللائحة النص على دعوته للاجتماع بناء على طلب يقدم من أغلبية أعضائه.

الفصل الحادي عشر: تصريح يتعلق بالأقاليم غير المتمتعة بالحكم الذاتي.

المادة ٧٣:

يقرر أعضاء الأمم المتحدة -الذين يضطلعون في الحال أو في المستقبل بتبعات عن إدارة أقاليم لم تنل شعوبها قسطا كاملا من الحكم الذاتي- المبدأ القاضي بأن مصالح أهل هذه الأقاليم لها المقام الأول، ويقبلون أمانة مقدسة في عنقهم، الالتزام بالعمل على تنمية رفاهية أهل هذه الأقاليم إلى أقصى حد مستطاع في نطاق السلم والأمن الدولي الذي رسمه هذا الميثاق. ولهذا الغرض:

(أ) يكفلون تقدم هذه الشعوب في شؤون السياسة والاقتصاد والاجتماع والتعليم، كما يكفلون معاملتها بإنصاف وحمايتها من ضروب الإساءة -كل ذلك مع مراعاة الاحترام الواجب لثقافة هذه الشعوب،

(ب) ينمون الحكم الذاتي، ويقدرون الأماني السياسية لهذه الشعوب قدرها، ويعاونونها على إنماء نظمها السياسية الحرة نموا مطردا، وفقا للظروف الخاصة لكل إقليم وشعوبه، ومراحل تقدمها المختلفة،

(ج) يوطدون السلم والأمن الدولي،

(د) يعززون التدابير الإنسانية للرقي والتقدم، ويشجعون البحوث، ويتعاونون فيما بينهم لتحقيق المقاصد الاجتماعية والاقتصادية والعلمية المفصلة في هذه المادة تحقيقا عمليا، كما يتعاونون أيضا لهذا الغرض مع الهيئات الدولية المتخصصة كلما تراءت لهم ملاءمة ذلك،

(هـ) يرسلون إلى الأمين العام بانتظام يحيطونه علما بالبيانات الإحصائية وغيرها من البيانات الفنية المتعلقة بأمور الاقتصاد والاجتماع والتعليم في الأقاليم التي يكونون مسؤولين عنها، عدا الأقاليم التي تنطبق عليها أحكام الفصلين الثاني عشر- والثالث عشر من هذا الميثاق.كل ذلك مع مراعاة القيود التي قد تستدعيها الاعتبارات المتعلقة بالأمن والاعتبارات الدستورية.

المادة ٧٤:

يوافق أعضاء الأمم المتحدة أيضا على أن سياستهم إزاء الأقاليم التي ينطبق عليها هذا الفصل -كسياستهم في بلادهم نفسها- يجب أن تقوم على مبدأ حسن الجوار، وأن تراعي حق المراعاة مصالح بقية أجزاء العالم ورفاهيتها في الشؤون الاجتماعية والاقتصادية والتجارية.

الفصل الثاني عشر: في نظام الوصاية الدولي

المادة ٧٥:

تنشئ "الأمم المتحدة" تحت إشرافها نظاما دوليا للوصاية، وذلك لإدارة الأقاليم التي قد تخضع لهذا النظام بمقتضى اتفاقات فردية لاحقة وللإشراف عليها، ويطلق على هذه الأقاليم فيما يلي من الأحكام اسم الأقاليم المشمولة بالوصاية.

المادة ٧٦:

الأهداف الأساسية لنظام الوصاية طبقا لمقاصد "الأمم المتحدة" المبينة في المادة الأولى من هذا الميثاق هي:

(أ) توطيد السلم والأمن الدولي،

(ب) العمل على ترقية أهالي الأقاليم المشمولة بالوصاية في أمور السياسة والاجتماع والاقتصاد والتعليم، واطراد تقدمها نحو الحكم الذاتي أو الاستقلال حسبما يلائم الظروف الخاصة لكل إقليم وشعوبه، ويتفق

مع رغبات هذه الشعوب التي تعرب عنها بملء حريتها وطبقا لما قد ينص عليه في شروط كل اتفاق من اتفاقات الوصاية،

(ج) التشجيع على احترام حقوق الإنسان والحريات الأساسية للجميع بلا تمييز بسبب الجنس أو اللغة أو الدين، ولا تفريق بين الرجال والنساء، والتشجيع على إدراك ما بين شعوب العالم من تقيد بعضهم بالبعض،

(د) كفالة المساواة في المعاملة في الأمور الاجتماعية والاقتصادية والتجارية لجميع أعضاء "الأمم المتحدة" وأهاليها والمساواة بين هؤلاء الأهالي أيضا فيما يتعلق بإجراء القضاء، وذلك مع عدم الإخلال بتحقيق الأغراض المتقدمة ومع مراعاة أحكام المادة ٨٠.

المادة ٧٧ :

١- يطبق نظام الوصاية على الأقاليم الداخلة في الفئات الآتية مما قد يوضع تحت حكمها بمقتضى اتفاقات وصاية:

(أ) الأقاليم المشمولة الآن بالانتداب،

(ب) الأقاليم التي قد تقتطع من دول الأعداء نتيجة للحرب العالمية الثانية.

(ج) الأقاليم التي تضعها في الوصاية بمحض اختيارها دول مسؤولة عن إدارتها.

٢- أما تعيين أي الأقاليم من الفئات سالفة الذكر يوضع تحت نظام الوصاية وطبقا لأي شروط، فذلك من شأن ما يعقد بعد من اتفاقات.

المادة ٧٨ :

لا يطبق نظام الوصاية على الأقاليم التي أصبحت أعضاء في هيئة "الأمم المتحدة" إذ العلاقات بين أعضاء هذه الهيئة يجب أن تقوم على احترام مبدأ المساواة في السيادة.

المادة ٧٩ :

شروط الوصاية لكل إقليم يوضع تحت ذلك النظام، وكل تغيير أو تعديل يطرآن بعد عليها، ذلك كله يتفق عليه برضا الدول التي يعنيها هذا الأمر بالذات ومنها الدولة المنتدبة في حالة الأقاليم المشمولة بانتداب أحد أعضاء "الأمم المتحدة". وهذا مع مراعاة أحكام المادتين ٨٣ و ٨٥ في شأن المصادقة على تلك الشروط وتعديلاتها.

المادة ٨٠ :

١- فيما عدا ما قد يتفق عليه في اتفاقات الوصاية الفردية التي تبرم وفق أحكام المواد ٧٧ و ٧٩ و ٨١ وبمقتضاها توضع الأقاليم تحت الوصاية، وإلى أن تعقد مثل هذه الاتفاقات لا يجوز تأويل نص أي حكم من أحكام هذا الفصل ولا تخريجه تأويلا أو تخريجا من شأنه أن يغير بطريقة ما أية حقوق لأية دول أو شعوب، أو يغير شروط الاتفاقات الدولية القائمة التي قد يكون أعضاء "الأمم المتحدة" أطرافا فيها.

٢- لا يجوز أن تؤول الفقرة ١ من هذه المادة على أنها تهيئ سببا لتأخير أو تأجيل المفاوضة في الاتفاقات التي ترمي لوضع الأقاليم المشمولة بالانتداب أو غيرها من الأقاليم في نظام الوصاية طبقا للمادة ٧٧ أو تأخير أو تأجيل إبرام مثل تلك الاتفاقات.

المادة ٨١:

يشمل اتفاق الوصاية، في كل حالة، الشروط التي يدار بمقتضاها الإقليم المشمول بالوصاية، ويعين السلطة التي تباشر إدارة ذلك الإقليم، ويجوز أن تكون هذه السلطة التي يطلق عليها فيما يلي من الأحكام "السلطة القائمة بالإدارة" دولة أو أكثر أو هيئة "الأمم المتحدة" ذاتها.

المادة ٨٢ :

يجوز أن يحدد في أي اتفاق من اتفاقات الوصاية موقع استراتيجي قد يشمل الإقليم الذي ينطبق عليه نظام الوصاية بعضه أو كله، وذلك دون الإخلال بأي اتفاق أو اتفاقات خاصة معقودة طبقا لنص المادة ٤٣.

المادة ٨٣:

١- يباشر مجلس الأمن جميع وظائف "الأمم المتحدة" المتعلقة بالمواقع الاستراتيجية، ويدخل في ذلك الموافقة على شروط اتفاقات الوصاية وتغييرها أو تعديلها.

٢- تراعى جميع الأهداف الأساسية المبينة في المادة ٧٦ بالنسبة لشعب كل موقع استراتيجي.

٣- يستعين مجلس الأمن بمجلس الوصاية -مع مراعاة أحكام اتفاقيات الوصاية ودون إخلال بالاعتبارات المتصلة بالأمن- في مباشرة ما كان من وظائف "الأمم المتحدة" في نظام الوصاية خاصا بالشؤون السياسية والاقتصادية والاجتماعية والتعليمية للمواقع الاستراتيجية.

المادة ٨٤ :

يكون من واجب السلطة القائمة بالإدارة أن تكفل قيام الإقليم المشمول بالوصاية بنصيبه في حفظ السلم والأمن الدولي. وتحقيقا لهذه الغاية يجوز للسلطة القائمة بالإدارة أن تستخدم قوات متطوعة وتسهيلات ومساعدات من الإقليم المشمول بالوصاية للقيام بالالتزامات التي تعهدت بها تلك السلطة لمجلس الأمن في هذا الشأن، وللقيام أيضا بالدفاع وبإقرار حكم القانون والنظام داخل الإقليم المشمول بالوصاية.

المادة ٨٥ :

١- تباشر الجمعية العامة وظائف "الأمم المتحدة" فيما يختص باتفاقات الوصاية على كل المساحات التي لم ينص على أنها مساحات استراتيجية ويدخل في ذلك إقرار شروط اتفاقات الوصاية وتغييرها أو تعديلها.

٢- يساعد مجلس الوصاية الجمعية العامة في القيام بهذه الوظائف عاملا تحت إشرافها.

الفصل الثالث عشر: في مجلس الوصاية

التأليف

المادة ٨٦:

١- يتألف مجلس الوصاية من أعضاء "الأمم المتحدة" الآتي بيانهم:

(أ) الأعضاء الذين يتولون إدارة أقاليم مشمولة بالوصاية،

(ب) الأعضاء المذكورون بالاسم في المادة ٢٣ الذين لا يتولون إدارة أقاليم مشمولة بالوصاية،

(ج) العدد الذي يلزم من الأعضاء الآخرين لكفالة أن يكون جملة أعضاء مجلس الوصاية فريقين متساويين، أحدهما الأعضاء الذين يقومون بإدارة الأقاليم المشمولة بالوصاية، والآخر الأعضاء الذين خلوا من تلك الإدارة. وتنتخب الجمعية العامة هؤلاء الأعضاء لمدة ثلاث سنوات.

٢- يعين كل عضو من أعضاء مجلس الوصاية من يراه أهلا بوجه خاص لتمثيله في هذا المجلس.

الوظائف والسلطات

المادة ٨٧:

لكل من الجمعية العامة ومجلس الوصاية، عاملا تحت إشرافها، وهما يقومان بأداء وظائفهما:

(أ) أن ينظر في التقارير التي ترفعها السلطة القائمة بالإدارة،

(ب) أن يقبل العرائض ويفحصها بالتشاور مع السلطة القائمة بالإدارة،

(ج) أن ينظم زيارات دورية للأقاليم المشمولة بالوصاية في أوقات يتفق عليها مع السلطة القائمة بالإدارة،

(د) أن يتخذ هذه التدابير وغيرها، وفقا للشروط المبينة في اتفاقات الوصاية.

المادة ٨٨ :

يضع مجلس الوصاية طائفة من الأسئلة عن تقدم سكان كل إقليم مشمول بالوصاية في الشؤون السياسية والاقتصادية والاجتماعية والتعليمية. وتقدم السلطة القائمة بالإدارة في كل إقليم مشمول بالوصاية داخل اختصاص الجمعية العامة تقريرا سنويا للجمعية العامة موضوعا على أساس هذه الأسئلة.

التصويت

المادة ٨٩:

١- يكون لك عضو في مجلس الوصاية صوت واحد.

٢- تصدر قرارات مجلس الوصاية بأغلبية الأعضاء الحاضرين المشتركين في التصويت.

الإجراءات

المادة ٩٠ :

١- يضع مجلس الوصاية لائحة إجراءاته ومنها طريقة اختيار رئيسه.

٢- يجتمع مجلس الوصاية كلما دعت الحاجة لذلك وفقا للائحة التي يسنها. ويجب أن
تتضمن تلك اللائحة النص على دعوته للاجتماع بناء على طلب يقدم مـن أغلبيـة
أعضائه.

المادة ٩١ :

يستعين مجلس الوصاية، كلما كان ذلك مناسبا، بالمجلس الاقتصادي والاجتماعـي
وبالوكالات المتخصصة في كل ما يختص به كل منها من الشؤون.

الفصل الرابع عشر: في محكمة العدل الدولية

المادة ٩٢ :

محكمة العدل الدولية هي الأداة القضائية الرئيسية "للأمم المتحدة"، وتقوم بعملها وفق
نظامها الأساسي الملحق بهذا الميثاق وهو مبني علـى النظـام الأسـاسي للمحكمـة الدائمـة
للعدل الدولي وجزء لا يتجزأ من الميثاق.

المادة ٩٣ :

١- يعتبر جميع أعضاء "الأمم المتحدة" بحكم عضويتهم أطرافا في النظام الأساسي لمحكمة العدل الدولية.

٢- يجوز لدولة ليست من "الأمم المتحدة" أن تنضم إلى النظام الأساسي لمحكمة العدل الدولية بشروط تحددها الجمعية العامة لكل حالة بناء على توصية مجلس الأمن.

المادة ٩٤ :

١- يتعهد كل عضو من أعضاء "الأمم المتحدة" أن ينزل على حكم محكمة العدل الدولية في أية قضية يكون طرفا فيها.

٢- إذا امتنع أحد المتقاضين في قضية ما عن القيام بما يفرضه عليه حكم تصدره المحكمة، فللطرف الآخر أن يلجأ إلى مجلس الأمن، ولهذا المجلس، إذا رأى ضرورة لذلك أن يقدم توصياته أو يصدر قرارا بالتدابير التي يجب اتخاذها لتنفيذ هذا الحكم.

المادة ٩٥ :

ليس في هذا الميثاق ما يمنع أعضاء "الأمم المتحدة" من أن يعهدوا بحل ما ينشأ بينهم من خلاف إلى محاكم أخرى بمقتضىـ اتفاقات قائمة من قبل أو يمكن أن تعقد بينهم في المستقبل.

المادة ٩٦ :

١- لأي من الجمعية العامة أو مجلس الأمن أن يطلب إلى محكمة العدل الدولية إفتاءه في أية مسألة قانونية.

٢- ولسائر فروع الهيئة والوكالات المتخصصة المرتبطة بها، ممن يجوز أن تأذن لها الجمعية العامة بذلك في أي وقت، أن تطلب أيضا من المحكمة إفتاءها فيما يعرض لها من المسائل القانونية الداخلة في نطاق أعمالها.

الفصل الخامس عشر: في الأمانة

المادة ٩٧ :

يكون للهيئة أمانة تشمل أمينا عاما ومن تحتاجهم الهيئة من الموظفين. وتعين الجمعية العامة الأمين العام بناء على توصية مجلس الأمن. والأمين العام هو الموظف الإداري الأكبر في الهيئة.

المادة ٩٨:

يتولى الأمين العام أعماله بصفته هذه في كل اجتماعات الجمعية العامة، ومجلس الأمن، والمجلس الاقتصادي والاجتماعي، ومجلس الوصاية، ويقوم بالوظائف الأخرى التي توكلها إليه هذه الفروع. ويعد الأمين العام تقريرا سنويا للجمعية العامة بأعمال الهيئة.

المادة ٩٩ :

للأمين العام أن ينبه مجلس الأمن إلى أية مسألة يرى أنها قد تهـدد حفـظ السـلم والأمـن الدولي.

المادة ١٠٠:

١- ليس للأمين العام ولا للموظفين أن يطلبوا أو أن يتلقوا في تأدية واجبهم تعليمات مـن أية حكومة أو من أية سلطة خارجة عن الهيئة. وعليهم أن يمتنعوا عن القيام بـأي عمل قد يسئ إلى مراكزهم بوصفهم موظفين دوليين مسؤولين أمام الهيئة وحدها.

٢- يتعهد كل عضو في "الأمم المتحدة" باحترام الصـفة الدوليـة البحتـة لمسؤوليات الأمـين العام والموظفين وبألا يسعى إلى التأثير فيهم عند اضطلاعهم بمسؤولياتهم.

المادة ١٠١:

١- يعين الأمين العام موظفي الأمانة طبقا للوائح التي تضعها الجمعية العامة.

٢- يعين للمجلس الاقتصادي والاجتماعي ولمجلس الوصاية ما يكفيهما من المـوظفين عـلى وجه دائم ويعين لغيرهما من فروع "الأمم المتحدة" الأخرى مـا هـي بحاجـة إليـه منهم. وتعتبر جملة هؤلاء الموظفين جزءا من الأمانة.

٣- ينبغي في استخدام الموظفين وفي تحديد شروط خدمتهم أن يراعى في المكان الأول ضرورة الحصول على أعلى مستوى من المقدرة والكفاية والنزاهة. كما أن من المهم أن يراعى في اختيارهم أكبر ما يستطاع من معاني التوزيع الجغرافي

الفصل السادس عشر: أحكام متنوعة

المادة ١٠٢:

١- كل معاهدة وكل اتفاق دولي يعقده أي عضو من أعضاء "الأمم المتحدة" بعد العمل بهذا الميثاق يجب أن يسجل في أمانة الهيئة وأن تقوم بنشره بأسرع ما يمكن.

٢- ليس لأي طرف في معاهدة أو اتفاق دولي لم يسجل وفقا للفقرة الأولى من هذه المادة أن يتمسك بتلك المعاهدة أو ذلك الاتفاق أمام أي فرع من فروع "الأمم المتحدة".

المادة ١٠٣:

إذا تعارضت الالتزامات التي يرتبط بها أعضاء "الأمم المتحدة" وفقا لأحكام هذا الميثاق مع أي التزام دولي آخر يرتبطون به فالعبرة بالتزاماتهم المترتبة على هذا الميثاق.

المادة ١٠٤:

تتمتع الهيئة في بلاد كل عضو من أعضائها بالأهلية القانونية التي يتطلبها قيامها بأعباء وظائفها وتحقيق مقاصدها.

المادة ١٠٥:

١- تتمتع الهيئة في أرض كل عضو من أعضائها بالمزايا والإعفاءات التي يتطلبها تحقيق مقاصدها.

٢- وكذلك يتمتع المندوبون عن أعضاء "الأمم المتحدة" وموظفو هذه الهيئة بالمزايا والإعفاءات التي يتطلبها استقلالهم في القيام بمهام وظائفهم المتصلة بالهيئة.

٣- للجمعية العامة أن تقدم التوصيات بقصد تحديد التفاصيل الخاصة بتطبيق الفقرتين ١ و ٢ من هذه المادة، ولها أن تقترح على أعضاء الهيئة عقد اتفاقات لهذا الغرض.

الفصل السابع عشر: في تدابير حفظ الأمن في فترة الانتقال

المادة ١٠٦:

إلى أن تصير الاتفاقات الخاصة المشار إليها في المادة الثالثة والأربعين معمولا بها على الوجه الذي يرى معه مجلس الأمن أنه أصبح يستطيع البدء في احتمال مسؤولياته وفقا للمادة ٤٢، تتشاور الدول التي اشتركت في تصريح الدول الأربع الموقع في موسكو في ٣٠ تشرين الأول/أكتوبر سنة

١٩٤٣ هي وفرنسا وفقا لأحكام الفقرة ٥ من ذلك التصريح، كما تتشاور الـدول الخمـس مع أعضاء "الأمم المتحدة" الآخرين، كلما اقتضت الحال، للقيام نيابة عن الهيئـة بـالأعمال المشتركة التي قد تلزم لحفظ السلم والأمن الدولي.

المادة ١٠٧:

ليس في هذا الميثاق ما يبطل أو يمنع أي عمل إزاء دولـة كانت في أثنـاء الحـرب العالميـة الثانية معادية لإحدى الدول الموقعة على هذا الميثاق إذا كان هـذا العمـل قـد اتخـذ أو رخص به نتيجة لتلك الحرب من قبل الحكومات المسؤولة عن القيام بهذا العمل.

الفصل الثامن عشر: في تعديل الميثاق

المادة ١٠٨:

التعديلات التي تدخل على هذا الميثاق تسري عـلى جميـع أعضاء "الأمم المتحدة" إذا صدرت بموافقة ثلثي أعضاء الجمعية العامة وصدق عليها ثلثا أعضاء "الأمم المتحدة" ومن بينهم جميع أعضاء مجلس الأمن الدائمين، وفقا للأوضاع الدستورية في كل دولة.

المادة ١٠٩:

١- يجوز عقد مؤتمر عام من أعضاء "الأمم المتحدة" لإعادة النظر في هذا الميثاق في الزمان والمكان اللذين تحددهما الجمعية العامة

بأغلبية ثلثي أعضائها وبموافقة تسعة ما من أعضاء مجلس الأمن، ويكون لكل عضو في "الأمم المتحدة" صوت واحد في المؤتمر.

٢- كل تغيير في هذا الميثاق أوصى به المؤتمر بأغلبية ثلثي أعضائه يسري إذا صدق عليه ثلثا أعضاء "الأمم المتحدة" ومن بينهم الأعضاء الدائمون في مجلس الأمن وفقا لأوضاعهم الدستورية.

٣- إذا لم يعقد هذا المؤتمر قبل الدورة العادية العاشرة للجمعية العامة، بعد العمل بهذا الميثاق، وجب أن يدرج بجدول أعمال تلك الدورة العاشرة اقتراح بالدعوة إلى عقده، وهذا المؤتمر يعقد إذا قررت ذلك أغلبية أعضاء الجمعية العامة وسبعة ما من أعضاء مجلس الأمن.

الفصل التاسع عشر: في التصديق والتوقيع

المادة ١١٠:

١- تصدق على هذا الميثاق الدول الموقعة عليه كل منها حسب أوضاعه الدستورية.

٢- تودع التصديقات لدى حكومة الولايات المتحدة الأمريكية التي تخطر الدول الموقعة عليه بكل إيداع يحصل، كما تخطر الأمين العام لهيئة "الأمم المتحدة" بعد تعيينه.

٣- يصبح هذا الميثاق معمولا به متى أودعت تصديقاتها جمهورية الصين وفرنسا واتحاد الجمهوريات الاشتراكية السوفياتية

والمملكة المتحدة لبريطانيا العظمى وأيرلندا الشمالية والولايات المتحدة الأمريكية وأغلبية الدول الأخرى الموقعة عليه وتعد حكومة الولايات المتحدة الأمريكية بروتوكولا خاصا بالتصديقات المودعة وتبلغ صورا منه لكل الدول الموقعة على الميثاق.

٤- الدول الموقعة على هذا الميثاق التي تصدق عليه بعد العمل به، تعتبر من الأعضاء الأصليين في "الأمم المتحدة" من تاريخ إيداعها لتصديقاتها.

المادة ١١١:

وضع هذا الميثاق بلغات خمس هي الصينية والفرنسية والروسية والإنجليزية والأسبانية، وهي لغاته الرسمية على وجه السواء. ويظل الميثاق مودعا في محفوظات حكومة الولايات المتحدة الأمريكية، وتبلغ هذه الحكومة حكومات الدول الأخرى الموقعة عليه صورا معتمدة منه. ومصادقا لما تقدم وقع مندوبو حكومات "الأمم المتحدة" على هذا الميثاق. ١٩٤٥.

إعلان حماية المدافعين عن حقوق الإنسان

الإعلان المتعلق بحق ومسؤولية الأفراد والجماعات وهيئات المجتمع في تعزيز وحماية حقوق الإنسان والحريات الأساسية المعرف بها عالميا

أقرته الجمعية العامة للأمم المتحدة في العاشر من ديسمبر ١٩٩٨ وتعارف الجميع على تسميته

الديباجة

إن الجمعية العامة إذ تعيد تأكيد أهمية مراعاة مقاصد ومبادئ ميثاق الأمم المتحدة من أجل تعزيز وحماية كافة حقوق الإنسان والحريات الأساسية لجميع الأشخاص في جميع بلدان العالم.

وإذ تؤكد من جديد أهمية الإعلان العالمي لحقوق الإنسان والعهدين الدوليين الخاصين بحقوق الإنسان باعتبارهما عناصر أساسية في الجهود الدولية المبذولة لتعزيز الاحترام العالمي لحقوق الإنسان والحريات الأساسية ومراعاتها وأهمية الصكوك الأخرى لحقوق الإنسان المعتمدة قي إطار منظومة الأمم المتحدة، وعلى المستوى الإقليمي أيضا.

إذ تؤكد على جميع أعضاء المجتمع الدولي، مجتمعين ومنفردين أن يفوا بالتزامهم الرسمي بتعزيز وتشجيع احترام حقوق الإنسان والحريات الأساسية للجميع دون تمييز من أي نوع ، بما في ذلك التمييز على أساس العنصر ـ أو اللون، أو الجنس، أو اللغة، أو الدين، أو الرأي السياسي أو غير السياسي، أو الأصل الوطني أو الاجتماعي، أو الثروة، أو المولد أو أي

وضع آخر، وإذ تؤكد من جديد على ما لتحقيق التعاون الدولي من أهمية خاصة للوفاء بهذا الالتزام وفقا لميثاق الأمم المتحدة .

وإذ تسلم بالدور الهام للتعاون الدولي بالعمل القيم الذي يقوم به الأفراد والجماعات والرابطات في الإسهام في القضاء بفعالية على جميع انتهاكات حقوق الإنسان والحريات الأساسية للشعوب والأفراد، بما في ذلك ما يتعلق بالانتهاكات الواسعة النطاق أو الصارخة أو المنهجية، مثل الانتهاكات الناجمة عن الفصل العنصري، وجميع أشكال التمييز العنصري، والاستعمار، والسيطرة أو الاحتلال الأجنبي والعدوان على السيادة الوطنية أو الوحدة الوطنية أو السلامة الإقليمية أو تهديدها، وعن رفض الاعتراف بحق الشعوب في تقرير المصير وحق كل شعب في ممارسة سيادته الكاملة على ثرواته وموارده الطبيعية.

وإذ تعترف بالعلاقة القائمة بين السلم والأمن الدوليين وبين التمتع بحقوق الإنسان والحريات الأساسية و إذ تضع في اعتبارها أن غياب السلم والأمن الدوليين لا يبرر عدم الامتثال.

وإذ تكرر أن جميع حقوق الإنسان والحريات الأساسية عالمية وغير قابلة للتجزئة ومتداخلة ومترابطة، وينبغي تعزيزها بطريقة عادلة ومنصفة، دون الإخلال بتنفيذ كل من هذه الحقوق والحريات .

وإذ تؤكد أن على كل دولة المسؤولية الأولى عن تعزيز وحماية حقوق الإنسان والحريات الأساسية وأن عليها الواجب الأول في القيام بذلك.

وإذ تعترف بحق ومسؤولية الأفراد والجماعات والرابطات في تعزيز احترام حقوق الإنسان والحريات الأساسية وزيادة التعريف بها على الصعيدين الوطني والدولي.

تعلن:

المادة ١ :

لكل فرد الحق، بمفرده وبالاشتراك مع غيره في أن يعزز حماية وإعمال حقوق الإنسان والحريات الأساسية بأن يسعى لحمايتها وإعمالها على الصعيدين الوطني والدولي.

المادة ٢ :

تقع على عاتق كل دولة مسؤولية رئيسية عن حماية وتعزيز وإعمال جميع حقوق الإنسان والحريات الأساسية وعليها واجب رئيسي في القيام بذلك، عن طريق جملة أمور منها اعتماد ما قد يلزم من خطوات لتهيئة جميع الأوضاع اللازمة في الميادين الاجتماعية والاقتصادية والسياسية وغيرها من الميادين، والضمانات القانونية المطلوبة لكفالة أن يكون جميع الأشخاص الخاضعين لولايتها، بمفردهم وبالاشتراك مع غيرهم، قادرين على التمتع بجميع هذه الحقوق و الحريات من الناحية الفعلية.

المادة ٣ :

يشكل القانون الوطني المتسق مع ميثاق الأمم المتحدة والالتزامات الدولية الأخرى التي تقع على عاتق الدولة كل ميدان حقوق الإنسان والحريات الأساسية الإطار القانوني الذي ينبغي أن يجري تنفيذ حقوق الإنسان والحريات الأساسية والتمتع بها، وتنفيذ جميع الأنشطة المشار إليها في هذا الإعلان من اجل تعزيز تلك الحقوق والحريات وحمايتها وإعمالها بشكل فعال.

المادة ٤ :

لا شيء في هذا الإعلان ما يمكن تأويله على نحو يخل بمقاصد ومبادئ ميثاق الأمم المتحدة أو يتعارض معها، أو يفيد أو ينتقص من أحكام الإعلان العالمي لحقوق الإنسان والعهدين الدوليين الخاصين بحقوق الإنسان والصكوك والالتزامات الدولية الأخرى المنطبقة على هذا الميدان.

المادة ٥ :

لغرض تعزيز وحماية حقوق الإنسان والحريات الأساسية يكون لكل فرد الحق، بمفرده وبالاشتراك مع غيره وعلى الصعيدين الوطني والدولي في الالتقاء أو التجمع سلميا، وتشكيل منظمات أو جمعيات أو جماعات غير حكومية والانضمام إليها والاشتراك فيها، والاتصال بالمنظمات غير الحكومية أو بالمنظمات الحكومية الدولية.

المادة ٦ :

لكل فرد الحق بمفرده وبالاشتراك مع غيره، في معرفة المعلومات بشأن جميع حقوق الإنسان والحريات الأساسية والتماسها والحصول عليها وتلقيها والاحتفاظ بها، بما في ذلك إمكانية الحصول على المعلومات المتعلقة بكيفية إعمال هذه الحقوق والحريات في النظم التشريعية أو القضائية أو الإدارية الوطنية .

حرية نشر الآراء والمعلومات والمعارف المتعلقة بجميع حقوق الإنسان والحريات الأساسية وحرية نقلها إلى الآخرين إشاعتها بينهم، وفق ما تنص عليه صكوك حقوق الإنسان وغيرها من الصكوك الدولية المنطبقة، دراسة ومناقشة وتكوين واعتناق الآراء بشان مراعاة جميع حقوق الإنسان والحريات الأساسية في القانون وفي الممارسة العملية على السواء، واسترعاء انتباه الجمهور إلى هذه المسائل بهذه الوسائل وغيرها من الوسائل المناسبة.

المادة ٧ :

لكل فرد، بمفرده أو بالاشتراك مع غيره، الحق في استنباط ومناقشة أفكار ومبادئ جديدة متعلقة بحقوق الإنسان وفي الدعوة إلى قبولها عالميا.

المادة ٨ :

لكل فرد الحق، بمفرده وبالاشتراك مع غيره في أن تتاح له بالفعل وعلى أساس غير تمييزي، المشاركة في حكومة بلد. وفي تصريف الشؤون العامة،

ويشمل هذا، في جملة أمور، الحق بمفرده وبالاشتراك مع غيره في تقديم انتقادات ومقترحات إلى الهيئات والوكالات الحكومية والمنظمات المعنية بالشؤون العامة لتحسين أدائها وفي استرعاء الانتباه إلى أي وجه من أوجه عملها قد يعوق أو يعرقل تعزيز وحماية عمال حقوق الإنسان والحريات الأساسية.

المادة ٩ :

لكل فرد، لدى ممارسة حقوق الإنسان والحريات الأساسية، بما في ذلك تعزيز وحماية حقوق الإنسان المشار إليها في هذا الإعلان، الحق، بمفرده أو بالاشتراك مع غيره في الالتجاء إلى سبيل انتصاف فعال وفي الحماية في حالة انتهاك هذه الحقوق.

وتحقيقا لهذه الغاية يكون لكل فرد يدعى أن حقوقه أو حرياته قد انتهكت حق القيام. إما بنفسه أو عن طريق ممثلين مرخص لهم قانونا بتقديم شكوى إلى هيئة قضائية أو هيئة أخرى مستقلة ومحايدة ومختصة منشأة بموجب القانون، و طلب أن تنظر هذه الهيئة في الشكوى على وجه السرعة في جلسة علنية، والحصول من تلك الهيئة وفقا للقانون، على حكم يقضي بالجبر، بما في ذلك التعويض المستحق حيثما كان هناك انتهاك لحقوقه وحرياته، فضلا عن إنفاذ القرار أو الحكم النهائي، وكل ذلك دون أي تأخير لا داعي له. وتحقيقا للغاية

نفسها يكون لكل شخص الحق بمفرده وبالاشتراك مع غيره فيما يلي في جملة أمور:
تقديم شكوى من سياسات وأفعال المسؤولين الأفراد والهيئات الحكومية فيما يتعلق
بانتهاكات حقوق الإنسان والحريات الأساسية، وذلك عن طريق تقديم عرائض وغير ذلك
من الوسائل المناسبة إلى السلطة القضائية أو الإدارية أو التشريعية المحلية أو أي سلطة
مختصة أخرى ينص عليها النظام القانوني للدولة، التي ينبغي أن تصدر قرارها في
الشكوى دون أي تأخير لا داعي له، حضور الجلسات العامة والإجراءات والمحاكمات،
وتكوين رأي عن تقيدها بالقانون الوطني وبالتعهدات والالتزامات الدولية المنطبقة
عرض وتقديم المساعدة القانونية المؤهلة مهنيا أو غير ذلك من المشورة والمساعدة في
الدفاع عن حقوق الإنسان والحريات الأساسية.

وللغاية نفسها يحق لكل شخص، بمفرده وبالاشتراك مع غيره، ووفقا للصكوك والإجراءات
الدولية المنطبقة، الوصول دون عائق إلى الهيئات الدولية المختصة اختصاصا عاما أو
خاصا بتلقي دراسة البلاغات المتعلقة بمسائل حقوق الإنسان والحريات الأساسية،
والاتصال بهذه الهيئات.

تجري الدولة تحريا أو تحقيقا سريعا ونزيها وتكفل إجراءه كلما وجد سبب معقول يدعو إلى الاعتقاد بان انتهاكا لحقوق الإنسان والحريات الأساسية قد حدث في أي إقليم خاضع لولايتها،

المادة ١٠:

لا يجوز لأحد أن يشارك عن طريق فعل أو امتناع عن فعل يكون لازما، في انتهاك حقوق الإنسان والحريات الأساسية، ولا يجوز إخضاع أحد لعقوبة أو لإجراء ضار من أي نوع بسبب رفضه القيام بذلك،

المادة ١١ :

لكل فرد، بمفرده أو بالاشتراك مع غيره، الحق في الممارسة القانونية لحرفته أو مهنته، وعلى كل فرد يستطع بحكم حرفته أو مهنته، أن يؤثر على الكرامة الإنسانية وحقوق الإنسان والحريات الأساسية للآخرين، أن يحترم تلك الحقوق والحريات وأن يمتثل للمعايير الوطنية والدولية المتصلة بقواعد السلوك أو الأخلاق الحرفية والمهنية.

المادة ١٢ :

لكل فرد الحق في القيام بمفرده وبالاشتراك مع غيره بالمشاركة في الأنشطة السلمية الموجهة ضد انتهاكات حقوق الإنسان والحريات الأساسية

تتخذ الدولة كافة التدابير اللازمة التي تكفل حماية السلطات المختصة لكل فرد، بمفرده وبالاشتراك مع غيره، من أي عنف، أو تهديدات، أو انتقام، أو تمييز ضار فعلا أو قانونا، أو ضغط، أو أي إجراء تعسفي آخر نتيجة لممارسته المشروعة للحقوق المشار إليها في هذا الإعلان.

وفي هذا الصدد يحق لكل فرد، بمفرده وبالاشتراك مع غيره التمتع بالحماية الفعالة بموجب القانون الوطني في مقاومته أو معارضته بوسائل سلمية، للأنشطة والأفعال المنسوبة إلى الدول بما فيها تلك المنسوبة بالتقصير، والتي تؤدي إلى انتهاكات لحقوق الإنسان والحريات الأساسية وكذلك أفعال العنف التي ترتكبها مجموعات أو أفراد، وتؤثر على التمتع بحقوق الإنسان والحريات الأساسية،

المادة ١٣ :

لكل فرد، بمفرده وبالاشتراك مع غيره، الحق في التماس وتلقي واستخدام الموارد لغرض صريح هو تعزيز وحماية حقوق الإنسان والحريات الأساسية، بالوسائل السلمية، وفقا للمادة (٣) من هذا الإعلان.

المادة ١٤ :

تقع على عاتق الدولة مسؤولية اتخاذ التدابير التشريعية أو القضائية أو الإدارية أو غيرها من التدابير الملائمة لتعزيز فهم جميع الأشخاص الخاضعين لولايتها لحقوقهم المدنية والسياسية والاقتصادية والاجتماعية والثقافية.وتشمل هذه التدابير، من جملة أمور ما يلي:

نشر القوانين واللوائح الوطنية والصكوك الدولية الأساسية المنطبقة المتعلقة بحقوق الإنسان وإتاحتها على نطاق واسع.

إتاحة الإمكانية الكاملة والمتساوية للحصول على الوثائق الدولية في ميدان حقوق الإنسان، بما في ذلك التقارير الدورية التي تقدمها الدولة إلى الهيئات المنشأة بمقتضى المعاهدات الدولية المتعلقة بحقوق الإنسان والتي تكون الدولة طرفا فيها وكذلك المحاضر الموجزة للمناقشات والتقارير الرسمية لتلك الهيئات، وتكفل الدولة وتدعم حسب الاقتضاء، إنشاء وتطوير مزيد من المؤسسات الوطنية المستقلة لتعزيز حقوق الإنسان وحماية حقوق الإنسان والآليات الأساسية في كل الإقليم الخاضع لولايتها القضائية، سواء كانت هذه المؤسسات مكاتب لأمناء المظالم، أو لجانا لحقوق الإنسان أو أي شكل آخر من أشكال المؤسسات الوطنية.

المادة ١٥ :

تقع على عاتق الدولة مسؤولية تعزيز وتيسير تدريس حقوق الإنسان والحريات الأساسية في جميع المراحل التعليمية، وضمان أن يعمل جميع المسؤولين عن تدريب المحامين والموظفين المكلفين بإنفاذ القوانين وأفراد القوات المسلحة الموظفين العموميين على إدراج عناصر ملائمة لتدريس حقوق الإنسان في برامجهم التدريبية.

المادة ١٦ :

للأفراد والمنظمات غير الحكومية والمؤسسات ذات الصلة دور هام في المساهمة في زيادة وعي الجمهور بالمسائل المتصلة بجميع حقوق الإنسان والحريات الأساسية وذلك عن طريق أنشطة مثل التثقيف والتدريب والبحث في هذه المجالات، بغية مواصلة جملة من أمور منها التفاهم والتسامح والسلم والعلاقات الودية بين الأمم وفيما بين جميع الفئات العنصرية والدينية مع مراعاة شتى خلفيات المجتمعات والجماعات التي تمارس فيها أنشطتها.

المادة ١٧ :

لا يخضع أي فرد يتصرف بمفرده أو بالاشتراك مع غيره، لدى ممارسة الحقوق والحريات المشار إليها في هذا الإعلان، إلا للقيود التي تتوافق مع التعهدات الدولية المنطبقة والمقررة بالقانون فقط لغرض كفالة الاعتراف الواجب بحقوق وحريات الآخرين والاحترام الواجب لها وتلبية المتطلبات العادلة للآداب والنظام العام والرفاهة العامة في مجتمع ديموقراطي.

المادة ١٨ :

على كل فرد واجبات إزاء وضمن الجماعة التي في إطارها وحدها يمكن أن تنمو شخصيته النمو الحر الكامل للأفراد والجماعات والمؤسسات

والمنظمات غير الحكومية دور هـام يؤدونـه ومسـؤولية يضـطلعون بها تكفـل صـون الديموقراطية وتعزيز حقوق الإنسان والحريات الأساسية والإسهام في تعزيز المجتمعات و المؤسسات والعمليات الديموقراطية والنهوض بها،

ولهم أيضا دور هام يؤدونه ومسؤولية يضطلعون بها في الإسهام. حسـب الاقتضاء، في تعزيز حق كل فرد قي نظام اجتماعي يمكن فيه إعمال الحقوق والحريات المنصوص عليها في الإعلان العالمي لحقوق الإنسان وصكوك حقوق الإنسان الأخرى إعمالا كاملا.

المادة ١٩ :

ليس في هذا الإعلان ما يمكن تفسيره على أنه يعني ضمنا أن لأي فرد أو جماعة أو هيئـة من هيئات المجتمع أو أي دولة الحق في مباشرة أي نشاط أو القيام بأي فعل يهـدف إلى إهدار الحقوق والحريات المشار إليها في هذا الإعلان.

المادة ٢٠ :

ليس في هذا الإعلان أيضا ما يمكن تفسيره على أنه يعفي السماح للـدول بـدعم وتعزيـز أنشطة أفراد أو مجموعات من الأفراد أو مؤسسات أو منظمات غير حكومية تتعارض مع أحكام ميثاق الأمم المتحدة.

القواعد النموذجية الدنيا لمعاملة السجناء

اعتمدها مؤتمر الأمم المتحدة الأول لمنع الجريمة ومعاملة المجرمين
المعقود في جنيف عام ١٩٥٥ ، وأقرها المجلس الاقتصادي والاجتماعي
بقراريه ٦٦٣ جيم (د -٢٤)المؤرخ في ٣١ تموز /يوليه ١٩٥٧
و ٢٠٧٦ (د-٦٢)٩المؤرخ في ١٣ أيار / مايو ١٩٧٧

ملاحظات تمهيدية

ليس الغرض من القواعد التالية تقديم وصف تفصيلي لنظام نموذجي للسجون ، بل إن كل ما تحاوله هو أن تحدد ، على أساس التصورات المتواضع على قبولها عموما في أيامنا هذه والعناصر الأساسية في الأنظمة المعاصرة الأكثر صلاحا ، ما يعتبر عموما خير المبادئ والقواعد العملية في معاملة المسجونين وإدارة السجون .

ومن الجلي ، نظرا لما تتصف به الظروف القانونية والاجتماعية والجغرافية في مختلف أنحاء العالم من تنوع بالغ ، أن من غير الممكن تطبيق جميع القواعد في كل مكان وفي أي حين . ومع ذلك يرجى أن يكون فيها ما يحفز على بذل الجهد باستمرار للتغلب على المصاعب العملية التي تعترض تطبيقها ، انطلاقا من كونها تمثل ، في جملتها الشروط الدنيا التي تعترف بصلاحها الأمم المتحدة.

ثم أن هذه القواعد ، من جهة أخرى ، تتناول ميدانا يظل الرأي فيه في تطور مستمر . وهي بالتالي لا تستبعد إمكانية التجربة والممارسة ما دامت متفقتين مع المبادئ التي تستشف منها مجموعة القواعد في جملتها ومع السعي لتحقيق مقاصدها . وبهذه الروح يظل دائما من حق الإدارة المركزية للسجون أن تسمح بالخروج الاستثنائي على هذه القواعد .

١- والجزء الأول من هذه المجموعة يتناول القواعد المتعلقة بالإدارة العامة للمؤسسات الجزائية ، وهو ينطبق على جميع فئات المسجونين ، سواء كان سبب حبسهم جنائيا أو مدنيا ، وسواء كانوا متهمين أو مدانين ، وبما في ذلك أولئك الذين تطبق بحقهم (تدابير أمنية) أو تدابير اصلاحية أمر بها القاضي .

٢- أما الجزء الثاني فيتضمن قواعد لا تنطبق إلا على فئات المسجونين الذين يتناولهم كل فرع فيه .ومع ذلك فإن القواعد الواردة في الفرع (ألف) منه بشأن السجناء المدانين تنطبق أيضا على فئات السجناء الذين تتناولهم الفروع (باء) و(جيم) و (دال) في حدود عدم تعارضها مع القواعد الخاصة بهذه الفئات وكونها في صالح هؤلاء السجناء.

٣- ولا تحاول القواعد تنظيم إدارة المؤسسات المخصصة للأحداث الجانحين (مثل الاصلاحيات أو معاهد التهذيب وما إليها) ، ومع ذلك فإن الجزء الأول منها يصلح أيضا ، للتطبيق في هذه المؤسسات.

٤- ويجب اعتبار فئة الأحداث المعتقلين شاملة على الأقل لجميع القاصرين الذين يخضعون لصلاحية محاكم الأحداث . ويجب أن تكون القاعدة العامة ألا يحكم على هؤلاء الجانحين الصغار بعقوبة السجن.

-الجزء الأول

قواعد عامة التطبيق

المبدأ الأساسي

٥- تطبق القواعد التالية بصورة حيادية . ولا يجـوز أن يكـون هنالـك تمييـز في المعاملـة بسبب العنصر أو اللون أو الجنس أو الدين ، أو الرأي سياسيا أو غـير سـياسي ، أو المنشأ القومي أو الاجتماعي أو الثروة أو المولد أو أي وضع أخر .

٦- وفي الوقت نفسه ، من الضروري احترام المعتقدات الدينيـة والمبـادئ الأخلاقيـة للفئـة التي ينتسب إليها السجين.

السجل

٧- ١- في أي مكان يوجد فيه مسجونين ، يتوجب مسك سجل مجلد ومرقوم الصفحات ، تورد فيه المعلومات التالية بشأن كل معتقل:

(أ) تفاصيل هويته.

(ب) أسباب سجنه والسلطة المختصة التي قررته.

(ج) يوم وساعة دخوله وإطلاق سراحه.

٢- لا يقبل أي شخص في أية مؤسسة جزائية دون أمر حبس مشروع تكون تفاصيله قد دونت سلفا في السجل.

الفصل بين الفئات

٨- توضع فئات السجناء المختلة في مؤسسات مختلفة أو أجزاء مختلفة من المؤسسات مع مراعاة جنسهم وعمرهم وسجل سوابقهم وأسباب احتجازهم ومتطلبات معاملتهم . وعلى ذلك :

(أ) يسجن الرجال والنساء ، بقدر الإمكان ، في مؤسسات مختلفة . وحين تكون هناك مؤسسة تستقبل الجنسين على السواء يتحتم أن يكون مجموع الأماكن المتخصصة للنساء منفصلا كليا.

(ب) يفصل المحبوسون احتياطا عن المسجونين المحكوم عليهم.

(ج) يفصل المحبوسون لأسباب مدنية ، بما في ذلك الديون ، عن المسجونين جزائية.

(د) يفصل الأحداث عن البالغين .

أماكن الاحتجاز

٩-١- حيثما وجدت زنزانات أو غرف فردية للنوم لا يجوز أن يوضع في الواحدة منها أكثر من سجين واحد ليلا. فإذا حدث لأسباب استثنائية، كالاكتظاظ المؤقت، إن اضطرت الإدارة المركزية

للسجون إلى الخروج عن هذه القاعدة، يتفادى وضع مسجونين اثنين في زنزانـة أو غرفـة فردية.

٢- وحيثما تستخدم المهاجع، يجب أن يشغلها مسجونون يعتنى باختيـارهم مـن حيـث قدرتهم على التعاشر في هذه الظروف . ويجب أن يظل هـؤلاء ليـلا تحـت رقابـة مستمرة موائمة لطبيعة المؤسسة.

١٠- توفر لجميع الغرف المعدة لاستخدام المسجونين ، ولا سيما حجرات النوم ليلا ، جميع المتطلبات الصحية ، مع الحـرص عـلى مراعاة الظروف المناخيـة ، وخصوصا مـن حيث حجـم الهـواء والمسـاحة الـدنيا المخصصة لكل سجين والإضاءة والتدفئـة والتهوية .

١١- في أي مكان يكون على السجناء فيه أن يعيشوا أو يعملوا:

أ) يجب أن تكون النوافذ من الاتساع بحيث تمكن السجناء من استخدام الضوء الطبيعي في القراءة والعمل ، وأن تكون مركبة على نحو يتيح دخول الهواء النقي سـواء وجـدت أم لم توجد تهوية صناعية ؛

ب) يجب أن تكون الإضاءة الصناعية كافية لتمكين السـجناء مـن القراءة والعمـل دون إرهاق نظرهم.

١٢- يجب أن تكون المراحيض كافية لتمكين كل سجين مـن تلبيـة احتياجاتـه الطبيعيـة في حين ضرورتها وبصورة نظيفة ولائقة.

١٣-يجب أن تتوفر منشآت الاستحمام والاغتسال بالدش بحيث يكون في مقدور كل سجين ومفروضا عليه أن يستحم أو يغتسل، بدرجة حرارة متكيفة مع الطقس ، بالقدر الذي تتطلبه الصحة العامة تبعا للفصل والموقع الجغرافي للمنطقة ، على ألا يقل ذلك عن مرة في الأسبوع في مناخ معتدل.

١٤-يجب أن تكون جميع الأماكن التي يتردد عليها السجناء بانتظام في المؤسسة مستوفاة الصيانة والنظافة في كل حين.

النظافة الشخصية

١٥-يجب أن تفرض على السجناء العناية بنظافتهم الشخصية ، ومن أجل ذلك يجب أن يوفر لهم الماء وما تتطلبه الصحة والنظافة من أدوات.

١٦-بغية تمكين السجناء من الحفاظ على مظهر مناسب يساعدهم على احترام ذواتهم ، يزود السجن بالتسهيلات اللازمة للعناية بالشعر والذقن . ويجب تمكين الذكور من الحلاقة بانتظام .

١٧-١- كل سجين لا يسمح له بارتداء ملابسه الخاصة يجب أن يزود بمجموعة ثياب مناسبة للمناخ وكافية للحفاظ على عافيته ولا يجوز في أية حال أن تكون هذه الثياب مهينة أو حاطة بالكرامة.

٢- يجب أن تكون جميع الثياب نظيفة وأن يحافظ عليها في حالة جيدة .
ويجب تبديل الثياب الداخلية وغسلها بالوتيرة الضرورية للحفاظ على الصحة .

٣- في حالات استثنائية ، حين يسمح للسجين ، بالخروج من السجن لغرض مرخص به ، يسمح له بارتداء ثيابه الخاصة أو بارتداء ملابس أخرى لا تستدعي الأنظار.

١٨-حين يسمح للسجناء بارتداء ثيابهم الخاصة ، تتخذ لدى دخولهم السجن ترتيبات لضمان كونها نظيفة وصالحة للارتداء .

١٩-يزود كل سجين ، وفقا للعادات المحلية أو الوطنية ، بسرير فردي ولوازم لهذا السرير مخصصة له وكافية ، تكون نظيفة لدى تسليمه إياها ، ويحافظ على لياقتها ، وتستبدل في مواعيد متقاربة بالقدر الذي يحفظ نظافتها.

الطعام

٢٠-١- توفر الإدارة لكل سجين، في الساعات المعتادة، وجبة طعام ذات قيمة غذائية كافية للحفاظ على صحة وقواه، جيدة النوعية وحسنة الإعداد والتقديم.

٢- توفر لكل سجين إمكانية الحصول على ماء صالح للشرب كلما احتاج إليه.

التمارين الرياضية

٢١-١- لكل سجين غير مستخدم في عمل في الهواء الطلق حق في ساعة على الأقل في كل يوم يمارس فيها التمارين الرياضية المناسبة في الهواء الطلق ، إذا سمح الطقس بذلك .

٢- توفر تربية رياضية وترفيهية ، خلال الفترة المخصصة للتمارين ، للسجناء الأحداث وغيرهم ممن يسمح لهم بذلك عمرهم ووضعهم الصحي . ويجب أن توفر لهم ، على هذا القصد ، الأرض والمنشآت والمعدات اللازمة.

الخدمات الطبية

٢٢-١- يجب أن توفر في كل سجن خدمات طبيب مؤهل واحد على الأقل، يكون على بعض الإلمام بالطب النفسي. وينبغي أن يتم تنظيم الخدمات الطبية على نحو وثيق الصلة بإدارة الصحة العامة المحلية أو الوطنية. كما يجب أن تشتمل على فرع للطب النفسي بغية تشخيص حالات الشذوذ العقلي وعلاجها عند الضرورة.

٢- أما السجناء الذين يتطلبون عناية متخصصة فينقلون إلى سجون متخصصة أو إلى مستشفيات مدنية. ومن الواجب، حين تتوفر في السجن خدمات العلاج التي تقدمها

المستشفيات ، أن تكون معداتها وأدواتها والمنتجات الصيدلانية التي تزوديها وافية بغرض توفير الرعاية والمعالجة الطبية اللازمة للسجناء المرض ، وأن تضم جهازا من الموظفين ذوي التأهيل المهني المناسب .

٣- تجب أن يكون في وسع كل سجين أن يستعين بخدمات طبيب أسنان مؤهل.

٢٣-١- في سجون النساء، يجب أن تتوفر المنشآت الخاصة الضرورية لتوفير الرعاية والعلاج قبل الولادة وبعدها. ويجب، حيثما كان ذلك في الإمكان، اتخاذ ترتيبات لجعل الأطفال يولدون في مستشفى مدني. وإذا ولد الطفل في السجن، لا ينبغي أن يذكر ذلك في شهادة ميلاده.

٢- حين يكون من المسموح به بقاء الأطفال الرضع إلى جانب أمهاتهم في السجن، تتخذ التدابير اللازمة لتوفير دار حضانة مجهزة بموظفين مؤهلين، يوضع فيها الرضع خلال الفترات التي لا يكونون أثناءها في رعاية أمهاتهم.

٢٤- يقوم الطبيب بفحص كل سجين في أقرب وقت ممكن بعد دخوله السجن، ثم بفحصه بعد ذلك كلما اقتضت الضرورة، وخصوصا بغية اكتشاف أي مرض جسدي أو عقلي يمكن أن يكون مصابا

به واتخاذ جميع التدابير الضرورية لعلاجه، وعزل السجناء الذين يشك في كونهم مصابين بأمراض معدية أو سارية، وإستبانة جوانب القصور الجسدية أو العقلية التي يمكن أن تشكل عائقا دون إعادة التأهيل، والبت في الطاقة البدنية على العمل لدى كل سجين.

٢٥-١- يكلف الطبيب بمراقبة الصحة البدنية والعقلية للمرض . وعلية أن يقابل يوميا جميع السجناء المرضى ، وجميع أولئك الذين يشكون من اعتلال ، وأي سجين استرعي انتباهه إليه على وجه خاص.

٢- على الطبيب أن يقدم تقريرا إلى المدير كلما بدا له أن الصحة الجسدية أو العقلية لسجين ما قد تضررت أو ستتضرر من جراء استمرار سجنه أو من جراء أي ظرف من ظروف هذا السجن.

٢٦-١- على الطبيب أن يقوم بصورة منتظمة بمعاينة الجوانب التالية وأن يقدم النصح إلى المدير بشأنها:

(أ) كمية الغذاء ونوعيته وإعداده.

(ب) مدى إتباع القواعد الصحية والنظافة في السجن ولدى السجناء.

(ج) حالة المرافق الصحية والتدفئة والإضاءة والتهوية في السجن.

(د) نوعية والنظافة ملابس السجناء ولوازم أسرتهم.

(هـ) مدى التقيد بالقواعد المتعلقة بالتربية البدنية والرياضة، حـين يكون منظمـو هـذه الأنشطة غير متخصصين.

٢- يضع المدير في اعتباره التقارير والنصائح التـي يقدمها لـه الطبيب عمـلا بأحكـام المادتين ٢٥ (٢) و٢٦، فإذا التقى معـه في الـرأي عمـد فـورا إلى اتخـاذ التـدابير اللازمة لوضع هذه التوصيات موضع التنفيذ. أما إذا لم يوافقـه عـلى رأيه أو كانت التوصيات المقترحة خارج نطاق اختصاصه فعليه أن يقدم فـورا تقريـرا برأيه الشخصي، مرفقا بآراء الطبيب، إلى سلطة أعلى.

الانضباط والعقاب

٢٧- يؤخذ بالحزم في المحافظة على الانضباط والنظام، ولكـن دون أن يفرض مـن القيـود أكثر مما هو ضروري لكفالة الأمن وحسن انتظام الحياة المجتمعية.

٢٨-١- لا يجوز أن يستخدم أي سجين ، في خدمة المؤسسة ، في عمـل ينطوي عـلى صـفة تأديبية.

٢- إلا أنه لا يجوز تطبيق هذه القاعدة على نحو يعيق نجاح أنظمة قائمـة عـلى الحكـم الـذاتي ، تتمثـل في أن تنـاط أنشطة أو مسؤوليات اجتماعيـة أو رياضية محددة ، تحت إشراف الإدارة ، بسـجناء منظمـين في مجموعـات لأغراض العلاج.

٢٩-تحدد النقاط التالية، دائما، إما بالقانون وإما بنظام تضعه السلطة الإدارية المختصة:
(أ) السلوك الذي يشكل مخالفة تأديبية.
(ب) أنواع ومدة العقوبات التأديبية التي يمكن فرضها.
(ج) السلطة المختصة بتقرير انزال هذه العقوبات.
٣٠-١- لا يعاقب أي سجين إلا وفقا لأحكام القانون أو النظام المذكورين، ولا يجوز أبدا أن يعاقب مرتين على المخالفة الواحدة.
٢- لا يعاقب أي سجين إلا بعد إعلامه بالمخالفة وإعطائه فرصة فعلية لعرض دفاعه. وعلى السلطة المختصة أن تقوم بدراسة مستفيضة للحالة.
٣- يسمح للسجين، حين يكون ذلك ضروريا وممكنا، بعرض دفاعه عن طريق مترجم.
٣١-العقوبة الجسدية والعقوبة بالوضع في زنزانة مظلمة ، وأية عقوبة قاسية أو لا إنسانية أو لا إنسانية أو مهنية ، محظورة كليا كعقوبات تأديبية.
٣٢-١- لا يجوز في أي حين أن يعاقب السجين بالحبس المنفرد أو بتخفيض الطعام الذي يعطى له إلا بعد أن يكون الطبيب قد فحصه وشهد خطيا بأنه قادر على تحمل مثل هذه العقوبة.

٢- ينطبق الأمر نفسه على أية عقوبة أخرى يحتمل أن تلحق الأذى بصحة السجين الجسدية أو العقلية . ولا يجوز في أي حال أن تتعارض هذه العقوبات مع المبدأ المقرر في القاعدة ٣١ أو أن تخرج عنه.

٣- على الطبيب أن يقوم يوميا بزيارة السجناء الخاضعين لمثل هذه العقوبات، وأن يشير على المدير بوقف العقوبة أو تغييرها إذا رأى ذلك ضروريا لأسباب تتعلق بالصحة الجسدية أو العقلية.

أدوات تقييد الحرية

٣٣- لا يجوز أن تستخدم أدوات تقييد الحرية، كالأغلال والسلاسل والأصفاد وثياب التكبيل كوسائل للعقاب. وبالإضافة إلى ذلك لا يجوز استخدام السلاسل أو الأصفاد كأدوات لتقيد الحرية. أما غير ذلك من أدوات تقييد الحرية فلا تستخدم إلا في الظروف التالية:

(أ) كتدبير للاحتراز من هرب السجين خلال نقلة، شريطة أن تفك بمجرد مثوله أمام سلطة قضائية أو إدارية.

(ب) لأسباب طبية، بناء على توجيه الطبيب.

(ج) بأمر من المدير، إذا أخفقت الوسائل الأخرى في كبح جماح السجين لمنعه من إلحاق الأذى بنفسه أو بغيره أو من تسبيب خسائر مادية . وعلى المدير في مثل هذه الحالة أن يتشاور فورا مع الطبيب وأن يبلغ الأمر إلى السلطة الإدارية الأعلى.

٣٤-الإدارة المركزية للسجون هي التي يجب أن تحدد نماذج أدوات تقييد الحرية وطريقة استخدامها. ولا يجوز استخدامها أبدا لمدة أطول من المدة الضرورية كل الضرورة.

تزويد السجناء بالمعلومات وحقهم في الشكوى

٣٥-١- يزود كل سجين ، لدى دخوله السجين ، بمعلومات مكتوبة حول الأنظمة المطبقة على فئته من السجناء ، وحول قواعد الانضباط في السجين ، والطرق المرخص بها لطلب المعلومات وتقديم الشكاوى ، وحول أية مسائل أخرى تكون ضرورية لتمكينه من معرفة حقوقه وواجباته على السواء ومن تكييف نفسه وفقا لحياة السجن.

٢- إذا كان السجين أميا وجب أن تقدم له هذه المعلومات بصورة شفوية.

٣٦-١- يجب أن تتاح لكل سجين إمكانية التقدم ، في كل يوم عمل من أيام الأسبوع ، بطلبات أو شكاوى إلى مدير السجن أو إلى الموظف المفوض بتمثيله.

٢- يجب أن يستطيع السجناء التقدم بطلبات أو شكاوى إلى مفتش السجون خلال جولته التفتيشية في السجن. ويجب أن تتاح للسجين فرصة للتحدث مع المفتش أو مع أي موظف أخر مكلف بالتفتيش دون أن يحضر حديثه مدير السجن أو غيره من موظفيه.

٣- يجب أن يسمح لكل سجين بتقديم طلب أو شكوى إلى الإدارة المركزية للسجون أو السلطة القضائية أو إلى غيرهما من السلطات، دون أن يخضع الطلب أو الشكوى للرقابة من حيث الجوهر ولكن على أن يتم وفقا للأصول وعبر الطرق المقرر.

٤- ما لم يكن الطلب أو الشكوى جلي التفاهة أو بلا أساس، يتوجب أن يعالج دون إبطاء، وأن يجاب عليه في الوقت المناسب.

الاتصال بالعالم الخارجي

٣٧- يسمح للسجين، في ظل الرقابة الضرورية، بالاتصال بأسرته وبذوي السمعة الحسنة من أصدقائه، على فترات منتظمة، بالمراسلة وبتلقي الزيارات على السواء.

٣٨-١- يمنح السجين الأجنبي قدرا معقولا من التسهيلات للاتصال بالممثلين الدبلوماسيين والقنصليين للدولة التي ينتمي إليها.

٢- يمنح السجناء المنتمون إلى دول ليس لها ممثلون دبلوماسيون أو قنصليون في البلد واللاجئون وعديمو الجنسية ، تسهيلات مماثلة للاتصال بالممثل الدبلوماسي للدولة المكلفة برعاية مصالحهم أو بأية سلطة وطنية أو دولية تكون مهمتها حماية مثل هؤلاء الأشخاص.

٣٩- يجب أن تتاح للسجناء مواصلة الاطلاع بانتظام على مجرى الأحداث ذات الأهمية عن طريق الصحف اليومية أو الدورية أو أية منشورات خاصة تصدرها إدارة السجون أو بالاستماع إلى محطات الإذاعة أو إلى المحاضرات ، أو بأية وسيلة مماثلة تسمح بها الإدارة أو تكون خاضعة لأشرافها.

الكتب

٤٠- يزود كل سجن بمكتبة متخصصة لمختلف فئات السجناء تضم قدرا وافيا من الكتب الترفيهية والتثقيفية على السواء ويشجع السجناء على الإفادة منها إلى أبعد حد ممكن.

الدين

٤١-١- إذا كان السجن يضم عددا كافية من السجناء الذين يعتنقون نفس الدين ، يعين أو يقر تعيين ممثل لهذا الدين مؤهل لهذه المهمة . وينبغي أن يكون هذا التعيين للعمل كل الوقت إذا كان عدد السجناء يبرر ذلك وكانت الظروف تسمح به.

٢- يسمح للمثل المعين أو الذي تم إقرار تعيينه وفقا للفقرة (١) أن يقيم الصلوات بانتظام وأن يقوم ، كلما كان ذلك مناسب، بزيارات خاصة للمسجونين من أهل دينه رعاية لهم.

٣- لا يحرم أي سجين من الاتصال بالممثل المؤهل لأي دين. وفي مقابل ذلك، يحترم رأي السجين كليا إذا هو اعترض على قيام أي ممثل ديني بزيارة له.

٤٢- يسمح لكل سجين ، بقدر ما يكون ذلك في الإمكان ، بأداء فروض حياته الدينية بحضور الصلوات المقامة في السجن ، وبحيازة كتب الشعائر والتربية الدينية التي تأخذ بها الطائفة .

حفظ متاع السجناء

٤٣-١- حين لا يسمح نظام السجن للسجين بالاحتفاظ بما يحمل من نقود أو أشياء ثمينة أو ثياب أو غير ذلك من متاعه ، يوضع ذلك كله في حرز أمين لدى دخوله السجن . ويوضع كشف بهذا المتاع يوقعه السجين ، وتتخذ التدابير اللازمة للإبقاء على هذه الأشياء في حالة جيدة.

٢- لدى إطلاق سراح السجين تعاد إليه هذه النقود والحوائج، باستثناء ما سمح له بإنفاقه من مال أو ما أرسله إلى الخارج من متاع أو ما أرسله إلى الخارج من متاع أو ما دعت المقتضيات الصحية إلى إتلافه من ثياب. ويوقع السجين على إيصال بالنقود والحوائج التي أعيدت إليه.

٣- تطبق هذه المعاملة ذاتها على أية نقود أو حوائج ترسل إلى السجين من خارج السجن.

٤- إذا كان السجين ، لدى لخوله السجن ، يحمل أية عقاقير أو أدوية، يقرر مصيرها طبيب السجن.

الإخطار بحالات الوفاة أو المرض أو النقل.....الخ.

٤٤-١- إذا توفي السجين أو أصيب بمرض خطير أو بحادث خطير أو نقل إلى مؤسسة لعلاج الأمراض العقلية ، يقوم المدير فورا ، إذا كان السجين متزوجا ، بإخطار زوجه ، وإلا فأقرب أنسبائه إليه، وفي أية حال أي شخص آخر يكون السجين قد طلب إخطاره.

٢- يخطر السجين فورا بأي حادث وفاة أو مرض خطير لنسيب قريب له. وإذا كان مرض هذا النسيب بالغ الخطورة يرخص للسجين، إذا كانت الظروف تسمح بذلك، بالذهاب لعيادته إما برفقة حرس وإما بمفرده.

٣- يكون لكل سجين حق إعلام أسرته فورا باعتقاله أو بنقله إلى سجن آخر.

انتقال السجناء

٤٥-١- حين ينقل السجين إلى السجن أو منه ، يجب عـدم تعريضـه لأنظار الجمهـور إلا
بأدنى قدر ممكن ، ويجب اتخاذ تدابير لحمايته مـن شـتائم الجمهور
وفضوله ومن العلنية بأي شكل من أشكالها.

٢-يجب أن يحظر نقل السجناء في ظروف سيئة من حيث التهوية والإضاءة، أو
بأية وسيلة تفرض عليهم عناء جسديا لا ضرورة له.

٣- يجب أن يتم نقـل السجناء عـلى نفقـة الإدارة، وأن تسـود المسـاواة بـينهم
جميعا.

موظفو السجن

٤٦-١- على إدارة السجون أن تنتقي موظفيها على اختلاف درجاتهم بكل عناية ، إذ على
نـزاهتهم وإنسـانيتهم وكفـاءتهم المهنيـة وقـدراتهم الشخصية للعمـل
يتوقف حسن إدارة المؤسسات الجزائية.

٢- على إدارة السجون أن تسهر باستمرار على إيقاظ وترسيخ القناعة ، لدى موظفيها
ولدى الرأي العام، بأن هذه المهمـة هـي خدمـة اجتماعيـة بالغـة الأهميـة ،
وعليها، طلبا لهذا الهدف ، أن تسـتخدم جميـع الوسـائل المناسبة لتنـوير
الجمهور.

٣- بغية تحقيق الأهداف السابقة الذكر ، يعين موظفو السجون على أساس العمل طوال ساعات العمل المعتادة ، بوصفهم موظفي سجون محترفين ، ويعتبرون موظفين مدنيين يضمن لهم بالتالي أمن العمل دون أن يكون مرهونا إلا بحسن السلوك والكفاءة واللياقة البدنية . ويجب أن تكون الأجور من الكفاية بحيث تجتذب الأكفاء من الرجال والنساء ، كما يجب أن تحدد مزايا احترافهم وظروف خدمتهم على نحو يراعي طبيعة عملهم المرهقة.

٤٧-١- يجب أن يكون الموظفون على مستوى كاف من الثقافة والذكاء.

٢- قبل الدخول في الخدمة، يعطى الموظفون دورة تدريبية على مهامهم العامة والخاصة، وعليهم أن يجتازوا اختبارات نظرية وعملية.

٣- على الموظفين، بعد مباشرتهم العمل وطوال احترافهم المهنة، أن يرسخوا ويحسنوا معارفهم وكفاءتهم المهنية بحضور دورات تدريبية أثناء الخدمة تنظم على فترات مناسبة.

٤٨-على جميع الموظفين أن يجعلوا سلوكهم وأن يضطلعوا بمهامهم على نحو يجعل منهم قدوة طيبة للسجناء ويبعث احترامهم لهم.

٤٩-١- يجب أن يضم جهاز الموظفين ، بقدر الإمكان ، عددا كافيا من الأخصائيين كأطباء الأمراض العقلية وعلماء النفس والمساعدين الاجتماعيين والمعلمين ومدرسي الحرف.

٢- يكفل جعل خدمات المساعدين الاجتماعيين والمعلمين ومدرسي المهن الحرة على أساس دائم، ولكن دون استبعاد العاملين لبعض الوقت أو العاملين المتطوعين.

٥٠-١- يجب أن يكون مدير السجن على حظ واف من الأهلية لمهمته، من حيث طباعه وكفاءته الإدارية وتدريبه المناسب وخبرته.

٢- يجب أن يكون كامل وقته لمهامه الرسمية، فلا يعين على أساس بعض الوقت فحسب.

٣- وعليه أن يجعل إقامته داخل السجن على أو على مقربة مباشرة منه.

٤- حين يوضع سجنان أو أكثر تحت سلطة مدير واحد أن يكون عليه أن يزور كلا منها في مواعيد متقاربة ، كما يجب أن يرأس كلا من هذه السجون بالنيابة موظف مسؤول.

٥١-١- يجب أن يكون المدير ومعاونه وأكثرية موظفي السجن الآخرين قادرين على تكلم لغة معظم السجناء، أو لغة يفهمها معظم هؤلاء.

٢- يستعان، كلما اقتضت الضرورة ذلك، بخدمات مترجم.

٥٢-١- في السجون التي تبلغ من الاتساع بحيث تقتضي خدمات طبيب أو أكثر كامل الوقت ، يجب أن تكون إقامة واحد منهم على الأقل داخل السجن أو على مقربة مباشرة منه.

٢- أما في السجون الأخرى فعلى الطبيب أن يقوم بزيارات يومية، وأن يجعل إقامته على مقربة كافية من السجن بحيث يستطيع الحضور دون إبطاء في حالات الطوارئ.

٥٣-١- في السجون المختلطة ، المستخدمة للذكور والإناث معا ، يوضع القسم المخصص للنساء من مبنى السجن تحت رئاسة موظفة مسؤولة تكون في عهدتها مفاتيح جميع أبواب هذا القسم.

٢- لا يجوز لأي من موظفي السجن الذكور أن يدخل قسم النساء ما لم يكن مصحوبا بموظفة أنثى.

٣- تكون مهمة رعاية السجينات والأشراف عليهن من اختصاص موظفات السجن النساء حصرا. على أن هذا لا يمنع الموظفين الذكور ولا سيما الأطباء والمعلمين، من ممارسة مهامهم المهنية في السجون أو أقسام السجون المخصصة للنساء.

٥٤-١- لا يجوز لموظفي السجون أن يلجأوا إلى القوة ، في علاقاتهم مع المسجونين ، إلا دفاعا عن أنفسهم أو في حالات محاولة الفرار أو المقاومة الجسدية بالقوة أو بالامتناع السلبي لأمر يستند إلى القانون أو الأنظمة . وعلى الموظفين الذين يلجأون إلى القوة ألا يستخدموها إلا في أدنى الحدود الضرورية وأن يقدموا فورا تقريرا عن الحادث إلى مدير السجن.

٢- يوفر لموظفي السجون تدريب جسدي خاص لتمكينهم من كبح جماح السجناء ذوي التصرف العدواني.

٣- لا ينبغي للموظفين الذين يقومون بمهمة تجعلهم في تماس مباشر مع السجناء أن يكونوا مسلحين، إلا في ظروف استثنائية. وبالإضافة إلى ذلك لا يجوز، أيا كانت الظروف، تسليم سلاح لأي موظف ما لم يكن قد تم تدريبه على استعماله.

التفتيش

٥٥- يجب أن يكون هناك تفتيش منتظم لمؤسسات السجون وخدماتها، يكلف به مفتشون مؤهلون ذوو خبرة تعينهم سلطة مختصة . وعلى هؤلاء المفتشين بوجه خاص واجب الاستيقان من كون هذه المؤسسات تدار طبقا للقوانين والأنظمة وعلى قصد تحقيق أهداف الخدمات التأديبية والإصلاحية.

الجزء الثاني

قواعد تنطبق على فئات خاصة

ألف - السجناء المدانون

مبادئ توجيهية

٥٦- تهدف المبادئ التوجيهية التالية إلى تبيان الروح التي ينبغي أن يؤخذ بها في إدارة السجون والأهداف التي يجب أن تسعى إليها ، طبقا للبيان الوارد في الملاحظة التمهيدية رقم ١ من هذا النص .

٥٧- إن الحبس وغيره من التدابير الآيلة إلى عزل المجرم عن العالم الخارجي تدابير مؤسسية بذات كونها تسلب الفرد حق التصرف بشخصه بحرمانه من حريته . ولذلك لا ينبغي لنظام السجون، إلا في حدود مبررات العزل أو الحفاظ على الانضباط ، أن يفاقم من الآلام الملازمة لمثل هذه الحال.

٥٨- والهدف الذي يبرر عقوبة الحبس وغيرها من تدابير الحرمان من الحرية هو في نهاية المطاف حماية المجتمع من الجريمة. ولا سبيل إلى بلوغ مثل هذا الهدف إلا إذا استخدمت فترة الحبس للوصول، حتى أقصى مدى مستطاع، إلى جعل المجرم وهو يعود إلى المجتمع لا راغبا في العيش في ظل إحترام القانون وتدبر احتياجاته بجهده فحسب ، بل قادرا أيضا على ذلك.

٥٩- وطلبا لهذه الغاية، ينبغي لنظام السجون أن يستعين بجميع الوسائل الإصلاحية والأخلاقية وغيرها وبجميع طاقات وأشكال المساعدة المناسبة المتاحة له ، ساعيا إلى تطبيقها على هدى مقتضيات العلاج الفردي للسجناء.

٦٠-١- ينبغي إذن لنظام السجون أن يلتمس السبل إلى تقليص الفوارق التي يمكن أن تقوم بين حياة السجن والحياة الحرة ، والتي من شأنها أن تهبط بحس المسؤولية لدى السجناء أو بالاحترام الواجب لكرامتهم البشرية.

٢- ومن المستحسن أن يعمد، قبل انتهاء مدة العقوبة، إلى اتخاذ التدابير الضرورية لكي تضمن للسجين عودة تدريجية إلى الحياة في المجتمع . وهذا هدف يمكن بلوغه، تبعا للحالة، من خلال مرحلة تمهد لإطلاق سراح السجين تنظم في السجن نفسه أو في مؤسسة أخرى ملائمة، أو من خلال إطلاق سراحه تحت التجربة مع إخضاعه لضرب من الأشراف والرقابة لا يجوز أن يعهد به إلى الشرطة بل ينبغي أن يشتمل على مساعدة اجتماعية فعالة.

٦١- ولا ينبغي ، في معالجة السجناء ، أن يكون التركيز على إقصائهم عن المجتمع ، بل – على نقيض ذلك – على كونهم يظلون

جزءا منه. وعلى هذا الهدف ينبغي اللجوء، بقدر المستطاع، إلى المؤازرة التي يمكن أن توفرها هيئات المجتمع المحلي لمساعدة جهاز موظفي السجن على إعادة التأهيل الاجتماعي للسجناء ويجب أن يكون هناك مساعدون اجتماعيون يتعاونون مع كل مؤسسة احتجاز وتناط بهم مهمة إدامة وتحسين كل صلات السجين المستصوبة بأسرته وبالمنظمات الاجتماعية الجزيلة الفائدة. كما يجب أن تتخذ، إلى أقصى الحدود المتفقة مع القانون ومع طبيعة العقوبة، تدابير لحماية ما للسجين من حقوق تتصل بمصالحه المدنية وبتمتعه بالضمان الاجتماعي وغير ذلك من المزايا الاجتماعية.

٦٢- وعلى الخدمات الطبية في مؤسسة السجن أن تحاول رصد أي علل أو أمراض جسدية أو عقلية لدى السجين، وأن تعالجها حتى لا تكون عقبة دون إعادة تأهيله. ويجب، على هذا الهدف، أن توفر للسجين جميع الخدمات الطبية والجراحية والنفسانية الضرورية.

٦٣-١- إن الإنفاذ الكامل لهذه المبادئ يتطلب افرادية المعالجة، وبالتالي يقتضي ـ الأخذ بنظام مرن لتصنيف السجناء في فئات. وعلى ذلك يستصوب أن توزع هذه الفئات على مؤسسات منفصلة تستطيع كل فئة أن تجد فيها العلاج الذي يناسبها.

٢- وليس من الضروري أن يتوفر في كل مؤسسة نفس القدر من متطلبات الأمن بالنسبة لكل فئة، بل أن المستصوب أن تتفاوت درجات هذا الأمـن تبعـا لاحتياجات مختلف الفئات. والسجون المفتوحة الأبواب، بسبب كونها لا تقيم حواجز أمـن ماديـة تحـول دون الهـرب، بـل تعتمـد في ذلك عـلى انضباط السجين نفسه ، توفر، في حالة انتقاء السجناء المرشحين لهذه التجربة بعناية، أفضل الظروف مواتاة لإعادة تأهيلهم.

٣- ويستصوب، في حالة السجون المغلقة الأبواب ، ألا يكون عدد المسجونين في كل منها من الكثرة بحيث يعرقل افراديـة المعالجـة . والـرأي في بعـض البلـدان أنـه لا ينبغـي لهـذا العـدد في السجون المـذكورة أن يتجـاوز الخمسمائة أمـا في السجون المفتوحـة الأبواب فيجب أن يكون عـدد المسجونين صغيرا بقدر المستطاع.

٤- على أنه ليس من المستصوب إقامـة سجون تكون مـن فرط ضآلة الحجـم بحيث لا يستطاع أن توفر فيها التسهيلات المناسبة.

٦٤- ولا ينتهي واجب المجتمع بإطلاق سراح السجين . ولذلك ينبغي أن تكون هناك هيئات حكومية أو خاصة قادرة على أن توفر للسجين الذي استرد حريته رعاية ناجعة ، تهدف إلى تخفيف مواقف العداء العفوية ضده وتسمح بتأهيله للعودة إلى مكانه من المجتمع.

المعالجة

٦٥- إن الهدف من معالجة المحكوم عليهم بالسجن أو بتدبير مماثل يحرمهم من الحرية يجب أن يكون، بقدر ما تسمح بذلك مدة العقوبة ، إكسابهم العزيمة على أن يعيشوا في ظل القانون وأن يتدبروا احتياجاتهم بجهدهم ، وجعلهم قادرين على إنفاذ هذه العزيمة. ويجب أن يخطط هذا العلاج بحيث يشجع احترامهم لذواتهم وينمي لديهم حس المسؤولية.

٦٦-١- وطلبا لهذه المقاصد ، يجب أن تستخدم جميع الوسائل المناسبة ، ولا سيما الرعاية الدينية في البلدان التي يستطاع فيها ذلك ، والتعليم ، والتوجيه والتكوين على الصعيد المهني ، وأساليب المساعدة الاجتماعية الافرادية، والنصح في مجال العمالة، والرياضة البدنية وتنمية الشخصية، تبعا للاحتياجات الفردية لكل سجين، مع مراعاة تاريخه الاجتماعي والجنائي ، وقدراته ومواهبه الجسدية والذهنية، ومزاجه الشخصي ،ومدة عقوبته، ومستقبله بعد إطلاق سراحه

٢- ويجب أن يتلقى مدير السجن ، بصدد كل وافد على السجن محكوم عليه بعقوبة طويلة بعض الطول، وفي أقرب موعد ممكن بعد وصوله، تقارير كاملة حول مختلف الجوانب المشار إليها في الفقرة السابقة، يتوجب دائما أن تشمل تقريرا يضعه طبيب، متخصص في الأمراض النفسانية إذا أمكن، حول حالة السجين الجسدية والذهنية.

٣- توضع التقارير وغيرها من الوثائق المناسبة المتعلقة بالسجين في ملف فردي . ويجب أن يستكمل هذا الملف بكل جديد ، وأن يصنف على نحو بجعل الموظفين المسؤولين قادرين على الرجوع إليه كلما طرأت حاجة إلى ذلك.

التصنيف الفئوي وافرادية العلاج

٦٧- تكون مقاصد التصنيف الفئوي :

(أ) أن يفصل عن الآخرين أولئك المسجونون الذين يرجح، بسبب ماضيهم الجنائي أو شراسة طباعهم من أن يكونوا ذوي تأثير سيئ عليهم.

(ب) أن يصنف المسجونون في فئات، بغية تيسير علاجهم على هدف إعادة تأهيلهم الاجتماعي.

٦٨- تستخدم لعلاج مختلف فئات المسجونين ، بقدر الإمكان، سجون مختلفة أو أقسـام مختلفة في السجن الواحد.

٦٩- يوضع من أجل كل سجين محكوم علية بعقوبة طويلة بعض الطول، في أقرب وقت ممكن بعد وصوله وبعد دراسة شخصيته، برنامج عـلاج يـتم إعـداده في ضـوء المعلومات المكتسبة حول احتياجاته الفردية وقدراته ومزاجه النفسي.

الامتيازات

٧٠- تنشأ في كل سجن أنظمة امتيازات توائم مختلف فئات المسجونين ومختلف مناهج العلاج بغية تشجيع السجناء على حسن السلوك وتنمية حس المسؤولية لديهم وحفزهم على الاهتمام بعلاجهم والمؤازرة فيه.

العمل

٧١-١- لا يجوز أن يكون العمل في السجن ذات طبيعة مؤلمة.

٢- يفرض العمل على جميع السجناء المحكوم عليهم ، تبعا للياقتهم البدنيـة والعقلية كما يحددها الطبيب.

٣- يوفر للسجناء عمل منتج يكفي لتشغيلهم طوال يوم العمل العادي.

٤- يكون هذا العمل إلى أقصى الحدود المستطاعة، من نوع يصون أو يزيد قدرة السجين على تأمين عيشه بكسب شريف بعد إطلاق سراحه.

٥- يوفر تدريب مهني نافع للسجناء القادرين على الانتفاع به ، ولا سيما الشباب.

٦- تتاح للسجناء، في حدود ما يتمشى مع الاختيار المهني السليم ومتطلبات إدارة السجن والانضباط فيه، إمكانية اختيار نوع العمل الذي يرغبون القيام به.

٧٢-١- يتم تنظيم العمل وطرائقه في السجن على نحو يقترب به بقدر الإمكان من الأعمال المماثلة خارج السجن ، بغية إعداد السجناء لظروف الحياة العملية الطبيعية.

٢- على أن مصلحة السجناء وتدريبهم المهني لا يجوز أن يصيرا خاضعين لمقصد تحقيق ربح مالي من وراء العمل في السجن.

٧٣-١ -يفضل أن تقوم إدارة السجن مباشرة، لا المقاولون الخاصون، بتشغيل مصانعه ومزارعه.

٢- حين يستخدم السجناء في أعمال لا تخضع لسلطان الإدارة، يتوجب أن يكونوا دائما تحت إشراف موظفي السجن. وما لم يكن العمل لحساب إدارات حكومية أخري، يتوجب على

الأشخاص الذين يقدم لهم أن يدفعوا للإدارة كامل الأجر الذي يتقاضى عادة عنه ، ولكن مع مراعاة إنتاجية السجناء.

٧٤-١- تتخذ في مؤسسات السجون نفس الاحتياطات المفروضة لحماية سلامة وصحة العمال الأحرار .

٢- تتخذ تدابير لتعويض السجناء عن إصابات العمل والأمراض المهنية، بشروط لا تكون أقل مواتاة من تلك التي يمنحها القانون للعمال الأحرار.

٧٥-١- يحدد العدد الأقصى لساعات العمل اليومي والأسبوعي بالقانون أو بنظام إداري، مع مراعاة الأنظمة أو العادات المحلية المتبعة في مجال استخدام العمال الأحرار.

٢- يشترط في تحديد الساعات المذكورة أن يترك يوما للراحة الأسبوعية ووقتا كافيا للتعليم وغيره من الأنشطة المقتضاة كجزء من علاج السجناء وإعادة تأهيلهم.

٧٦-١- يكافأ السجناء على عملهم وفقا لنظام أجور منصف.

٢- يجب أن يسمح النظام للسجناء بأن يستخدموا جزءا على الأقل من أجرهم في شراء أشياء مرخص بها لاستعمالهم الشخصي- وأن يوصلوا جزءا آخر منه إلى أسرتهم.

٣- ويجب أن ينص النظام أيضا على احتجاز الإدارة لجزء من الأجر بحيث يشكل كسبا مدخرا يتم تسليمه للسجين لدى الطلاق سراحه.

التعليم والترفيه

٧٧-١- تتخذ إجراءات لمواصلة تعليم جميع السجناء القادرين على الاستفادة منه ، بما في ذلك التعليم الديني في البلدان التي يمكن فيها ذلك . ويجب أن يكون تعليم الأميين والأحداث إلزاميا ، وأن توجه إليه الإدارة عناية خاصة .

٢- يجعل تعليم السجناء ، في حدود المستطاع عمليا ، متناسقا مع نظام التعليم العام في البلد ، بحيث يكون في مقدورهم ، بعد إطلاق سراحهم ، أن يواصلوا الدراسة دون عناء.

٧٨- تنظم في جميع السجون ، حرصا على رفاه السجناء البدني والعقلي ، أنشطة ترويحية وثقافية .

العلاقات الاجتماعية والرعاية بعد السجن

٧٩- تبذل عناية خاصة لصيانة وتحسين علاقات السجين بأسرته، بقدر ما يكون ذلك في صالح كلا الطرفين.

٨٠- يوضع في الاعتبار، منذ بداية تنفيذ الحكم، مستقبل السجين بعد إطلاق سراحه ، ويشجع ويساعد على أن يواصل أو يقيم، من

العلاقات مع الأشخاص أو الهيئات خارج السجن، كل ما من شأنه خدمة مصالح أسرته وتيسير إعادة تأهيله الاجتماعي.

٨١-١- على الإدارات والهيئات الحكومية أو الخاصة ، التي تساعد الخارجين من السجن على العودة إلى احتلال مكانهم في المجتمع ، أن تسعى بقدر الإمكان لجعلهم يحصلون على الوثائق وأوراق الهوية الضرورية ، وعلى المسكن والعمل المناسبين ، وعلى ثياب لائقة تناسب المناخ والفصل، وأن توفر لهم من الموارد ما يكفي لوصولهم إلى وجهتهم ولتأمين أسباب العيش لهم خلال الفترة التي تلي مباشرة إطلاق سراحهم.

٢- يجب أن تتاح للممثلين الذين تعتمدهم الأجهزة المذكورة إمكانية دخول السجن والالتقاء بالسجناء، ويجب أن يستشاروا بشأن مستقبل السجين منذ بداية تنفيذ عقوبته.

٣- يستصوب أن تكون أنشطة الهيئات المذكورة ممركزة أو منسقة بقدر الإمكان كيما ينتفع بجهودها على أفضل وجه.

باء – المصابون بالجنون والشذوذ العقلي

٨٢-١- لا يجوز احتجاز الشخص في السجن إذا ظهر أنه مختل العقل، بل يجب اتخاذ ترتيبات لنقله إلى مستشفى للأمراض العقلية بأسرع ما يمكن.

٢- يوضع المصابون بأمراض أو ظواهر شذوذ عقلية أخرى تحت المراقبة والعلاج في مصحات متخصصة تحت إدارة طبية.

٣- يوضع هؤلاء الأشخاص، طوال بقائهم في السجن، تحت إشراف طبي خاص.

٤- على الإدارة الطبية أو النفسانية في السجون أن تكفل علاج جميع السجناء الآخرين الذين يحتاجون إلى مثل هذا العلاج.

٨٣- من المستحسن أن تتخذ ، بالاتفاق مع الأجهزة المختصة ، تدابير لمواصلة العلاج النفساني للسجين ولتقديم مساعدة اجتماعية نفسانية له بعد إطلاق سراحه عند الضرورة .

جيم – الموقوفون والمحتجزون رهن المحاكمة

٨٤-١- في الفقرات التالية تطلق صفة (متهم) على أي شخص تم توقيفه أو حبسه بسبب مخالفة لقانون العقوبات ووضع في عهدة الشرطة أو السجن ولكنه لم يحكم عليه بعد .

٢- يفترض في المتهم أنه برئ ويعامل على هذا الأساسي.

٣- دون المساس بالقواعد القانونية المتعلقة بحماية الحرية الفردية أو التي تنص على الإجراءات الواجبة الاتباع إزاء المتهمين ، يجب إن يتمتع هؤلاء بنظام معاملة خاص تحدد القواعد الواردة أدناه عناصره الأساسية.

٨٥-١- يفصل المتهمون عن السجناء المحكوم عليهم.

٢- يفصل المتهمون الأحداث عن البالغين . ويجب من حيث المبدأ أن يحتجزوا في مؤسسات منفصلة.

٨٦- يوضع المتهمون في غرف نوم فردية ، ولكن رهنا بمراعاة العادات المحلية المختلفة تبعا للمناخ.

٨٧- للمتهمين إذا رغبوا في ذلك، في الحدود المتفقة مع حسن سير النظام في المؤسسة، أن يأكلوا ما يريدون على نفقتهم بأن يحصلوا على طعامهم من الخارج إما بواسطة الإدارة أن تتكفل بإطعامهم.

٨٨-١- يسمح للمتهم بارتداء ثيابه الخاصة إذا كانت نظيفة ولائقة.

٢- أما إذا ارتدى ثياب السجن فيجب أن تكون هذه مختلفة عن اللباس الموحد الذي يرتديه المحكوم عليهم.

٨٩- يجب دائما أن يعطى المتهم فرصة للعمل، ولكن لا يجوز إجباره عليه . فإذا اختار العمل وجب أن يؤجر عليه .

٩٠- يرخص لكل متهم بأن يحصل ، على نفقته أو نفقة آخرين ، وفي الحدود المتفقة مع صالح إقامة العدل ومع أمن السجن وانتظام إدارته ، على ما يشاء من الكتب والصحف وأدوات الكتابة وغيرها من وسائل قضاء الوقت .

٩١- يرخص للمتهم بأن يزوره ويعالجه طبيبه أو طبيب أسنانه الخاص، إذا كان لطلبه مبرر معقول وكان قادرا على دفع النفقات المقتضاة.

٩٢- يرخص للمتهم بأن يقوم فورا بإبلاغ أسرته نبأ احتجازه، ويعطى كل التسهيلات المعقولة للاتصال بأسرته وأصدقائه وباستقبالهم، دون أن يكون ذلك مرهونا إلا بالقيود والرقابة الضرورية لصالح إقامة العدل وأمن السجن وانتظام إدارته.

٩٣-١- يرخص للمتهم ، بغية الدفاع عن نفسه، بأن يطلب تسمية محام تعينه المحكمة مجانا حين ينص القانون على هذه الإمكانية، وبأن يتلقى زيارات محاميه أعدادا لدفاعه وأن يسلمه تعليمات سرية.

٢- وعلى هذا القصد يحق له أن يعطى أدوات للكتابة إذا طلب ذلك . ويجوز أن تتم المقابلات بين المتهم ومحاميه على مرمى نظر الشرطي أو موظف السجن، ولكن دون تكون على مرمى سمعه.

دال - السجناء المدنيون

٩٤- في البلدان التي يجيز فيها القانون السجن من أجل الديون أو بقرار من المحكمة في أية دعوى أخرى غير جزائية ، لا يجوز إخضاع المسجونين على هذا النحو لأية قيود أو لأية صرامة تتجاوز ما هو ضروري لضمان عدم هربهم وللحفاظ على الأمن. ويجب ألا تكون معاملتهم أقل يسرا من تلك الممنوحة للسجناء غير المحاكمين باستثناء أنه يمكن إجبارهم على العمل.

٩٥- دون الإخلال بأحكام المادة ٩ من العهد الدولي الخاص بالحقوق المدنية والسياسية يتمتع الأشخاص الموقفون أو المحتجزون دون أن توجه إليهم تهمة بذات الحماية التي يضمنها الجزء الأول والفرع " جيم " من الجزء الثاني كذلك تنطبق عليهم الأحكام المناسبة من الفرع " ألف " من الجزء الثاني حيثما كان من الممكن أن يعود تطبيقها بالفائدة على هذه الفئة الخاصة من المحتجزين ، شريطة ألا يتخذ أي تدبير يفترض ضمنا أن إعادة التعليم أو إعادة التأهيل يمكن على أي نحو أن يكونا مناسبين لأشخاص لم يدانوا بأية جريمة جزائية.

المصادر والمراجع

المصادر والمراجع

- المراجع العربية

1. الكتب:

-د. بطرس غالي وزميله - **المدخل في علم السياسة** - مكتبة الأنجلو المصرية ١٩٩٦.
-أمل فاضل خشان، **العنف ضد المرأة** - دار المعتز - الأردن ٢٠٠٧.
-برول هنري ليفي - **سوسيولوجيا الحقوق مترجم** - عويدات بيروت ١٩٧٤.
- كاترين سيلفك- **نشطاء بلا حدود** - مترجم دار البشير - الأردن ٢٠٠٥.
-عبد اللـه سلامة - **رؤية الإسلام لحقوق الإنسان** - دار الجنان - الأردن ٢٠٠٦.
-بيلو روبير - **المواطن والدولة** - مترجم - عويدات بيروت ١٩٧٤.
-حسين جميل - **حقوق الإنسان في الوطن العربي** - مركز دراسات الوحدة العربية - بيروت ١٩٨٦.
-د. فيصل شطناوي - **حقوق الإنسان والقانون الدولي الإنساني** - دار الحامد - الأردن ٢٠٠١.
-د. علي عبد الرازق الزبيدي - **حقوق الإنسان** - دار اليازوري - الأردن ٢٠٠٩.
-د. محمد سعيد مجذوب - **الحريات العامة وحقوق الإنسان** - جروب برس - لبنان١٩٨٦.

٢. الدراسات والبحوث:
-جعفر صادق مهدي - **ضمانات حقوق الإنسان** - ماجستير ١٩٩٠.
-سعد عدنان الهنداوي - **جريمة انتهاك حركة المسكن** ماجستير ١٩٩٩.
-أمل فاضل خشان - **العنف ضد المرأة** - دكتوراه ٢٠٠٣.
-د. فهد الفانك - تعقيب على النظام العالمي وحقوق الإنسان في الوطن العربي - المنظمة العربية لحقوق الإنسان.

٣. الوثائق:
-ميثاق الأمم المتحدة.
-الدستور الأمريكي.
-الإعلان الفرنسي لحقوق الإنسان.
-الإعلان الإسلامي لحقوق الإنسان.
-الإعلان الإفريقي لحقوق الإنسان.

- المراجع الاجنبية:

- Activists Beyond Borders – Mar Garet E.Kek – 1993.
- Peter Haas – Knowledge – based – 1992.
- Actors and Interests – Martha Finnemore – 1996.
- D.B. Jellife – The human melke 1978.
- Todd Gitlin – The world watching 1993.

-مواقع إلكترونية:

- http.WWW.Istmicononline.net2005.
- http.WWW.usinfo.state.gov
- http.WWW.news,bbc.couk/hi/Arabic.
- http.WWW.supct.lawcornell2005.
- www.iadh-aihr.org